U1006557

本書由香港青松觀資助出版

# 全真道研究

第二輯

趙衛東 主編

齊魯書社

# 《全真道研究》編委會


**名譽主編**

王柏堅　梁　發

**名譽副主編**（以姓氏筆畫爲序）

何多樑　林國柱　周和來　莫小賢　黄健榮　葉長清　趙球大　趙淑儀

**顧問委員會**（以姓氏筆畫爲序）

朱越利　任法融　牟鍾鑒　李養正　李豐楙　周立昇　胡孚琛　施舟人
卿希泰　陳耀庭　馮達文　張繼禹　湯一介　蜂屋邦夫　熊鐵基
劉仲宇　鄺國强

**主編**　趙衛東

**編輯委員會**（以姓氏筆畫爲序）

王　卡　王宗昱　尹志華　李　剛　李大華　李永明　吴亞魁　何建明
高萬桑　郭　武　陳廖安　孫亦平　張廣保　森由利亞　詹石窗
蓋建民　鄭素春　樊光春　黎志添　劉　迅　劉固盛　盧國龍

# 編者的話

2011年1月15日至16日，由香港青松觀全真道研究中心、香港道教學院和山東師範大學齊魯文化研究中心主辦，山東師範大學齊魯文化研究中心全真道研究所承辦的“全真道與明清社會國際學術研討會”在山東師範大學召開。在兩天的會議中，來自美國佛羅里達大學、羅格斯大學、田納西大學以及中國道教協會、中國社會科學院、上海市社會科學院、陝西省社會科學院、四川大學、華中師範大學、山東大學、山東師範大學等單位的三十多位專家學者，緊緊圍繞“全真道與明清社會”這一主題進行了深入的學術研討。這次會議按照青松觀召開學術會議的一貫模式，採取了命題作文的形式，就“全真道與明清社會”這一主題，從國内外聘請了十二位對此真正有研究的學者撰寫了論文，會後論文作者又根據專家學者的建議作了精心的修改。也正是在這次會議上，香港青松觀接受各位專家學者的提議，決定創辦《全真道研究》輯刊，並把這次會議的論文作爲《全真道研究》第二輯的主要内容。

本輯所收十三篇文章，除少數幾篇外，大部分直接或間接與“全真道與明清社會”這一主題相關。若再細一點區分，這十三篇文章又可以分爲兩組。

第一組有八篇文章，主要是關於明清全真道的研究。張廣保《明代的國家宫觀與國家祭典》一文，通過研究明初幾所國家宫觀在開國初期參與國家祭祀大典制訂與施行這一專題，展示了道教在明代國家祭禮中發揮的重大作用，並藉此評估了道教對明代政制的特殊影響。王崗《明代江南士紳精英與茅山全真道的興起》一文，探討了明代茅山乾元觀“閻祖派”的情況。他在詳細考察後指出，茅山乾元觀“閻祖派”的興起，與王世貞及江南士人集團的護教有着直接關係。正是在其文化權威以及伴隨而來的行政措施和物質財力的扶持之下，乾元觀全真道士纔得以建立文人居士的廣泛網絡，脱離茅山華陽洞靈官系統的管轄，獨立發展成茅山唯一的一個十方叢林。吴亞魁《江南全真道門所見之諸真宗派與傳承譜系》一文，通過元代玉陽庵、黄公望等五道觀一道士，明代松江真聖堂等五道觀，清代湖州龍門静室等七道觀的考察,發現江南地區全真道的傳播和發展自始至終以丘祖龍門派最爲興盛。但元、明、清三個不同時期,各有其别樣的傳承脈絡和發展軌迹。劉固盛《全真道老學之無爲論》認爲,全真道老學對無爲的詮釋主要從兩個方面展開,一是個人修煉的層面,一是應世的層面。全真道學者從政治實踐層面對老子無爲的闡發,是對老子固有思想的繼承,從中可以看出全真道濃厚的現實關懷。而將無爲解釋爲修煉方法,將治國等同於治身,又重新回到了《河上注》、《老子節解》的詮釋理路,加强了全真道的宗教性。蘇德樸(Stephen Eskildsen)《伍守陽、伍真陽和柳華陽的佛經解釋與佛教批評》一文指出,伍守陽、伍真陽和柳華陽的著作都用佛經解釋自己的内丹學説和功法,他們認爲佛典所載的故事和語句中有很多關於内丹的比喻,與此同時,他們又站在道教的立場上對佛教有所批評。陳耀庭《清代全真道派適應低潮時期的三項歷史經驗》一文,通過對王常月、劉一明和閔一得三位清代全真高道如何應對道教發展低潮時期的歷史經驗的考察,指出在道教發展遇到客觀和主觀條件限制時,全真高道採取了三種辦法適應社會,即加强組織建設和規誡建設以健全道教内部隊伍,密切聯繫信徒和爲信衆開展醫術服務以維護宫觀及道士自養,整理道教文化和傳播道教經典以吸引信衆及擴大影響。這三項做法使得全真道龍門派在低潮時期仍然在局部地區取得了類似高潮時期的弘道傳法的積極成果。尹志華《清初全真道新探》一文,通過對清初湖北、山東、東北、陝西、河南、四川、江西、浙江、廣東等地道教名山和宫觀全真道狀況的考察指出,清初全真道的復興,不是某一個人宣導的結果,也不存在以某個教團、某個地區爲中心的全真復興運動,不宜過分誇大王常月對清初全真道龍門派復興的影響。莫尼卡(Monica Esposito)《清代全真三壇大戒儀式的創立》一文,對把王常月視爲《初真戒》、《中極戒》、《天仙戒》三壇大戒作者的觀點提出了質疑,並指出,以上三篇戒文,實際上是中世紀早期道教經典的彙編,並没有明顯的全真認同。

第二組有五篇文章,主要是關於全真道宫觀的個案研究。劉迅《元代武昌的道教名觀——武當萬壽崇寧宫考略》一文,運用正史、文集和宫觀碑文等史料,追述並重構了武當萬壽崇寧宫在宋元兩季發展和變遷的複雜軌迹,還着重探討了其在元代國醮祝延和真武崇祀道場網絡中的角色和地位,同時也勾勒出它作爲元末明初江漢地域文人與道士交往唱和的重要場所所反映出的元代道教宫觀與地方文人的緊密聯繫。樊光春《陝西留壩張良廟十方叢林志》一文的研究對象是陝西留壩張良廟,它創建於清初,清末成爲西北地區影響最大的十方叢林。在龍門派傳人任永真及其後繼者的努力下,張良廟數度傳戒,其戒子廣佈於陝甘兩省。任永真編集的《三乘集要》成爲近現代全真道士的必讀書之一。歷任監院妥善處理與官方、信衆及農民的關係，創建起强大的道觀經濟，並興辦教育，促進了地方經濟和文化事業。趙衛東《沂山東鎮廟及其宗派傳承》一文，通過對沂山東鎮廟現存碑刻中道士題名的分析發現，金元時期全真道士的命名並非隨意，而是有一定的規律，全真道第三代弟子的命名主要以"志"字爲主，其次是"道"字和"德"字，這種情況一直持續到元代中期。元中期以後，這種自覺意識越來越明顯，並漸漸形成了命名的固定排字，即志—道—德—童—玄等。因自明初開始統治者對全真道實行嚴格控制，所以嘉靖末年以前，東鎮廟道士的宗派歸屬不十分清晰。明嘉靖末年，華山派道士唐教玉做了東鎮廟住持，創立了邱祖又派，自此以後，一直到民國時期，邱祖又派與華山派弟子交替住持東鎮廟。梅莉《明清以來湖北武漢木蘭山真武信仰》一文，對位於今湖北武漢市區東北郊的木蘭山道教進行了深入的研究。木蘭山唐宋時期已建有大量宗教建築，明清時期，隨着真武信仰達到鼎盛，木蘭山原有宗教建築格局大爲改觀，除出現多座主祀真武神的道觀外，原本供祀各類道教神仙的宫觀幾乎都成了"真武大帝"的祭壇，有些佛教寺廟也設殿供祀真武神像，整個木蘭山儼然成了真武道場。山上道觀原爲正一派天師道士的天下，元初全真道傳入後，逐漸佔據了主導地位，正一道士漸漸融入全真道。到晚清民國年間，木蘭山道士已是清一色的全真龍門派。秦國帥《全真道與鄉土社會融合模式初探——以山東博山岳陽山玉皇廟爲中心的考察》一文，通過對明清以來山東博山岳陽山現存碑刻的考察指出，明清時期，全真道與鄉土社會的融合模式得以初步顯現。神靈結構的改變，對鄉土民衆在人神關係上福報心理和功利心態的功能性調適，鄉土社會主導思想體系和主流社會勢力的契合，這些應世策略上的改變無疑加速了全真道與鄉土社會的融合。

需要特别説明的是，劉迅提交"全真道與明清社會國際學術研討會"的論文原爲《明末至民初南陽醫聖祠與全真道士》，但他認爲論文還需要作進一步的修改，目前尚不適合正式發表，所以就以《元代武昌的道教名觀——武當萬壽崇寧宫考略》一文代替了上文。梅莉提交"全真道與明清社會國際學術研討會"的論文原爲《民國十四年湖北武漢長春觀傳戒研究》，因該文主體部分已於《世界宗教研究》2011 年第 2 期發表，我們認爲不適合再在本刊重複發表，所以建議她另外提交一篇文章，這就是《明清以來湖北武漢木蘭山真武信仰》一文的來歷。秦國帥博士《全真道與鄉土社會融合模式初探》一文，並没有在"全真道與明清社會國際學術研討會"上發表，但收入了會前論文集，秦博士於會議期間就該文廣泛徵求了與會專家學者的意見與建議，並對文章作了進一步的修改，經專家審稿通過後，纔收入本刊發表。

# 目 録

# 明代的國家宫觀與國家祭典

□張廣保

**摘要:** 對於明代道教發展狀況的整體估價,學術界出現兩種截然相反的觀點:一種觀點認爲明代道教總體上呈現沉寂狀態,是道教從停滯走向衰落的階段;另外一種觀點對明代道教發展狀態的估價則截然相反,認爲道教對明代思想的影響爲中國歷史上其他各朝所望塵莫及。本文擬通過研究明初幾所國家宫觀在開國初期參與國家祭祀大典的制訂、施行這一專題,以展示道教在明代國家祭禮中發揮的重大作用,藉此評估道教對明代政制的特殊影響。

**關鍵詞:** 國家宫觀　國家祭典　道教

**作者簡介:** 張廣保,號洞齋散人。中國社會科學院歷史研究所研究員,兼任研究生院教授,博士生導師。主要從事道教史及經學史研究。

## 序引:學術界對明代道教發展狀況的評估及其誤區

對於明代道教發展狀況的整體估價,學術界出現兩種截然相反的觀點。一種觀點認爲明代道教總體上呈現沉寂狀態,是道教從停滯走向衰落的階段。這種觀點以任繼愈主編《中國道教史》爲代表。[①] 卿希泰主編《中國道教史》雖然觀點大體相似,但在表述上有所不同,其認爲道教發展至明中葉時,達到極盛狀態。其云:"從道教發展史來看,到了明世宗朱厚熜的時候,既是隋唐以來道教興盛發展時期的最後一個高潮,也是這個時期的終結。"[②]此書第三卷還專列第十章《道教在明中葉以前的發展和貴盛》。這一表述將道教發展的頂峰定

---

① 任繼愈主編《中國道教史》第四編《明清道教》説:"明清兩代(1368~1911)五百多年,是道教從停滯走向衰落的階段。在内部,教團的腐化,在外部,理學的强力排斥,民間宗教的争奪地盤,失去統治者崇奉扶植等多種因素,促使道教漸趨衰落,大體上與整個封建社會的衰落同步。"任繼愈主編:《中國道教史》,上海:上海人民出版社,1990年,第579頁。

② 卿希泰主編:《中國道教史》第三卷,成都:四川人民出版社,1993年,第385頁。

在明中期的嘉靖時期，較前者的籠統表述顯得更爲精確。不過，我們注意到這兩部《中國道教史》之所以得出上述結論，實際上是奠基於一種理論預設，此即明清時期是中國封建社會的衰落時期，而作爲封建社會意識形態之一的道教，自然也相應地處於衰落狀態。① 因此這一結論與其説來源於對這一歷史階段道教真實歷史的研究，倒不如説源於馬克思主義歷史理論對中國社會歷史分期的理論推導。這在當時的歷史背景下是可以理解的。與此針鋒相對，另外一種觀點對明代道教發展狀態的估價則截然相反。柳存仁從思想史的角度認爲道教對明代思想的影響爲中國歷史上其他各朝所望塵莫及。② 美國學者德寶仁(Pierre-Henry de Bruyn)《明代道教》一文中評論説："學者們都傾向於認爲明代是道教走向衰落的時期，然而正好相反，這一時期應該視爲道教發展繁盛的時代，甚至是道教(在中國歷史上)最具活力的時代之一。因爲在這一時代，道教得到社會中龐大人群的信奉。"③德寶仁還認爲造成學術界對明代道教發展狀態估價出現這麼大分歧的原因，乃是因爲對這一時期道教發展缺乏研究。他的這一看法值得重視。僅從這些年中國内地道教研究的情形看，學術界對於明代道教的研究的確是一個相對薄弱的環節。衆所周知，在明代近三百年的歷史中，道教承元代以來教派融合的大趨勢，逐漸整合爲相對集中的兩大道派：全真與正一。雖然關於明代道教兩大派的歷史發展及其對明代政治、思想的影響，學界已有一些論著問世。④ 然而相對於其他斷代而言，學界對明

① 任繼愈主編《中國道教史》對此的表述見上頁注①。卿希泰主編《中國道教史》："在明中葉以後，由於資本主義因素的萌芽和發展，各種社會矛盾日趨尖鋭，中國的封建社會便開始進入了所謂'天崩地解'的時代，朱明王朝以及作爲封建社會意識形態之一的道教，在此之後也便伴隨着整個封建社會的逐步解體而開始走向衰落。"卿希泰主編：《中國道教史》第三卷，第385頁。

② 柳存仁説："然而在整個中國思想史中，道教的勢力之大，道教空氣瀰漫籠罩於上下各階層、各方面，却没有比這三百年更濃厚、更盛的了。"《明儒與道教》，載柳存仁：《和風堂文集》上，上海：上海古籍出版社，1991年，第814頁。

③ Pierre-Henry de Bruyn, "Daoism in the Ming (1368 - 1644)", P594, In Livia Kohn, ed. *Daoism Handbook*, E. Brill, 2000.

④ 關於明代道教的研究，中文著述中除上文提到的兩種《中國道教史》中的相關章節外，屬於斷代研究的作品還有：莊宏誼：《明代道教正一派》，臺北：臺灣學生書局，1986年；陳兵：《明代全真道》，《世界宗教研究》1992年第1期；王志忠：《明清全真教論稿》，成都：巴蜀書社，2000年；唐大潮：《明清之際道教"三教合一"思想論》，北京：宗教文化出版社，2000年；吴亞魁：《江南全真道教》，香港：中華書局，2006年。有關道教與明代政治的論題，學者們主要關注明代皇帝與道教的關係、明代的道教管理制度等，圍繞此類問題近年來發表的中文作品有：楊啓樵：《明代諸帝之崇尚方術及其影響》，載《明清史抉奧》，香港：廣角境出版社，1984年；羅卡：《明太祖與道教》，《宗教學研究》1988年第1期；楊立志：《明成祖與武當道教》，《江漢論壇》1990年第12期；曾召南：《明代前中期諸帝崇道淺析》，《四川大學學報》1991年第4期；《試論明寧獻王朱權的道教思想》，《宗教學研究》1998年第4期；石衍豐：《明世宗崇信

代道教的研究,無論是對全真教還是正一派,都顯得過於粗綫條。在目前缺乏詳盡而充分的有關明代道教專題的、個案的研究條件下,貿然描述明代道教歷史發展的全貌,其結果只能是作一些概略式的泛泛而談,而且這種概略還往往失真,更遑論由此進一步討論道教與明代社會、政治的互動及其對明代歷史的深刻影響。因此當務之急是要將關注的重點放在個案、專題等細節性的研究主題上。只有在這之後,纔能對明代道教的整體發展及其在道教史中的地位作出準確的估價。因此目前籠統爭論明代道教發展到底是衰落還是繁榮都只能是臆測,没有多少事實依據。

不過,拿明代道教與前此各朝及其後的清朝相比,其發展也呈現出一些新的特點。例如,道教在明代國家政治體制中佔有相當重要的地位,這點爲中國歷史中其他朝代望塵莫及。對於這點,我們主要是從道教承擔着明政府國家祭祀的重任來立論的。早在明初立國伊始,朱元璋就創建朝天宮、神樂觀等國家宮觀以承擔祭祀天地、社稷、宗廟、五嶽山川、先代帝王陵寢等重要國家典禮。衆所周知,在中國社會的政治傳統中,獨享與天地神明溝通的專利是皇權的重要表現之一。在中國古代根深蒂固的"君權神(天)授"觀念籠罩下,祭祀天地宗廟實際上是對政權合法性的確認。因此,在中國古代歷史中,我們發現通常在改朝换代之後,新王朝建立伊始,首先要做的一件大事就是舉行郊祭大禮,以昭告天下,尋求社會的普遍認可。只有在這件大事完成之後,纔談得上施行建元、頒制等政治措施。對此等行爲,我們不能拿現代人的觀念來衡量,將其簡單判定爲單純的粉飾性禮儀,甚或迷信之舉,而應明瞭它在古代政制中的重要性。本文擬通過研究明初幾所國家宮觀在開國初期參與國家祭祀大典的制訂、施行這一專題,以展示道教在明代國家祭禮中發揮的重大作用,藉此評估道教對明代政制的特殊影響。

---

(接上頁注)的道士邵元節與陶仲文》,《世界宗教研究》1992 年第 2 期;《明世宗崇尚道教之特點》,《宗教學研究》1995 年第 1 ~ 2 期;李建軍:《明世宗與道教》,《雲南師範大學學報》(哲社版)1992 年第 5 期;陳寶良:《嘉靖皇帝與道教》,《北方論叢》1992 年第 3 期;《明太祖與儒佛道三教》,《福建論壇》1993 年第 5 期;暴洪昌:《明代對僧道的管理》,《北方論叢》1986 年第 5 期;趙亮:《明代道教管理制度》,《世界宗教研究》1990 年第 3 期;陳連營:《試論明初洪武年間對佛道二教的整頓和管理》,《史學月刊》1991 年第 3 期;唐怡:《明代道教管理制度芻議》,《宗教與世界》1997 年第 2 期;趙軼峰:《明代國家宗教管理制度與政策研究》,北京:中國社會科學出版社,2008 年。此外,有關道教對明代精英階層思想的影響,柳存仁先生曾撰有《明儒與道教》、《王陽明與道教》、《王陽明與佛道二教》等論文(載《和風堂文集》),可算是這一領域的拓荒之作,值得我們重視。

## 一、洪武(1368~1398)年間的朝天宮高道集團

### 1. 關於朝天宫

所謂國家宫觀是指具體承擔國家重大祭祀儀典的宗教場所。這在明代之前的中國古代不少王朝中都存在,最爲典型的如北魏的太武帝建創的静輪宫、唐代的太清宫以及宋代真宗時期的玉清昭應宫。在明代則主要有:朝天宫、神樂觀、靈濟宫、大德顯靈宫等國家宫觀。國家宫觀的創建是中國古代政制的重要組成部分,其扮演的政治角色主要是承擔國家重大祭祀儀典的運作及祭祀儀典的制訂。這在中國古代社會的政治生活中是一件大事,《左傳》曾將祭祀活動與軍事活動並列爲國家兩件大事,且將祭祀列在軍事之前。① 這是對國家祭禮在古代政制中重要地位的最好概括。《左傳》雖然説的是春秋時期的情況,但綜觀中國古代歷史,這一政治傳統一直得到延續。值得注意的是,自道教於東漢創立後,雖然起始主要在民間傳播,但此後就逐漸爲社會精英階層所接受,並最終滲透到國家祭祀禮儀中。不過,我們也必須注意,明代的國家宫觀雖然由道士住持並運作,但其承擔的職能大大超出道教本身。其主持的乃是國家重大祭祀儀典而非單純的私人宗教祭祀。因此明代的國家宫觀誠然與道教密切相關,但不能等同於道教宫觀。關於這點,明代許多執持儒家正統意識的大臣都没有清醒的認識,因而造成了諸如孝宗弘治元年所謂的祀典改革。

作爲明代的開國之君,朱元璋極爲重視舉行國家祭禮,懂得蘊含於國家祭典中禮儀活動的神聖性。因此他差不多是以一種虔誠心態參與禮儀大典的。《明太祖實録》洪武四年十一月丙辰條云:

> 帝王奉天以君臨兆民,當盡事天之道。前代或三歲一祀,或歷年不舉。今朕歲以冬至祀圜丘,夏至祀方丘,遵古典禮,將以報載覆之大德。惟夙夜寅畏,冀精神昭格,庶陰陽和,風雨時,以福斯民。

洪武二年三月戊戌條云:

> 且齋戒所以致誠,誠之至與不至,神之格與不格,皆繫於此。

① 《左傳》:“國之大事,在祀與戎。”

值得我們特别注意的是，儘管朱元璋深刻地認識到國家祭禮大典在易代之後對於重新確立社會精神統一性基礎之重要性，他却將這種重要政治職能主要交給道教來辦理。這值得我們加以重視。

明代具體負責國家祭祀事務的政府機構，早期主要有朝天宫與神樂觀。早在明代建國之初，太祖就創建朝天宫以運作國家重大祭祀典禮。朝天宫位於洪武時期的明代首都南京。原係一座普通道教宫觀。明代初期主要用於大臣們演習祭祀、朝賀儀典。洪武五年（1372），太祖任命南京高道、報恩觀住持宋宗真擔任朝天宫提點，具體負責該宫的日常運作。關於宋宗真，我們後文還要詳論，此處從略。洪武二十八年（1395）由於朝天宫在明代國家祭祀生活中的重要性，太祖又加以重建，《明太祖實録》洪武二十八年十二月己未條云："（洪武二十八年）重建朝天宫成。先是，建是宫，凡正旦、聖節、冬至，群臣習朝賀之禮於其中。上以其制度未備，故命重建之，至是成。詔右演法曹希鳴住持。"值得注意的是，重建後的朝天宫仍然任命高道擔任住持。這説明朝天宫因其職能在於承辦國家祭祀大典，顯然並非單純道教宫觀，但由於具體承擔祭祀事務者主要是道士，故此太祖纔任命高道而非高僧擔任住持。關於這位新任朝天宫住持曹希鳴的來歷，許多歷史材料都語焉不詳。考洪武十二年（1379）出任領道教事的嗣漢四十三代天師張宇初所著《峴泉集》，可知曹希鳴係元末明初全真派高道趙宜真座下大弟子①，他在當時與趙宜真的另一名弟子高道劉淵然齊名。當然是屬於全真派。然而關於他的事迹，諸家史籍均未見記載。不過由洪武二十六年（1393）劉淵然應太祖詔請館於朝天宫來看②，曹希鳴可能也是於此年應詔至京的。

正因爲朝天宫係一座超越教派歸屬的國家宫觀，承擔的是國家祭祀大典，因而屬於國家政制的重要組成部分。因此在遷都北京之後，明宣宗於宣德八年（1433）依然在新都的西北方創建朝天宫。《帝京景物略》載云：

> 宣宗章皇帝仿南京式，建宫皇城西北。……建三清殿，以奉上清、太清、玉清。建通明殿，以奉上帝。建普濟、景德、總制、寶藏、佑聖、靖應、崇真、文昌、玄應九殿，以奉諸神。東西建具服殿，以備臨幸。於是兩京兩朝天宫。宫成於宣德八年閏八月戊午……御製詩文，勒碑紀事。③

---

① 張宇初：《峴泉集》卷四《趙原陽傳》，《道藏》第33册，北京：文物出版社、上海：上海書店、天津：天津古籍出版社，1988年，第232頁。

② 陳循：《龍泉觀長春真人祠記》，陳垣編纂：《道家金石略》，北京：中華書局，1988年，第1261頁。

③ 劉侗、于奕正：《帝京景物略》卷四《朝天宫》，北京：北京古籍出版社，1983年，第184頁。

這座新朝天宫,我們姑且稱之爲北朝天宫。由其内部殿宇的規制看,中有三清殿(祀道教主神三清)、通明殿(即玉皇殿,祭祀玉皇)等崇祀道教主神的神殿,其歸屬道教應確然無疑。據明沈榜《宛署雜記》記載,憲宗成化十六年(1480)又加以重修,次年賜御製碑。道録司仍沿舊制設在朝天宫中。① 由此可見,朝天宫在明代一直受到最高統治者的重視。

**2. 朝天宫高道集團**

明代開國之初,以南京朝天宫爲活動中心的高道集團十分活躍地參與國家祭祀大典的制訂與運作。對此,明清兩代撰成的許多公私明代史都未予以詳盡載述。

洪武元年(1368),太祖於南京即位,建號改元。次年舊曆三月十三日,舉行郊天大禮,其實際主持者即嗣漢四十二代天師張正常。宋濂《四十二代天師正一嗣教護國闡祖通誠崇道弘德大真人張公神道碑銘》載云:"(洪武二年)三月十三日,上將通誠於天帝,致齋三日,御衮冕服,親署御名於章敕。太常設樂,手授於公,俾祝而焚之。"②除張正常外,參加此次國家祭典者還有幾位隨同張正常入覲的龍虎山高道,現今可考者有龍虎山太上清正一萬壽宫的張友霖。③ 值得注意的是,早在洪武初年,明太祖即以朝天宫爲基地,多方網羅四方高道,有意識地爲舉行國家祭祀大典儲備人才。經過數年經營,逐漸以朝天宫爲中心形成一個"朝天宫高道集團"。像四十二代天師張正常於至正二十六年(1366)入朝覲見時,就是住居朝天宫。④ 洪武五年(1372),高道宋宗真受命提點朝天宫。此後太祖又徵召四方高道,例如龍虎山高道張友霖、傅若霖、鄧仲修,來自江蘇丹霞道院的神霄派高道周玄初,以及黄裳吉、趙允中等人。朝天宫高道集團在洪武年間表現頗爲活躍,除廣泛參與各種大型國家祭典外,還擔任皇帝處理宗教事務的顧問。例如洪武四年(1371),太祖徵召宋宗真、鄧仲修等詢問鬼神、雷霆之事。考明太祖個人的宗教信仰,稱得上是雜而多端,不主一教。衆所周知,朱元璋是和尚出身,對佛

---

① 沈榜輯:《宛署雜記》卷十九"言字":"朝天宫,在河漕西坊,宣德八年,詔如南京式建,爲習儀之所。内設道録司,主天下道觀之事。告成日,有景星見西北。成化庚子重修,十七年賜御製碑。"北京:北京古籍出版社,1980 年,第 231 頁。

② 陳垣編纂:《道家金石略》,第 1241 頁。

③ 宋濂:《太上清正一萬壽宫住持提點張公碑銘》,陳垣編纂:《道家金石略》,第 1234 ~ 1235 頁。

④ 據宋濂《四十二代天師正一嗣教護國闡祖通誠崇道弘德大真人張公神道碑銘》載,張正常住居朝天宫期間,四方信衆有疾者聞其符籙有靈,紛紛前來求取,"公(天師)叩齒集神,濡毫篆巨符,投朝天宫井中。人爭汲之……飲者疾瘳。上(太祖)嘉之,令作亭井上,號太乙泉"。陳垣編纂:《道家金石略》,第 1241 頁。

教教義教理有很深理解。即位後,也多次召集僧衆,舉辦大型佛教法會。然而他又對道教經典有着濃厚興趣,讚稱《道德經》:"惟知斯經乃萬物之靈根,王者之上師,臣民之極寶,非金丹之術也。"[①]並於洪武七年(1374)親加訓釋。不過,太祖以朝天宫爲基地召集朝天宫高道集團則並非個人信仰因素,而是基於奠定國家祭祀制度來考慮的。因此單純從崇道角度來評價洪武年間朝天宫高道集團的組建就是不得要領。

洪武年間,朝天宫高道集團還受太祖之命對道教齋醮科儀進行删訂,從而編成《大明玄教立成齋醮儀範》。[②] 據相關碑記所載,明太祖很重視此書的删編,據宋濂《傅同虚感遇詩序》記載,朱元璋曾向道士們面授機宜:"上既面授以芟摭之要,復賜之座,設筵以宴享之。"[③]此事係宋濂親眼目覩,其真實性無可置疑。那麽朱元璋爲何對此事如此重視呢?我認爲這並非出於太祖對道教的信仰,而是因爲當時在國家祭祀大典中使用的是道教的齋醮儀範。其實何曾僅是在國家祭祀大典中使用道教齋醮儀範,就連在祭祀中慣用的樂舞,也是源於道教。明初制訂國家祭樂的頭號功臣是道士出身的冷謙。他雖然没有住居朝天宫,而是在太常寺任職,長期擔任太常寺協律郎一職,但也應視爲朝天宫高道集團的重要成員。冷謙,字啓敬,武陵人,一云錢塘人。《明史》載云:"知音,善鼓瑟,以黄冠隱吴山。召爲協律郎,令協樂章樂譜,俾樂生習之。取石靈璧以製磬,採桐梓湖州以製琴瑟。乃考正四廟雅樂,命謙較定音律及編鐘、編磬等器,遂定樂舞之制。"(《明史》卷六十一《樂一》)他爲明初國家祭祀中樂舞制度的制訂作出了重要貢獻。何喬遠《名山藏・列傳五・方外記》説:"高帝初,爲協律郎,郊廟樂章,多所撰定。"[④]他具有道士身份是確然無疑的,不過關於他學道的經歷,諸史記載多仿佛之辭。何喬遠説他於元中統(1260~1264)初,曾與世祖朝重臣劉秉忠同遊,那麽到太祖洪武(1368~1398)年間,他已一百多歲。這樣的高齡還能擔任協律郎,真是匪夷所思。不過,他曾當過道士,當是事實。何喬遠説他於淮揚遇異人,"授以中黄大丹"。[⑤]《四庫全書存目叢書》子部道家類收有署名冷謙撰作的《修齡要指》一卷,其内容多述養生調攝之事,是一部品質很高且具操作性的養生學著述。《提要》作者疑爲依託,應屬猜測之辭。關於明初祭祀樂舞的制訂,尚有一段趣事。據

---

① 朱元璋:《明太祖御注〈道德經〉》,《藏外道書》第1册,成都:巴蜀書社,1992年,第312頁。
② 此書今存,收入《正統道藏》洞玄部威儀類。
③ 陳垣編纂:《道家金石略》,第1238頁。
④ 周駿富輯:《明代傳記叢刊・綜録類》,臺北:明文書局,1991年,第685頁。
⑤ 何喬遠輯:《名山藏・列傳五・方外記》,周駿富輯:《明代傳記叢刊・綜録類》,第685頁。

《明史》所載，太祖起初令學士朱升、范權等負責制訂祭典樂舞事宜："太祖御戟門，召學士朱升、范權引樂舞生入見，閱試之。太祖親擊石磬，命升辨五音，升不能審，以宫音爲徵音。太祖哂其誤，命樂生登歌一曲而罷。"(《明史》卷六十一《樂一》)這説明當時儒生對於樂律一類知識較爲欠缺，反觀元末明初的南方道士，多能文擅畫，精通樂律聲伎等其他術數，可謂人才濟濟。又此云太祖親自擊石磬，絶非杜撰。按朱明皇室自太祖、成祖以下，一直對戲曲音樂有特殊愛好，史載太祖尤喜北曲。[①] 成祖甚至在北京興建御用勾欄，這或許就是中國歷史中較早的一座國家大劇院。冷謙的貢獻主要在於爲明初國家祭祀制訂樂舞之制，這在當時無疑是一件大事，否則太祖就不會親自過問。

除冷謙外，洪武前期朝天宫高道集團的構成主要有明初兩代天師，即四十二代天師張正常、四十三代天師張宇初，他們應當是高道集團的旗幟、象徵。此外還有一同來自龍虎山的高道張友霖、傅若霖、鄧仲修，及宋宗真、丘玄清、周玄初、黄裳吉、趙允中等高道。後期則主要有劉淵然、孫碧雲、曹希鳴等。他們在明代開國之初以南京朝天宫爲活動中心，主要負責國家祀典的制訂及具體運作。其對明代開國體制的建設雖比不上劉基、宋濂諸人，但在確立明代獨具特色的國家祀典方面居功甚偉，而《明史》及其他諸公私所撰明代史，由於修史者受到根深蒂固的儒家正統意識的限制，對他們的歷史貢獻没有予以表彰。諸家公私明代史只是在《方外傳》、《高道傳》給予一個簡短的篇幅，而没有看到他們雖然是道士身份，但從事的工作是制訂國家祀典那樣的重任。因此僅由於他們的道士身份而忽視他們是有欠公平的。此外也會妨礙我們完整瞭解明代建國的真實歷史。爲了彌補這一缺憾，我們在此專門介紹這個高道集團及其活動，並分析通過他們在明初的活動，道教信仰、齋醮科儀等因素是如何走入國家祀典的。由此也有利於我們更客觀地估價道教在明代政治生活中的地位。

提到洪武年間的高道集團，我們不能不首先提到四十二代天師張正常。他雖然只是短暫居住於南京朝天宫，却多次主持明初祭禮大典。關於他的傳記，由於其世襲的天師地位，正史所載尚屬完備。因此我們在此主要依據《漢天師世家》等材料，着重來看他與洪武時期國家祀典的關係。張正常(1335～1377)，字仲紀，龍虎山嗣漢四十二代天師。早在朱元璋即位之前，張正常就曾於1361、1365、1366年先後三次朝覲他。尤其是元順帝至正二十六年(1366)入覲，張正常

① 明李開先《張小山小令後序》："洪武初年，親王之國，必以詞曲一千七百本賜之。"見徐泳、陶嘉今編：《李開先研究資料彙編》，濟南：山東文藝出版社，2007年，第402頁。

住居朝天宫。我們前文曾提到他曾將巨符投進朝天宫井中,大獲靈應,朱元璋遂爲之修建亭宇,名太乙泉。正常還應太祖之詔,傳授太上延禧諸階法籙。洪武元年(1368)太祖甫即位,正常入都朝賀,太祖降書,授正常正一教主、嗣漢四十二代天師、護國闡祖通誠崇道弘德大真人、領道教事,並賜二品銀印。① 我們上文提到張正常曾主持洪武二年(1369)的祭天大典。這是他參與的一次重要的明代開國之初大典。此後他又於洪武十年(1377)奉命從重臣李善長一同祭祀嵩山,其座下弟子也隨朝中大臣祭祀群望。太祖開國之初任用道士祭五嶽山川值得我們重視,這表明明代國家祭典已交由道教負責。考慮到歷代五嶽群望的祭祀都是國家祭典的重要組成部分,由道教負責五嶽群望的祭祀説明道教在明代開國之初即參與其政制活動。② 不過由於張正常並非長期住持朝天宫,他的弘教基地是在江西龍虎山,因此他只是朝天宫高道的精神領袖。

繼張正常之後,其嗣四十三代天師張宇初,在洪武、永樂年間亦頻繁主持國家祀典,且與朝天宫、神樂觀有所關聯。張宇初,字子璿,號耆山。他在明代傳承的幾位天師中以學問淵博、文采斐然著稱。《漢天師世家》卷三稱他:"學問深造,貫綜三氏,融爲一塗,旁及諸子百家之籍,靡不窮蒐。發爲載道紀事之文,各極精妙。"③《道藏》收有其所著《峴泉集》,確係貫通三教之作。洪武十二年(1379),太祖賜誥敕授正一嗣教道合無爲闡祖光範大真人。他曾於洪武十六年(1383)奉命於南京紫金山建玉籙大齋。此後又於洪武十八年(1385)在神樂觀主持祈雨醮儀。不過在建文帝主政期間,張宇初曾被奪印。成祖即位始重獲寵用,多次參加國家祭祀大典。永樂元年(1403),陪祀天壇;五年(1407),在朝天宫主持玉籙大齋以薦拔亡靈;六年(1408),建延禧大齋五壇,爲帝傳延禧法籙。④ 他在永樂四年(1406)還奉命編修《道藏》,其後經過兩代天師及數位高道的共同努力,終於在英宗正統十年(1445)修成全藏。張宇初仙逝於永樂八年(1410)。

---

① 宋濂:《四十二代天師正一嗣教護國闡祖通誠崇道弘德大真人張公神道碑銘》,陳垣編纂:《道家金石略》,第1241頁。

② 除張正常外,據《華山志》卷七,洪武十年(1377)道士何公溥也隨同宋國公馮勝祭祀西嶽。又成祖永樂(1403~1424)年間,道士也多代表朝廷祭祀五嶽。《華山志》卷七:"成祖永樂元年即位,遣道士鄧全禮祭西嶽。"又《嵩嶽志》卷下:"洪武三十五年,太宗遣道士姜士暄、沈與真祭中嶽。"又"永樂四年七月,遣道士劉常制、監生李庸祭中嶽","永樂五年,遣道士岳崇高、監生屈伸祭中嶽"。而仁宗之後,宣宗例遣大臣祭告中嶽。這説明此時朝廷已從道士手中收回五嶽祭祀大權。不過,即使在英宗主政期間,祭告歷代帝王陵寢等國家祭祀典禮仍由道士負責。《明英宗實録》卷九十四:"(正統七年七月癸卯)遣神樂觀道士齎祝帛,往命所在守臣祭歷代帝王陵寢。"

③ 《道藏》第34册,第835頁。

④ 《漢天師世家》卷三,《道藏》第34册,第835頁。

洪武年間,朝天宫高道集團的實際領袖是住持宋宗真。宋宗真,道號浩然。關於他的傳記材料不多,《明史》亦失載。不過他在洪武年間的宫廷中相當活躍,參加過不少國家祭典的祭祀活動。宋濂撰有《贈浩然子序引》(《宋文憲集》卷二十六),這表明他與明初大臣多有交往。宋宗真來自南京報恩光孝觀,洪武初曾任該觀提點,這説明他在當時道教界地位很高。洪武四年(1371),太祖召集四方高道,詢問鬼神幽冥之事,宗真應詔。可能是因爲對答妙沃帝心,次年(1372)遂奉命住持帶有國家宫觀性質的朝天宫。當時朝天宫各地高道雲集,其中既有來自龍虎山的正一派高道張友霖、鄧仲修、傅若霖、黄裳吉,又有來自蘇州的東華派高道周玄真,以及趙允中等,宋宗真能在此時出任朝天宫住持,説明他爲道門所擁戴。據宋濂《贈浩然子序引》載,他曾於洪武六年(1373)主持郊祭大典中的道教禮儀:"臨事之日,仍令宗真被法服與祭。由是深合帝心,屢蒙召對。"宋宗真還於洪武七年(1374)奉太祖命,與高道鄧仲修、傅若霖、周玄真、趙允中一道,删編在當時用於國家祭典的靈寶齋儀,編成《大明玄教立成齋醮儀範》一卷。

前期朝天宫高道集團中有四位均來自正一派大本營龍虎山,這説明朱元璋政治集團由於發端於江南,因而選擇同在江南的正一派道教作爲自己的合作對象。元朝雖然早在世祖忽必烈統治期間的至元十六年(1279)滅南宋,統一了全中國,然而,由於元朝統治者長期對南中國執行歧視政策,因而造成南人對元政權缺乏歸屬感。實際上,儘管元朝在政治上、軍事上征服了南方,然而終元之世,南人在心理上都未真正歸依新朝,也就是説,元朝没有真正實現南北心理統一。因而在一定意義上可以説,長期存在於元朝的南北心理分隔、對立乃是導致其覆亡的重要原因。元朝末期許多南方知識精英都遁入道門,或徜徉山水,或寄情玄冥。不過他們並非全然消極遁世,而是待時而動。這就無形中爲反元勢力儲備人才。此外,他們之所以選擇遁入道門以避世,固然與元代道教地位相對崇高有關,但更重要的乃是因爲他們把道教視爲中國文化的一個象徵。遁入道門其實就是他們確認中國文化認同的重要方式。像明代開國重臣劉基、宋濂等人早年都曾有過學道的經歷。其他一些年輩較他們爲高的元末知識精英,像鄭所南、張雨、金志揚、桂心淵、黄公望等人,雖然没有幸運地活到看見太祖揭起反元大旗,但他們在南方知識精英圈中營造的不合作傳統,對劉基、宋濂等開國重臣具有重要影響。洪武年間以四十二代天師爲首的朝天宫高道集團也屬於南方知識精英,他們在情感上、心理上與劉基、宋濂等人是相似的,因而屬於信念相同的同一群體。他們儘管都有道士身份,且大多數都與龍虎山關係密切,然而他們的文學素養也很高,能詩善文,與當時活躍於南方文壇的文士相互酬唱。這從他們當中不少人的碑記都出於南方文士諸如宋濂之手就可證明。因此朱元璋選擇與他們結盟完全順理成章。此外,元代興盛於北方的全真教,在當時早已進入元朝官方政制,獲得官方宗教的地位。朱元璋既然要推翻元朝的統治,自然不會選擇與全真教結盟。

朝天宮高道集團中來自龍虎山正一派的四位高道分别是張友霖、鄧仲修、傅若霖、黄裳吉。考宋濂《四十二代天師正一嗣教護國闡祖通誠崇道弘德大真人張公神道碑銘》,洪武六年(1373)四十二代天師張正常入京朝覲後,即辭歸龍虎山。"上命留弟子以司秘祝之事。"宋碑没有交待究竟何人留下。我們據相關資料可知他們中就有張友霖。據宋濂《太上清正一萬壽宫住持提點張公碑銘》載:張友霖(1305~1372),字修文,號鐵礦子,江西貴溪人。青年時入龍虎山修道,曾師事龍虎山高道周貴德,又從元末著名内丹派高道桂心淵、金志陽問道:"傳其三皇内文九鼎丹法所謂延齡度世者,頗領其幽玄,歸參天道運化、三洞四輔、海嶽洞府、日月星斗諸書,或合或離,類有以取捨之。"①他還頗善詩文,與元末著名文士、江西人虞集有詩文酬唱,"文靖(虞集)深加敬嘆,與之相辨難者甚至"。② 按元末江南道士多兼修詩文書畫,如張雨、黄公望諸人,張友霖特其一例。早在四十一代天師張嗣德掌教時,張友霖即出任龍虎山太上清正一萬壽宫教門講師、玄壇修撰,可見他在道門中資望甚高。四十二代天師張正常幾次朝覲時,張友霖均爲輔行。洪武四年(1371),張友霖出任龍虎山核心宫觀太上清正一萬壽宫提點。"未幾,與高行道士黄裳吉、鄧仲修同被召。公奏對稱旨,賜食禁中而退。"③他於洪武五年(1372)七月逝於南京朝天宫,享年六十七。著有文集《鐵礦子》。

一同來自天師門下的朝天宫高道集團的第二位高道是鄧仲修。鄧仲修,號雲林子,江西臨川人。關於他的傳記,宋濂撰有《鄧煉師神谷碑》、《贈雲林道士鄧君序》。查繼佐《罪惟録》也載有他的傳記。他於元時入龍虎山上清宫學道:"遇異人仙巖石上,出青囊靈書,授縱閉陰陽麾斥鬼物之法。又從隱者金志揚傳性命之説,龍虎火丹之秘。"④可見,他是雷法、内丹兼修。他在當時南方道門中聲譽很高,曾提點温州玄妙觀、杭州龍翔宫等知名宫觀。宋濂説:"世之碩師,皆禮重之。"⑤洪武四年(1371),他因張正常的推薦,入朝覲見。太祖問以雷霆鬼神之

① 宋濂:《太上清正一萬壽宫住持提點張公碑銘》,陳垣編纂:《道家金石略》,第1234頁。
② 宋濂:《太上清正一萬壽宫住持提點張公碑銘》,陳垣編纂:《道家金石略》,第1234頁。
③ 宋濂:《太上清正一萬壽宫住持提點張公碑銘》,陳垣編纂:《道家金石略》,第1235頁。
④ 查繼佐:《罪惟録》第4册《列傳》卷二十六,杭州:浙江古籍出版社,1986年,第2519頁。
⑤ 宋濂:《鄧煉師神谷碑》,陳垣編纂:《道家金石略》,第1243頁。

事,仲修一一爲之解釋,“上悦,賜座錫燕。詔館之於朝天宫,祠禱之事多屬焉”。[①]可見,他在洪武年間是新朝參與主持國家祭祀的重要成員。洪武十年(1377),他還奉命主祭大禹及宋阜、穆陵這樣重大的國家祭祀典禮。他還與宋宗真等人一道,奉命編删靈寶齋儀。值得一提的是,他曾於洪武五年(1372)春、洪武八年(1375)秋,先後三次奉命主持祈雨、祈雪祭祀,均大獲靈應,“上甚寵異之,每召見與語,嘗賜與詩及御注《道德經》”。[②]

傅若霖(1322~1399),道號同虚子,起家於龍虎山天師門下。洪武年間多次隨張正常入京朝覲。洪武六年(1373),太祖詔舉四方高道入京,他因天師的薦舉,被詔入京都,居朝天宫。[③] 他曾於洪武七年(1374)奉命與宋宗真等人一同編輯靈寶齋儀。據宋濂記載,傅若霖頗善詩文,具有良好的文學素養。洪武七年,太祖召集朝天宫衆高道删定國家祭祀典儀,事後賜宴舉行詩會。“酒半酣,命賦嚴冬如春暖詩,同虚與鄧仲修次第成,跽奏上前,龍顔大悦,且親御翰墨,成長句一首,内史讀示至再,既而留中不下,遂令各沉醉而退。”[④]此事係宋濂所親眼目覩。由此可見,當時幾位應詔的朝天宫高道都頗善吟詠。就是太祖本人,雖然年青時讀書不多,但經過此後刻苦自學,在文學上也達到一定水準。過去曾有人懷疑其御注《道德經》是否親作,今觀其注釋文風,應係出自御筆。傅若霖還於洪武十八年(1385)應命擔任國家宫觀神樂觀的提點一職,達十年之久。[⑤] 這説明他在洪武時期的國家祭典中扮演着極其重要的角色。

洪武年間朝天宫高道集團中還有一位來自蘇州的高道,他就是周玄真。周玄真,字玄初,號鶴林先生。[⑥] 世居浙江嘉禾,後遷於江蘇姑蘇。少年時師從嘉禾紫虚觀道士李拱瑞,拱瑞師元代高道杜道堅。其後又從元代神霄派傳人步宗浩習雷法。宋濂《周尊師小傳》云:“初雪川有神師曰莫洞乙,呼雲役雷,狎褻如兒戲,晚授其徒王繼華,繼華授張善淵,善淵授步宗浩,宗浩欲授人,無契意者,見玄初,因以其秘示之。”[⑦]周玄真在元末明初的江南一帶就享有很高聲譽,主要以善行呼召風雷、呵遣鬼物等法術著稱。他在朝天宫高道集團中年輩較高。宋濂曾從之問道,態度極爲恭敬。不過他住持的道觀主要爲蘇州丹霞道院及常熟致常

① 宋濂:《鄧煉師神谷碑》,陳垣編纂:《道家金石略》,第1242頁。
② 宋濂:《鄧煉師神谷碑》,陳垣編纂:《道家金石略》,第1242頁。
③ 張宇初:《故神樂觀仙官傅公墓志》,《峴泉集》卷三,《文淵閣四庫全書》本。
④ 宋濂:《傅同虚感遇詩序》,陳垣編纂:《道家金石略》,第1238頁。
⑤ 張宇初:《故神樂觀仙官傅公墓志》,《峴泉集》卷三,《文淵閣四庫全書》本。
⑥ 《重印玄妙觀志》卷三,參見《藏外道書》第20册,成都:巴蜀書社,1992年,第465頁。
⑦ 宋濂:《周尊師小傳》,陳垣編纂:《道家金石略》,第1233頁。

觀,而非常住朝天宫。因而係朝天宫高道集團的周邊成員。他曾於洪武三年(1370)、四年(1371),先後兩次應太祖詔請入京朝見:"上召見武樓,訪雷霆所以神之故。"①不過他並未在宫廷供職。他在洪武年間主持的幾次祈雨法事,給朝中重臣留下極深印象。洪武二年(1369)、六年(1373),他曾先後兩次應太師李韓公、汪丞相之邀,主持京師祈雨醮儀,大獲靈應。② 他在洪武十二年(1379)曾主持神樂觀事。③ 對此,我們在後文還要討論。

周玄真頗有仙風高標,宋濂稱他:"嘗構來鶴軒於丹霞密林間,披鶴氅衣,執《黄庭經》一卷,焚香默坐,人競稱之爲鶴林高士云。"④

除上述衆人之外,洪武年間還有一位身份特殊的高道我們不能不提,這就是出身於全真派的丘玄清。他雖然没有住居朝天宫,且被太祖詔令由道返俗,因而喪失其道士身份,然而他在明初的國家典禮建設中發揮了不可替代的作用。丘玄清(1327~1393),號雲谷,陝西富平人。幼從道士黄德禎出家,主要在陝西重陽宫全真教祖庭修道,係明初全真派高道。據《太嶽太和山志》⑤卷七記載,他於洪武四年(1371)至湖北武當,師從全真派高道張三丰。後奉三丰之命,住持武當五龍宫。不過當時武當山各宫觀因元末戰亂,殘毀嚴重,五龍宫亦非元時全盛時的狀況。大約在洪武十年(1377)左右,太祖聞其有治才,於是詔任監察御史,十八年擢陞太常卿。(《明太祖實録》卷二百二十五洪武二十六年二月庚寅條)太祖稱其繼任以來,"祀事嚴潔"(《太嶽太和山志》卷二)。丘玄清深受太祖寵愛,《萬曆野獲編補遺》提到太祖曾將兩名宫女賜予他:"上以二宫人賜之,丘度不能辭,遂自宫。自觀其遺像,真儼然一嫗也。後轉太常卿,封三代,歿於京師。"(《萬曆野獲編補遺》卷三)丘玄清是明代最早一位道士出身的太常卿。太常卿分管國家祭祀,在洪武年間國家祭典制度的制訂中發揮了重要作用。《太嶽太和山志》卷七云:"每遇大祀天地,上宿齋宫,諮以雨暘之事,玄清奏對,立有應驗。上愈重,深敬焉。"他的弟子主要有燕善名、蒲善淵等,均活躍於武當山。(《太嶽太和山志》卷七)

活躍於洪武後期的朝天宫高道有劉淵然、孫碧雲等人。劉淵然(1351~

---

① 查繼佐:《罪惟録》第4册《列傳》卷二十六,第2516頁。

② 宋濂:《周尊師小傳》,陳垣編纂:《道家金石略》,第1233頁。

③ 《重印玄妙觀志》卷三"周元真"云:"(洪武)己未,授領神樂觀事。"見《藏外道書》第20册,第465頁。

④ 陳垣編纂:《道家金石略》,第1234頁。

⑤ 《藏外道書》第32册,成都:巴蜀書社,1994年,第820~1020頁。

1432)，號體玄子，江西贛縣人。師承元末明初全真派高道趙宜真，同時兼傳净明、清微等法，被尊爲净明派第六代嗣師。他在洪武二十六年(1393)奉詔入京，館於朝天宫。他深得太祖寵信："旋蒙賜號高道，命建西山道院於朝天宫居之，日被顧問。"[1]劉淵然在洪武後期曾多次奉命祭祀名山洞府，並主持金籙大醮。不僅如此，他在成祖、仁宗、宣宗等統治時期一直得到重用，甚至於宣德先於天師晉封大真人，領天下道教事，是當時道門的實際領袖。此外，他傳承的這一系高道如邵以正、喻道純、李得晟等，在明代長期活躍於宫廷，擁有真人封號，對明代政治産生不小的影響。

孫碧雲(1345～1417)，號虚玄子，陝西大荔人。早年在華山修道，曾師從張三丰。他在洪武二十七年(1394)奉詔入住朝天宫，"太祖皇帝因夢有徵，賜以衲衣御膳珍果之物"(《陝西通志》卷三十六)。不過，我們並未找到他在洪武後期參與國家祭祀的記録。他的政治影響主要體現在成祖永樂時期。

## 二、主管國家祭祀的宫觀——神樂觀

洪武十二年(1379)，明太祖在京城又創建了一座國家宫觀——神樂觀。自此之後，國家祭祀的職能大部分從朝天宫轉移至神樂觀。關於神樂觀的職掌，《明史》載云："洪武十二年建神樂觀，設提點一人，正六品，知觀一人，從八品。職掌樂舞，以備大祀天地神祇，及宗廟社稷之祭，隸太常寺。"(《明史》卷七十四《志第五十・職官三》)可見，創建神樂觀主要是爲了舉行國家重大的祭祀典禮諸如天地神祇、宗廟社稷等等。然而此時朝天宫並未廢除，爲何又要再創建神樂觀呢？可能是因爲此時祭祀禮儀舉行較爲頻繁，而朝天宫又要負責群臣演習朝賀禮儀，因而難以再承辦祭禮大典，故將其這部分重要職能剔除出來，轉交神樂觀。自此之後，朝天宫雖然仍間或舉辦醮祭，但都屬較小祭儀，其道教色彩更爲濃厚。神樂觀位於今南京光華門外的天壇村西。據《明實録》記載，太祖對神樂觀建設極爲重視，甚至連樂舞生的挑選、待遇都親加過問。《明太祖實録》洪武十三年五月辛亥條："上諭禮部臣曰：'樂舞者，所以享天地、祖宗而致感格之道也。凡樂舞生必慎擇其人，若有過及疾病者，放歸爲民。'"(《明太祖實録》卷一百三十一)神樂觀道士的待遇甚爲豐厚，《國史唯疑》載："太祖最重祠敬祭，所贍給神樂觀道士甚猶。錢糧不刷卷，曰：'要他事神明底人，不要與他計較。'常膳外，復與肉若干，

① 《龍泉觀長春真人祠記》，陳垣編纂：《道家金石略》，第1261頁。

曰:‘毋使飢寒亂性’。”[①]又《全明詩》收録太祖詩五卷,其中就有與神樂觀有關者,如《神樂観道士》、《題神樂觀道士》等。神樂觀雖然主要負責國家大祭典,不能完全算是道教宮觀,然而主其事者仍是道士。擔任神樂觀首任提點者即明初蘇州高道周玄初[②],其後又於洪武十八年(1385)任命龍虎山高道傅若霖主持觀事,可能是因爲此時宋宗真已仙逝。[③]

與明代其他幾所帶有國家宮觀性質的祠宇例如朝天宮、靈濟宮、大德顯靈宮有所不同,神樂觀雖然也由道士住持,但其與道録司没有任何隸屬關係。《明實録》洪武十五年五月甲子條載,禮部尚書劉仲質言:“神樂觀職掌樂舞以備大祀天地、神祇及宗廟社稷之祭,與道録司無相統屬。本觀提點秩從六品,知觀從九品,今道録司已爲六品,宜改陞提點亦正六品、知觀八品。凡遇朝會,提點列於僧録左善世之下,道録左正一之上。”(《明太祖實録》卷一百四十五)由此可以看出,神樂觀在明代政制中與道録司屬不同系列,其在國家政制中的地位因承擔國家大祭典從而顯得很重要,遠非道録司、僧録司之類機構所能比擬。考明代設置專門的道教管理機構始於太祖洪武元年(1368),其時在朝天宮設立玄教院,管理全國道教事務。洪武四年(1371)革除。十五年(1382)改玄教院爲道録司,掌天下道教。道録司下設正一、演法、至靈、玄義等官,職分左右。其中左右正一爲正六品。這是中央政府管理全國道教的機構。地方政府則在府一級設道紀司,州設道正司,縣設道會司,道録司隸於禮部。(《明史》卷七十四《志第五十·職官三》、《大明會典》卷二百二十六)除此之外,早在洪武元年(1368),四十二代天師張正常入賀,太祖即授予其“正一教主嗣漢四十二代天師、護國闡祖通誠崇道弘德大真人”稱號,並領天下道教事,賜銀印,秩視二品。[④] 然而,龍虎山天師雖然品秩崇高,却只是道門的精神領袖,除龍虎山道教宮觀事務之外,並不直接管理道教日常事務。[⑤]

---

① 黄景昉:《國史唯疑》卷一,《續修四庫全書》第432册,上海:上海古籍出版社,2002年,第12頁。

② 《明太祖實録》卷一百二十八洪武十二年癸亥朔條:“神樂觀成,命道士周玄初領觀事,以樂舞生居之。上親製語文立碑誌其事,其樂舞生每歲所給米麥衣布及時節賚予之數,具刻於碑陰。”

③ 傅若霖主持神樂觀事,見張宇初《峴泉集》卷三《故神樂觀仙官傅公墓志》,文云:“(洪武十八年,1385)有旨於龍虎、三茅、閣皂三山,選道行之士充神樂觀提點,僉推公,應召赴京。上悦,授格神郎五音都提點、正一仙官,領神樂觀事。敕禮部鑄印如六品,命掌之。”

④ 《漢天師世家》卷三,《道藏》第34册,第843頁。

⑤ 當然天師在明代常應皇帝之邀,赴京主持重大齋醮儀式,並對重要宮觀住持提點的任命具有建議權。例如成祖永樂年間,四十四代天師張宇清就受命推薦武當山四大宮觀住持,參見《漢天師世家》卷三、《太嶽太和山志》卷五。

研究明代道教史的學者都注意到明代自代宗始,連續出了六位道士禮部尚書,這在道教產生之後的中國歷史中絕無僅有。這六位道士出身的禮部尚書分别是代宗朝的蔣守約[①],憲宗朝的李希安[②],孝宗朝的崔志端[③],世宗朝則先後有三位道士擔任禮部尚書,他們分别是邵元節、陶仲文、徐可成。[④] 這種現象在中國歷史上極爲少見,即使在尊老子爲遠祖的唐代,也没有出現過。對此,一般學者往往將其歸結爲皇帝個人的佞道行爲。[⑤] 這種解釋其實完全不得要領,難以使人信服,因爲首次任命道士爲禮部尚書的代宗並不是一位崇道皇帝。合理的解釋應該從道教尤其是神樂觀在明代承擔國家祭祀大典來考慮。正是由於神樂觀主持國家祭祀大典,因而它在政府體制中地位非同尋常。我們注意到六位道士禮部尚書除世宗朝的邵元節、陶仲文之外,其餘四位都出自神樂觀,起家於最底層的樂舞生。而且他們都是經過正常的陞遷路綫,纔陞擢至禮部尚書的。其陞擢途徑通常是樂舞生、讚禮郎、協律郎、太常寺丞、太常寺少卿、太常寺卿、禮部尚書。他們之所以能由神樂觀最底層樂舞生陞至職位崇赫的禮部尚書,乃是因爲從政府體制上看,由神樂觀到禮部有一條遞進陞遷的通道。這是其他國家宫觀甚至道教總部道録司所不具備的。就是世宗朝的邵元節、陶仲文,他們之所以能超擢至禮部尚書甚至更高地位[⑥],也是因爲他們精通道教齋醮儀式,因而多次主持世宗朝各種祭祀典禮。因此從一定意義上説,神樂觀就是朝中的"終南捷徑"。而這條捷徑在明代之得以開通,乃是因爲道教的齋醮祭儀經過長期歷史發展已經爲社會所普遍認同,並最終滲入國家大祭典,爲皇家所接納。因此,學者們通常從皇帝個人信仰角度解釋此事,只能是書生之見,難以令人信服。

---

① 其人出身於神樂觀樂舞生,代宗景泰三年(1452),出任禮部尚書,英宗天順元年(1457)續任。見《明英宗實録》卷二百八十七。

② 李希安亦起家於神樂觀樂舞生,成化四年(1468)陞任禮部尚書。見《明憲宗實録》卷一百一十五。

③ 與蔣守約、李希安一樣,崔志端也是由神樂觀樂舞生起家的,於孝宗弘治十七年(1504)擔任禮部尚書。見《明孝宗實録》卷二百〇七、二百〇八。

④ 邵元節於嘉靖十五年(1536)、陶仲文於嘉靖十九年(1540)、徐可成於嘉靖三十五年(1556)先後出任禮部尚書。其中徐可成出身於神樂觀樂舞生。邵元節、陶仲文之事,分别見《明史》卷三百〇七《邵元節傳》、《陶仲文傳》。徐可成之事見《萬曆野獲編》卷二十七。

⑤ 如《明憲宗實録》的編纂者對此評論説:"本朝革中書省,立六部以分掌國政,今之尚書,蓋前代宰輔。而官雜流,此景泰之失也。"見《明憲宗實録》卷五十一。

⑥ 邵元節在嘉靖十五年(1536)任禮部尚書,賜一品服,見《明史》卷三百〇七《邵元節傳》。陶仲文更是在嘉靖二十三年(1544)達到榮譽的頂峰,以禮部尚書兼少傅、少保、少師,成爲有明一代兼領三孤的僅有一人。見《明史》卷三百〇七《陶仲文傳》。

## 三、永樂(1403～1424)時期創建的洪恩靈濟宫、大德顯靈宫

除朝天宫、神樂觀外,明代具有國家宫觀性質的道觀還有洪恩靈濟宫、大德顯靈宫。這是成祖在永樂時期於北京創立的兩所國家宫觀。不過與太祖主政時期創建的朝天宫、神樂觀相比,這兩所國家宫觀帶有明顯的私人信仰痕迹。

### 1. 洪恩靈濟宫

洪恩靈濟宫創建於成祖永樂十五年(1417),祭祀的主神是五代的徐知證、徐知諤兄弟,原係福建一帶民間崇祀的地方神。不過,對二徐的祭祀,雖源於福建民間,却具有深厚的歷史淵源。因爲據載,早在南宋高宗朝就曾爲二徐祠宇賜予觀額。永樂十五年,成祖將這一原本流行於福建民間的地方信仰移植進京,在北京西郊創建洪恩靈濟宫以崇奉二徐,並令禮部具體負責宫觀管理事務。這表明在明代的國家祭祀典禮中已滲入民間信仰的成分,而這一接納的方式是通過將其劃歸道教的途徑來完成的,這也同時表明道教與民間信仰之間有着天然的親緣性。據載,成祖是因爲靈濟宫禱事有應、服藥有靈纔予以接納的。《明太宗實録》永樂十五年三月辛丑條載:

> 建洪恩靈濟宫於北京,祀徐知證及其弟知諤。初,其父温事吴楊行密。及温養子徐知誥代楊氏有國,封知證爲江王,知諤爲饒王。嘗帥兵入閩靖群盗,閩人德之,爲立生祠於閩縣之鼇峰,纍著靈應。宋高宗敕賜祠額靈濟宫。入國朝,靈應尤著。上聞之,遣人以事禱之,輒應。間有疾或醫藥未效,禱於神則奇效。至是,命立廟北京皇城之西,賜名洪恩靈濟宫,加封知證爲九天玉闕明道達德大仙顯靈普濟清微洞玄沖虚妙感慈惠護國庇民洪恩真君,知諤爲九天玉闕宣化扶教大仙昭明普濟高明弘静沖湛妙應仁惠輔國佑民洪恩真君。王爵如故。仍命禮部新鼇峰之廟,春秋致祭,及灑掃五户。(《明太宗實録》卷一百八十六)

《宛署雜記》記載成祖是因夢有感,乃迎請二徐神像至京:"太宗文皇帝臨御,嘗夢二神人,言南處海濱,來輔家國。上異之。明日,適有禮官言閩中靈濟二真君事,正符所夢,遂專使函香迎神像至於北京,而於宫城之西,得洪恩靈濟宫,以

奉祀事。"[1]《明史》又記載那位介紹二徐信仰入京的禮官係禮部郎周訥。[2]

無論二徐信仰通過何種方式傳入北京,在明代對二徐的祭祀自永樂十五年之後即納入國家祀典,則是不可争辯的事實。[3] 據《帝京景物略》的記載,對二徐真君的祭祀相當頻繁、嚴格:"歲元旦、日短至及真人誕辰,遣太常寺堂上官行禮。朔望,宫道士行禮。歲四孟,更服,祭告,冕衮服,平時冠巾袍褷,私祖襪縶履綦服,服各以其時。"[4]洪恩靈濟宫位於北京小時雍坊,其建造規制宏偉,鋪金砌玉,確有皇家宫觀的氣派。明費宏《過靈濟宫》詩吟道:"匹馬春行困馳逐,巍然仙宫驚在目。簷牙高啄總塗金,殿址重鋪皆砌玉。雕牆畫壁擁周遭,梔茜爲泥間青緑。諸天相去僅尺五,世界依稀藏一粟。龜趺屹屹載穹碑,揩眼含辛三四讀。"[5]李夢陽亦有《冬日靈濟宫十六韻》述二徐位號之尊隆及靈濟宫之奢華:"貝闕崑崙外,浮生此路疑。蓬萊移舊國,塵世出瑶池。蕞爾雙仙迹,飛騰後晉時。論功竟恍惚,讖兆且逶迤。慫慂精靈託,呼噓霹靂隨。先皇親議號,繼聖必修辭。爵陟王侯上,尊同帝者師。龍襦分内錦,宫女凖昭儀。雨露宫城切,星辰天仗移。琳琅摇繡栱,松柏蔭丹墀。瓶内金花踊,龕前紫鳳垂。晴還日月秘,瞑則鬼神悲。玉鼎推龍虎,瑶編述姹兒。"[6]與此相應,洪恩靈濟宫也成爲繼朝天宫、神樂觀之後,又一座國家宫觀。我們注意到,在永樂年間遷都北京之後,隨着政治中心的北移,洪恩靈濟宫的地位愈來愈重要。從史籍記載看,遷都北京之後,許多重要國家祭典都是在靈濟宫舉行的。例如永樂二十二年(1424)九月丙申,仁宗甫即位,即命禮部以十月朔,集僧道於慶壽寺、靈濟宫建薦揚大齋七晝夜,上資皇考皇妣之福。(《明仁宗實録》卷二)緊隨此事不久,仁宗爲哀悼成祖晏駕百日,又在靈濟宫舉辦薦揚大齋。(《明仁宗實録》卷三)此類祭祀大典,在仁宗之後諸帝主政期間還多次舉行。爲什麽這樣的皇家祭祀大典要在靈濟宫舉行呢?要知道當時在北京還有諸如白雲觀、崇真宫等大型道教宫觀,也很適合舉辦大型祭祀儀典。事實上,成祖在永樂七年(1409),爲紀念仁孝皇后喪再期,就曾在白雲觀舉辦皇

---

① 沈榜輯:《宛署雜記》卷十八,第 198 頁。

② 《明史》卷二百九十九《列傳》一百八十七云:"禮部郎周訥自福建還,言閩人祀南唐徐知諤、知誨,其神最靈。帝命往迎其像及廟祝以來,遂建靈濟宫於都城,祀之。帝每遘疾,輒遣使問神。"

③ "永樂十五年,文皇帝有疾,夢二真人授藥,疾頓瘳,廼敕建宫祀,封玉闕真人、金闕真人,封其配曰仙妃。十六年,改封真君。成化二十二年,改封上帝。"劉侗、于奕正:《帝京景物略》卷四《靈濟宫》,第 172 頁。

④ 劉侗、于奕正:《帝京景物略》卷四《靈濟宫》,第 172 頁。

⑤ 劉侗、于奕正:《帝京景物略》卷四《靈濟宫》,第 173 頁。

⑥ 劉侗、于奕正:《帝京景物略》卷四《靈濟宫》,第 173 ~ 174 頁。

家齋醮法事。[1] 這只有一種解釋:成祖由於係由藩王武力篡奪皇位,在中國傳統的政治背景下,憑藉這種方式建立的政權缺乏政治合法性的基礎。這在當時無論社會輿論還是統治者自身都面臨着巨大的壓力。爲了化解社會認同危機,當時最緊迫的任務就是要從理論上爲新皇統的建立提供論證,以便重新獲取社會的信任與認同,統治者自身也藉此緩解籠罩在心中的篡奪壓力。在中國古代由於社會普遍接受了君權神授的觀念,因而求助於神靈的佑助便是最好的政治選擇。事實上,成祖在靖難之後大力重建武當山宮觀,推崇真武信仰,並以真武化身自居等一系列崇道舉動,都應看做是重建政權合法性的努力。以後武當山成爲明朝皇室的家廟,自成祖之後,歷代皇帝在繼位之初都要到此祭告,這成了明代政治傳統的重要組成部分,而真武大帝也就成了明朝的護國神。依此解釋邏輯,創建洪恩靈濟宮以作爲新都的國家宮觀,也是這一系列乞靈於神權、重建社會信任基礎的諸多舉動的一部分。這在當時的確有點"再受命"的味道。從道教史的角度看,二徐信仰之所以能從地方信仰迅速向全國傳播,並滲入明朝的國家祭典,也是得力於永樂年間這一重建"再受命"政治神話的政治時機。

永樂年間,成祖不僅創建國家宮觀祭祀二徐,而且還爲祭祀真武、二徐的道教齋醮儀式專門譜寫樂章。《正統道藏》洞神部表奏類收録的《大明御製玄教樂章》,就收録成祖譜寫的十四首道曲,其中就有讚詠真武大帝(玄天上帝)、洪恩靈濟真君的樂章。在這一政治大背景下,道教界對統治者的這一造神運動也積極呼應,製作了不少有關二徐崇拜的經書,例如今存《正統道藏》洞玄部本文類即收有《靈寶天尊説洪恩靈濟真君妙經》一卷,又洞玄部威儀類收有題朱棣等撰的《洪恩靈濟真君事實》一卷,又《萬曆續道藏》還收有《徐仙翰藻》、《徐仙真録》及《讚靈集》等道書。

對於二徐的信仰,永樂之後愈來愈得到强化。直至成化二十二年(1424),憲宗加封徐知證爲金闕上帝,徐知諤爲玉闕上帝,並派重臣萬安前往祭祀。[2] 這表明明代對二徐的尊崇已達到頂峰。對此,當時許多儒生出身的士大夫基於儒家正統意識都大加批評,將其視爲憲宗的個人崇道行爲。例如孝宗朝禮科給事中張九功在弘治元年(1488)的奏章中,批評國家祀典中所祀諸神不合祀典,應加以釐正。(《明孝宗實録》卷十三弘治元年四月庚戌條)所列諸神名單中,就包括金

---

① 《明太宗實録》卷九十四云:"(永樂七年七月)甲戌,仁孝皇后喪再期,上輟朝三日,御西角門視事。文武百官素服行奉慰禮,命僧道於慶壽寺、白雲觀設齋醮十四日,遣中官詣南京致祭。"

② 《明史》卷一百六十八云:"帝崇信道教,封金闕、玉闕真君爲上帝,遣安(萬安)祭於靈濟宮。"

闕上帝、玉闕上帝。其後禮部尚書周洪謨又加以呼應,從而推動了孝宗朝對國家祀典的革新。(《明孝宗實録》卷十三弘治元年四月庚戌條)然而,面對儒生出身的士大夫基於儒家正統意識對國家祭典的批評,孝宗只是採取一些調整措施,對二徐的信仰並未完全加以廢止。《明孝宗實録》載孝宗批示:“卿等言是,修建齋醮,遣官祭告,並東嶽、真武、城隍廟、靈濟宫祭祀,俱仍舊。二徐真君並其父母妻,宜革帝號,止仍舊封號。”(《明孝宗實録》卷十三弘治元年四月庚戌條)看來,倒是孝宗更深諳朱明皇家祭祀二徐真君的個中三昧。事實上,明朝在國家祀典中接納佛道及民間信仰諸因素,正是與時俱進、重建社會意識統一性基礎的高明之舉。對此,明朝歷代皇帝較之從經書文本出發,深受儒家正統意識浸染的士大夫有着更爲深刻的體驗。這倒不是因爲皇帝較儒士更聰明,而是因爲皇帝面對的是整個社會,而儒生要捍衛的只是經典的純正性。既然民間社會的信仰已經發生變革,國家祀典自然也要順應這種變化。明白這點,我們就會理解爲什麽靈濟宫終明之世作爲國家主要宫觀的地位,始終得以維持。

**2. 大德顯靈宫**

成祖永樂年間創建的另一所國家宫觀是大德顯靈宫。此宫崇奉的主神有三位:其一即九天應元雷聲普化天尊,這是宋元以來道教神霄派崇奉的主神,通常供奉於雷祖殿。其二爲崇恩真君薩守堅,原係歷史人物,爲南宋神霄派高道,曾從神霄派主要創始人林靈素、王文卿、張繼先學道。宣宗宣德年間加封崇恩真君。其三爲隆恩真君,即薩守堅弟子王靈官,亦係神霄派高道,宣宗宣德年間加封隆恩真君。如果説洪恩靈濟宫作爲國家宫觀乃是源於民間信仰滲透的結果,那麽永樂年間大德顯靈宫的創建則完全是道教神霄派在明代社會影響力擴大的體現。關於大德顯靈宫在明代創建及不斷陞格的歷史,孝宗朝禮部尚書周洪謨是這樣描述的:

> 所謂崇恩真君、隆恩真君者,道家相傳以崇恩真君姓薩,名堅,西蜀人。宋徽宗時,嘗從王侍宸、林靈素輩學法有驗。而隆恩真君則玉樞火府天將王靈官也。又嘗從薩真君傳符法。永樂中,以道士周思得能傳靈官法,乃於禁城之西建天將廟及祖師殿。宣德中,改廟爲大德觀,封二真君。成化初,改觀曰顯靈宫。每年换袍服。三年一小焚,十年一大焚。復易以新珠玉錦綺,所費不訾。每節候歲時,皆遣官致祭。(《明孝宗實録》卷十三弘治元年四月庚戌條)

沈德符《萬曆野獲編補遺》卷四之“薩王二真君之始”條所述與此相同,當源於此。由上文敘述可知,大德顯靈宫自永樂年間創立後,其地位在後世愈趨重要。初名天將廟,宣宗宣德間陞爲大德觀,憲宗成化年間又陞爲顯靈宫。它的祭祀事務則一直由官方負責,“每節候歲時,皆遣官致祭”,所費不訾,是一座標準的國家宫觀。

永樂年間大德顯靈宫的創建與東華派高道周思得的活動緊密相關。周思得(1359～1451),字養真,號素庵野人。年輕時曾師從杭州宗陽宫提點丘月庵習雷法,後又獲傳宋元時期東華派高道林靈真(1239～1302)所集之該派法書,我推測很可能就是《靈寶領教濟度金書》。此書今存於《正統道藏》,係《道藏》收録的篇幅最大的一部道書,總計320卷。周思得還據此編成《上清靈寶濟度大成金書》。此書有明宣德八年刊本,《正統道藏》失收,臺北“國立中央圖書館”、美國普林斯頓大學葛思得東方圖書館均有收藏。周思得還著有《周真人集》傳世。周思得在永樂年間相當活躍,經常隨從成祖北征,深受這位馬上皇帝的尊崇。《帝京景物略》載云:“永樂中,道士周思得行靈官法,知禍福先,文皇帝數試之,無爽也。至招弭祓除,神鬼示彰,逆時雨,禬兹兵,遠臯疾,維影響。乃命祀王靈官神於宫城西。世傳靈官藤像,文皇獲之東海,崇禮朝夕,對如賓客,所征必載。及金河川,舁不可動,就禮而秘問之。曰:‘上帝有界,止此也。’”[①]爲了表彰他的功勳,成祖特爲其在北京創建天將廟。宣宗宣德十年(1435)獲賜“履和養素崇教弘道高士”,景泰二年(1451)仙逝後,獲贈“通靈真人”號。顯靈宫在憲宗、世宗朝不斷得到擴充,其作爲國家宫觀的地位在後世得到進一步强化。據《帝京景物略》載,憲宗成化初,“靈應愈著,敕所司拓其宇,曰大德顯靈宫,大建彌羅閣,以祀上帝。嘉靖初,復於閣左,建昊極通明殿,以祀净德王、寶月光后。東輔薩君,殿曰昭德,西弼王帥,殿曰寶真”。[②] 從明人吟靈濟宫詩看,此宫緑樹掩映,渠水潺潺,梅花怒放,其規制頗爲雅致,儼然一人間仙境。明朱宗吉《冬日遊顯靈道院》吟云:“鐘磬泠然千樹裏,琳宫白日敞朱扉。雪依丹竈梅猶放,雲傍玄臺凍不飛。偶共群公探玉簡,故將雙屐破苔衣。醉餘嚴柝重城起,柏子蹌蹌月下歸。”[③]又馮友經《春盡過顯靈宫》:“長楊夾路水流渠,高閣煙光落檻疏。歌鳥報晴雲徹净,架藤滿紫蝶來初。風迴鷥佩飛譚塵,香撲真文走蠹魚。有藥駐顔難駐日,一春抄得酒方書。”[④]

---

① 劉侗、于奕正:《帝京景物略》卷四《顯靈宫》,第176頁。

② 劉侗、于奕正:《帝京景物略》卷四《顯靈宫》,第170頁。

③ 劉侗、于奕正:《帝京景物略》卷四《顯靈宫》,第179頁。

④ 劉侗、于奕正:《帝京景物略》卷四《顯靈宫》,第179頁。

周思得在宣宗時還任朝天宫、大德觀住持，主持國家祭祀，並管道録司事，帶二品銜。這種榮譽只有道教領袖纔能領受，明初只有幾位天師及高道劉淵然纔享此殊榮。然而天師長期住居龍虎山，只是道教精神領袖，因此周思得是繼宣德七年(1432)劉淵然退休之後，道門中的實際領袖。英宗正統十年(1445)，周思得退居杭州鳳凰山之太清觀。當時他的弟子周道寧、周道玉擔任道録司至靈，梅道基、王道弘任玄義，可見他這一派當時實際控制道録司。

## 四、明代其他幾座帶有國家宫觀性質的廟宇

孝宗弘治元年(1488)，禮部尚書周洪謨列出的納入國家祭祀儀典的神靈還有東嶽泰山神。

**1. 北京東嶽廟**

明代因元朝之舊，在北京朝陽門外建東嶽廟祭祀泰山神。《明孝宗實録》載云："所謂東嶽泰山之神者，泰山爲五嶽之首，廟在山東泰安州山之下。唐、宋、元皆加號曰王，或曰帝，若祀人鬼然哉。我太祖正祀典，止稱東嶽泰山之神，有司春秋致祭，有事則遣官祭告，每歲南郊並二八月，山川壇俱有合祭之禮。蓋以山川靈氣，有發生之功故也。今朝陽門外有前元東嶽舊廟，國朝因而不廢，其後歲以三月二十八日及萬壽聖節，遣官致祭。"(《明孝宗實録》卷十三弘治元年四月庚戌條)對以泰山爲首的五嶽神的祭祀自魏之後，一直是國家祀典的重要組成部分。然而在泰山之外普遍創建泰山行祠則始於北宋中期。[①] 明代北京東嶽廟距當時朝陽門外二里，乃元仁宗延祐年間創建。宋封泰山神爲天齊王，元朝晉封爲東嶽天齊仁聖帝，故祀之。明代因襲之，英宗正統年間加以擴建，"兩廡設地獄七十二司，後設帝妃行宫，宫中侍者十百"。[②] 英宗還爲之親自撰寫碑記。神宗萬曆三年(1575)，李太后又爲東嶽廟重修在皇宫發起募捐之舉，自太后本人及萬曆皇帝以下，潞王、公主及諸宫御中貴均爲之捐資。張居正萬曆四年(1576)奉敕撰寫的《敕修東嶽廟碑文》述此事云："聖母慈聖皇太后聞之，曰：'吾甚重祠而敬祀。其一新之，然勿以煩有司。'乃捐膏沐資若干緡。皇上祇順慈意，亦出帑儲若干緡。

---

① 明葉孟昭《重修東嶽廟記》云："五嶽，衆山之宗，泰山又諸嶽之宗也。古之祠祭嶽神，設以壇壝，自魏始立以廟。唐因之，各立一廟於其嶽之麓。若東嶽泰山之廟遍天下，則肇於宋之中葉焉。"陳垣編纂：《道家金石略》，第1262頁。

② 劉侗、于奕正：《帝京景物略》卷二《東嶽廟》，第64頁。

命司禮太監馮保擇内臣廉幹者董其役。"①值得注意的是,北京東嶽廟的祭祀雖然由官方負責,但對泰山神的祭祀爲社會廣大民衆所認同,農曆三月二十八日,泰山神的生日已成爲民間的慶典節日。《帝京景物略》述云:"三月廿八日帝誕辰,都人陳鼓樂、旌幟、樓閣、亭彩,導仁聖帝遊。帝之遊所經,婦女滿樓,士商滿坊肆,行者滿路,駢觀之。帝遊聿歸,導者取醉松林,晚乃歸。"②

**2. 城隍廟**

城隍神是中國唯一的城市保護神,明代規定縣城以上的城市都要建城隍神。地方官上任伊始,即要赴廟參拜。城隍神儼然與地方官一道分土治民。考中國古代對城隍神的祭祀淵源悠長,早在魏晉南北朝即已發其端,至唐則開始流佈,宋代即已入官方祀典。然而只有在明代纔以國家政令的方式强化城隍信仰。早在太祖洪武二年(1369)即對各地城隍神加封爵位:"京都爲承天鑒國司民昇福明靈王,開封、臨濠、太平、和州、滁州皆封爲王。其餘府爲鑒察司民城隍威靈公,秩正二品。州爲鑒察司民城隍靈佑侯,秩三品。縣爲鑒察司民城隍顯佑伯,秩四品。"(《明史・禮志三》)這種對城隍神等級體系的確立顯然是皇權向神界的延展。然而次年太祖又下令取消封號,只稱某府州縣城隍神。不過,這並不意味着削弱了對城隍神的信仰。因爲詔書規定各等級城隍廟的規制:"定廟制,高廣視官署廳堂。造木爲主,毁塑像舁置水中,取其泥塗壁,繪以雲山。……在王國者王親祭之,在各府州縣者守令主之。"(《明史・禮志三》)明洪武三年(1370)在南京建城隍廟。北京也建有京師都城隍廟,孝宗弘治元年(1488)周洪謨奏書在綜述明代國家祀典時,提到對京師城隍神的祭祀。據載,明代官方於每年農曆五月十一日城隍神降誕日舉行祭祀典禮:"所謂京師都城隍廟之神者,蓋建國者必設高城深隍以保其民人,其制自黄帝始。今天下府州縣各有城隍廟,在京師者謂之都城隍廟,舊在順天府西南,俗以五月十一日爲神誕辰。故是日及節令,皆遣官祀。"(《明孝宗實録》卷十三弘治元年四月庚戌條)

明代對城隍廟的祭祀不全然屬於官方的政治行爲,同時也與普通民衆的經濟、文化、娱樂休閑緊密關聯。城隍神降誕日是明代官府與民衆共同慶祝的節日。政治社會與民間社會都在城隍神的信仰中各取所需,官府注重城隍神信仰的倫理教化、道德監督功能,而民衆則憑藉各地舉辦的城隍神祭祀慶典以展開商業、文化、社交活動。因爲通常在慶典日,四方信衆雲集,届時廟方也舉辦諸如城

---

① 張居正:《張太岳集》卷十二,上海:上海古籍出版社,1984年,第148頁。

② 劉侗、于奕正:《帝京景物略》卷二《東嶽廟》,第64頁。

隍神出巡等大型慶典,各地商賈則乘機陳列古今南北貨物。於是在娱神的同時,民衆的購物、狂歡等物質、精神需求也獲得渲泄。[①] 這真是一個神人共慶的節日。明黄景昉《城隍廟市》吟北京城隍廟市之盛況道:"黄金百如意,但向燕市趨。燕市何所有?燕市何所無!大寮青琅玕,中使錦氍毹。呵聲填道路,競過波斯胡。波斯坐上頭,呼使碧眼奴。木客來秦地,鮫人出海隅。兼復善拂拭,手爪自然殊。十榻十氈圍,問君何所需?買琴得蛇跗,買劍得鹿盧。雙玉謂之瑴,五瑴謂之區。釵頭金鳳子,飾以明月珠。仙家高靺鞨,石室富珊瑚。珊瑚何離離,枝葉自相扶。金膏差大國,水晶如小邾。是日政三五,傾城争此途。如在玉山行,不覺白日晡。好物好售主,大家各歡娱。"[②]城隍廟市之所以在明代民衆生活中佔據如此重要地位,乃是因爲對城隍神的信仰本來就是源於民間,具有濃厚的草根色彩,其之所以在明代納入國家祀典,完全是由於朱明王朝接受並利用了這一民間文化創造。這是中國古代社會諸信仰形式中較爲典型的一次源於民間,最後通過漫長而曲折的傳播,最終爲官方所接受,從而由民間祭祀上陞至國家祀典的案例。由中所體現出的中國社會中政治社會與民間社會的互動及其演化的歷史軌迹,值得我們深思。此外,本文還關注一點,就是明代對城隍神的信仰登上國家祀典的殿堂乃是通過中國本土宗教——道教的中介來實現的。對此,我們只要看看明代各地城隍廟的日常運作都是由道士負責就可明白,更何況《道藏》中録有諸如《太上老君説城隍感應消灾集福妙經》[③]等道經。在中國古代完全的民間信仰缺乏直接的由蛇化龍的上陞通道,如果不經由道教——這種在中國傳統中具有半官方色彩的宗教的中介根本就無法一步登天。因此道教在民間信仰走向國家祀典的歷史過程中常常扮演不可或缺的中介角色。這是一條鐵律,關公信仰、真武信仰、吕洞賓信仰都曾經歷這一過程。而道教的這一文化中介作用是中國社會中其他宗教例如佛教所無法比擬的。

## 結　論

以上我們對明代六座重要的、帶有國家宫觀性質的祠廟朝天宫、神樂觀、靈

① 各城城隍廟所在地,往往也是城市的商業、文化中心。《帝京景物略》卷四:"城隍廟市,月朔望,念五日,東弼教坊,西逮廟墀廡,列肆三里。圖籍之曰古今,彝鼎之曰商周,匜鏡之曰秦漢,書畫之曰唐宋,珠寶、象、玉、珍錯、綾錦之曰滇、粵、閩、楚、吴、越者集。"劉侗、于奕正:《帝京景物略》卷四《城隍廟市》,第 161 頁。

② 劉侗、于奕正:《帝京景物略》卷四《城隍廟市》,第 166 ~ 167 頁。

③ 此經計一卷,收入《萬曆續道藏》。

濟宫、顯靈宫、北京東嶽廟、北京都城隍廟分别進行了研究,我們發現它們大都創建於太祖、成祖兩朝。這説明明代的國家祭祀制度奠定的關鍵時期正在洪武至永樂期間,此後明代諸帝不過是不斷加以繼承、完善罷了。當然,成祖時期創建的武當山宫觀群、世宗嘉靖年間創建的齊雲山宫觀群等,應當也屬於皇家宫觀群體。不過這是一個很大的題目,在這裏限於篇幅無法涉及。總之,明代的國家宫觀履行的是國家重要祭典的舉辦,這在明代國家政治生活中是件大事。因此,國家宫觀在明代政制中的重要地位不容置疑。此外,明代六座國家宫觀雖然都由道士具體管理,但絶非單純的道教宫觀,這是我們應當加以注意的。從國家宫觀交由道教管理也可以看出,明代道教已全面滲入國家政治生活,在國家祭祀事務中發揮着重要作用。最後我們還要强調的重要一點是,明代民間信仰走向精英階層,最終爲皇家所接受,乃是通過道教這一轉化中介來實現的。

# 明代江南士紳精英與茅山全真道的興起

□王　崗

**摘要：**本文探討了明代閻希言在乾元觀所開創的茅山唯一的全真道派“閻祖派”。明代有關“閻祖派”作爲龍門“復”字岔支派的文字記録，是迄今所見最早將龍門派詩二十字全部羅列公之於衆，又將這二十字派與丘處機直接聯繫起來，並徑將這一道派稱做“長春道派”的史料。從修行實踐、宫觀制度，到譜系傳承，乾元觀道士有明確的全真道派的身份認同和法派意識。從晚明起到清中期，乾元觀全真道派影響巨大。然而茅山乾元觀“閻祖派”的興起，與明代文壇“後七子”領袖王世貞及江南士人集團的護教有着直接的關係。本文運用法國社會學家和思想家布爾迪厄在文化社會學上的“象徵性資本”的概念，來詮釋王世貞文化精英集團以文學書寫和文字聲譽這種“象徵性資本”或文化資本，對茅山乾元觀全真道派進行文字護教。正是在王世貞江南文學集團的文化權威以及伴隨而來的行政措施和物質財力的扶持之下，自閻希言以下的乾元觀全真道士得以建立文人居士的廣泛網絡，脱離茅山華陽洞靈官系統的管轄，獨立發展成茅山唯一的一個十方叢林，乃至受薦於明神宗和李太后，從而獲得欽賜《道藏》。凡此種種，使得乾元觀“閻祖派”在明代中後期，超越了其他道觀，成爲江南乃至南方最重要的全真道派。

**關鍵詞：**茅山乾元觀　閻祖派　王世貞　後七子　象徵性資本

**作者簡介：**王崗（Richard G. Wang），男，1962年出生於上海。美國芝加哥大學（The University of Chicago）哲學博士。曾任教香港中文大學宗教系、中文系，美國索思摩大學（Swarthmore College）現代語言文學系。現在美國佛羅里達大學（University of Florida）任教，爲語言文學文化系及宗教系副教授（Associate Professor）。研究方嚮爲明代道教、宗教與中國文學研究、明清神魔小説與宗教。

在明代道教研究上，我們對全真道的情況所知甚少。對於江南道教重鎮茅山的全真道雖都有提及,但對其來龍去脈則語焉不詳。[①]雖説全真道在元代已傳入了江浙,但其時茅山並未有全真道。明代中後期起,却在茅山興起了一個由閻希言(閻蓬頭,1509~1588)所創建的全真道派,該道派以乾元觀爲活動基地,並一直傳承到1938年道觀被日軍燒毁爲止。[②]從清代道門著述至今人學術著作,凡涉及此一道派者,率皆引用明人王世貞(1526~1590)《閻道人希言傳》,間參考清代笪蟾光(1623~1692)《茅山志》(《茅山志》中之閻希言傳,事實上也是王世貞傳文之節本)。[③]其實,明代有關這一道派的文獻,除王世貞傳文之外,亦復不少。系統爬梳這些史料,能有助於吾人瞭解並重構明代茅山全真道派的脈絡。這正是本文的宗旨之一。

全真道在明代中期以後,多有駐足官方認可的道教聖山的情形。但在這些傳統名山中,如武當山、齊雲山等,全真道僅僅以低調的姿態而存在,談不上弘教,更談不上在社會上建立其影響力。[④] 而茅山這一支全真道派則相反,其傳承譜系清楚,在茅山其傳播有擴大化的傾嚮,而且在士人中和社會上有廣泛的影響。乃至今人的著述中有人認爲(雖然並不準確),明代茅山地區的全真道科儀活動超過了茅山傳統的正一派。[⑤]爲何茅山全真道派會與當時其他地區(至少是南方)的全真道有所不同?這正是本文要探討的核心問題。本文擬從茅山這支

---

① 卿希泰主編《中國道教史》、王志忠《明清全真教論稿》皆提及此茅山全真道派。任繼愈主編《中國道教史》未提此一道派,而僅提及居住於乾元觀的所謂的龍門派之"宗師"系沈常敬一系。曾召南《明清茅山宗尋蹤》一文並未涉及全真道。吴亞魁因其較狹義的"江南"定義,也並未將茅山收入其所涵蓋的江南道教研究範圍之內。而莫尼卡(Monica Esposito)在對明末清初龍門派的研究中,也仍未提此一茅山全真道派。參見卿希泰主編:《中國道教史》(修訂本)第四卷,成都:四川人民出版社,1996年,第100~103頁;王志忠:《明清全真教論稿》,成都:巴蜀書社,2000年,第75~77頁;任繼愈主編:《中國道教史》(增訂本),北京:中國社會科學出版社,2001年,第844頁;曾召南:《明清茅山宗尋蹤》,《宗教學研究》1997年第4期;吴亞魁:《江南全真道教》,香港:中華書局,2006年;Monica Esposito, "The Longmen School and Its Controversial History during the Qing Dynasty", in John Lagerwey, ed., *Religion and Chinese Society*, Hong Kong: The Chinese University Press; Paris: École française d'Extrême-Orient, 2004, pp. 621-698。

② 袁志鴻:《抗日戰爭中的茅山道士》,見《近代江蘇宗教》(《江蘇文史資料選輯》第38輯,1990年),第98~99頁;朱延生主編:《茅山志》,北京:方志出版社,2000年,第97、129、134~135頁;楊世華、潘一德編著:《茅山道教志》,武漢:華中師範大學出版社,2007年,第16~17、122頁。

③ 卿希泰主編:《中國道教史》第四卷,第100~103頁;王志忠:《明清全真教論稿》,第75~77頁;楊世華、潘一德編著:《茅山道教志》,第15、82~83、121頁;朱延生主編:《茅山志》,第97、129、133頁。

④ 有關明代武當山及齊雲山全真道以低調狀態居於較偏僻的小型庵觀中,參見王光德、楊立志:《武當道教史略》,北京:華文出版社,1993年,第202頁;王志忠:《明清全真教論稿》,第43頁;Esposito, "The Longmen School", pp. 657-658;及拙文(Richard G. Wang)"Qiyunshan as a Replica of Wudangshan and the Religious Landscape of the Ming Empire", paper presented at "An International Symposium: Divinity and Society: The Cult of Zhenwu in Imperial and Modern China" (Rutgers University, April 2-3, 2010)。

⑤ 楊世華、潘一德編著:《茅山道教志》,第15頁。茅山的"三宫五觀"中,除乾元觀之外的四觀也傳全真道則是在清代發生的事,明代並非如此。參見朱延生主編:《茅山志》,第82~83頁;楊世華、潘一德編著:《茅山道教志》,第16頁;卿希泰主編:《中國道教史》第四卷,第103~104頁。

全真道派的傳承入手，探討其傳教特色，並進而討論其與江南士紳精英的互動，由此展示其社會面嚮。

## 譜系傳承

在正式討論閻希言的茅山全真道派之前，有必要就茅山另外一支可能存在的全真道派作出澄清。閔一得（1758～1836）《金蓋心燈》提到龍門派之“宗師”系第七代沈常敬；明末居茅山修道，傳有弟子孫守一、黃守元。孫守一再傳弟子閻曉峰。此系皆住乾元觀。[①]據莫尼卡（Monica Esposito）的研究，所謂的以北京白雲觀爲中心的“龍門正宗”的譜系，是在明末開始往回逆推建構出來的，而《金蓋心燈》即是這一建構運動的集大成之作，對後來出現的龍門派史志有着深遠的影響。[②]丁培仁也得出《金蓋心燈》對王常月之前人物的記載，“各代之間延宕久遠，原非爲寫信史，只是爲了顯示本派源遠流長罷了”的結論。[③]由於近來中國學者的研究，全真龍門傳承譜系，可前推至明正德八年（1513），我們並得以瞭解嘉靖至萬曆時全真道包括龍門派在內的各法派在大江南北廣泛傳播。[④]定龍門派出現的

① 閔一得：《金蓋心燈》（《藏外道書》第31冊，成都：巴蜀書社，1994年）之《龍門正宗流傳支派圖》，第7a頁；卷一，第18a～19a頁；卷二，第23a～25a、44a～45b頁；卷三，第45a～47b頁。《金蓋心燈》此處文字，據鮑廷博（1728～1814）之注，悉採摘自歸名范太清（1606～1748？）的《鉢鑑續》。莫尼卡認爲所謂的《鉢鑑》或許是部託名王常月（？～1680）的僞書。此説如成立，則《鉢鑑續》當亦是僞書，不可靠。事實上，除《金蓋心燈》外，《鉢鑑續》不見引用於其他書中。參見 Monica Esposito，“The Longmen School”，pp. 622－624。

② Esposito，“The Longmen School”，pp. 622，628，640，654，657，660，671－674；Esposito，“Daoism in the Qing”，in Livia Kohn，ed.，*Daoism Handbook*，Leiden：Brill，2000，p. 628. 德寶仁（Pierre-Henry de Bruyn）也認爲没有任何明代史料能證實清人所説的清代龍門派直承元明源頭。一些中國學者也持相似的看法。參見 Pierre-Henry de Bruyn，“Daoism in the Ming”，in Livia Kohn，ed.，*Daoism Handbook*，p. 612；曾召南：《龍門派》，見卿希泰主編：《中國道教》第1冊，上海：知識出版社，1994年，第202頁；陳耀庭：《全真教派的發展和演變》，《全真道學術研究報告》（香港）第1輯，2004年，第11頁；丁培仁：《〈金蓋心燈〉卷一質疑》，《道家文化研究》第23輯，北京：生活·讀書·新知三聯書店，2008年，第411～429頁。

③ 丁培仁：《〈金蓋心燈〉卷一質疑》，第429頁。

④ 樊光春：《碑刻所見陝西佳縣白雲觀全真道龍門派傳承》，《道家文化研究》第23輯，第261～279頁；樊光春：《西北道教史》，北京：商務印書館，2010年，第527～531頁；張廣保：《明代全真教的宗系分化與派字譜的形成》，《全真道研究》第1輯，濟南：齊魯書社，2011年，第189～217頁；趙衛東：《泰山三陽觀及其與明萬曆宫廷之關係》，《道家文化研究》第23輯，第280～306頁；趙衛東：《沂山東鎮廟及其宗派傳承》，見本論文集，第274～303頁；Richard G. Wang（王崗），“Longmen Lineage at Xuning'an in Late Ming-Early Qing Yunnan”，in Liu Xun and Vincent Goossaert，ed.，*Quanzhen Daoism in Modern Chinese Society*，Berkeley：Center for Chinese Studies，University of California，Berkeley，forthcoming；張文主編：《丘處機與龍門洞》，西安：陝西人民出版社，1999年，第194、205、218～219頁。

時間於明末的看法,當有修正的必要。但這一時間上的提前和精確,並未影響莫尼卡和丁培仁等對《金蓋心燈》所下的結論。在僅有《金蓋心燈》這一孤證而無其他材料旁證的情況下,《金蓋心燈》有關沈常敬明末在茅山傳道的説法是史實還是建構,就是一個疑問。且《金蓋心燈》云閻曉峰"所傳後人,改皈茅山法派","閻(曉峰)子心燈無傳"。[①]而清初笪蟾光《茅山志》也完全没有記載茅山有沈常敬這一系全真道派。因此,此系並不可靠,或至少並不長久。真正可靠和長久的茅山全真道派,就只有閻希言所開創的道派。爲了避免在使用的材料上受到《金蓋心燈》以下清中後期所建構的"龍門正宗"史觀的影響,本文涉及明代茅山全真道的情形時,儘量使用明人資料,如非用清代資料不可,也僅限於未受清中期"龍門正宗"史觀影響的到康熙時爲止的清初材料。[②]

---

① 閔一得:《金蓋心燈》之《龍門正宗流傳支派圖》,第7a頁;卷二,第45a頁;卷三,第47b頁。

② 這裏有必要對笪蟾光的《茅山志》作一些説明。許多今人著述都主張笪蟾光皈依到王常月門下,成爲龍門派第八代啓派師。笪蟾光皈依王常月之説出於題名爲笪蟾光的《初真戒律》的後序。參見《初真戒後序》,見《初真戒律》(《道藏輯要》張集七),第61a~b頁。笪蟾光爲龍門派第八代啓派師的説法,今人論著皆云出自《道統源流志》。未知是否即民國嚴合怡所著《道統源流》。如是,1929年民鐸報社等處发行的《道統源流》並未提及笪蟾光。或另有一版本歟?尹志華的研究表明,題名爲王常月的《初真戒律》最早出自清嘉慶年間的《道藏輯要》。在此之前,没有任何文獻提到王常月於順治十三年(1656)在北京白雲觀傳戒,也没有提到《初真戒律》一書。因此,"該書究竟是如何成書的,刊印於何時,都是未知數"。見尹志華:《王常月傳戒的敘述歷史》,《道教文化研究中心通訊》(香港)2007年第8期。有鑒於此,該書的後序是笪蟾光所作也就未必可靠。更有甚者,題名爲笪蟾光的該後序暗示王常月於康熙二年(1663)於南京説戒時,笪蟾光即成爲其弟子。而笪蟾光《茅山志》成書於康熙八年(1669)。在其《茅山志》和他的其他著述中,都從未提及他師從王常月以及自己是龍門派弟子。而且,如前所説,他在《茅山志》中也根本没有記載茅山有沈常敬這一系全真道派。據《金蓋心燈》,范太清入茅山,爲茅山乾元觀沈常敬門下孫守一之再傳弟子,王常月又將《鉢鑑》傳授給他。這樣,范太清便對於龍門派"宗"系和"律"系兩個分支皆有繼承,爲"總持樞紐者"。范太清晚年駐天台山桐柏宫,後延高清昱(1618~1768)主桐柏宫。高清昱爲閔一得之師,閔一得自認高清昱雖原非范太清門下,但仍然承續了范太清的衣鉢,而范太清也就成了閔一得的師祖。這樣,范太清對江南龍門派的影響至巨。參見閔一得:《金蓋心燈》卷三,第47a~b頁;卷四,第13a~b頁。假定笪蟾光真是龍門派弟子,他没有理由在《茅山志》中對沈常敬這一系駐足於茅山的龍門派隻字不提,尤其這支龍門派在閔一得看來是江南最重要的分支。更直接的證據是,閔一得的《金蓋心燈》根本未提笪蟾光。清王豫(約1785至1821年在世)輯《江蘇詩徵》中的朱太侄小傳,謂笪蟾光師事全真道士朱太侄。陳教友(陳銘珪,1824~1881)《長春道教源流》全文轉載了該段文字,並認爲朱太侄爲王常月弟子譚守誠(?~1689)之再傳弟子。如此,則笪蟾光便成了龍門派第十代弟子。參見王豫輯:《江蘇詩徵》(哈佛大學哈佛燕京圖書館藏鎮江焦山海西庵詩徵閣道光元年刊本)卷一百八十三,第12a頁;陳教友:《長春道教源流》(《藏外道書》第31册)卷七,第33a~b頁。清代至民國全真道内部文獻,對笪蟾光從完全不加記載,到承認他是第十代弟子,又到認爲他是第八代啓派師。他在龍門派中的輩分,從無到有,從低到高,這其間可見有個發展過程。這發展的關鍵,是否即笪蟾光是個做過高官,又崇尚道教,隱居於道觀,爲道教作出了突出貢獻之人?不管怎麼説,他並非王常月系"龍門正宗"道士,或至少他撰著《茅山志》時,應没有受到清中期以下"龍門正宗"史觀的影響。

閻希言的詳細行實,凡涉及茅山此一全真道派的著述,皆引用了王世貞傳文,無庸贅言。這裏僅補充諸論著中未談及或需要加意關注的幾點,特爲拈出。閻希言於嘉靖十四(1535)、十五(1536)年間棄家學道,法名復清(一作復初),係全真道士,有度牒。在駐足茅山之前,曾在武當山修道,並在那裏建了宏麗的真武宮。萬曆元年(1573)離開武當山,來遊江南。萬曆十四年(1586)始至茅山。乾元觀雖然也是古來名觀,但當時已荒廢,僅剩山門及陋舍。閻希言修復乾元觀,建鉢堂五,建有閣樓祀王重陽,某居士又捐創静室,名"臨溪(又稱萬松)道院"。在江南士紳的贊助和支持下(此點詳見下文),乾元觀專領全真,與茅山其他宫觀迥異,並不再屬於茅山華陽洞靈官管轄。時人稱之爲"乾元中興"。①

笪蟾光《茅山志》明確記載了舒本住和姜(一作江)本實(1545~1606)爲閻希言高足。②笪蟾光雖是清初人,但他的記載有明人充足的資料加以佐證。王錫爵(1534~1610)《乾元觀記》、陳文燭(1542~1609)《乾元觀記》、李鼎(1544~1607?)《茅山乾元觀碑記》、《茅山乾元觀藏經殿碑記》、《煉師王小顛入圜乞請外護疏》、李維楨(1547~1626)《乾元觀供衆田記》、《茅山遊記》、于孔兼(1538~1615)《道人江文谷傳》、高淯(1590年前後在世)《建茅山乾元觀萬松道院記》、顧起元(1565~1628)《茅山重建乾元觀記》、某明人(名國威,姓不詳,1584~1588年前後在世,以下概以"國威"稱之)《紀事》以及陳繼儒(1558~1639)《王小顛讚》記載了閻希言之徒姜本實、舒本住,徒孫李徹度(合坤)、王合心,以及第四代弟子李教順,其中李徹度、王合

① 王世貞:《閻道人希言傳》,見氏著:《弇州山人續稿》卷六十九,臺北:文海出版社據明崇禎間刊本影印,1970年,第10b~12a頁;陳文燭:《乾元觀記》(此碑記現存乾元觀内),見光緒《續纂句容縣志》卷十七上,第63b~64a頁;李維楨:《茅山遊記》,見氏著:《大泌山房集》(《四庫全書存目叢書》本)卷六十一,第26b~29b頁;李天麟:《有道閻希言碑》,見光緒《續纂句容縣志》卷十七上,第62a頁;高淯:《建茅山乾元觀萬松道院記》,同上,卷十七上,第65a~b頁;顧起元:《茅山重建乾元觀記》,見氏著:《嬾真草堂集·文集》(《四庫禁燬書叢刊補編》本)卷十九,第4b頁;楊道賓:《李赤肚傳》,見潘之恒:《亘史鈔》(《四庫全書存目叢書》本)外紀《仙侶》卷四,第2a頁;錢希言:《獪園》(《續修四庫全書》本)卷一,第549頁;國威:《紀事》,見薛大訓:《古今列仙通紀》(《四庫全書存目叢書》本)卷五十八,第4a~9a頁;國威:《言狀》,同上,第10b~11a頁。

② 笪蟾光:《茅山志》(《藏外道書》第19册,成都:巴蜀書社,1992年)卷九,第19a頁。

心皆爲姜本實弟子。[1] 李維楨供田記和遊記、顧起元《遊三茅山記》、鄒迪光(1550～1626)《遊茅山記》及詩以及清初王復禮(1645～?)《武夷九曲志》還分別記載了閻希言徒孫蕭合乾(乾陽)、王合中、黄合賢。[2]李鼎《茅山乾元觀敕賜藏經募緣建閣疏》、顧起元《茅山重建乾元觀記》、李維楨供田記和遊記以及明神宗的三通齋醮詞,還分別提到李教順是李徹度的弟子,在萬曆中期至天啓間爲乾元觀知觀,乾元觀重建工作的徹底完成,是在李教順爲知觀時。[3] 萬曆三十四年(1606)所立、今仍存在於茅山的《皇明重興乾元祖文谷姜公墓》碑,鐫有如下題

---

① 王錫爵:《乾元觀記》,見楊世沅:《句容金石記》(《石刻史料新編》本)卷十,第22a～23a頁;陳文燭:《乾元觀記》,第63b、64b頁;李鼎:《茅山乾元觀碑記》,見氏著:《李長卿集》(哈佛大學哈佛燕京圖書館藏萬曆四十年豫章李氏家刊本縮微膠卷)卷六,第16b頁;李鼎:《茅山乾元觀藏經殿碑記》,同上,卷六,第20b頁;李鼎:《煉師王小顛入圜乞請外護疏》,同上,卷八,第12a～13a頁;李維楨:《乾元觀供衆田記》,見氏著:《大泌山房集》卷五十四上,第55a～b頁;李維楨:《茅山遊記》,第26b頁;于孔兼:《道人江文谷傳》,見氏著:《于景素先生山居稿》(普林斯頓大學葛思德東方圖書館藏萬曆四十年金壇于氏刊本)卷二,第32a～34a頁; 于孔兼:《道人江文谷碑》,見光緒《續纂句容縣志》卷十七上,第74b～75b頁;高洧:《建茅山乾元觀萬松道院記》,第65b頁;國威:《紀事》,第5b～6a頁;陳繼儒:《王小顛讚》,見氏著:《白石樵真稿》(《四庫禁燬書叢刊》本)卷十五,第16a頁;楊道賓:《李赤肚傳》,第3b～4a頁;顧起元:《茅山重建乾元觀記》,第4b頁;顧起元:《泡子河開創太清宮碑》,見北京圖書館金石組編:《北京圖書館藏中國歷代石刻拓本彙編》第60册,鄭州:中州古籍出版社,1989年,第31頁;顧起元:《泡子河開創玉清宮碑》,見氏著:《嬾真草堂集·文集》卷二十,第6b頁。《句容金石記》所收之《乾元觀記》,歸於王錫爵名下。但此文似乎並非王錫爵之作,文中提到"王荆石、王忠銘、楊荆巖三先生",王錫爵號荆石,他不會自稱"王荆石先生"。當然,也不排除王錫爵請人代作之可能。由於原作者不知,爲行文方便,以下姑將此文仍暫繫於王錫爵名下。于孔兼《道人江文谷傳》,收入其文集,此傳又由乾元觀知觀李教順刻石而成《道人江文谷碑》,唯刻碑時文字有所改動。這兩本各有另一本所没有的信息。本文根據其中所提供的信息而選擇兩本中之一種,或兼用兩本。顧起元撰《泡子河開創太清宮碑》,原碑萬曆四十一年(1613)(一作崇禎四年即1631年)立石,今仍在北京東城區泡子河,並有碑陰,均作"太清宮",同時以字"自如"稱李教順。而收入顧起元《嬾真草堂集·文集》中的《泡子河開創玉清宮碑》,係同一碑文,唯作"玉清宮",同時以名"教順"來稱呼李教順。應以"太清宮"爲是。由於兩個版本以名和字的不同方式稱呼李教順,使我們得以知道李自如即李教順,因此,這裏兩種版本皆引。

② 李維楨:《乾元觀供衆田記》,第55a～b頁;李維楨:《茅山遊記》,第26b頁;顧起元:《遊三茅山記》,見氏著:《嬾真草堂集·文集》卷十九,第34b頁;鄒迪光:《遊茅山記》,見氏著:《始青閣稿》(《四庫禁燬書叢刊》本)卷十六,第29b～30b頁;鄒迪光:《始青閣稿》卷五,第20b～22b頁;王復禮:《武夷九曲志》(《四庫全書存目叢書》本)卷七,第8b頁;卷十二,第38b頁。王復禮《武夷九曲志》刊刻於康熙五十七年(1718),編纂於康熙五十七年前。

③ 李鼎:《茅山乾元觀敕賜藏經募緣建閣疏》,見氏著:《李長卿集》卷八,第9b～10a頁;顧起元:《茅山重建乾元觀記》,第4b～6a頁;李維楨:《乾元觀供衆田記》,第55a～b頁;李維楨:《茅山遊記》,第26b頁;明神宗:《爲聖母建金籙齋詞》、《金籙齋詞》、《三辛儀醮詞》,見笪蟾光:《茅山志》第三卷,第27a～b、30a頁。李維楨遊記作"李敬順",或爲刊刻錯誤。李鼎《茅山乾元觀敕賜藏經募緣建閣疏》,笪蟾光《茅山志》作《乾元觀募建藏殿疏》,歸入王錫爵名下。但此文實爲李鼎所作,只是此文是爲人代作,請他代作之人即王錫爵。笪蟾光《茅山志》所收之《乾元觀募建藏殿疏》不但作者搞錯,而且還是李鼎原文的節文。見笪蟾光:《茅山全志》卷五,第69a～70a頁。

字:“第五代當家錢永成、都管王永虚立。”[①]由此可見,從閻希言開始,茅山乾元觀全真道派使用了龍門派“復”、“本”、“合”、“教”、“永”諸字派,亦即龍門派的第十四到十八代。錢謙益(1582～1664)提到在崇禎十七年(1644)乾元觀的住持是張充符。[②]“充符”當是字而非法名。以通常名與字的對應關係來看,在龍門字派内,“充”對應的應該是“圓”;而以張充符之前住持的任職時間(詳見下文)來推算,張充符也當爲“圓”字輩,是爲龍門派第十九代。上引清初王復禮《武夷九曲志》還記録了明末清初道士金象(字乾陽)。此人名字或爲單名“象”或其雙名的第二個字在録入《武夷九曲志》時不慎脱落。金象初入茅山修道,中間居於羅浮山,最後至武夷山清真道院,時爲康熙七年(1668)前後。其入茅山的時間當爲明末。[③]既入道於茅山,其法名當取之於茅山。如果“象”確是其字派,查當時茅山所傳道派爲元符萬寧宫、九霄萬福宫、崇禧萬壽宫、白雲觀、積金山庵、棲真觀之静一派,崇禧萬壽宫、玉晨觀、仁祐觀、下泊宫之清微派,以及乾元觀閻希言系的全真道派(即“閻祖派”)[④],除乾元觀的閻祖派之外,其餘明代茅山各道派的派譜中皆無“象”字。而“象”字却是乾元觀“閻祖派”第九代“象”字輩,相當於龍門派第二十二代。陸朗(1627～1645 年前後在世)有詩贈乾元觀道士李先真。[⑤]李先真爲乾元觀“閻祖派”第十代“先”字輩,相當於龍門派第二十三代(以上兩條有關閻祖派“象”、“先”字輩,參見下文及下列“明代茅山乾元觀全真道派譜系圖”),是爲明代乾元觀所傳的最後一代。

這支茅山全真道派中,除閻希言本人之外,李徹度(1510～1619)影響最大。李徹度本名夢仙,原法名一了,後改爲合坤,但以别號徹度、赤肚爲世所知。李徹度以善治病爲世所知,求治者絡繹不絶。其内丹道法簡易,士紳受其教,從者如雲。乾元觀得以恢復,並獲得明神宗頒賜《道藏》(詳見下文),與李徹度的努力和

---

① 《皇明重興乾元祖文谷姜公墓》碑,見楊世華主編:《茅山道院歷代碑銘録》,上海:上海科學技術文獻出版社,2000 年,第 140 頁。

② 錢謙益:《書建玉皇閣疏後》,見氏著:《錢牧齋全集·初學集》卷二十二,上海:上海古籍出版社,2003 年,第 761～762 頁。

③ 王復禮:《武夷九曲志》卷五,第 39b 頁;卷十二,第 39a～b 頁;方某:《遊武夷山記》,見董天工(康熙至乾隆年間在世):《武夷山志》(《續修四庫全書》本)卷二十,第 52a～b 頁。此方某人(名不詳)之遊武夷山、遇見金象及撰寫武夷山遊記均發生於康熙七年(1668)。

④ 曾召南指出明代元符萬寧宫和九霄萬福宫傳静一派,同時他又認爲崇禧萬壽宫傳清微派。根據本人搜集的資料,崇禧萬壽宫在晚明清初既有清微派,也存在静一派。其餘明代茅山宫觀的道派傳承,是本人對所搜集資料的初步印象,其中玉晨觀似乎傳承一支清微派的支派,這些都還有待於進一步研究。參見曾召南:《明清茅山宗尋蹤》。

⑤ 笪蟾光:《茅山志》卷十三,第 24a 頁。

影響分不開。李徹度有弟子五人。[①]但李徹度的輩分問題很大。一方面,陳文燭《乾元觀記》和李維楨遊記分别有"(閻)蓬頭者,即希言道人。……其徒李合坤"、"(閻)希言逝,其徒李徹度"的説法,顧起元《茅山重建乾元觀記》也曰"(閻)希言、一了(即李徹度)繼以法力"重振乾元觀。[②]但另一方面,李鼎《茅山乾元觀藏經殿碑記》、楊道賓(1552~1609)《李赤肚傳》以及顧起元《茅山重建乾元觀記》和《遊三茅山記》皆明確提到,李徹度到達茅山時,閻希言已仙逝。[③] 而且,如前所説,明人李鼎、李維楨和顧起元皆明白無誤地指出了李教順是李徹度的法嗣。李維楨供田記以及笪蟾光《茅山志》皆以姜本實、李徹度相連的順序來排列二人,而舒本住與李徹度從未以相連的順序排列在一起,顯示了姜本實和李徹度二人密切的傳承關係。[④] 何以有如此兩種不同的説法? 甚至李維楨、顧起元這兩人都自相矛盾? 其實,這涉及李徹度與閻希言複雜的關係。李徹度在嘉靖三十五年(1556)棄家入道後,也曾去武當山修道七年。在那裏他遇到了恰好也在武當山的閻希言,關係甚好,共證修真。閻希言先離開武當山經江南去茅山。萬曆十七年(1589)李徹度去茅山尋訪閻希言,但閻希言已先一年去世。[⑤] 李徹度欲師姜本實,但由於閻希言與李徹度這種亦師亦友的關係,姜本實不受李徹度的拜師禮,笪蟾光《茅山志》記載道:李徹度"遂拜空而師閻"。[⑥] 從字面上這可以理解爲李徹度以閻希言爲師。但事實上,這也可以理解爲他歸入閻希言門下,正如李鼎《茅山乾元觀碑記》所説,李徹度"印證於(閻)希言"[⑦],而未必是閻希言的直傳弟子。從上面所説的他的弟子李教順的字派和李徹度本人的字派"合坤"來看,姜本實對李徹度雖不肯以師輩自居,但李徹度還是歸入了姜本實弟子一輩的身份。但正因爲李徹度的特殊身份,他得以將住持一席安排給他的弟子李教順而非他名義上的同門王合心(當時的

---

① 楊道賓:《李赤肚傳》,第1a~4a頁;王錫爵:《乾元觀記》,第22b頁;李鼎:《茅山乾元觀碑記》,第16b~18a、19b頁;李維楨:《乾元觀供衆田記》,第55a~b頁;李維楨:《茅山遊記》,第26b頁;顧起元:《茅山重建乾元觀記》,第4b~5a頁;顧起元:《遊三茅山記》,第34a頁;潘之恒:《王鳳仙傳》,見氏著:《亘史鈔》外紀《仙侣》卷四,第7a頁;張怡:《玉光劍氣集》卷二十六,北京:中華書局,2006年,第914頁。

② 陳文燭:《乾元觀記》,第63b頁;李維楨:《茅山遊記》,第26b頁;顧起元:《茅山重建乾元觀記》,第5b頁。

③ 李鼎:《茅山乾元觀藏經殿碑記》,第20a頁;楊道賓:《李赤肚傳》,第2b頁;顧起元:《茅山重建乾元觀記》,第4b頁;顧起元:《遊三茅山記》,第34a頁。

④ 李維楨:《乾元觀供衆田記》,第55a頁;笪蟾光:《茅山志》第九卷,第19a~20b頁。

⑤ 楊道賓:《李赤肚傳》,第2a~b頁;徐顯卿:《天遠樓集》(《四庫全書存目叢書補編》本)卷三,第10b頁。

⑥ 笪蟾光:《茅山志》卷九,第20a頁。

⑦ 李鼎:《茅山乾元觀碑記》,第19a頁。

住持)的法嗣。也因爲他與閻希言的特殊關係和他的資歷年歲,姜本實恐不願以法名直呼李徹度,而是以字號這樣的尊稱對待之,李徹度遂以别號而非法名行世。這也就是爲何明人甚至同一人會對閻希言、李徹度的關係有兩種不同的説法。瞭解這一點,我們可以看到這兩種説法或强調實質上的關係,或强調名分上的關係,都没有錯。

據李鼎《煉師王小顛入圜乞請外護疏》、于孔兼《道人江文谷傳》、李維楨《茅山遊記》和顧起元《茅山重建乾元觀記》,閻希言臨終將觀事授予姜本實。則姜本實爲明代乾元觀全真道第二代住持,他擔任住持的時間始於萬曆十六年(1588),萬曆二十七年(1599)他仍然是住持。姜本實門徒甚衆,四方來乾元觀焚修的道士不下數十人。同時,李徹度影響力甚大,乾元觀得以頒賜《道藏》,就發生在姜本實爲住持、李徹度活躍於乾元觀時。① 而繼姜本實爲第三代住持的是他的弟子王合心(王小顛)。王合心的經歷與李徹度頗有相似之處。王合心原遇閻希言,閻希言授以秘訣,並以弟子相待。但閻希言臨終時,一方面將衣鉢傳給姜本實,另一方面又指定姜本實再傳給王合心,並命王合心善事姜本實,聽其教誨。這樣,王合心便"復考文谷(按即姜本實)而祖希言"。爲請賜《道藏》,王合心還親赴北京。他擔任住持的時間約在萬曆中後期。② 前面已提到,明人李鼎、李維楨、顧起元和明神宗皆記載了李教順在萬曆中後期至天啓年間爲乾元觀知觀。知觀是乾元觀職位最高的道職,自然是住持。事實上,從上述文獻中我們瞭解到,李教順主持了乾元觀修復工作的最終完成。是爲第四代住持。雖然李教順擔任乾元觀知觀直到天啓年間,但他似乎將事物性的責任提前卸下。前面也提到,萬曆三十四年(1606)所立的《皇明重興乾元祖文谷姜公墓》碑有"第五代當家錢永成、都管王永虚立"的題字。當家或爲僅次於知觀或住持之下的道職,或即住持。但這裏應該指前者。如是這樣,則李教順之後的第五代住持,則多半會是錢永成,時間或在天啓末至崇禎初年。前面也説過,崇禎十七年(1644)乾元觀

---

① 李鼎:《煉師王小顛入圜乞請外護疏》,見氏著:《李長卿集》卷八,第12b頁;李鼎:《茅山乾元觀碑記》,第16b、18a~19a頁;于孔兼:《道人江文谷碑》,第74b~75b頁;李維楨:《茅山遊記》,第26b頁;顧起元:《茅山重建乾元觀記》,第4b~5a頁。

② 李鼎:《煉師王小顛入圜乞請外護疏》,第12a~13a頁;于孔兼:《道人江文谷傳》,第34a頁;國威:《紀事》,第5b~6a頁。與李徹度、王合心類似,黄合賢也是直接師事閻希言,却被歸入閻希言的徒孫輩。參見董天工:《武夷山志》卷十八,第15a~b頁。

的住持是張充符。

由於士紳精英的支持，乾元觀事聞禁中，得到明神宗之母慈聖皇太后李太后的首肯，最終在萬曆二十七年(1599)獲得明神宗頒賜《道藏》一部，萬曆四十年(1612)神宗又賜御筆金書《玉皇經》、《孔雀經》、《元始天尊說東嶽化身濟生度死拔罪解冤保命玄範誥咒妙經》，還欽賜了斗姆銅像一尊、三清像一幅和關將軍像一幅。[①]擁有欽賜《道藏》及御筆金書經典和欽賜神像，表明了乾元觀已獲得了精英道觀甚至皇家道觀的地位，已可完全獨立於茅山其他宮觀了。這在明代全真道的歷史上，可謂是極其罕見的。乾元觀還有一事值得一提。萬曆初李太后下令擇高真"檢《道藏》"，乾元觀道士黄合賢受薦舉應召，"受寵褒"。[②]這無疑與乾元觀在皇帝和太后心目中的地位有關。這在明代全真道士中是極其罕見的殊榮，構成了明代全真道輝煌的一頁。

前面提到，在姜本實爲住持時，門徒甚衆，四方來乾元觀焚修的道士不下數十人。而至萬曆後期，乾元觀已有百人之多的道士居於其中。[③]當然由於乾元觀是十方叢林，這百人不可能都是乾元觀道士，而有相當一部分是在乾元觀掛單雲遊的道士，如王錫爵《乾元觀記》所說，乾元觀之選仙壇與棲真堂用來"以駐雲遊之瓢笠"；陳文燭《乾元觀記》稱乾元觀有一鉢堂名水雲居，而李鼎《茅山乾元觀碑記》也說乾元觀有雲水居，當也是供掛單的雲遊道士所居。從閻希言中興乾元觀起至明末，乾元觀有靈官殿、玉皇殿、東嶽殿、三清殿、斗母殿、藏經殿、妙元堂、若鏡堂、若昧堂、松風閣(見圖1)、選仙壇、棲真堂以及其他祠堂、庫房、道舍、齋堂等建築。該觀還擁有臨溪道院、一真庵、天心庵、玉皇閣、會真庵、金華庵、集虛庵、青陽館、片雲居、三仙庵、迎仙庵、一了庵、甘露庵、止白庵、知常庵等道院、下院、道靖，並成爲茅山唯一的一個十方叢林(見圖2)。除了茅山乾元觀以外，在江南其他地方如南京的道觀中也有皈依該道派的弟子。已故黎遇航道長還提到，茅山"三宮五觀"中的另一個道觀仁祐觀也傳承閻希言開創的"閻祖派"，但不

---

① 王錫爵：《乾元觀記》，第22b～23a頁；李維楨：《乾元觀供衆田記》，第55b頁；李維楨：《茅山遊記》，第26b頁；于孔兼：《道人江文谷傳》，第32b頁；顧起元：《茅山重建乾元觀記》，第4b～5a頁。

② 王復禮：《武夷九曲志》卷十二，第38b頁。

③ 李維楨：《茅山遊記》，第29b頁；鄒迪光：《遊茅山記》，第29b頁。

知是發生在明代抑或清代。但無論如何,茅山乾元觀在明代已成爲江南乃至中國南方最重要的全真道中心,所謂“環大江南北琳宇中一僅見”。[①]如前所說,閔一得《金蓋心燈》提到龍門派之“宗師”系第七代沈常敬,明末居茅山修道,傳有弟子

**圖1 原松風閣**

朱延生主編:《茅山志》,圖版49

---

① 王錫爵:《乾元觀記》,第23a頁;陳文燭:《乾元觀記》,第64a頁;李鼎:《茅山乾元觀碑記》,第18b、19a頁;李鼎:《茅山乾元觀藏經殿碑記》,第20b頁;李鼎:《煉師王小顛入圜乞請外護疏》,第13a頁;高洧:《建茅山乾元觀萬松道院記》,第65a ~ b頁;楊道賓:《李赤肚傳》,第4a頁;清乾隆三十四年(1769)所立《乾元觀天心庵記》(是記與陳文燭《乾元觀記》同刻一碑,在其碑陰,現存乾元觀内),見楊世華主編:《茅山道院歷代碑銘録》,第179頁;錢謙益:《書建玉皇閣疏後》,第761 ~ 762頁;笪蟾光:《茅山志》卷十,第41a頁;錢希言:《獪園》,第549頁;黎遇航、袁志鴻:《茅山道教今昔》,《中國道教》1987年第4期;袁志鴻:《抗日戰争中的茅山道士》,第99頁。明代茅山乾元觀外來道士掛單的實例之一是,當時在武當山和湖廣一帶活動的著名道士范小仙萬曆十八年(1590)居住在乾元觀。參見高洧:《建茅山乾元觀萬松道院記》,第65b頁。其他重要的江南全真道宫觀如杭州的重陽庵、紫陽庵和松江的長春道院,雖然全真道駐足其中的歷史早於茅山乾元觀,但他們或其全真道脈只能確定傳到明初;或爲兼修南北二宗,而且兼嗣正一之法,非正統全真;這些道觀都没有御賜或收藏《道藏》;這些道觀中的全真道士也没有使用明中後期許多全真道派自我身份認同標誌的龍門字派。雖然雲南昆明虚凝庵全真道派興起的時間略早於茅山乾元觀,其教團人數並不少,而且使用了龍門字派,但虚凝庵並未收藏《道藏》,而且影響力未出雲南甚至昆明,僅僅是個地方道派。這些特點,都説明了茅山乾元觀以外的江南(以及整個南方)全真道觀的教團人數、重要性和影響力,都遠不能跟茅山乾元觀相比。參見吴亞魁:《江南全真道教》,第93、107、122、405頁;吴亞魁:《江南全真道門所見之諸真宗派與傳承譜系》,見本論文集,第72 ~ 100頁;Richard Wang,“Longmen Lineage at Xuning'an in Late Ming–Early Qing Yunnan”。

**圖 2　乾元觀舊貌**

朱延生主編:《茅山志》,圖版 48

孫守一、黄守元。孫守一再傳弟子閻曉峰。此系皆住茅山乾元觀。除此之外,《金蓋心燈》還提及龍門派第六代律師趙真嵩"至茅山閱道笈,掛單瓢"。[①] 前面已經指出,《金蓋心燈》作爲清中期所謂的"龍門正宗"有意識的建構之作,凡清中期之前尤其是明代之史實,率不可靠。[②] 但也説明至清中期,閻希言開創的茅山乾元觀全真道派仍有巨大的影響。欲建構江南龍門派的歷史,無法繞開茅山和該道派,所以只能將"龍門正宗"與茅山拉上關係。

但乾元觀全真道在譜系傳承上還有一個有待澄清的問題。楊道賓《李赤肚傳》記載,嘉靖三十五年(1556)有道士來度化李徹度入道,此道士自稱"丘長春十代孫清静遨蓬頭",居於山東嶗山。[③] 則此道士姓遨,法名清静,號

① 閔一得:《金蓋心燈》卷一,第 11a 頁。

② 《金蓋心燈》云,趙真嵩、沈常敬、孫守一、黄守元、閻曉峰的行實皆採自《鉢鑑》和《鉢鑑續》。本文前已指出,《鉢鑑》和《鉢鑑續》極有可能是僞書或根本不存在之書。參見本論文集第 28 頁注①。

③ 楊道賓:《李赤肚傳》,第 1b 頁;潘之恒:《王鳳仙傳》,第 6b 頁。

蓬頭。嶗山在明代已經有以孫玄清(1496～1569)爲代表的使用龍門字派的全真道派(後來所謂之"金山派"),有以徐復陽(1476～1556)爲代表的使用龍門字派的全真道派(後來所謂之"鶴山派"),也有以齊本守(？～1622)爲代表的使用龍門字派的全真道派(後來所謂之"金輝派")。[①]但孫玄清向來被認爲是龍門派第四代傳人[②],而遨清静約與孫玄清同時,却已是第十代,而且遨清静的龍門字派輩分又高於徐復陽和齊本守四五輩。顯然,他並不屬於上述三支嶗山全真道派。以龍門的派詩和遨清静的法名來看,他確屬於龍門第十代,他自己所説爲"丘長春十代"不謬。楊道賓接着説：遨清静爲李徹度取法名"一了","蓋長春道派二十字：'道德通玄静,真常守太清,一陽來復本,合教永圓明。'遨(清静)十世爲'清',而道人(按指李徹度)十一世,故以'一'名。"[③]這段文字極其重要,是迄今所見最早將龍門派詩二十字全部羅列公之於衆,又將這二十字派與丘處機直接聯繫起來,並徑將這一道派稱做"長春道派"的明代史料。事實上,這一説法也可以在王錫爵的著述中得到反映。《乾元觀記》記載了李徹度"更名一了"。既改名"一了",當指遨清静以龍門第十一代字派爲李徹度起法名一事。楊道賓卒於萬曆三十七年(1609),其《李赤肚傳》當作於此前。潘之恒(1556～1621)《亘史鈔》全文照録了楊道賓《李赤肚傳》。[④] 萬曆本《亘史鈔》(此本一名《亘史》)有顧起元於萬曆四十年(1612)秋所作的序,此書應成於是年前後。[⑤] 託名王錫爵的《乾元觀記》則作於萬曆四十年(1612)或稍後。[⑥] 而由某張姓之人編訂於天啓元年(1621)的原本《歷代神仙通紀》,也全文照録了楊道賓《李赤肚傳》。[⑦]

---

① Esposito, "The Longmen School", pp. 637, 640；黄宗昌(？～1646)：《嶗山志》(《藏外道書》第19册)卷三,第9a、12b～13a頁；卷五,第17a～b頁；高明見：《道教海上名山——東海嶗山》,北京：宗教文化出版社,2007年,第63～68頁。關於"鶴山派"始祖徐復陽的所處年代,有元代(或元末明初)説和明代中期説,本文取後一種説法。

② 但莫尼卡認爲明代以孫玄清爲代表的嶗山龍門派跟《金蓋心燈》所説的以北京白雲觀爲中心的"龍門正宗"是不同的譜系。參見 Esposito, "The Longmen School", p. 640。

③ 楊道賓：《李赤肚傳》,第1b～2a頁。

④ 楊道賓：《李赤肚傳》,見潘之恒：《亘史鈔》外紀《仙侣》卷四,第1a～4b頁。

⑤ 關於《亘史鈔》的版本及刊行年代,參見鄭志良：《潘之恒著述考》,《文教資料》1999年第2期。

⑥ 王錫爵：《乾元觀記》,第22b頁。

⑦ 楊道賓：《李赤肚傳》,宋在衡(1664年前後在世)輯：《歷代神仙通紀》(《四庫未收書輯刊》本)第20册,第667～670頁。經由宋在衡輯的今本《歷代神仙通紀》雖刊行於康熙三年(1664),但原本《歷代神仙通紀》應該由某位張姓之人(是否某位天師?)所編,編訂年代爲明天啓元年(1621)。參見《神仙通紀敘》,見宋在衡輯：《歷代神仙通紀》第33册,第393～394、427～428頁；《吕祖自序》,同上,第428頁。

如是,則在十七世紀初甚至十六世紀末已有人提及“長春道派”,而且這一説法已在傳播流行。①

但接下來的問題是李徹度和閻希言彼此之間的輩分。如前所説,李徹度在武當山與閻希言相識,關係極好,共證修真。據楊道賓《李赤肚傳》,閻希言“名復初,亦丘長春十四代道孫也”②,表明閻希言也是“長春道派”的弟子。李徹度是遨清静這一系龍門派的第十一代弟子,閻希言却是另外一支龍門派的第十四代弟子。最後,李徹度又皈依到閻希言門下,爲此,他更改了法名爲“合坤”,以適應閻希言這一支使用龍門派譜的全真道派。

上面已論證了茅山乾元觀全真道派在明代從“復”字輩傳到“先”字輩,亦即相當於龍門派(當時稱作“長春道派”)的第十四代到第二十三代。但閻希言後學别立法派,稱之爲“閻祖派”,以閻希言爲始祖,其派詩爲“復本合教永,圓明寄象先,修成龍緒業,歷代嗣宗傳”。如是,則此茅山全真道派在明代從“閻祖派”的第一代“復”字輩傳到第十代“先”字輩。此派在清代衣鉢不斷,並一直傳承到1938年乾元觀被日軍燒毁爲止。閻祖派在清同治年間已傳到“傳”字輩。其後該派又續了二十字,續派詩前十字爲“同心容易得,傳達定根底”。同治年間已開始傳“同”字輩,1938年乾元觀閻祖派傳到續字派的“易”字輩,羽化於2007年的茅山

---

① 今所知明代較早使用龍門字派的道教團體有山東青州府臨朐縣修真宫(其傳承早至正德八年即1513年)、明末伍守陽(1574～1644)一系龍門派(始於張静虚,其生年爲1432)、雲南昆明虚凝庵(始於正德末嘉靖初年即1521至1536年間)、陝西隴山龍門洞(早至萬曆四年即1576年)、武當山凝虚觀(始於萬曆三十年即1602年)以及陝西佳縣白雲觀(始於萬曆三十三年即1605年)。但從現有資料來看,這些道派在開始階段均只使用了龍門派譜,却至少在文字記載上未將此字派與丘處機聯繫起來,也未稱“長春道派”。當然,伍守陽在《天仙正理直論》中説自己是“邱長春真人門下第八派”,而其堂弟又是其師弟的伍守虚對此語加以注釋道:“邱真人門下宗派曰‘道德通玄静,真常守太清,一陽來復本,合教永圓明’此二十字。”參見伍守陽撰,伍守陽、伍守虚同注:《天仙正理直論增注》(《道藏輯要》畢集四)第52a頁。《天仙正理直論》初稿完成於天啓二年(1622),其《增注》則完成於崇禎十二年(1639)。這當然晚於楊道賓、潘之恒《亘史鈔》和託名王錫爵的《乾元觀記》,也晚於原本《歷代神仙通紀》。有關臨朐縣修真宫、昆明虚凝庵道派、隴山龍門洞、武當山凝虚觀、伍守陽系龍門派和佳縣白雲觀道派在其開始階段使用龍門派譜的情況,見張廣保:《明代全真教的宗系分化與派字譜的形成》;Richard Wang,“Longmen Lineage at Xuning' an in Late Ming-Early Qing Yunnan”;張文主編:《丘處機與龍門洞》,第194、205頁;Esposito,“The Longmen School”, pp. 656－657;森由利亞:《全真教龍門派系譜考》,見道教文化研究会編:《道教文化への展望》,東京:平河出版社,1994年,第193～195、201、208、211頁;樊光春:《碑刻所見陝西佳縣白雲觀全真道龍門派傳承》。

② 楊道賓:《李赤肚傳》,第2a頁。

元符宫原乾元觀幸存道長朱易經(1917～2007)所傳俗家弟子,已傳到"得"字輩。[1]

學界一般認爲清嘉慶(1796～1820)年間問世的《諸真宗派總簿》,列有"閻祖派",並解釋道:"邱祖復字岔派分支,茅山乾元觀。"也録下了閻祖派的標準二十字派詩。[2]瀋陽太清宫所藏謄抄於清咸豐十一年(1861)的《宗派别》記載了"閻祖派:龍門復字岔支茅山乾元觀閻祖"。並記録了閻祖派的標準二十字派詩。[3]清光緒元年(1875)在茅山所立的《龍門閻祖弟子王歷功碑》,即鐫有"龍門閻祖分派第十六代羽化先師歷功王公之墓"的題記。除了墓主王歷功是閻祖派第十六代弟子之外,在所列立碑者的名單中,還包括了閻祖派原字派"代"、"嗣"、"宗"、"傳"輩以及續字派"同"輩的弟子。[4] 民國嚴合怡在出版於1929年的《道統源流》中,是這樣記載閻希言的行實的:"閻守真律師,名復真,號守真,律名復本。出家茅山乾元觀,爲龍門岔支派茅山派第一代祖師。"[5]把閻希言變成龍門正宗的律師,並給他"復真"、"復本"的法名、律名,這毫無任何明代甚至清初文獻的支持,不足爲信。但《道統源流》也還是承襲了閻祖派是龍門"復"字岔支派的説法。

那接下來的問題是,閻祖派的派名和字派是在清代閻希言一系茅山全真道後學手上纔形成的,還是在明代已經形成了?管見以爲,形成的時代應該是在明代。明人李維楨《供衆田記》向我們提供了一條異常重要的信息:萬曆後期乾元觀知觀李教順"定名若干字,世以相承,總爲一家,無復分異"。[6]我們從閻希言和李徹度的明代傳記資料中已得以瞭解,閻希言是另一支"長春道派"的第十四代弟子。而李徹度按他本來的師承是"長春道派"第十一代弟子,但皈依閻希言門

---

① 《龍門閻祖弟子王歷功碑》,見楊世華主編:《茅山道院歷代碑銘録》,第184頁;楊世華、潘一德編著:《茅山道教志》,第16～17、89頁;朱延生主編:《茅山志》,第134、154頁;陳真福:《陳毅司令敬重的茅山道長惠心白》,《中國道教》1987年第4期。《龍門閻祖弟子王歷功碑》上記載了原字派的"傳"字輩弟子和續字派的"同"字輩弟子。該碑立於光緒元年(1875),則在同治年間已傳承到這兩輩弟子。嚴合怡(1929年前後在世)《道統源流》著録了該派續派二十字爲"積功兼纍行,蓬萊有姓名,貞超三界外,一定大羅仙"。參見嚴合怡編:《道統源流》卷上,上海:民鐸報社等處發行,1929年,第19頁。

② 《諸真宗派總簿》,見小柳司氣太:《白雲觀志》(《中國道觀志叢刊》本)卷三,第102～103頁。《諸真宗派總簿》藏於北京白雲觀,由白雲觀迎賓梁至祥抄録於1926年,但已有該簿問世之後的增補之迹。

③ 《宗派别》,見五十嵐賢隆:《太清宫志》,東京:國書刊行會,1986年,第98頁。但《宗派别》又記録了另一支與閻希言有關的法派:"二茅派:茅山乾元觀閻祖。留傳:復虚興道,富德從仁,世理真常,教本可思,克成大業,畢定久昌。"同上,第80頁。藏於北京白雲觀的《諸真宗派總簿》所收之二茅派,雖然派詩與《宗派别》所收一致,却未將其與閻希言聯繫在一起,而只是歸在二茅真君茅固名下。參見《諸真宗派總簿》,第104頁。

④ 《龍門閻祖弟子王歷功碑》,第184頁。

⑤ 嚴合怡編:《道統源流》卷下,第19頁。

⑥ 李維楨:《乾元觀供衆田記》,第55b頁。

下後,他更改法名,成爲閻希言系"長春道派"的第十六代弟子。而上面已講到,從閻希言起,明代茅山乾元觀從龍門派的"復"字輩傳到"圓"字輩。顯然,從閻希言開始,茅山乾元觀有其道派(長春道派)的身份認同,也有這一道派的派字譜。那爲何要等到李教順這茅山全真道派第四代纔來"定名若干字,世以相承"呢?李維楨本人去過茅山乾元觀,並應李教順之要求爲乾元觀寫了供田記①,他這樣説,自非得自傳聞。本人的解讀是,乾元觀全真道原先固然有長春道派的身份認同,也使用龍門字派。但爲了尊崇閻希言復興乾元觀及建立茅山全真道派之功,李教順很有可能定了新的以閻希言爲宗師的字派。當然,李教順和乾元觀其他道士都明白他們這一支全真道派淵源於長春道派。把閻希言系茅山全真道派説成是龍門或長春門下"復"字岔支派,是順理成章的事。這便是閻祖派派詩的來龍去脈。事實上,前面已説到,乾元觀明末已傳到李先真的"先"字輩。"先"字當然已不再是龍門字派,而是這一新的長春門下"復"字岔支派的字派。

既定了新字派,就會有新的派名。這名稱自然是"閻祖派"。那麽,在李教順定新字派時,或至少在明代,會不會有"閻祖派"這一派名呢?這很有可能。茅山乾元觀全真道士稱閻希言爲祖師,是再自然不過的事。但教外之人則一般不會稱呼閻希言爲"祖師"。可是,在晚明,教外之人稱閻希言爲"祖師"的現象,則已流行。由明西蜀劉宇亮編纂、刊行於崇禎十三年(1640)以前的《歷代神仙通鑑》卷五十八,搜集了有關閻希言的幾種傳記,而統稱之爲"閻祖師傳"。② 李維楨卒於天啓六年(1626),所以他記載的李教順定新字派也一定發生在天啓六年以前,當然更早於崇禎十三年。教外人士"閻祖師"的觀念和對該稱謂的用法,是從哪裏來的呢?是不是茅山全真道派這時除了新字派之外,也已使用了"閻祖派"這一稱謂術語?當然,這目前還只能是推測。落實這一推測還有待新材料的發現和研究。但不管怎麽説,閻祖派是迄今我們所知,如果不是唯一那麽至少也是最早的明人記載中所見的龍門支派。這在全真道和龍門派的歷史上至關重要。

---

① 李維楨:《乾元觀供衆田記》,第55a~b頁;李維楨:《茅山遊記》,第26b~27b頁。

② 薛大訓(1640~1649年前後在世):《古今列仙通紀》卷五十八。是書原由劉宇亮所編,書名《歷代神仙通鑑》,崇禎十三年(1640)以前刊行。後薛大訓據以增訂,並重刊於崇禎十三年。清代板毁,康熙時復重刊,改名《古今列仙通紀》。薛大訓等名字爲崇禎十三年補板時所加,而挖去"明西蜀劉宇亮鑒(或校)"的原來字樣。但卷九、十二、二十二、二十四、二十五、四十八、四十九、五十一、五十二和五十八卷使用了原板,故而保留了劉宇亮的名字。今《古今列仙通紀》卷五十八恰恰是這樣一卷。因此,該卷板心所刻"閻祖師傳"字樣,當反映崇禎十三年前原明刊本的狀況。關於該書刊刻的情況,參見姚之典(1640年前後在世):《神仙通鑑跋》,見宋在衡輯:《歷代神仙通紀》第31册,第378~379頁;永瑢、紀昀等:《四庫全書總目》卷一百四十七,北京:中華書局,1965年,第1265頁。

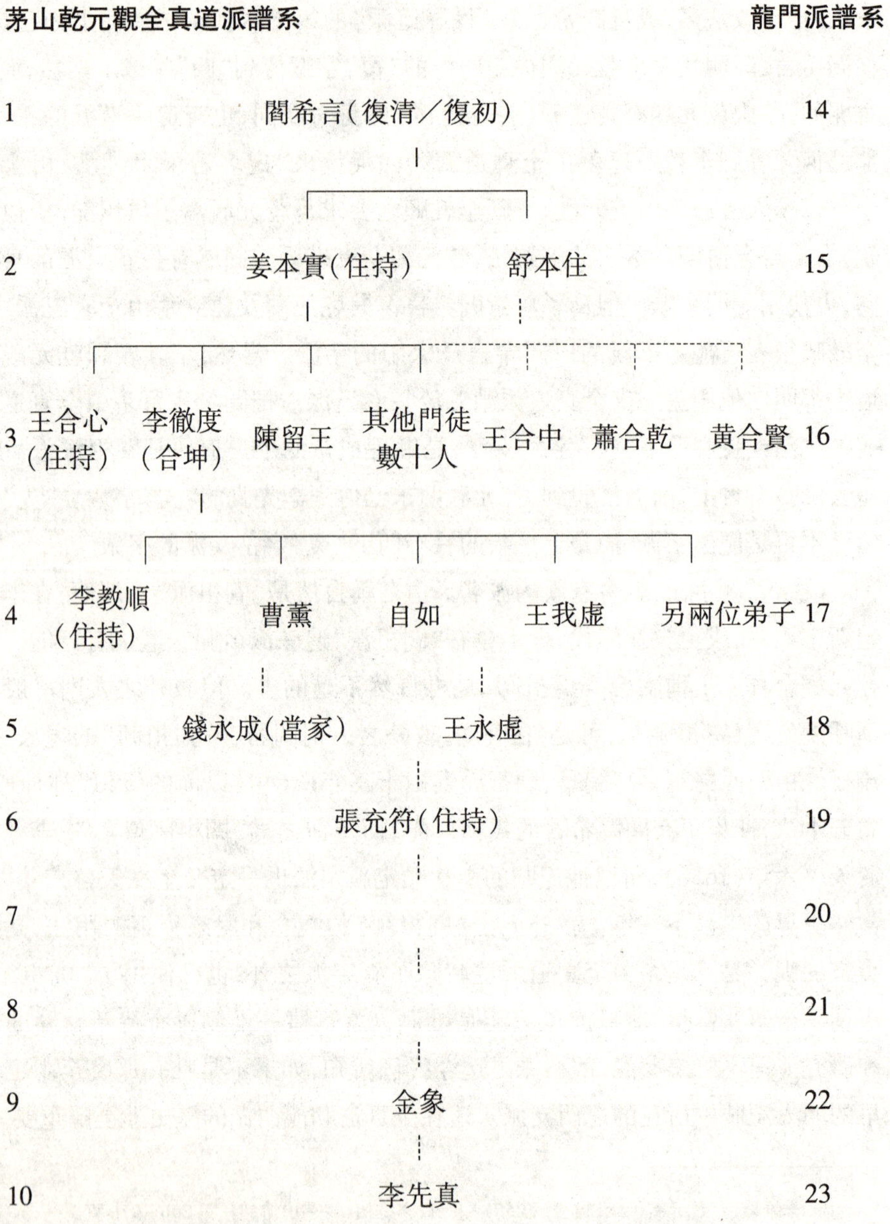


按，除以上道士之外，乾元觀還有如下輩分不明的閻祖派弟子：左熙熙、渾然子。虛綫表示師承關係不明。

明代茅山乾元觀全真道派譜系圖

## 宗教修行

茅山乾元觀全真道派道士以其宗教行爲體現了全真道的特徵和身份認同,本文選擇全真道一些最根本而且又是明代資料能印證的幾個特徵。這並不是說全真道修行的所有基本特徵都涵蓋了,而只是說我們受限於能掌握的資料。

從全真道創教時起,實行向來只有神仙纔會有的奇行異迹,就成爲全真道士獲得合法性認可及自我身份認同的標誌和傳教策略。從王重陽到全真七子,這樣的修道行爲就屢見不鮮,無庸贅言。① 而明代茅山乾元觀全真道派在有意複製這種奇行異迹,這從該道派鼻祖閻希言就開始了。王世貞《閻道人希言傳》記載,閻希言不梳理頭髮,故人稱之爲"閻蓬頭"。閻希言粗布夾衫,着裙子與短襖,却不穿内衣;穿鞋却不穿襪。這是服飾的奇異。"腰腹十圍,叩之如鐵,彭彭然。"體重三百斤,但"行步健迅,雖少壯不啻"。盛夏天,他赤膊在日下暴晒而不流汗,"兩目視日,移時不瞬";隆冬時,他淩晨鑿破冰層而在河裏洗澡,洗完澡用毛巾拭乾,汗出如蒸。他又讓人將尿液積在盛酒的瓦器中,自己以之沖浴。沖浴完身體乾了後,人聞不到臆臊味。當他坐下時,即使别人拜他,他也不站起來,但又未嘗有傲色。酒酣,則唱道情曲以娱人。他食量是常人的兩倍。凡人布施衣服,則穿之;布施金錢,則置袖中,轉手又送人。隨口回答人問話,不與争辯。由於閻希言每每手出糖果給小孩吃,孩童都喜歡鼓噪而隨之。傳説他出生於元代,已有兩百歲,他也從不告訴人自己的真實年齡。"出無恒嚮,詣無恒主,宿無恒夕。忽然而來,忽然而去。"這是行事的奇異。② 正像王重陽和全真七子的奇行異迹近乎表演,目的在增强本身的合法性與傳教③,閻希言這種奇異行爲的結果是:"以故所至皆異之,目爲道人。"這樣,普通人纔認可閻希言是個真道人。其臨終坐化於百户毛俊家,他羽化後,肉身保持不壞。前後六日,"事聞中外,不論縉紳庶民,往薦香叩首者,日不下千人"。這顯示出閻希言奇行異迹的巨大效果和感召力。④

---

① 相關研究見 Vincent Goossaert, "The Invention of an Order: Collective Identity in Thirteenth-Century Quanzhen Taoism", *Journal of Chinese Religions* 29 (2001), pp. 122–123; 陳耀庭:《全真弘傳三論》,見盧國龍主編:《全真弘道集: 全真道——傳承與開創國際學術研討會論文集》,香港:青松出版社,2004 年,第 6~7 頁。

② 王世貞:《閻道人希言傳》,第 9b~11b 頁;錢希言:《獪園》,第 549 頁;鄒迪光:《始青樓稿》卷三,第 24a 頁。

③ 參見 Goossaert, "The Invention of an Order", pp. 122–124; 陳耀庭:《全真弘傳三論》,第 4~7 頁。

④ 王世貞:《閻道人希言傳》,第 10a、11a~b 頁;國威:《紀事》,第 6b、9a 頁;國威:《言狀》,第 10a~11b頁;王世貞:《弇州山人續稿》卷二百〇四,第 6a 頁。

閻希言衣鉢傳人姜本實晚年在茅山洗心池旁堆成一小土山(一説掘一土穴),祀王重陽,並入居之,壘石(一説以土掩埋)不留空隙,題曰“活死人墓”。這顯然是在學王重陽在名爲“活死人墓”的穴中修煉的異行。但姜本實更是告訴弟子每日來墓前呼喊“活死人”,如他回應則罷,如不回應,則入内收斂他遺蜕。這樣連續三年,他在其中都回應弟子的呼喊。[①]姜本實摹仿全真教祖王重陽是顯而易見的。他實是以此等驚世駭俗的異常行爲來樹立一種典範,並以此來表明他的道行之高。無怪陳鼎(1650～?)在《留溪外傳》中對此異行發出這樣的評語:“神仙多爲駭世惑俗之事,活死人(按,指姜本實)既怪其弟子駭世惑俗,何爲活埋土穴而使呼之,應之三年之久耶?豈夫子所謂索隱行怪者,即世之所謂神仙耶?”[②]

李徹度在入道之後,雲遊至武當山,“散髮汗漫,或嘯或歌,衆莫能識”。一日,他忽然大叫:“心性倘在,軀殼何爲?”於是他投水於清涼澗中,見者驚救,李徹度却“從泛泛若鳬,捧腹大笑”。從此他上身不再穿衣,不穿褲子、短袄和襪子,僅一件僧衣裹體,即使嚴冬大雪,他也赤身以爲常,而眉頰間時有汗水簌簌滴下。他眉宇間常有氣出如雲煙。人皆異之,稱他爲“赤肚子”。李徹度尤喜爲人看病,但不假藥餌,僅或以符咒或使病人下咽酒或以口中噴水的方式爲人治病,無不立瘉。他能一日九食,亦能九日一食。飲一升酒輒醉,亦能飲數十升酒不醉。他八十幾歲貌若四十,不見衰老。他一次在茅山方隅山燕口洞中静坐,達三年之久。他又曾在徽州府黟縣城集市上,隨心所欲胡亂狂走,口中唱念《道德經》與《南華經》。據説他能鼓起肚子,在肚皮上蒸餅和温酒。又别人用毒藥毒不死他,他反而能從毛孔中逼出毒來。這或近於傳説或顯示李徹度的氣功,未知真假。奇異的穿着和行爲的結果,如王衡(1561～1609)所説,李徹度“以遊戲説法,望而知爲異人”。目的是讓人覺得他是異人。[③]

王合心(1567～1618年前後在世),姜本實的另一位弟子及衣鉢傳人,曾戴黑

---

① 于孔兼:《道人江文谷傳》,第33a頁;顧起元:《遊三茅山記》,第33b頁;笪蟾光:《茅山志》卷九,第19a～b頁;陳鼎:《留溪外傳》(《四庫全書存目叢書》本)卷十七,第18b頁。唯《留溪外傳》謂閻希言和姜本實活動於明亡後,則顯然有誤。

② 陳鼎:《留溪外傳》卷十七,第18b～19a頁。

③ 楊道賓:《李赤肚傳》,第2a～4a頁;王錫爵:《乾元觀記》,第22b頁;李鼎:《茅山乾元觀碑記》,第17a～18a頁;王衡:《李赤肚小像讚》,見氏著:《緱山先生集》(《四庫全書存目叢書》本)卷十一,第16b頁;笪蟾光:《茅山志》卷九,第20a頁;徐顯卿:《天遠樓集》卷三,第10b頁;康熙《徽州府志》卷十八,第23b～24a頁。明人率將《李赤肚小像讚》歸於王錫爵名下。王衡是王錫爵之子,此文或原由王衡代父所作(王衡經常代父爲文),因此他仍然收入自己的文集。

冠披野衲遊南昌。常常在酷暑中坐卧,赤日中飲酒。遊南京時,也是夏日在路上走,清涼不流汗。陳繼儒描述王合心"有時孤坐秋露中,有時鼾睡炙日裏"。有時藉酒癱腿,"踞坐以自放",自歌自舞,所謂"狂歌浪語"。因此,人們以"顛"目之,稱之爲"小顛"。而這種"顛"的結果,是陳繼儒概括的時人對他這樣的評價:"疑是東華仙人鐵拐李。"①

由此我們可以看到,儘管有關後幾輩的史料闕如,我們無法瞭解,但從閻希言開始,茅山乾元觀全真道派連續三代道士,都有意摹仿王重陽和全真七子創教時的真行實踐,並刻意展示和炫耀他們自己的奇行異迹。這成爲該道派吸引門徒和傳教的重要手段。也正因爲如此,當時之人往往以真道人甚或神仙視之。茅山閻祖派的興起,當與這種宗教修行方式有關。

接下來我們來看茅山乾元觀道士所行的全真道的另一個基本教法,即環堵修道之法。環堵指修道者自我關閉在環堵裏,即所謂閉關,在限定的時間内静坐苦行修煉。高萬桑(Vincent Goossaert)對環堵作了最爲詳盡的研究,他的成果可供我們藉鑒。②環堵雖然並非是早期全真教祖創造的新修行法,但在金元時代全真道使環堵修行儀式化和制度化。從此以後,環堵修行法成爲全真教制的一個重要方面和全真道的一個重要特點。③環堵修行在明代依然流行,世人視之爲全真道的標誌之一。高萬桑爲我們提供了明初環堵修真的例證。④茅山乾坤元觀全真道士的修行,證明了環堵在明中後期仍然是全真道的基本修行法之一。

從閻希言開始,茅山乾元觀全真道派就注重環堵修行。閻希言在武當山修道時,鑿石洞居,在洞旁一個名叫"打兒窩"的穴側修行。⑤這似乎是在穴洞中環堵

---

① 李鼎:《煉師王小顛入圜乞請外護疏》,第12b~13b頁;陳繼儒:《王小顛讚》,第16a頁;笪蟾光:《茅山志》第九卷,第21a頁。陳繼儒《王小顛讚》原文,明刊本《白石樵真稿》作"東華山人",當爲"東華仙人"之誤。

② 高萬桑對環堵的專題研究,參見 Vincent Goossaert, "La creation du taoïsme moderne: l' ordre Quanzhen" (Ph. D. diss., École Pratique des Hautes Études, 1997), pp. 171-219。其中文本見高萬桑:《全真道的環堵考》,見盧國龍主編:《全真弘道集:全真道——傳承與開創國際學術研討會論文集》,第143~156頁。高萬桑其他涉及環堵的研究,參見 Goossaert, "Entre quatre murs. Un ascète taoïste du 12e siècle et la question de la modernité", *T' oung Pao* 85 (1999), pp. 413-414; "The Invention of an Order", pp. 126-128; "Starved of Resources: Clerical Hunger and Enclosures in Nineteenth-Century China", *Harvard Journal of Asiatic Studies* 62.1 (2002), p. 77。

③ Goossaert, "La creation du taoïsme moderne", pp. 176-192, 217;《全真道的環堵考》,第144~154頁; "Entre quatre murs", pp. 413-414; "The Invention of an Order", pp. 126-127。

④ 關於明初全真道的環堵修行,參見 Goossaert, "La creation du taoïsme moderne", pp. 205-213;《全真道的環堵考》,第152~154頁; "Entre quatre murs", p. 414; "The Invention of an Order", pp. 126-127。

⑤ 國威:《紀事》,第8a頁;國威:《言狀》,第10b頁。

閉關。有些茅山乾元觀道士還效法早期全真教祖的環堵修行。如前所説，姜本實晚年在茅山營築"活死人墓"，並入居之，壘石不留空隙，這當然是學王重陽的環堵修行。[①]于孔兼《道人江文谷傳》明確提及姜本實營築其"活死人墓"是爲了"煉形守氣"、"致虚守静"的"修真戒行"。[②]姜本實讓弟子每日來墓前呼喊，連續三年纔坐化。這又是馬丹陽所開創、並在金元時代全真道加以制度化的環堵修行三年的期限。[③]這表示姜本實臨終前以"活死人墓"爲環堵，在其中閉關修行了三年。

姜本實衣鉢傳人王合心在萬曆四十年(1612)以後，入圜(即環堵)閉關修行。爲此，他特地營建用作環堵的静室，並懇請"宰官居士長者"充當"外護"以提供資糧等物質保障。李鼎爲王合心入圜特意寫了《煉師王小顛入圜乞請外護疏》傳播士紳中。此疏文在環堵修行的對比中來稱讚王合心的環堵修行："聞昔之入圜者，或因撞門而勃然怒發，是我心未除也；或詠無煖而頓被麾斥，是沉於陰暗也。"王合心却能真正做到以環堵來"修坐忘之業……以大地爲一圜，以一圜爲大地"。[④] 王合心之所以要這樣大張旗鼓地在士林和信衆中宣揚他的入圜修行之事，一方面是如上面所説的爲了傳教的需要，另一方面恐怕也是他環堵修煉確實需要物質上有一定的保障。這樣看來，他的入圜閉關恐怕不是一個短暫的時期，而是一個相當長的時限。參照上面所説的全真道對環堵修行時限的制度化標準以及王合心之師姜本實環堵閉關的時間，王合心的入圜時限估計也是三年。

李徹度曾在武當山修道七年。在這段時間内，據徐顯卿(？～1602)記敘，李徹度"不眠不食惟獨坐"。這是否表示他在閉關修行？前面提到，李徹度在乾元觀旁方隅山燕口洞中静坐，達三年之久。既在洞中静坐，與環堵相似，時間剛好也是全真道環堵閉關通行的期限，這是否也表示他在環堵閉關？或許這種可能性的確存在。上面也已經説到，李徹度有很多來自士紳的俗家弟子。陳思育

---

① 關於王重陽的環堵修行，參見 Goossaert, "La creation du taoïsme moderne", pp. 176－178；《全真道的環堵考》，第 145 頁；"Entre quatre murs", p. 414；"The Invention of an Order", p. 126。

② 于孔兼：《道人江文谷傳》，第 33a～b 頁；笪蟾光：《茅山志》卷九，第 19a～b 頁；陳鼎：《留溪外傳》卷十七，第 18b 頁。

③ 笪蟾光：《茅山志》卷九，第 19b 頁；陳鼎：《留溪外傳》卷十七，第 18b 頁。關於金元時代全真道將環堵三年的時限制度化，參見 Goossaert, "La creation du taoïsme moderne", pp. 179, 201－202；《全真道的環堵考》，第 146、151 頁；"Entre quatre murs", p. 414；"The Invention of an Order", pp. 126；"Starved of Resources", p. 77。

④ 李鼎：《煉師王小顛入圜乞請外護疏》，第 12a～13b 頁。關於金元時期全真教祖對李鼎疏文中所提到環堵弊端的批評，參見 Goossaert, "La creation du taoïsme moderne", pp. 188－190, 193－197；《全真道的環堵考》，第 148～150 頁。

(1558～1584年前後在世)便是這樣的一位弟子。據陳思育友人姚文蔚記載,陳思育"言受李道人法,將以某日閉關"。這明確表示,陳思育的環堵閉關修行法受之於李徹度。徐顯卿是李徹度的另一位俗家弟子。徐顯卿在給李徹度的祝壽詩末尾向李徹度表示:"苦海無邊回轉頭,余亦閉關悔前誤。"他這裏指的是後悔以前没有開悟,現在在李徹度的教誨下及時回頭,閉關修道。①這當指環堵。而這環堵修行法顯然也是李徹度傳授給他的。

姜本實的另一位弟子陳留王,從姜本實受道,"掩關息坐三年"。② 其環堵閉關的時限,仍然是全真道例行的三年。而李徹度弟子曹薫在茅山乾元觀也曾"揜關寂坐"。這當然也是環堵閉關修行。而且,他環堵閉關時,"頂門闢開,訇然有聲,現蜃橋於腦中。薫自知幻妄,復鎮以混沌"。這則記載還告訴了我們他環堵修道時的精神幻象及克服方法。③由此我們可以看到,明代茅山乾元觀全真道派至少四代道士實行環堵修煉,而且其閉關時限爲全真道制度化的三年。其全真道的自我身份認同是不言而喻的。

## 江南士紳精英的護教

金元時代全真道得以興起與清初全真道得以復興,都與知識分子的踴躍入教和積極護法有密切的關係,這方面的論述甚夥,無庸贅言。明代茅山乾元觀全真道派的興起,實也與士紳精英階層的護教分不開。前面所引的所有有關茅山乾元觀的明代文獻,都出於這一精英階層成員之手。很多佛寺道觀和官方或民間廟宇,在明代都受到士紳精英的支持和贊助,原不足奇怪。④同樣,茅山乾元觀全真道派也是如此。但值得注意的却是這一道派得到一批

---

① 潘之恒:《亘史鈔》外紀《仙侶》卷四,第5b頁;徐顯卿:《天遠樓集》卷三,第10b頁;笪蟾光:《茅山志》卷九,第20a～b頁。

② 陳鼎:《留溪外傳》卷十七,第18a～b頁。

③ 乾隆《鎮江府志》卷四十,第27b～28a頁。乾隆《鎮江府志》五十五卷首一卷,由朱霖(1750年前後在世)等纂修。在此之前,有由高得貴、張九徵等纂修於康熙十一年(1672)的康熙《鎮江府志》五十四卷首一卷。乾隆志的正文,前五十四卷卷目悉依康熙志,內容也基本上照舊,只是補入溧陽縣的資料和增加康熙志以後的部分內容。這裏所引有關曹薫的條文,完全是康熙《鎮江府志》的原文,至少在康熙十一年已形成。

④ 有關明代士紳精英支持和贊助宫觀寺廟的情況,參見 Timothy Brook, *Praying for Power: Buddhism and the Formation of Gentry Society in Late-Ming China*, Cambridge, Mass: Council on East Asian Studies, Harvard University, and Harvard-Yenching Institute, 1993; Susan Naquin, *Peking: Temples and City Life, 1400 - 1900*, Berkeley and Los Angeles: University of California Press, 2000, pp. 171 - 179, 191 - 197, 218 - 221, 252 - 255。

特殊的士紳精英的護教,這批士紳精英是以王世貞爲首的江南文人士大夫集團,這正是本節的主題。

茅山乾元觀全真道派起於閻希言。前面提到,從清代道門著述至今人學術著作,凡涉及此一道派者,率皆引用明人王世貞《閻道人希言傳》。事實上,明代的所有有關閻希言的文獻記載,也都引用或出自王世貞此傳。因此,有必要先瞭解王世貞現象包括他的曇陽子崇拜的仙道活動的意義。

王世貞,南直隸蘇州府太倉人,是明代文壇"後七子"的領袖人物,尤其在李攀龍(1514~1570)這"後七子"的另一位領袖人物去世後,王世貞執文壇牛耳二十載,在他周圍聚集了一大批志同道合者或景仰他的追隨者,成爲明代文學復古運動的盟主、十六世紀最重要的文人以及官居正二品的顯赫的封疆大吏和部院大員。但王世貞本人晚年信道,在其弇山園收藏有一部完整的《道藏》。① 這是明人私人收藏《道藏》僅有的一例。更重要的是,王世貞摯友和姻親、同爲太倉人的王錫爵的仲女王燾貞,未嫁而夫死,遂號曇陽子,與群真相遇,成爲當世的女仙。② 王世貞慕曇陽子仙道事,並於萬曆五年(1577)向曇陽子正式拜師稱弟子。他與王錫爵成爲曇陽子崇拜的核心成員。王世貞與王錫爵並在太倉城之西南隅,買地建曇陽恬澹觀,以奉上真。曇陽子於萬曆八年(1580)九月羽化。王世貞還在曇陽子飛昇幾個月後,寫下了長達六十頁的《曇陽大師傳》,並在他以後致三十位友人的信中提及曇陽子超過八十次(這還不包括他詩中提到曇陽子的次數)。他並且把家產分給三個兒子(除他大兒子士騏年二十六歲以外,他另兩個兒子士驌和士駿纔分別只有十四歲和十一歲),於十一月將曇陽子之龕轉入恬澹觀中,與王錫爵一起過起了摒棄家室俗累的修道生活。王世貞在其中過了六年這樣的生活。需要指出的是,王世貞住在恬澹觀中,並未完全離塵絶俗,他必須時常接待慕名來訪的客人,接受大量文字應酬,與過訪的友人談詩論文酬唱;而恬澹觀也常常受到鄰里孩童吵鬧聲的騷擾。但王世貞在恬澹觀的居室狹小,冬天陰冷,夏

---

① 王世貞:《弇州山人續稿》卷五,第 1b~2a 頁;卷一百七十二,第 17a 頁;陳繼儒:《晚香堂小品》卷二十一,上海:貝葉山房,1936 年,第 371 頁;胡應麟:《少室山房筆叢》卷四,北京:中華書局,1958 年,第 65 頁。

② 在晚明"三教合一"思潮影響下,曇陽子像任何宗教人物一樣,既讀道經也讀佛經,但她所受的最大影響是茅山上清派的啓示,她宗教活動的核心也是證道成仙。曇陽子宗教活動及曇陽子崇拜的道教性質應無疑義。參見 Ann Waltner,"T'an-yang-tzu and Wang Shih-chen: Visionary and Burearcrat in the Late Ming", *Late Imperial China* 8.1 (1987), pp. 108, 113, 119-121; Waltner,"Telling the Story of Tanyangzi",見熊秉真主編:《欲掩彌彰:中國歷史文化中的"私"與"情"——私情篇》,臺北:漢學研究中心,2003 年,第 218 頁; Waltner,"Remembering the Lady Wei: Eulogy and Commemoration in Ming Dynasty China", *Ming Studies* 55 (2007), p. 76。

天悶熱,他的修道苦行也並非是擺擺樣子。① 從萬曆十二年(1584)起,王世貞連續有了新除之命,但他對這些任命並不在意,先後上疏託疾請求致仕。同時對學道心志明確,不願放棄。甚至表示,寧可棄仕,也不"負"志。但他的請求未獲准允,被迫又出仕。但他此時對官場淡漠,辭官幾次,終於在萬曆十八年(1590)獲准回籍調理。由此看來,他對恬淡修道之事還是相當認真的。②正如 Ann Waltner 所概括的,晚年的王世貞,"處於兩難的窘境中:他還没有徹底棄絶世俗的生活,但他已全面停止履行塵世的義務"。③ 值得注意的是,一部分王世貞文學集團的成員也成爲了曇陽子的正式弟子,另一些則也是曇陽子的仰慕者。④王世貞的《曇陽大師傳》流傳極廣,受他影響,這批王氏文學集團成員也紛紛書寫曇陽子仙道事。⑤

王世貞文學集團崇拜曇陽子還有更深一層的文化政治含義。王世貞恃才傲物,爲人正直清介,耻於曲事權貴。因此他先是公開站在權臣嚴嵩(1480~1565)的對立面,支持楊繼盛(1516~1555),導致其父王忬(1507~1560)(時任兵部侍郎總督薊遼保定軍務)因戰事失利,而被嚴嵩及其黨羽羅織罪名而殺。王世貞也因居父喪而歸里。王世貞復出後,繼又開罪於强權首輔張居正(1525~1582)而

---

① 有關王世貞崇拜曇陽子之事,參見 Ann Waltner,"T'an-yang-tzu and Wang Shih-chen", pp. 105-126; Waltner,"Telling the Story of Tanyangzi", pp. 217-219; Waltner,"The Grand Secretary's Family: Three Generations of Women in the Family of Wang Hsi-chüeh",見"中央研究院"近代史研究所編:《近世家族與政治比較歷史論文集》,臺北:"中央研究院"近代史研究所,1992 年,第 556~558、563 頁; Waltner,"Remembering the Lady Wei", pp. 76-78, 90; 鄭利華:《王世貞研究》,上海:學林出版社,2002 年,第 125~130頁。關於王世貞慕曇陽子仙道事,且有意奉道並拜師的時間,Ann Waltner 定於萬曆五年(1577),而鄭利華則定於萬曆七年(1579)至八年(1580)。參見 Waltner,"Remembering the Lady Wei", p. 95;鄭利華:《王世貞年譜》,上海:復旦大學出版社,1993 年,第 273~274 頁;鄭利華:《王世貞研究》,第 126 頁。姑以 Ann Waltner 爲準。有關王世貞晚年因崇尚佛道而生活情趣、人生態度有所轉變,參見魏宏遠:《王世貞的晚年生活、趣尚及品格》,《文史知識》2009 年第 10 期。王世貞二女兒嫁給了王錫爵内弟朱木。Ann Waltner 認爲朱木係王錫爵内姪,有誤。參見徐朔方:《王衡年譜》,見氏著:《晚明曲家年譜》,載《徐朔方集》卷二,杭州:浙江古籍出版社,1993 年,第 358 頁;Waltner,"Remembering the Lady Wei", p. 80。

② 鄭利華:《王世貞研究》,第 131~132、134~135、137、139~141 頁。

③ Waltner,"Remembering the Lady Wei", p. 78.

④ Ann Waltner,"T'an-yang-tzu and Wang Shih-chen", p. 107; Waltner,"The Grand Secretary's Family", pp. 550-551, 556; Waltner,"Telling the Story of Tanyangzi", pp. 218, 222-223, 225-227; Waltner,"Learning from a Woman: Ming Literati Responses to Tanyangzi", *International Journal of Social Education* 6.1 (1991), pp. 55-56; 鄭利華:《王世貞研究》,第 129 頁;王明輝、劉儉:《胡應麟與王世貞的關係考論》,《安慶師範學院學報》第 25 卷第 1 期(2006 年)。

⑤ Waltner,"Telling the Story of Tanyangzi", pp. 222-223, 225-228; Waltner,"Learning from a Woman", pp. 47, 56. 關於王世貞《曇陽大師傳》流傳廣泛的情況,參見 Ann Waltner,"The Grand Secretary's Family", p. 558; Waltner,"Telling the Story of Tanyangzi", p. 224; Waltner,"T'an-yang-tzu and Wang Shih-chen", p. 109。

在萬曆四年(1576)被罷官。王世貞文學集團的成員也都持與王世貞相同的立場。事實上,除了在古文辭上他們有共鳴的觀念外,在政治上他們也共享一種價值觀。[①]這有兩個層面的意義。王世貞文學集團所代表的是在晚明極端專制而“反智”氛圍相當濃厚的時代裏,重視自我追求與個人價值的肯定,因而政治上始終處於被壓制地位的文士群體。這是第一層的含義。[②]

其次,至少就與嚴嵩的鬥争來説,還有地域政治與文化的意義。嘉靖時首輔嚴嵩與次輔徐階(1503~1583)展開了持續數十年的鬥争。王忬、王世貞父子雖與嚴嵩交惡,却與徐階關係甚好,並與徐階結親。嚴嵩爲江西分宜人,而徐階則爲南直隸松江府華亭(今上海松江)人,與太倉爲近鄰,亦屬吴中地區。除了政見、人品和忌妒等因素之外,嚴嵩和徐階,還各自代表了江西勢力集團和江南勢力集團,嚴、徐之争,實際上是這兩個勢力集團的一場較量,楊繼盛(徐階門生)、王忬先後成爲這場鬥争的犧牲品,而王世貞文學集團成員同一聲氣,也都站在了江南士人集團這一邊。[③]王世貞父喪歸里後,在家閑居,有較多的精力和時間廣交文友,特别是吴中一帶的文士,宣傳自己的文學復古主張,從事文學活動,並逐步建立起“後七子”在江南的文學復古陣地。與此同時,在濟南圍繞李攀龍也形成了一個文學復古運動在北方的據點,與王世貞的吴中文學圈子南北呼應。但王世貞在吴中結成的文學網絡圈更爲龐大,特别是在李攀龍於隆慶四年(1570)去世後,北方的濟上文學圈趨於解散,而王世貞由原來與李攀龍共同主持文壇,一躍而成爲“文章盟主”,獨自操持文柄,聲望大振。加之他重視提攜後進,獎掖不遺餘力,有循循長者之風,在文壇有極高的威望。四方文士多奔走於王世貞門下,大有一呼百應之勢。以他爲中心的吴中地區文學陣營得到了鞏固和擴展。那些非江南地區的成員也藉便出入吴中,與王世貞酬唱交往。再加上江南地區經濟富庶,交通便利,文化積纍深厚,文學人才輩出,一向是文人墨客流連聚集

---

① 關於王世貞集團成員在政治上處於嚴嵩對立面,參見 Kenneth J. Hammond, “Wang Shizhen as Partisan: The Case of Yang Jisheng”, *Ming Studies* 53 (2006), pp. 55-69 esp. 60-61, 68; 廖可斌:《明代文學復古運動研究》,上海:上海古籍出版社,1994年,第193頁;鄭利華:《王世貞研究》,第57~58、70~75頁。關於王世貞受高拱排斥打擊事,參見孫衛國:《16世紀兩類士大夫的代表:文人王世貞與相臣張居正》,《中國社會歷史評論》2005年,第194~195頁。關於王世貞及其集團成員因得罪張居正而遭罷貶,參見孫衛國:《16世紀兩類士大夫的代表》,第198~201頁;鄭利華:《王世貞研究》,第121~123頁。

② 孫衛國:《16世紀兩類士大夫的代表》,第189、191頁;鄭利華:《明代中葉吴中文人集團及其文化特徵》,《上海大學學報》第4卷第2期(1997年),第102~103頁。中國文化政治傳統中的“反智論”,是余英時先生提出的精闢見解。上引孫氏論文已有介紹,茲不贅言。

③ 魏宏遠:《論王世貞與嚴嵩的關係》,《湖南第一師範學院學報》第9卷第6期(2009年);鄭利華:《王世貞研究》,第57~58頁。

地。這樣,"後七子"文學復古運動的中心便逐漸聚集於江南,尤其是吴中一帶。鄭利華的研究表明,與"後七子"運動前階段不同的是,此時隨着其中心向江南的轉移,這一文學運動陣營的人員格局也有了變化,南方特別是江南作家所佔的比例大大增加,以至王世貞所封的"末五子"中,南方人就佔了四人。①

正是在這樣的文化政治背景之下,王世貞及其集團一些成員崇拜曇陽子纔有了特殊的意義。除了王錫爵、王世貞外,曇陽子的弟子還包括王錫爵弟王鼎爵(1536 ~ 1585)、王世貞弟王世懋(1536 ~ 1588)、曇陽子弟王衡、趙用賢(1535 ~ 1596)、沈懋學(1539 ~ 1582)、屠隆(1542 ~ 1605)、馮夢禎(1548 ~ 1605)、管志道(1536 ~ 1608)、瞿汝稷(1548 ~ 1610)、范守己(1542 ~ 1611)等。②除王錫爵家和王世貞家之外,趙用賢、瞿汝稷爲蘇州府常熟人,沈懋學爲南直隸寧國府宣城人,屠隆爲浙江寧波人,馮夢禎爲浙江秀水人,管志道則爲太倉人。范守己雖爲河南洧川人,但他曾先後任南直隸松江府司理、南京户曹,又曾屢奉欽命,以學院身份主考江南,與江南淵源頗深。曇陽子崇拜的人物皆爲江南人或認同江南文化之人。更有甚者,這班曇陽子信徒,除了不以文學擅長的王鼎爵之外,還都是王世貞江南文學集團的成員。王世懋、王錫爵、屠隆、趙用賢爲王世貞江南文學集團核心成員。③ 王衡作爲王世貞子姪輩,與王世貞關係密切,王世貞甚爲欣賞王衡的文才,王世貞列其爲自己文學集團"四十子"之中。王衡則自言"自衡少時粗能句讀,讀伯父(按,指王世貞)文,則已心參之",他終身詩文都以王世貞爲楷模。王衡爲王世貞寫了祭文,爲王世貞妻子魏淑人寫了傳記,並爲王世貞側室李氏寫了壽文。他當爲王世貞文學集團的後輩。④馮夢禎文學上"以聲氣感弇州(按,指王世貞)",自認王世貞"門下"。王世貞也盛稱馮夢禎文章"於放逸中出精理,其

---

① 以上有關王世貞及吴中文學中心的概況,參考了鄭利華:《王世貞研究》,第 76 ~ 82、98 ~ 112 頁。

② Ann Waltner, "T' an-yang-tzu and Wang Shih-chen", pp. 107 – 109; Waltner, "The Grand Secretary's Family", pp. 550 – 551, 556, 562; 鄭利華:《王世貞研究》,第 123 頁;徐朔方:《王衡年譜》,第 357 ~ 358 頁;徐朔方:《屠隆年譜》,見氏著:《晚明曲家年譜》,載《徐朔方集》第三卷,第 309 ~ 310、322 ~ 324 頁。

③ 關於王世懋、王錫爵、屠隆、趙用賢等爲王世貞文學集團核心成員,見鄭利華:《王世貞研究》,第 108 ~ 110、138 頁。

④ 王世貞:《弇州山人續稿》卷三,第 10b、17b ~ 18a 頁;卷六,第 141b ~ 12a 頁;卷十五,第 21a 頁;卷二十一,第 22a ~ 23a 頁;卷一百六十,第 18b 頁;卷一百七十六,第 20a 頁;卷一百七十八,第 3b 頁;卷一百七十九,第 1a 頁;卷一百九十九,第 1a ~ 19a 頁;卷二百,第 12b 頁;王衡:《緱山先生集》卷三,第 19b 頁;卷十四,第 17a ~ 21a 頁;卷二十,第 5b ~ 7b 頁; Waltner, "Remembering the Lady Wei", pp. 77 – 86, 90 – 92, 96. 王世貞未用"四十子"的説法,而僅用了"四十人"一詞。但他明白無誤地表明此四十人在文學上與王世貞交遊,"臭味略等"。後人準確地指出是爲王世貞擴大化的文學集團成員,故遂有"四十子"之説。見朱彝尊(1629 ~ 1709):《静志居詩話》卷一,北京:人民文學出版社,1990 年,第 20 頁;郭紹虞:《明代的文人集團》,見氏著:《照隅室古典文學論集》上編,上海:上海古籍出版社,1983 年,第 526 頁。

他敘事，殊藻雅有思”，並謂馮夢禎爲“詞場射雕手”。則馮夢禎自爲王世禎文學集團成員。① 范守己與王世貞關係甚密。在文學上他奉行“前後七子”復古的文學主張，尤其受王世貞影響，對王世貞詩文推崇備至，以爲有明第一人，直超李杜屈宋。王世貞獎掖范文章，范守己嘆爲“受知於大君子”，表示自己的最大願望是在王世貞觴詠席上“一厠其側”。他還與王世貞江南文學圈的其他成員來往頻繁。② 他顯然也是王世貞文學集團的成員。瞿汝稷爲王世貞門下士，好學，工屬文，王世貞列其爲自己文學集團“四十子”之中。③ 沈懋學與王世貞也深有交往，他推崇李攀龍、王世貞、汪道昆的文學造詣，視爲“當世名公”，他與王世貞“繾綣者久之”。王世貞甚爲欣賞沈懋學的爲人行事及其詩文，視之爲“良友”。沈死後，王世貞爲沈作墓表、祭文。則沈懋學當也追隨王氏文學集團。④ 管志道雖以道學著，但他年輕時亦從王世貞遊，盛稱王世貞“天才絶世”，自稱“辱公（按，指王世貞）知垂三十年，未仕即以忘年友我”，又認爲自己與王世貞“有宿世之緣”，他還爲王世貞寫了祭奠文，似也爲該文學集團的外圍成員。⑤

萬曆五年（1577）張居正父喪謀奪情視事，趙用賢、吴中行（1540～?）、沈懋學、鄒元標（1551～1624）等疏劾張居正，張不聽其時居官掌翰林院事、禮部右侍郎的王錫爵之争勸，廷杖趙用賢、徐中行、鄒元標，趙用賢、徐中行被罷爲民，鄒元標被發配貴州。王錫爵因而辭職。沈懋學疏救趙用賢等，疏不得進，遂引疾歸。屠隆雖然未直接受影響，但他與沈懋學是莫逆之交，並隨後結成了兒女親家。同時屠隆對鄒元標被謫戍鳴不平。王衡此時纔十七歲，也寫詩諷刺張居正奪情事。

---

① 顧起元：《具區先生快雪堂集序》，見氏著：《嬾真草堂集・文集》卷十五，第61a頁；馮夢禎：《快雪堂集》（《四庫全書存目叢書》本）卷三十八，第7a～b、10a～11a、13a～14a、23b～24b頁；王世貞：《弇州山人續稿》卷一百六十，第20a頁；卷一百九十，第14b、16b頁；卷一百九十四，第19b～20b頁；卷二百，第6a～b、8b、11b頁。

② 侯廷珮（1586～1590年前後在世）：《御龍子集序》，見范守己：《御龍子集》（《四庫全書存目叢書》本）第5b～6b頁；王道行（1550～1590年前後在世）：《御龍子集敘》，同上，第4a～b頁；范守己：《吹劍草》，見氏著：《御龍子集》卷四十六，第1a～3b頁；王世貞：《弇州山人續稿》卷七十三，第14b頁。

③ 王世貞：《弇州山人續稿》卷三，第10b、16b頁；卷一百七十六，第13b頁；卷一百九十四，第7b、9a、11b～12b、14b～15a頁；卷二百〇一，第17a頁。

④ 王世貞：《翰林院修撰承務郎沈君典先生墓表》，見氏著：《弇州山人續稿》卷一百二十五，第13b、16b～16a頁；王世貞：《弇州山人續稿》卷十五，第9b～10a、13a頁；卷一百五十三，第8a～9b頁；卷一百八十五，第7a頁；卷一百九十，第14a～18a頁；卷一百九十一，第11b頁；卷一百九十四，第2b頁；卷二百，第6b、11b～13a、16b頁；卷二百〇四，第14b、15b頁；屠隆：《沈太史傳》，見氏著：《白榆集・文集》（《續修四庫全書》本）卷十九，第10b頁；沈懋學：《郊居遺稿》（《四庫全書存目叢書》本）卷九，第24a～b頁；鄭利華：《王世貞年譜》，第282、285頁。

⑤ 王世貞：《弇州山人續稿》卷一百二十五，第16a頁；管志道：《祭王司寇鳳洲公文》，見氏著：《惕若齋集》（哈佛大學哈佛燕京圖書館藏明萬曆二十四年序刊本縮微膠卷）卷四，第28b～31a頁。

在張居正奪情事上,馮夢禎時爲庶吉士,與疏劾張居正諸人皆爲意氣之交,諸人受杖貶,馮夢禎題詠爲之鳴不平,作文刺張居正,與沈懋學、屠隆以文章氣節相尚,忤張居正,謝病去。張居正奪情事時,管志道官南京刑部主事,與沈懋學、趙用賢過從議論,沈、趙疏劾張居正皆與管志道商定,萬曆六年(1578)管志道又以上疏言事忤張居正,出爲廣東按察司僉事分巡南韶道。"後七子"中另一位重要成員吴國倫(1524~1593)也於萬曆五年罷歸。[①] 王世懋在此期間亦得罪張居正,而王鼎爵對張居正奪情事亦不以爲然。萬曆九年(1581)王世貞、王錫爵、王世懋、沈懋學等因崇拜曇陽子事,被言官所劾,此事似與張居正奪情也不無關係。王世懋、王鼎爵遂於本年先後乞休告歸。[②] 還有萬曆四年(1576)已被罷官的王世貞。我們可以看到王世貞江南文學集團的成員,在反對張居正奪情事上站在了一起,也因此大多受到了張居正的排擠和打擊。正如 Ann Waltner 所指出的:"對那些與王世貞和王錫爵結盟的人來説,1577 年並非是進入仕途的最佳時刻。"並且,從宗教本身來説,這些曇陽子的崇拜者"過多的談論和書寫曇陽子……使她的這些追隨者處於一個困難的境地"。[③]

這些人追隨、參與王錫爵、王世貞的曇陽子崇拜的仙道活動,除個人因素外,作爲一個團體,如此聯合行動,表明他們既受文化上(表現爲文學、倫理與宗教)共享的價值觀的影響,也由於政治上這一集團被排擠出政治中心,

---

① Waltner, "T' an-yang-tzu and Wang Shih-chen", p. 107; 鄭利華:《王世貞研究》,第 123 頁;徐朔方:《王衡年譜》,第 357~358 頁;徐朔方:《屠隆年譜》,第 309~310、322~324 頁;王世貞:《翰林院修撰承務郎沈君典先生墓表》,第 14a~15b 頁;徐乾學(1631~1694):《明史列傳》卷九十二,臺北:明文書局,1991 年,第 718~720 頁;李維楨:《馮祭酒家傳》,見氏著:《大泌山房集》卷六十六,第 39b~40a 頁;錢謙益:《南京國子監祭酒馮公墓志銘》,見氏著:《錢牧齋全集·初學集》卷五十一,第 1300 頁;錢謙益:《湖廣提刑按察司僉事晉階朝列大夫管公行狀》,同上,卷四十九,第 1253~1257 頁;焦竑:《廣東按察司僉事管公志道墓志銘》,見氏輯:《國朝獻徵録》(《續修四庫全書》本)卷九十九,第 165a~166a 頁。

② 鄭利華:《王世貞年譜》,第 281~284 頁。據王世貞和王錫爵爲王世懋寫的行狀和墓志銘,此時王世懋業已得罪張居正。據徐顯卿爲王鼎爵寫的墓志銘,王鼎爵在張居正奪情後,即有歸志。而申時行爲王錫爵寫的墓志銘,李維楨、馮時可(1541~1621 年前後在世)分别爲王錫爵寫的傳,也説因爲張居正奪情事,王錫爵招致奉承張居正之言官的彈劾。故言官所劾曇陽子事牽王世貞、王錫爵、王世懋等人,與張居正不無關係。見王世貞:《亡弟中順大夫太常寺少卿敬美行狀》,見氏著:《弇州山人續稿》卷一百四十,第 9b~10a、11b~12a、13b 頁;王錫爵:《南京太常寺少卿麟洲王公墓志銘》,見氏著:《王文肅公全集·王文肅公文草》(《四庫全書存目叢書》本)卷十,第 24b、26a 頁;徐顯卿:《明故中憲大夫河南按察司提學副使和石王君暨配莊宜人合葬墓志銘》,見氏著:《天遠樓集》卷十六,第 34a 頁;申時行:《光禄大夫少保兼太子太保吏部尚書建極殿大學士贈太保謚文肅王公墓志銘》,見氏著:《賜閑堂集》(《四庫全書存目叢書》本)卷三十,第 2b~3a 頁;李維楨:《王文肅家傳》,見氏著:《大泌山房集》卷六十四,第 2a~b 頁;馮時可:《王文肅公傳》,見《王文肅公榮哀録》,載王錫爵:《王文肅公文草》卷十四,第 38b~39a 頁。

③ Waltner, "T' an-yang-tzu and Wang Shih-chen", p. 107; Waltner, "Telling the Story of Tanyangzi", p. 224.

有共同的失意感，還跟他們的江南地域觀念息息相關。王世貞等曇陽子的信奉者，在奉道修真的同時，面對世俗的批評，把曇陽子説成是個貞烈節婦。①如 Ann Waltner 所概括的，曇陽子對王世貞及其追隨者來説"成了世俗社會道德權威的來源"。② 如果説曇陽子在成道的過程中堅守貞節、抵制世俗欲望的誘惑，表明了她摒棄塵世、超越成仙的話，那麽從她這一楷模，也可引申出她的弟子們對仕途的摒棄（反正他們已經被罷免）。他們的曇陽子崇拜表明，由於他們更高的由曇陽子所代表的道德準則（張居正則是這一道德準則的對立面），通過曇陽子這一中介，他們能够直接經驗證仙了道，他們將最終是勝利者。③司馬虚（Michel Strickmann）在研究六朝道教上清派的經典著述中指出，上清派爲南方士族精英提供了一個新的精神和意識形態的向度。由於這些南方精英屈服於一個與其利益相衝突的並由北方人控制的高高在上的朝廷權威，"通過（與上清道派）在精神上和政治上的結盟，許氏家族（筆者按，以及其他南方士族家族）保證他們自己處於贏的一方"。④ 以王世貞爲首的明代江南士人集團，其心態頗類似六朝上清派運動中的南方（相當於明代的江南）士族人物。

現在回過頭來再看茅山乾元觀全真道，我們發現，茅山這一道派與曇陽子崇拜有着驚人的相似性。王世貞與閻希言交往並爲其寫傳，發生於曇陽子羽化之後的四年。萬曆十二年(1584)冬閻希言拜訪王世貞於太倉弇山園，居留約有十日。⑤ 萬曆十六年(1588)，閻希言路經南京，時王世貞爲官南京兵部右侍郎，挽留閻希言於南京。⑥ 如前所説，閻希言懇求王世貞爲其寫傳記傳播士紳間。此傳雖不及他爲曇陽子寫的《曇陽大師傳》長，但也相當詳細，有六頁之長，在當時也算是長篇傳記了。該傳涉及了閻希言的出身、行實、修行、羽化種種環節，是所有有關閻希言的資料中最詳盡的一種。此外，王世貞還爲閻希言寫了兩篇像讚，在其著述中也多次提及和崇尚閻希言，並贈詩給閻希言。除此以外，王世貞也與李徹

---

① Waltner, "T'an-yang-tzu and Wang Shih-chen", p. 118; Waltner, "Telling the Story of Tanyangzi", p. 221; Waltner, "Learning from a Woman", pp. 54 - 55, 57.

② Waltner, "T'an-yang-tzu and Wang Shih-chen", p. 118.

③ Waltner, "T'an-yang-tzu and Wang Shih-chen", p. 119; Waltner, "Learning from a Woman", p. 55.

④ Michel Strickmann, "The Mao Shan Revelations: Taoism and the Aristocracy", *T'oung Pao* 63 (1977), p. 8.

⑤ 鄭利華:《王世貞年譜》，第303頁；王世貞:《弇州山人續稿》卷十，第4a~b頁。

⑥ 國威:《言狀》，第11a頁。

度有來往,王世貞的閻希言像讚就是應李徹度之請求而寫的。[①] 王世貞爲閻希言寫像讚值得我們注意,這兩篇像讚自是對閻希言的畫像所作的讚語。王世貞事實上在曇陽子崇拜中,也令人製作了相當數量的曇陽子畫像來膜拜,屠隆也是如此。[②]

王世貞的《閻道人希言傳》在士人中影響極大。所有有關閻希言的記載,無不引用或抄録王世貞此傳。在王世貞的帶動下,江南士人除了輾轉引述王世貞的閻希言傳之外,也大量撰寫有關茅山乾元觀的記述。這些江南士人與王世貞的廣泛聯繫,尚未有相關或足够的研究。有鑒於此,以下不避瑣碎,逐一來印證此點。

在所有這些江南文人士大夫之中,首先要談的一人是王世貞的盟友、姻親和同鄉王錫爵。王錫爵與茅山乾元觀淵源極深。萬曆十四年(1586)閻希言駐足茅山時,王錫爵已任首輔。他至少請别人代他撰寫了一篇乾元觀的碑記和一篇募緣疏,讓他兒子王衡代寫了李徹度的像讚,還有一篇乾元觀的碑記也歸入他的名下,似乎也是别人代筆,此外,他還寫有一詩贈李徹度。[③]

楊道賓撰有《李赤肚傳》。楊道賓雖爲福建晉江人,但其父爲官浙江青田縣主簿,從兄楊道會爲官浙江黄巖縣知縣,楊道賓本人於萬曆二十五年(1597)以翰林院編修出典兩浙試,後又掌南京翰林院事,與江南淵源頗深。加之他是王錫爵門生,應對王世貞的文學運動不陌生。[④] 王弘誨(1541~1617)曾遊茅山,撰有《閻蓬頭讚》,並讓李鼎代他撰寫《茅山乾元觀碑記》。[⑤] 王弘誨雖是廣東定安人,却

---

① 王世貞:《弇州山人續稿》卷十,第4a~b頁;卷一百五十一,第22a頁;卷一百五十九,第14a頁;卷二百〇四,第6a頁;陳文燭:《乾元觀記》,第63b頁。

② Waltner, "Telling the Story of Tanyangzi", pp. 227–228.

③ 李鼎:《茅山乾元觀藏經殿碑記》,見氏著:《李長卿集》卷六,第19b~21a頁;李鼎:《茅山乾元觀敕賜藏經募緣建閣疏》,同上,卷八,第8b~10b頁;王錫爵:《乾元觀記》,見楊世沅:《句容金石記》卷十,第21a~23b頁;王衡:《李赤肚小像讚》;潘之恒:《亘史鈔》外紀《仙侶》卷四,第5a~b頁。如前所説,《句容金石記》所收之《乾元觀記》,歸於王錫爵名下,係他人代作。而李鼎《茅山乾元觀敕賜藏經募緣建閣疏》,爲代王錫爵而作。同樣,李鼎的《茅山乾元觀藏經殿碑記》,也大致是代王錫爵而作。王衡《李赤肚小像讚》、楊道賓《李赤肚傳》歸之王錫爵名下。參見楊道賓:《李赤肚傳》,第4b~5b頁;潘之恒:《亘史鈔》外紀《仙侶》第四卷,第5a~b頁。

④ 有關楊道賓的家世及經歷,參見《〈楊文恪公文集〉及其他》,見楊道賓:《楊文恪公文集》,揚州:江蘇廣陵古籍刻印社,1996年,第1~2頁。

⑤ 王弘誨:《太子太保王忠銘先生文集天池草重編》(《四庫全書存目叢書》本)卷十四,第16a頁;卷二十四,第15b~16a頁;李鼎:《茅山乾元觀碑記》卷十八,第16b~19b頁。

先後官南京國子監祭酒、南京吏部侍郎，兩度任南京禮部尚書，江南是其第二故鄉。他於詩推崇歐大任（1516～1595）和黎民表（1515～1581）。歐大任被王世貞列入其旗下的“廣五子”，而黎民表則被王世貞列入其旗下的“續五子”，皆爲王世貞復古文學集團的核心成員。尤其是在南京時王弘誨與王世貞交遊，在文學觀念和品味上，以王世貞馬首是瞻。① 鄭汝璧（1546～1607）有詩贈李徹度。② 鄭汝璧，浙江縉雲人，隆慶二年（1568）登進士入仕後，萬曆七年（1579）抗疏歸，直到萬曆十九年（1591），在縉雲家居十二年。萬曆二十五年（1597）曾居官南京，萬曆二十七年（1599）至三十年（1602）官南京太常寺少卿。鄭汝璧在江南家鄉時間不短，估計其贈詩給李徹度也在他爲官南京期間。他與王錫爵曾爲同僚，又與王錫爵有通家之誼，往來相當密切，而且與王世懋爲至交，又兼習文藝，與王世貞文學集團新生代核心成員李維楨也往來密切③，自然對王世貞的復古文學運動有相當瞭解。與鄭汝璧類似，曾同亨（1533～1607）寫有贈別李徹度詩十首。④ 曾同亨，江西吉水人，曾爲官南京，後任南京太常寺卿，纍官至南京吏部尚書。他在南京時間頗久，雖不是王世貞文學集團成員，但與王世貞有所往來。⑤ 焦竑（1541～1620）則有詩贈李徹度。⑥ 焦竑，南直隸應天府上元（今南京）人，晚年官南京國子監司業，爲有明一代學者，稱東南儒者之宗。他善爲古文，卓然名家。焦竑爲王錫爵門生，尤其是師事王學泰州學派耿定向（1524～1596）。王錫爵自不必說，而耿定向在文學上也來從王世貞遊。焦竑推崇王世貞文學品味，在其筆記著作《玉堂叢語》中，也轉述引用王世貞《弇山堂別集》，並在某些章節摹仿後者體例。

---

① 黄儒炳（1604 年前後在世）：《續南雍志列傳》，臺北：明文書局，1991 年，第 30a～31a 頁；王弘誨：《太子太保王忠銘先生文集天池草重編》卷七，第 33a～b 頁；卷十三，第 3a～b 頁。

② 鄭汝璧：《由庚堂集》（《續修四庫全書》本）卷十，第 4b 頁。

③ 鄭春奎、王達欽：《明兵部右侍郎鄭汝璧述略》，《麗水學院學報》第 29 卷第 3 期（2007 年）；孫鑛（1542～1613）：《兵部右侍郎兼都察院右僉都御史鄭公汝璧墓志銘》，見焦竑輯：《國朝獻徵録》卷五十八，第 80a、82a、83b～84a 頁；鄭汝璧：《由庚堂集》卷三十，第 1a～11a 頁；李維楨：《由庚堂集序》，見氏著：《大泌山房集》卷十，第 14a～16a 頁；李維楨：《贈督府少司馬鄭公序》（兩篇），同上，卷四十四，第 15b～23a 頁；李維楨：《鄭少司馬家傳》，同上，卷六十六，第 10a～18a 頁。

④ 曾同亨：《泉湖山房稿》卷三。因無由見到日本内閣文庫藏明刊本《泉湖山房稿》，本人這裏依據臺灣“國家圖書館”編：《明人文集聯合目録及篇目索引資料庫》。

⑤ 葉向高（1559～1627）：《光禄大夫太子太保南京吏部尚書贈少保見臺曾公墓志銘》，見氏著：《蒼霞草》（《四庫禁燬書叢刊》本）卷十八，第 60b、61b 頁；徐乾學：《明史列傳》卷七十六，第 548～549 頁；王世貞：《弇州山人續稿》卷一百九十九，第 14a 頁。

⑥ 笪蟾光：《茅山志》卷十三，第 24b 頁。

而王世貞也對焦竑甚爲欣賞。[①]與楊道賓、王弘誨、鄭汝璧和曾同亨類似,焦竑對王世貞文學集團自不陌生。

胡應麟(1551 ~ 1602)除了爲滕伯輪代作詩歌詠閻希言之外,萬曆十二年(1584)冬閻希言拜訪王世貞弇山園時,胡應麟也在座,因此胡應麟另又寫了一首詩贈給閻希言。有意思的是,據胡應麟該詩的小序,王世貞當時"屬余更綴一詩",頗有受命王世貞之意。[②] 胡應麟,浙江蘭谿人,是王世貞關係極其密切的追隨者,王世貞將其列入其旗下的"末五子"中,並臨終將編輯其《弇州山人續稿》的後事託付給胡應麟。[③] 李維楨撰有《乾元觀供衆田記》,並寫有一篇茅山遊記,其中涉及乾元觀頗多。[④] 李維楨,湖廣京山人,纍官南京禮部尚書,先後僑居揚州和南京,在江南時間頗久。更重要的是,從隆慶五年(1571)起,他和王世貞的友誼長達近二十年,是王世貞文學集團新生代的核心人物之一,也是王世貞去世後捍衛七子派復古大旗的中堅人物,王世貞將其列入"末五子"。[⑤] 張獻翼(1534 ~ 1601)登茅山並有詩寄閻希言。[⑥] 張獻翼,蘇州府長洲人,爲人雖放誕不羈,但他與王世貞來往極密切,"以詩豪李王七子中",屬於王世貞江南文學復古集團核心成員,王世貞稱其七言近體詩"時造真境",並將其列入其"四十子"之中。[⑦]

陳文燭與李徹度有交往,應李徹度之請求爲閻希言寫了一篇像讚,又撰有

---

① 錢謙益:《列朝詩集小傳》丁集下,上海:上海古籍出版社,1983 年,第 623 頁;張廷玉(1672 ~ 1755):《明史》卷一百七十六,北京:中華書局,1974 年,第 7393 頁;焦竑:《焦氏澹園續集》(《續修四庫全書》本)卷十七,第 1a 頁;焦竑:《焦氏筆乘》卷三,北京:中華書局,2008 年,第 137 頁;焦竑:《玉堂叢語》卷六,北京:中華書局,1981 年,第 219 ~ 223 頁;黄宗羲(1610 ~ 1695):《明儒學案》(《四部備要》本)卷三十五,第 9a 頁;鄭利華:《王世貞研究》,第 135 ~ 136 頁;鄒元標:《願學集》(《四庫全書》本)卷四,第 106a 頁;王世貞:《弇州山人續稿》卷一百一十九,第 16a 頁。

② 胡應麟:《少室山房集》(《四庫全書》本)卷二十四,第 1a ~ 2b 頁;卷三十五,第 1a ~ b 頁。

③ 關於胡應麟追隨王世貞,成爲其文學集團晚期重要成員,見鄭利華:《王世貞研究》,第 108 ~ 111 頁;鄭利華:《王世貞年譜》,第 347 頁;王明輝、劉儉:《胡應麟與王世貞的關係考論》,第 40 ~ 44 頁;Peter K. Bol, "Looking to Wang Shizhen: Hu Yinglin and Late-Ming Alternatives to Neo-Confucian Learning", *Ming Studies* 53 (2006), pp. 99 - 100, 113 - 114, 118。

④ 李維楨:《大泌山房集》卷五十四上,第 54b ~ 56b 頁;卷六十一,第 26a ~ 30a 頁。

⑤ 鄭利華:《王世貞研究》,第 108 頁;李聖華:《鍾惺與李維楨詩歌之比較研究》,《鄭州大學學報(哲學社會科學版)》第 37 卷第 1 期,2004 年;鄒漪(1615 ~ ?):《啓禎野乘》(《四庫禁燬書叢刊》本)一集卷七,第 1b 頁。

⑥ 笪蟾光:《茅山志》卷十三,第 25b 頁。

⑦ 朱謀垔(1584 ~ 1628):《續書史會要》(《四庫全書》本),第 65a 頁;王世貞:《弇州山人四部稿》卷一百二十九,臺北:偉文圖書出版社據明萬曆五年吴郡王氏世經堂刊本影印,1976 年,第 6b ~ 7a 頁;王世貞:《藝苑卮言》卷一百五十,同上,第 18a 頁;王世貞:《弇州山人續稿》卷三,第 13b 頁;卷五十五,第 15a ~ b 頁;卷一百〇九,第 11b ~ 15b 頁;卷二百〇六,第 18b 頁。關於張獻翼爲王世貞江南文學集團核心成員,見鄭利華:《王世貞研究》,第 80 頁。

《乾元觀記》。[1] 陳文燭爲湖廣沔陽人，但他先後任官南直隸淮安府知府、南直隸應天府知府、南京大理寺卿、奉敇專管漕務督理廬鳳淮揚糧儲，也長期在江南。他還是王世貞文學集團後期的重要成員，王世貞先後爲陳文燭《五嶽山房文稿》、《二酉園集》作序，而陳文燭則分别爲王世貞《弇山堂别集》、王世懋《奉常集》作序。[2] 鄒迪光於萬曆四十一年（1613）去茅山乾元觀拜閻希言遺像而作長詩一篇，寫了歌詠乾元觀及其道士的詩十二首，還寫了一篇茅山遊記，其中涉及乾元觀及其道士。[3] 鄒迪光，南直隸常州府無錫人，爲王世貞文學集團後期重要成員，以繼承王世貞使命自居。[4] 潘之恒在其《亘史鈔》中，不但全文收録了王世貞的閻希言傳和楊道賓的李徹度傳，還自己加寫了一篇關於李徹度的《王鳳仙傳》。[5] 潘之恒，南直隸徽州府歙縣人，晚年僑寓南京。他中年以後雖與公安派交往，但他從少年至青壯年時代，受"後七子"復古運動影響甚深，追隨王世貞、汪道昆，師事王世貞，也受到他們的賞識。[6]

顧起元爲乾元觀寫了一通碑記，寫有一首詩贈乾元觀知觀李教順，另一首詩懷念李教順，並爲乾元觀道士渾然子的詩集作序，還有一篇茅山遊記，其中涉及乾元觀。[7] 顧起元，南直隸應天府江寧（今南京）人，除了早年在北京任翰林院編修八年外，其餘時間或爲官南京國子監司業、南京國子監祭酒、少詹事、南京吏部右侍郎，或致仕退隱，没有再離開過南京。他自二十來歲起，便遊於王世貞、陳文燭之門，其詩頗受王世貞、陳文燭等巨子的褒獎。王世貞去世後，顧起元寫了六首輓詩和一篇誄詞。他也是王世貞的崇拜者及其復古文學運動的積極追隨者，認爲前後七子"馳騖千古之業"，謂"七子居然勝，惟公（按指王世貞）事事長。縱横今武庫，辟易古詞場"。稱王世貞"芒芒文苑傳，絶代鳳毛鶱"，以爲王世貞在立德、立功、立言上已經達到了"三不朽"的境界，爲"三極之宗，百世之師"。並由衷

---

① 陳文燭：《乾元觀記》，第 63a ~ 65a 頁。

② 鄭利華：《王世貞研究》，第 108 頁；鄭利華：《王世貞年譜》，第 327 ~ 328、342、348 頁；陳田（1849 ~ 1921）：《明詩紀事》（《續修四庫全書》本）己籤卷十五，第 7b 頁；王世貞：《弇州山人四部稿》卷六十七，第 15b ~ 17a 頁；王世貞：《弇州山人續稿》卷五十二，第 14a ~ 15b 頁。

③ 鄒迪光：《始青閣稿》卷三，第 23b ~ 24b 頁；卷五，第 19a ~ 22a 頁；卷十六，第 29a ~ 30b 頁。

④ 鄭利華：《王世貞研究》，第 135 ~ 136 頁。

⑤ 王世貞：《閻蓬頭》，潘之恒：《亘史鈔》外紀《仙侣》卷四，第 1a ~ 4a 頁；楊道賓：《李赤肚傳》，同上，第 1a ~ 6a 頁；潘之恒：《王鳳仙傳》，同上，第 6a ~ 7a 頁。

⑥ 關於潘之恒早期是王世貞文學集團成員，參見鄭利華：《王世貞研究》，第 105 ~ 106 頁；錢謙益：《列朝詩集小傳》丁集下，第 630 ~ 631 頁；《四庫全書總目》卷一百七十八，第 1605 頁；張秋嬋：《潘之恒研究》，博士學位論文，蘇州大學中文系，2008 年，第 22 ~ 25 頁。

⑦ 顧起元：《嬾真草堂集 · 詩集》卷三，第 13a ~ b 頁；卷十一，第 14b 頁；顧起元：《嬾真草堂集 · 文集》卷十六，第 48a ~ 49a 頁；卷十九，第 4a ~ 6a、33b ~ 34b 頁。

嘆賞王世貞獎掖後進,稱王世貞“東南徵禮樂”並“總領群才”,所謂“文屬江左,人歸大王”,自是指王世貞爲江南文壇領袖。同時,顧起元還是李維楨的門生。如前所說,李維楨、陳文燭是王世貞文學集團後期核心成員。顧起元盛稱王世貞《弇州山人四部稿》,還於萬曆年間選刻了王世貞的《弇州山人續稿》,成《弇州山人續稿選》。①

申時行(1535～1614)有詩贈王合心。② 申時行,蘇州府長洲人。雖貴爲首輔,但申時行本以文字而受知見賞,致仕後家居二十三年,優遊林下,與詩人墨客吟詠酬唱不斷。申時行與王世貞有交往,關係融洽,在爲王世貞父王忬最終於萬曆十五年(1587)獲得朝廷昭雪恤典一事上,也出了力,王世貞請申時行爲王忬寫了神道碑。申時行自認詩賦爲袁煒(1508～1565)衣鉢弟子,而袁煒於詩推崇李夢陽(1472～1530),而申時行本人於翰苑詞林,也尚兩漢古文辭,也是前後七子復古一派。申時行“推轂”王世貞文學,請王世貞爲他所建之祠作記。③ 徐顯卿在李徹度九十壽辰時寫詩祝之。④如前所說,徐顯卿是李徹度俗家弟子。徐顯卿,南直隸蘇州府長洲人,是王錫爵的同僚,也與王世貞論交有年,王世貞去世後,徐顯卿爲王世貞寫了祭文。⑤ 龔勉(1536～1607)有詩贈姜本實。⑥ 龔勉,南直隸常州府無錫人,歷官嘉興知縣、南京刑部主事、嘉興知府、浙江參政、浙江按察使、浙江布政使。龔勉好爲詩,在文學上,他與王世貞交遊頻繁。王世貞爲其詩集作序。⑦國威撰有記載閻希言的《紀事》兩則和《言狀》一則。我們雖不知國威的詳細行

---

① 顧起元:《輓大司寇弇州先生六首》,見氏著:《嬾真草堂集·詩集》卷七,第30a～31b頁;顧起元:《嬾真草堂集·文集》卷十六,第61b～62a、63a頁;顧起元:《太史本寧先生七十序》,見氏著:《嬾真草堂集·文集》卷十,第30b～34ba頁;顧起元:《具區先生快雪堂集序》,同上,卷十五,第60b～61a頁;顧起元:《弇州先生誄有序》,同上,卷二十九,第1a～4b頁;王穎:《顧起元生平新考》,《語文學刊(高教版)》2006年第11期。有關顧起元對王世貞的尊崇之情,還可參見顧起元:《嬾真草堂集·文集》卷十五,第51a頁。《弇州山人續稿選》,見萬曆年間顧起元選、發刻,新都孫震卿校刻《弇州山人續稿選》三十八卷,哈佛大學哈佛燕京圖書館藏本。

② 笪蟾光:《茅山志》卷十三,第24b頁。

③ 《明史》卷二百一十八,第5747頁;錢謙益:《列朝詩集小傳》丁集中,第544頁;李維楨:《申文定集序》,見氏著:《大泌山房集》卷十,第7b～8a頁;申時行:《賜閑堂集》卷十,第19b～20b頁;卷二十一,第6b～15a頁;卷三十五,第8a～b、25b頁;卷三十六,第10a頁;卷三十七,第4b～5a頁;王世貞:《弇州山人四部稿》卷四十二,第21a～b頁;王世貞:《弇州山人續稿》卷三十九,第2b頁;卷五十七,第18b、20a～b頁;卷六十七,第4a頁;卷七十九,第17b頁;卷一百〇四,第18a頁;卷一百五十一,第6b～7a頁。

④ 徐顯卿:《天遠樓集》卷三,第10b頁。

⑤ Waltner, “The Grand Secretary’s Family”, p. 556;徐顯卿:《祭王大司寇》,見氏著:《天遠樓集》卷二十三,第1a～3b頁;徐顯卿:《天遠樓集》卷二十五,第39b～40a頁;卷二十六,第2a～3a頁。

⑥ 笪蟾光:《茅山志》卷十三,第23b～24a頁。

⑦ 陳田:《明詩紀事》庚籤卷九,第10b頁;王世貞:《弇州山人續稿》卷四十七,第3a～4a頁。

實,却知道他在家揚州,於江南爲官,並且也是王世貞的門生,[1]自也是王世貞圈子中人。

王衡爲李徹度寫了像讚。[2] 前面已提到,王衡與王世貞關係極近,爲王世貞文學集團的後輩。王衡的莫逆之交陳繼儒也寫有乾元觀道士王合心的像讚。[3] 這兩個情同手足的友人,似乎同時爲乾元觀李徹度、王合心這兩位道士師兄弟寫了這兩篇像讚。陳繼儒,南直隸松江府華亭人,是最負盛名的山人之一,他也是王世貞江南文學集團新生代成員。[4] 馬玉麟(1569~1592年前後在世)撰有《李赤肚道人傳》。[5] 馬玉麟,崑山人,爲王世貞從外甥,其父馬龍光(1515~1577)博綜藝文,與王世貞遊,王世貞稱奇其文。馬玉麟亦好文,從少年起至晚年,飲酒賦詩圍棋不倦。[6] 李宗城(1594年前後在世)遊茅山,並有詩詠乾元觀。[7] 李宗城,爲臨淮侯,家世代留守南京。其父李言恭(?~1599),好文墨,奮迹詞壇,招邀名流,文學上從王世貞遊,王世貞將其歸入以其文學集團核心成員構成的"平生所往還而於交有心許者"的十三人之行列。李言恭又與王世懋、李維楨等一批王世貞文學集團核心成員徵逐詩酒之社。李言恭父李庭竹(1517~1575)死後,李言恭請王世貞爲其寫誄辭。李宗城亦有文好事,賦詩結社。[8] 朱謀𡍼(?~1608)也有詩贈李徹度。[9] 朱謀𡍼,江西南昌人,爲寧王朱權之後,爵瑞昌郡王府輔國中尉。其父瑞昌王府鎮國中尉朱多熿(1530~1607)以王世貞爲師,與王世貞來往密切,極得王世貞之獎賞,爲明代王孫工詩者之冠,王世貞甚至將其列入他所封的與他的復古文學同一聲氣的"四十子"

---

① 國威:《紀事》,第4a~9b頁;國威:《言狀》,第9b~11b頁。

② 王衡:《李赤肚小像讚》。

③ 陳繼儒:《王小顛讚》。關於王衡與陳繼儒的友誼,參見徐朔方:《王衡年譜》,第349頁。

④ 鄭利華:《王世貞研究》,第108頁。

⑤ 馬玉麟:《静觀堂文稿》卷三十,見臺灣"國家圖書館"編:《明人文集聯合目録及篇目索引資料庫》。

⑥ 王世貞:《弇州山人續稿》卷五十二,第17a~b頁;卷一百〇一,第19b~20a頁;張大復(1554~1630):《吴郡人物志》,臺北:明文書局,1991年,第269頁。

⑦ 李宗城:《李汝藩詩稿·續稿》卷四,見臺灣"國家圖書館"編:《明人文集聯合目録及篇目索引資料庫》。

⑧ 錢謙益:《列朝詩集小傳》丁集上,第462頁;張怡:《玉光劍氣集》卷十九,第730~731頁;王世貞:《弇州山人四部稿》卷二十一,第13a頁;卷二十二,第5a~b頁;卷三十八,第17b~18a頁;卷一百〇三,第15a~19a頁;卷一百〇七,第25a頁;卷三百三十二,第19a頁;王世貞:《弇州山人續稿》卷五十二,第18a頁;卷六十八,第15b頁;卷八十一,第16b頁;卷一百四十,第9a頁。

⑨ 笪蟾光:《茅山志》卷十三,第25a~b頁。

之中。[1] 明代寧藩王孫工詩者極多,率以王世貞爲楷模,且多往來江南,甚至晚年寄居南京,對江南的文化情有獨鍾。[2] 朱謀𡎺自也爲這一家族中江南情結濃厚的王世貞的通家子弟,其追隨王世貞的七子派不言而喻。則馬玉麟、李宗城、朱謀𡎺當亦如王衡,作爲王世貞通家子姪輩,追隨王世貞之文學運動。

汪廷訥(1569? ~1628 後)與李徹度交往密切。萬曆三十三年(1605)李徹度再謁汪廷訥於徽州府休寧縣松蘿山坐隱園,而汪廷訥也於萬曆三十六年(1608)之前去茅山訪李徹度,在乾元觀居住達三個月之久。[3] 汪廷訥,南直隸徽州府休寧人,晚於王世貞整整一輩,不及見王世貞。但他對王世貞尤爲推崇。在他所編歷代詩文選集《文壇列俎》中,明代作家按作品入選數,排在前三位的是王世貞(十三篇)、王陽明(1472 ~1528)(十一篇)、李夢陽(八篇)。王陽明是明代的大思想家,影響極大,但他志不在文學,我們可姑且不論。李夢陽是"前七子"文學復古運動的領袖,而王世貞則是"後七子"運動的領袖。[4] 正如《四庫全書總目》對《文壇列俎》所評價的:"其詩概部序曰:'六朝以上去四言,無四言也;於唐去五言古,無五言古也。'知爲依附太倉(按,指王世貞)、歷下(按,指李攀龍)者矣"。[5]尤其是王世貞的入選作品,居所有明代作家之冠,這説明汪廷訥對王世貞的崇拜程度。而且汪廷訥還與王世貞文學集團中的成員屠隆、張鳳翼(1527 ~ 1613),新生代成員王衡、王穉登(1535 ~1612)、鄒迪光、梅鼎祚(1549 ~1615)等交往頻繁。[6]

錢希言(1573 ~1638?)在其《獪園》中,節録王世貞閻希言傳文,並在末尾增加了一些新的細節。[7]錢希言,少徙居吴門,作爲山人,他一生出遊之地主要是江南及

---

① 朱多熿:《朱宗良集》(哈佛大學哈佛燕京圖書館藏萬曆二十五年刊本縮微膠卷)卷三,第 1b ~ 3a 頁;卷八,第 5b ~ 6a、15a ~ b 頁;蕭鴻鳴:《八大山人的王室家學》,北京:北京燕山出版社,2006 年,第 79 ~ 80 頁;王世貞:《弇州山人續稿》卷三,第 10b ~ 11a、12b 頁。

② 參見拙著:*The Ming Prince and Daoism*, ch. 7; 蕭鴻鳴:《八大山人的王室家學》,第 87 ~ 88、104、147 ~ 149、174、201 頁;Craig Clunas, *Screen of Kings: Art, Power and Imperial Family in Ming China* London: Reaktion Books, forthcoming, ch. 4。

③ 李徹度:《坐隱園四奇紀事》,見汪廷訥:《坐隱先生訂碁譜》,載汪廷訥:《坐隱先生集》(《四庫全書存目叢書》本)絲部,第 61a ~ 62a 頁;匏部,第 21b 頁;汪廷訥:《坐隱先生集》卷四,第 64b ~ 65a 頁;卷五,第 24a 頁;卷十二,第 58b 頁;徐朔方:《汪廷訥行實繫年》,見氏著:《晚明曲家年譜》,載《徐朔方集》第四卷,第 522 頁。

④ 汪廷訥編:《文壇列俎》(《四庫全書存目叢書》本)。

⑤ 《四庫全書總目》卷一百九十三,第 1761 頁。

⑥ 徐朔方:《汪廷訥行實繫年》,第 505、536、539 頁;朱彝尊:《静志居詩話》卷十八,第 537 頁;鄒迪光:《坐隱先生訂譜》題詞,見汪廷訥:《坐隱先生集·坐隱先生訂碁譜》竹部,第 28a 頁;王衡:《坐隱先生訂譜》題詞,同上,竹部,第 30b 頁。關於張鳳翼、王穉登、梅鼎祚爲王世貞江南文學集團成員,參見鄭利華:《王世貞研究》,第 80、87、135 ~ 136 頁。

⑦ 錢希言:《獪園》卷一,第 548 ~ 549 頁。

周邊的江西。在其筆記類著作《獪園》中,錢希言大量引用王世貞著述①,在審美情趣上與王世貞是相通的。而且,他的交遊圈包括陳繼儒、王穉登、屠隆、梅鼎祚、鄒迪光、李維楨、胡應麟、馮夢禎、潘之恒等②,皆爲王世貞文學集團的成員。李鼎除了代人撰寫了兩篇茅山乾元觀碑記、一篇募緣疏外,還爲乾元觀道士王合心寫了外護疏文。③李鼎,江西新建人。萬曆十六年(1588)順天府鄉試發生舞弊案,原已通過考試的王衡、李鼎也皆受累而牽連到其中④,兩人應該是同年。從李鼎隨後絶意仕進而以山人的身份活動,從王錫爵對他的欣賞,以及他爲王錫爵多次代寫文章來看,他似乎奔走於王錫爵門下,⑤長期活動於江南,所以對茅山極熟,他也應該熟悉王世貞的宗旨。事實上,在文學上李鼎追步七子派,極得李維楨之讚賞。⑥

董其昌(1555~1636)在其筆記中摘録了王世貞的閻希言傳文,並得出了閻希言修道有得的結論。他還有詩贈李徹度。⑦董其昌,南直隸松江府華亭人,纍官南京禮部尚書,爲晚明著名藝術家。他年輕時嘗走動於王世貞門下,王世貞一再接見他,讚揚他"文義深至"。董其昌文學上推崇復古派前七子的李夢陽和後七子的王世貞,他在學古方面與李夢陽意見相近,尤其是董其昌的藝術觀念與王世貞翕然合拍,也與宗法王世貞的胡應麟的藝術觀念一致,並由此建立了自己藝術上的傳統主義。⑧張采(1596~1648)有兩首詩贈茅山乾元觀道士。⑨王世貞去世後張采纔出生,兩人當

---

① 袁媛:《錢希言〈獪園〉呈現的晚明小説圈》,《明清小説研究》2008 年第 3 期。

② 袁媛:《錢希言研究》,碩士學位論文,西南大學中文系,2009 年,第 10~13 頁。

③ 李鼎:《李長卿集》卷六,第 16b~21a 頁;卷八,第 8b~10b、12a~13b 頁。

④ 徐朔方:《王衡年譜》,第 349、368~371 頁;于孔兼:《于景素先生山居稿》卷一,第 2a~b 頁。

⑤ 金桂馨(1878 年前後在世)、漆逢源纂輯:《逍遥山萬壽宫通志》(《中國道觀志叢刊》本)卷二十二,第 12b~13b 頁。

⑥ 李維楨:《李長卿集序》,見氏著:《大泌山房集》卷十二,第 23b~24a 頁。

⑦ 董其昌:《畫禪室隨筆》(《四庫全書》本)卷四,第 2b 頁;笪蟾光:《茅山志》卷十三,第 23b 頁。

⑧ 張廷玉:《明史》卷二百八十八,第 7396 頁;王世貞:《弇州山人續稿》卷一百七十八,第 6b 頁;董其昌:《容臺集·容臺文集》(《四庫禁燬書叢刊》本)卷一,第 9a、19b、58b 頁;卷四,第 61b 頁;董其昌:《書品》,見氏著:《容臺集·容臺别集》(《四庫禁燬書叢刊》本)卷二,第 10a 頁;董其昌:《畫禪室隨筆》卷三,第 9b 頁;舒士俊:《畫禪與詩禪——論董其昌與傳統文學觀念的關係》,《朵雲》1990 年第 1 期;邵宏、嚴善錞:《董其昌在晚明文化運動中的立場》,《朵雲》1989 年第 4 期。時下不少論者以爲董其昌與晚明時反前後七子的復古、倡導"獨抒性靈,不拘格套"的公安派及其領袖袁宏道(1568~1610)的觀念一致,這實在是一種誤解。董其昌誠與袁宏道有交往,也彼此欣賞對方的某些方面,但在藝術理念上,正如邵宏、嚴善錞所指出的:"在晚明文化運動中,袁始終洋溢着浪漫主義的氣息,充滿着一種反抗精神,而董則扮演了新古典主義的角色,樹起了另一面傳統主義的旗幟。"以舒士俊的話來説,公安派的文學藝術觀念,"當然這與董其昌尚古的藝術觀念是相去甚遠的"。反而董其昌的觀念頗接近晚年的王世貞。因此,在書法藝術觀念上,董其昌"發出了'卑唐尊晉'的呼聲——比'前後七子'走得更遠,更具有古典主義色彩"。見邵宏、嚴善錞:《董其昌在晚明文化運動中的立場》;舒士俊:《畫禪與詩禪——論董其昌與傳統文學觀念的關係》。

⑨ 張采:《知畏堂文存》(《四庫禁燬書叢刊》本)卷二,第 11a~b 頁。

然没有直接的接觸，但張采也是太倉人，是明末影響最大的復社的領袖人物。秉着其紹緒前後七子、宗法漢唐的文學宗旨，復社主流高揚七子的旗幟，掀起了明代第三次復古浪潮。故無論從地域情結還是從文學源流來説，張采（以及其他復社領袖如太倉張溥、太倉吴偉業、松江陳子龍）宗法王世貞，並受其影響至巨。①

周暉（1546～1627後）也紀録了閻希言事迹。② 周暉，南直隸應天府上元（今南京）人，胸饒藴蓄，博古洽聞，吟詠自適，不求人知。明思想家李贄（1527～1602）論文以爲宇宙内有五大部文章：《史記》、杜甫文集、蘇軾文集、《水滸傳》及明人李夢陽文集。而周暉則針對此説法，特推崇王世貞《弇州山人四部稿》，認爲較以上五部著作更宏博。他崇尚王世貞之詩文及爲人，詩評悉依王世貞《藝苑卮言》，記載史料也多依王世貞《弇山堂别集》。其記載閻希言事迹兩則，一則全抄録王世貞《閻道人希言傳》。③ 張怡（1608～1695）在其史料筆記著作《玉光劍氣集》中，不但節録了王世貞《閻道人希言傳》，而且增加了一些有關閻希言的其他事迹，並記載了李徹度的行實。④ 張怡，亦應天府上元人，明諸生，蔭官錦衣衛千户，明亡後，隱居南京攝山白雲觀，自稱白雲道者。其《玉光劍氣集》中史實多採王世貞《弇山堂别集》，論詩評文也多引王世貞言，並盛稱王世貞宦績及道義等行實，還對王世貞文學成就、影響及獎掖後進之舉推崇備至。⑤ 則也受王世貞影響極深。徐如翰（1597～1619年前後在世）也有一首詩贈李徹度。⑥ 徐如翰，浙江上虞人，稱病辭官後，講學於紹興蕺山，作詩文等身。其詩宗漢唐，也是七子派的作風。作爲晚輩，他推崇王世貞、王世懋詩作，並寫詩和之。⑦

在四十位書寫茅山乾元觀全真道派的文人中，不跟王世貞文學集團發生任

---

① 何宗美：《復社的文學思想初探——以錢、張、吴、陳等爲對象》，《中國文學研究》2004年第2期；廖可斌：《明代文學復古運動研究》，第356～357、379～382頁。

② 周暉：《金陵瑣事》卷四，見氏著：《金陵瑣事・續金陵瑣事・二續金陵瑣事》，南京：南京出版社，2007年，第139頁；周暉：《續金陵瑣事》卷下，同上，第256頁。

③ 錢謙益：《列朝詩集小傳》丁集上，第467頁；周暉：《金陵瑣事》卷一，第52頁；卷二，第84頁；卷四，第139、142頁；周暉：《續金陵瑣事》卷下，第252頁；周暉：《二續金陵瑣事》卷上，見氏著：《金陵瑣事・續金陵瑣事・二續金陵瑣事》，第312頁。

④ 張怡：《玉光劍氣集》卷二十六，第914頁。

⑤ 魏連科：《整理説明》，見張怡：《玉光劍氣集》，第1頁；張怡：《玉光劍氣集》卷一，第37、40、42頁；卷二，第78頁；卷四，第182頁；卷七，第346～347頁；卷八，第372頁；卷九，第397頁；卷十六，第639頁；卷十九，第726～728、736頁；卷二十三，第791、818頁；卷二十五，第887、894頁。

⑥ 徐如翰：《檀燕山藏稿》（美國芝加哥大學東亞圖書館藏明泰昌間刊本縮微膠卷）卷二，第15b頁。

⑦ 張岱（1597～1679）：《三不朽圖讚》，臺北：明文書局，1991年，第574頁；徐如翰：《檀燕山藏稿》卷九，第22a～b頁；張維樞（1619年前後在世）：《藏之檀燕山詩集序》，同上，第1b～2a、3b～4a頁。

何關係的，我們明確知道的僅有兩人，一是于孔兼，一是錢謙益。① 于孔兼，南直隸鎮江府金壇人，他是道學之士，又晚於王世貞一輩，且他是王錫爵的政敵，未曾與王世貞有往來。錢謙益，蘇州府常熟人，他既晚於王世貞一輩以上，又是七子派文學復古運動的强烈抨擊者。② 此外，以下四人，我們不清楚他們是否與王世貞有淵源。李天麟（1580～1609年前後在世）撰有《有道閣希言碑》。③ 李天麟，山東武定人，萬曆十五年（1587）時官巡按浙江監察御史。④ 高洧撰有《建茅山乾元觀萬松道院記》。⑤ 高洧，山西平陽府襄陵人，爲鴻臚寺丞。從他向乾元觀捐建臨溪道院來看，他並非是偶爾路過茅山，而是長期生活於附近，他應該是南京留都的官員甚或寄居在江南。鄒德溥（1557～1607年前後在世）有詩贈李徹度。⑥ 鄒德溥爲江西安福人。鄒德溥"以文鳴一代"，其爲文"力追邃古"，似也是復古一派。⑦ 陸朗有詩贈乾元觀道士李先真。⑧ 陸朗，南京人，南明時在南京官户科給事中浙江督餉。⑨ 换言之，在這四十位文人中，僅有二至六人跟王世貞無緣。

現存所有書寫茅山乾元觀全真道派文字的作者，大都是江南人以及一些在江南長期爲官或僑居江南因而認同江南文化的官紳或山人，他們也幾乎都是王世貞文學集團的成員以及仰慕王世貞的後輩。因此，書寫茅山全真道派與曇陽子崇拜一樣，既有宗教上的意義，更有地域文化和政治上的意義。一個非常有趣的現象是，這些茅山乾元觀全真道派的書寫者，其中有不少也是曇陽子的崇拜

---

① 于孔兼撰有《道人江文谷傳》，錢謙益撰有《書建玉皇閣疏後》。參見于孔兼：《道人江文谷傳》，第32a～34a頁；于孔兼：《道人江文谷碑》，第74b～75b頁；錢謙益：《書建玉皇閣疏後》，第761～762頁。

② 郭紹虞：《中國文學批評史》，上海：上海古籍出版社，1979年，第452～461頁；楊連民：《錢謙益詩學研究》，北京：社會科學文獻出版社，2007年，第162～196頁；丁功誼：《錢謙益文學思想研究》，上海：上海古籍出版社，2006年，第88～94頁；孫之梅：《錢謙益與明末清初文學》，濟南：齊魯書社，1996年，第302～314頁。

其實，也不能説錢謙益與王世貞毫無淵源。雖然錢謙益中期起摒棄七子派，但他早期深受七子派復古文學運動的影響。王、錢兩家私交甚好，錢謙益自認爲與王世貞家爲世交。錢謙益的叔祖錢歸化、錢謙益之父錢世揚都與王世貞有較多的交往，而前面提到的追隨王世貞並與王世貞文學集團來往密切的錢希言，即錢謙益的從高叔祖。在前後七子領袖人物中，受到錢謙益讚許的極少，王世貞却是一個特例，錢謙益對王世貞的評價是比較寬容和肯定的。見楊連民：《錢謙益詩學研究》，第1～2、17～18、40～47、171、177～183頁；孫之梅：《錢謙益與明末清初文學》，第45～46頁。

③ 李天麟：《有道閣希言碑》，第61b～63a頁。

④ 《四庫全書總目》卷一百九十三，第1755頁。

⑤ 高洧：《建茅山乾元觀萬松道院記》，第65a～b頁。

⑥ 笪蟾光：《茅山志》卷十三，第25b～26a頁。

⑦ 鄒元標：《願學集》卷四，第59a～b頁。

⑧ 笪蟾光：《茅山志》卷十三，第24a頁。

⑨ 陳作霖（1837～1920）：《明代金陵人物志》，臺北：明文書局，1991年，第339頁。

者。除了王世貞、王錫爵、王衡之外,徐顯卿、胡應麟、李維楨也是曇陽子的仰慕者或後進的崇拜者。① 如同曇陽子崇拜活動,這些操持文柄的江南文士精英,認爲在精神層面上,由於其文化修養的境界高於其他人,也因此具備文化霸權與話語權。在宗教修行上,他們自認爲也應該更順理成章地成爲"選民"或"種民",也較他人更易超越而證仙了道;位處江南腹地的茅山乾元觀,以其悠久的道教歷史,自然成了他們心目中的理想靈地;而閻希言所開創的全真道派,也適合其士人的生活情趣。尤其是前面所説乾元觀道士所炫耀的奇行異迹及所奉行的閉關環堵的修行方式,其目標正是文人士大夫。明代以王世貞爲代表的士人,對閉關修煉相當着迷,王世貞本人摒棄家室俗累而遷居於恬澹觀修行,這本身就是一種類似閉關的生活方式。而且王世貞多次表示要實踐類似的修道。② 前面也提到,徐顯卿與陳思育受法於李徹度,行閉關修煉。徐顯卿與王世貞論交有年。陳思育雖是湖廣武陵人,但先後官浙江浦江縣教諭、主考應天府鄉試、南京禮部左侍郎,還曾住徽州。他與王世貞、汪道昆、沈明臣(1518～1596)、吴國倫、李維楨、屠隆等王世貞江南文學集團成員密切往來,也是當時這批名士之一。③ 凡此種種,便爲王世貞等江南士人爲茅山乾元觀全真道派護法,提供了合理的依據。

但是,這一江南文士集團跟普通的士紳精英,還有不同之處。他們並未以捐贈土地或帑幣等有形的方式來贊助茅山乾元觀,而是以其擅長的更無形的文學書寫以及文壇聲譽來爲乾元觀護法。法國社會學家和思想家布爾迪厄(Pierre Bourdieu)在文化社會學領域提出了著名的"象徵性資本"(symbolic capital)的概念。"象徵性資本"指的是在知識擁有和獲得認可的辯證關係中,威望、知名度、領受聖職和榮譽等纍積的程度。在他看來,"象徵性資本"特别與家族和名人的聲譽和知名度密不可分,"象徵性資本"或文化資本總是作爲信用,能授予他人成爲最佳的物質性和象徵性的擔保,從而能將某一種形態(如精神或文化形態)的資本轉化成經濟資本或其他形式的實物資金。④ 正是以其文學書寫和文字聲譽

---

① 王明輝、劉儉:《胡應麟與王世貞的關係考論》,第41、43頁;Waltner, "Telling the Story of Tanyang-zi", p. 222; Waltner, "Learning from a Woman", p. 55; Waltner, "The Grand Secretary's Family", p. 556。

② 參見拙著(Richard Wang): *The Ming Prince and Daoism: Institutional Patronage of an Elite* Oxford and New York: Oxford University Press, in press, ch. 5。

③ 《四庫全書總目》卷一百七十八,第1603頁;潘之恒:《亘史鈔》外紀《仙侶》卷四,第5b頁。有關沈明臣爲王世貞江南文學集團成員,見鄭利華:《王世貞研究》,第108頁。

④ Pierre Bourdieu, *Outline of a Theory of Practice*, trans. Richard Nice Cambridge: Cambridge University Press, 1977, pp. 178－182; Bourdieu, *The Logic of Practice*, trans. Richard Nice Stanford: Stanford University Press, 1990, pp. 118－120.

這種“象徵性資本”或文化資本，王世貞文學集團對茅山乾元觀全真道派的文字護教，産生了巨大的社會影響。

在王世貞及其傳文的影響下，其他文士和士紳也參與到茅山乾元觀全真道護教的行列中來。正因爲受王世貞之邀逗留於南京，閻希言得以在南京拜訪了南京刑部右侍郎李江（1535～1588年前後在世）、南京兵部右侍郎王積（1492～1569）、鴻臚卿王玉峰、都指揮使許時登、參軍孫志山。[①] 閻希言在南京還與趙用賢、徐汝良交往，他羽化後，趙、徐一同爲閻希言送葬。[②] 李江，山東武定人，爲官南京時，與王世貞遊，共作詩[③]，當也屬於王世貞文學圈子中人。王積爲太倉人，與王世貞之父爲同僚，與王世貞也相當熟，王世貞爲王積寫行狀，並爲王積之父王懋良（1514～1576）寫墓志銘。值得注意的是，王懋良晚年奉佛道，尤信曇陽子，是曇陽子最早的信奉者之一。[④]前面説過，趙用賢是蘇州府常熟人，也是王世貞文學集團成員。徐汝良，當時是南京國子監生，爲趙用賢門生。[⑤]

此外，南直隸常州府武進人光禄寺少卿白啓常（？～1591）奉道，嘗手刻《三茅真君仙傳》。他師事閻希言十三年。白啓常也與王世貞有交往。[⑥] 陳思育也從李徹度受法。[⑦] 如前所説，陳思育在江南長期爲官，與王世貞及其江南文學集團成員密切往來，也是當時這批名士之一。

滕伯輪（1526～1589）在南京遇見閻希言，片言之間，兩人投契莫逆，交情非淺。滕伯輪，福建建安人，先後官提督學道浙江、浙江右參政、浙江右布政使、南京監察院右僉都御史、巡撫浙江兼提督軍務，也與江南淵源極深。滕伯輪雖是經濟之才，但他也極爲欣賞王世貞、汪道昆的文學復古運動及其辭章，而且王世貞的積極追隨者胡應麟是滕伯輪門生。[⑧]

---

① 王世貞：《閻道人希言傳》，第10b～11a頁；國威：《紀事》，第8b頁；國威：《言狀》，第11a頁。

② 錢希言：《獪園》卷一，第549頁。

③ 鄭利華：《王世貞年譜》，第324～325頁。

④ 王世貞：《弇州山人四部稿》卷一百，第5b～10b頁；卷一百二十六，第1a～2b頁；王世貞：《弇州山人續稿》卷九十八，第6a～9a頁。

⑤ 錢希言：《獪園》卷一，第549頁。

⑥ 國威：《言狀》，第10b頁；王世貞：《弇州山人四部稿》卷三十二，第16b～17a頁；王世貞：《弇州山人續稿》卷一百五十八，第8b～10b頁。

⑦ 潘之恒：《亘史鈔》外紀《仙侶》卷四，第5b頁。

⑧ 胡應麟：《少室山房集》卷十九，第1b頁；卷二十四，第1a～2b頁；卷三十五，第1a、6b頁；卷三十六，第10b～11b頁；卷五十，第17a頁；卷五十一，第20a頁；卷五十三，第8a、12a頁；卷五十四，第8b頁；卷五十五，第17b頁；卷八十七，第6b頁；卷八十九，第14b～15a頁；胡應麟：《中丞滕先生傳》，同上，卷八十七，第2b～3b、4a、6b頁；胡應麟：《嘉議大夫都察院右副都御史贈兵部左侍郎建安滕公墓志銘》，同上，卷九十二，第1b、3b～4b頁。

閻希言還與南京進士鄭印交遊。家在揚州於江南爲官的國威對閻希言執弟子禮。[①] 南京旗手衛百户毛俊也對閻希言執弟子禮,萬曆十六年(1588)閻希言即宿毛俊家,並在那裏仙逝。[②] 總之,閻希言得以"歷遊縉紳士大夫庶人之家"[③],"海内薦紳士有訪叩者"[④],"一時公卿大夫慕道餐風者,相與協力,歸其侵地,搆静室,以居羽流之四輳者"[⑤]。

南京禮部尚書王弘誨除了撰有《閻蓬頭讚》之外,還與李徹度交往密切,邀留李徹度於南京,使得公卿大夫争相迎訪李徹度。[⑥] 如前所説,掌南京翰林院事楊道賓撰有《李赤肚傳》,他還迎李徹度入其官署中,爲其子治病。[⑦] 浙江錢塘人南京太僕寺少卿姚文蔚(1592～1609年前後在世)、爲官徽州府休寧縣的邵翼廷也都與李徹度來往密切。[⑧] 對李徹度,"公卿大夫以問真往還者益盛於希言"。[⑨] 而李教順爲了募捐重建乾元觀,"奔走南北公卿大夫若中貴人之門"。[⑩] 他至南京,逢蜀人王侍御,"藩臣倡義樂施"。[⑪]

在這種影響之下,具體的地方精英爲茅山乾元觀護法的例子有:鴻臚寺丞高洧爲乾元觀捐鑄鐵鐘,並捐建臨溪道院。[⑫] 如前所説,高洧在南京爲官甚或寄居江南。南直隸鎮江府金壇縣于明照(1567～1614年前後在世)奉道,與閻希言、李徹度交往熟諳。當閻希言恢復乾元觀時,得到于明照之贊助。其後乾元觀之天心庵傾圮,于明照於萬曆四十二年(1614)重修天心庵。于明照爲金壇當地望族,他本人是舉人,但他三個弟弟和其子于玉立皆進士。而且他好詩文。[⑬] 這種公卿大夫和地方精英對乾元觀全真道派的扶持,是與王世貞文學集團的倡揚和引薦分不開的。

在王世貞等江南士紳集團的影響下,不但普通的士大夫精英出而捐助乾元

---

① 國威:《紀事》,第4b、6b、7b～8a、9b頁;國威:《言狀》,第9b、11b頁。

② 王世貞:《閻道人希言傳》,第11a～b頁;國威:《紀事》,第5a～6a、8b頁;國威:《言狀》,第11a～b頁;陳文燭:《乾元觀記》,第63b頁。

③ 國威:《紀事》,第5a頁。

④ 國威:《言狀》,第9b頁。

⑤ 顧起元:《茅山重建乾元觀記》,第4b頁。

⑥ 楊道賓:《李赤肚傳》,第3a頁。

⑦ 楊道賓:《李赤肚傳》,第4a～b頁。

⑧ 潘之恒:《亘史鈔》外紀《仙侶》卷四,第5b頁。

⑨ 顧起元:《茅山重建乾元觀記》,第4b頁。

⑩ 顧起元:《茅山重建乾元觀記》,第5a頁。

⑪ 王錫爵:《乾元觀記》,第22b頁。

⑫ 高洧:《建茅山乾元觀萬松道院記》,第65a頁;陳文燭:《乾元觀記》,第64a頁。

⑬ 馮夢禎:《于長公傳》,見氏著:《快雪堂集》卷九,第7a～10a頁;《乾元觀天心庵記》,第179頁。

觀的復興,而且南京的特殊精英太監階層,也積極響應了這一護教的呼籲。萬曆十六年(1588),閻希言在南京除拜訪王世貞等縉紳要員外,還與一二太監過往。[1]他路經南京之前,吉藩太監首領官承奉某致書閻希言,請他去長沙。[2] 前面説過,李教順爲了募捐重建乾元觀,在奔走南北公卿大夫之門的同時,也募捐於“中貴人之門”。[3]至南京,黨太監、劉太監等中貴“爲之助”。[4] 其時,“鄉大夫中常侍輩倡義捐助”。[5] 明末乾元觀住持張充符建玉皇閣未就,中常侍李太監“捐貲締構”,而且還撰文爲之倡導募捐。[6] 連太監也以文字書寫的方式爲乾元觀護法,這不能不説是受到江南文士精英的影響。尤其有意思的是,原先乾元觀在句容、金壇兩縣境内的田産,此時已被勢豪侵佔。在王世貞等江南士紳的影響之下,南京及茅山附近的公卿大夫或自己“歸其侵地”[7],或採取行政手段,而使這些被侵田産歸還於乾元觀。[8]

江南王世貞文學集團的這種文化資本有着巨大的影響力,並具備左右社會輿論的功效。對此,乾元觀全真道士是深深服膺並深刻瞭解的。據王世貞觀察,閻希言“頗好作有爲功德”,包括建廟、修路、造林等。他甚至重視揚名。萬曆十二年(1584)冬閻希言拜訪王世貞於太倉弇山園時,特向王世貞乞言,並拿出一册簿,皆一時名士題贈詩文,而王世貞因之援筆書“野鶴孤雲”四大字,並作詩贈之,還囑咐其追隨着胡應麟寫一詩贈之。[9] 可見閻希言相當重視名人題贈,因爲可以由此擡高身價。萬曆十六年(1588)閻希言在南京又請求王世貞爲他寫傳記流佈人間。當王世貞問他:“名觀(按,指乾元觀)不名道人(按,指閻希言)可乎?”他回答道:“安可不名道人!吾固賴子傳耳。”[10]一方面,閻希言不忘名固然是表示了他强烈的傳教使命感和乾元觀全真道派的道脈意識,另一方面,閻希言十分瞭解王世貞寫的傳記的分量,能够起到四海傳名乃至弘教的目的。所以在他羽化之

---

① 王世貞:《閻道人希言傳》,第11a頁。

② 國威:《言狀》,第11a頁。

③ 顧起元:《茅山重建乾元觀記》,第5a頁。

④ 王錫爵:《乾元觀記》,第22b～23a頁。

⑤ 李維楨:《乾元觀供衆田記》,第55b頁。

⑥ 錢謙益:《書建玉皇閣疏後》,第761頁。

⑦ 顧起元:《茅山重建乾元觀記》,第4b頁。

⑧ 李維楨:《乾元觀供衆田記》,第55b頁。

⑨ 王世貞:《弇州山人續稿》卷十,第4a～b頁;胡應麟:《少室山房集》卷三十五,第1a～b頁;鄭利華:《王世貞年譜》,第295、303頁。

⑩ 王世貞:《閻道人希言傳》,第11a～12b頁。

前,隔數日就自己或遣徒去向王世貞催促此傳文。[①]

如其師祖閻希言一樣,李徹度也希望士人爲其揚名,甚至取出他和他的弟子的畫像,請王衡替他們寫像讚。[②] 這當然也應該視做傳教立法的一種手段和姿態。但更重要的是,李徹度理解文字的力量,尤其王衡是著名的才子[③],而且是當朝首相王錫爵之子,還是王世貞文學集團的新生代成員,他的讚語一定會引起其他士紳的高度興趣。而且,明代所有引文,率將此篇《李赤肚小像讚》歸於王錫爵名下。[④] 但此文收入王衡文集。可能的情形是,此文或原由王衡代父所作(王衡經常代父爲文),因此他仍然收入自己的文集。如果此猜測能成立,則李徹度原先懇求爲其寫像讚的對象不是王衡,而是王錫爵。在文學上,前面已談到,王錫爵是王世貞文學集團重要成員,事實上,王世貞稱王錫爵與其弟王世懋爲其文壇"二友"。[⑤] 如此,則王錫爵(或以王錫爵的名義)爲李徹度寫的讚語,出自既爲當朝首輔又是王世貞江南文學集團中堅人物之手,其巨大的社會影響力是不言而喻的。

姜本實的衣鉢傳人王合心也請著名文人陳繼儒替他寫讚詞。而且他請李鼎爲之撰寫入圜外護疏文時,也拿出一册簿,讓李鼎書疏文於上,可以想見此册上已有或將有其他名士的疏文題記。[⑥] 崇禎十七年(1644)乾元觀住持張充符,也請當時文豪錢謙益爲建玉皇閣撰寫疏文。[⑦] 可見明代茅山乾元觀全真道士,幾乎世代都熱衷於與王世貞爲首的江南文士精英交往,也看重這一文士集團的文筆所帶來的社會效應。乾元觀全真道派所追求的弘教和護法,在王世貞等士人的文筆影響之下,得以實現。

## 結　論

閻希言所開創的乾元觀"閻祖派"是今天所知明代茅山唯一的全真道派,乾元觀也是茅山唯一的一個十方叢林。從修行實踐、宫觀制度到譜系傳承,乾元觀道士有明確的全真道派的身份認同和法派意識。清代茅山"三宫五觀"中,除了

---

① 王世貞:《閻道人希言傳》,第 11a 頁。
② 王衡:《李赤肚小像讚》,第 17a 頁。
③ 關於王衡是文學才子,參見徐朔方:《王衡年譜》,第 349 頁。
④ 如楊道賓:《李赤肚傳》,見潘之恒:《亘史鈔》外紀《仙侶》卷四,第 4b ~ 5a 頁。
⑤ 王世貞:《弇州山人續稿》卷三,第 6a ~ 7a 頁;朱彝尊:《静志居詩話》卷十四,第 400 頁。
⑥ 陳繼儒:《王小顛讚》,第 16a 頁;李鼎:《煉師王小顛入圜乞外護疏》,第 13a 頁。
⑦ 錢謙益:《書建玉皇閣疏後》,第 761 頁。

三宫之外，五觀皆傳全真道。[①] 這五觀得以改傳全真道，是由乾元觀開啓的。而且，前面已提到，茅山“三宫五觀”中的另一個道觀仁祐觀也傳承“閻祖派”。可見乾元觀道派的影響相當大。茅山乾元觀全真道派的興起，却與明代王世貞江南士人集團的護教，有着直接的關係。

值得注意的是，閻希言萬曆元年(1573)離開武當山之後，並非是直接上茅山，而是在江南士紳精英間漫遊，其間萬曆十二年(1584)還去專門拜訪了王世貞。直到萬曆十四年(1586)始上茅山，建立其道派。在江南十年遊歷，尤其是他所建立的與王世貞及其江南文士集團的廣泛網絡，爲他上茅山建立基業奠定了堅實的基礎。據筆者初步統計，明代江南名士(主要是以王世貞爲中心)中共有四十人爲茅山乾元觀全真道派書寫了八十四篇詩文作品。這在明代所有的全真道派、全真道士中，是數量最多的。而且，這麼多文化精英來書寫某一道派的道士和道觀，除了武當山、龍虎山、茅山(除乾元觀之外)、南北兩京的朝天宫和北京白雲觀這些最高國家級的道教中心之外，也遠遠高於任何其他道派、道觀和道士。前面提到，乾元觀道士黄合賢受薦舉應召明神宗之母李太后懿旨“檢《道藏》”，他能入選，恐怕也與江南王世貞士紳集團的薦舉不無關係。

茅山自有傳統上清派深厚的根基和纍積的人脈[②]，而且還是國家指定的官方道教中心，設有道録司直接任命的道官華陽洞正、副靈官，官階爲正六品和從六品。若没有王世貞及其江南士人集團的護法，不要説建立自己的道派，恐怕在茅山立足都相當難。以明代官方道教聖山的制度來看，茅山道教各宫觀皆統屬於靈官。華陽洞正靈官例由元符萬寧宫道士中選授，而副靈官例由崇禧萬壽宫道士中選授。[③] 前面提到，元符宫在明清時所傳爲“静一法派”，爲上清派之嫡傳，而崇禧宫則兼傳清微派和静一派，則二宫所傳皆爲正一派。[④] 由正一派正副靈官所管轄的宫觀，雖然未必完全阻礙全真教派的發展，但全真道的發展空間是非常有限的。本文開頭部分也談到武當山、齊雲山等明代官方道教聖山的確存在全真道士，但都以低調姿態居於較偏僻的小型庵觀中，蓋這些聖山中的道官皆爲正一

---

① 黎遇航、袁志鴻:《茅山道教今昔》，第30~31頁;朱延生主編:《茅山志》，第82~83頁;楊世華、潘一德編著:《茅山道教志》，第16頁;卿希泰主編:《中國道教史》第四卷，第103~104頁。

② 我們發現一個有趣的對比:明代居於南京的魏國公徐府(明太祖時名列功臣榜首的徐達之後人)和成國公朱府(明成祖靖難時的名將朱能之後人)是茅山正一派宫觀的首席護法，各宫觀皆得到徐府和朱府的贊助和護教，甚至茅山天心庵還成了朱府的香火院。但徐府和朱府却從未參與贊助乾元觀新興的閻祖派。可見徐府、朱府等勳臣貴胄之家與以王世貞爲中心的江南文士集團在護教對象上是有所不同的。

③ 參見楊世華、潘一德編著:《茅山道教志》，第211~214頁。

④ 參見曾召南:《明清茅山宗尋蹤》，第50~53頁;黎遇航、袁志鴻:《茅山道教今昔》，第30頁。

派的緣故。明代江南以王世貞爲首的士人,對此狀況是充分瞭解的,因此這些士紳精英和公卿大夫纔"咸議以爲(乾元)觀領全真教,與(茅山)諸宫道不謀,宜專屬之,主觀者無隸華陽(洞靈官),致妨静業,定爲令"。[①] 在這樣的文化權威、行政措施和物質財力扶持之下,乾元觀纔有可能脱離茅山華陽洞靈官的管轄,而能獨立發展。乾元觀成了茅山唯一的一個十方叢林,也無疑是在這種江南士人的護教之下,脱離茅山靈官系統之後的進一步發展。今天茅山道院與乾元觀互不統屬的局面,實始於明代王世貞江南士人集團對乾元觀全真道派的扶持。

最後需要注意的是,吴亞魁在其《江南全真道門所見之諸真宗派與傳承譜系》一文中,概括了明代江南全真道的顯著特點:"所謂全真道士,大都兼嗣正一之法。"[②]這似乎與茅山乾元觀的行事特點不符。這裏要説明的是,吴文對明代江南全真道的概括不謬。茅山乾元觀"閻祖派"全真道派並非明代江南全真道的常態;相反,這只是一個變例。閻希言爲山西蒲州人,在崆峒山得遇異人而入道;[③]李徹度爲南直隸徽州府黟縣(今安徽黟縣)人,但如前所説,度化李徹度入道之遨清静,來自山東嶗山。[④] 因此,茅山乾元觀全真道派傳自北方,與江南本土道教傳統無涉,是在江南一種特殊的全真道派形態。當然,非典型並不表示不重要。恰恰就因爲這一道派在江南的全新形態,纔引起了以王世貞爲首的江南文士集團的興趣和關注,這也爲它的生存和發展奠定了基礎,從而使乾元觀"閻祖派"在明代中後期,超越了其他道觀,成爲江南乃至南方最重要的全真道派。

---

① 李維楨:《乾元觀供衆田記》,第 55b 頁。

② 吴亞魁:《江南全真道門所見之諸真宗派與傳承譜系》,見本論文集,第 85 頁。

③ 王世貞:《閻道人希言傳》,第 10b ~ 12a 頁;國威:《紀事》,第 7a 頁;國威:《言狀》,第 10a 頁。

④ 楊道賓:《李赤肚傳》,第 1a ~ 4a 頁。

# 江南全真道門所見之諸真宗派與傳承譜系

□吴亞魁

**摘要：**地方全真道教歷史的新近研究表明：明初、中期以降，連續有全真龍門和其他全真宗派活躍於山東、雲南、陝西、湖北、河南和山西等地，且一如《諸真宗派總簿》所載派字詩般代代相傳。就江南一隅而言，許多道觀雖可判定爲歸屬全真，但其具體的宗派面目大多模糊不清。本文通過元之玉陽庵、黄公望等五道觀一道士，明之松江真聖堂等五道觀，清之湖州龍門静室等七道觀的考察，進而發現：江南地區全真道教的傳播和發展，自始至終，以丘祖龍門派最爲興盛；但元、明、清三個不同時期，各有其别樣的傳承脈絡和發展軌迹。檢視《金鼓洞志》、《金蓋心燈》、《龍門正宗覺雲本支道統薪傳》和《道統源流》等相關文獻，我們約略可知：《金蓋心燈》所述傳承譜系，僅囊括了金蓋山全真龍門道教網路所能覆蓋的地域範圍，或者説，主要反映了龍門正宗北京白雲觀王常月一系的傳承脈絡，而真實的清代江南全真道教歷史，可能更加豐富多樣、宏闊壯觀一些。

**關鍵詞：**江南　全真道　宗派　譜系

**作者簡介：**吴亞魁，男，1963 年生，浙江嘉興人。現旅居美國，主要參與一些國際合作研究計劃，如“廟觀、城市與道士：近現代中國城市宗教組織的嬗變”、“《道藏輯要》提要”、“改變了中國宗教的五十年（1898～1949）”等。

作爲地方全真道教歷史的研究，拙作《江南全真道教》，上溯全真道教南行之始，下迄 1912 年中華民國肇建，以廟觀的發展爲主綫，輔以與之相關的人（道士和道派）和事，依次敘述了有元以來六百四十多年江南六府一州全真道教的發生和發展,[①]並大致劃分爲"初興"、"沉寂"、"中興"和"重振"等不同發展階段。形成這樣一種劃分和評價的依據,主要是廟觀的數量多少,所謂"欲觀一教之盛衰,必觀其教堂之多寡"。[②] 就資料而言,元明時期的全真道教歷史,主要藉助於各種方志資料;清以後,由於方志可提供的資料有限,故多倚重《金鼓洞志》、《金蓋心燈》、《龍門正宗覺雲本支道統薪傳》和《道統源流》等道内文獻。其間,亦隱約和零散地涉及了江南全真道教的宗派、傳承與譜系等相關問題,但由於行文體例和通篇結構等因素的制約,未能就這一主題展開集中和專門的闡釋。現藉此機緣,專事探討"江南全真道門所見之諸真宗派與傳承譜系",以期對江南全真道教的宗派、傳承與譜系等諸多問題有一總括和明晰的認識;在此基礎上或可進而發現,全真道教在江南地區的傳播和發展,元、明、清等不同朝代之間,以及與南北中國的其他地區相較,有着怎樣的同與不同。

## 一、研究舉隅

既往的道教歷史研究,主要着眼於道教歷史的宏觀架構;且於處理明清時期全真道教的宗派、傳承與譜系等諸多問題時,或大而言之,於考察明清時期的全真道教歷史時,主要依據閔一得《金蓋心燈》等一種或少數道内資料,而資料本身是否真實可靠,則少有甄别。近年來,陸續有中外學者指出:閔一得《金蓋心燈》所載傳承譜系的前六代傳承,均存在時間鏈條中的空缺,與歷史事實存在背離。[③]他(她)們的前一項觀察無疑是準確的,即四百多年間,前後僅六代傳承,似不可信。至於後一項判斷,"與歷史事實存在背離",充其量只能説,與我們迄今所知的"歷史事實存在背離",更多的"歷史事實"仍屬於未知。隨着地方道教歷史的深入研究,特别是碑刻資料的廣泛利用,關於明清全真道教的宗派、傳承與譜系等諸多問題,頗有一些極具建樹的學術成果,著者如樊光春《陝西佳縣白雲觀全

① "江南"的概念,由廣而狹,大體相當於我們現今所言的南方、東南、蘇南皖南及浙江、吴越(蘇南、浙江),蘇南浙北及浙東、蘇南浙北八府(明清時期的蘇州、松江、常州、鎮江、江寧、杭州、嘉興、湖州)一州(太倉),蘇南浙北七府(蘇州、松江、常州、鎮江、杭州、嘉興、湖州)一州(太倉),蘇南浙北六府(蘇州、松江、常州、杭州、嘉興、湖州)一州(太倉),蘇南浙北五府(蘇州、松江、常州、嘉興、湖州)或五府一州(太倉)等不同地域。本文所指的"江南",是雜糅了自然、經濟、文化、歷史、心理等諸多意義的比較狹義的"江南"概念,即蘇南浙北六府(蘇州、松江、常州、杭州、嘉興、湖州)一州(太倉)。如此界定,當然更多考慮到了文化地理和宗教地理的意義。

② 陳垣:《南宋初河北新道教考》,北京,中華書局,1962 年,第 102 頁。

③ 參見張廣保:《明代全真教的宗系分化與派字譜的形成》,見《全真道研究》第 1 輯,濟南:齊魯書社,2011 年,第 189 ~ 217 頁。

真道傳承制度研究》[①]、《碑刻所見陝西佳縣白雲觀全真道龍門派傳承》[②]、《全真道龍門派在西北的傳承》[③]、《明清時期西北地區全真道主要宗派梳理》[④]，趙衛東《泰山三陽觀及其與明萬曆宫廷之關係》[⑤]，劉迅《張將軍瘞埋枯骨：清初南陽重建中全真道與清廷之合作》[⑥]，王崗《明末清初雲南虛凝庵的龍門派傳承譜系》[⑦]，張廣保《明代全真教的宗系分化與派字譜的形成》[⑧]等。其中，張廣保的《明代全真教的宗系分化與派字譜的形成》一文，可謂高屋建瓴之作。本節之所述，即頗多參考了他的研究成果。

基於對金元時期全真道教歷史的深刻體悟，張廣保於《明代全真教的宗系分化與派字譜的形成》一文指出："金元時期全真教已經開始分宗立派"，"全真教在金元的迅猛發展乃是通過七真門下弟子分别開宗授徒、建立宫觀得以實現的"。[⑨]此就金元時期而言。至於明代全真道教的傳承與發展，也頗有一些新的斬獲。

據張廣保的研究，迄今所見，最早的全真龍門傳承譜系，蓋推山東省青州市彌河鎮的修真宫。其道脈傳承，從明武宗正德八年（1513）的"守"、"太"、"清"字輩，至萬曆（1573～1620）年間的"陽"、"來"、"復"、"本"字輩，前後延續至少六十餘年，且與《諸真宗派總簿》所載之龍門派百字詩相合。[⑩]

王崗通過雲南昆明虛凝庵的八通碑記，判定虛凝庵的全真龍門傳承起始於明正德十六年（1521）至十五年（1536）的"真"字輩，歷"常"、"守"、"太（泰）"、"清"、"一"、"陽"、"來"、"復"、"本"、"合（和）"、"教"、"永"、"元（圓）"、"明"，恰與龍門派字詩前二十字相吻合。他還認爲，虛凝庵的全真龍門傳承源於昆明本土傳統，而與明末清初北京白雲觀王常月（1522～1680）傳承的龍門正宗無關。[⑪]

樊光春《陝西佳縣白雲觀全真道傳承制度研究》一文，"通過對白雲觀現

① "全真道與近現代中國社會和文化國際學術研討會"論文，美國：加利福尼亞大學伯克利分校，2007年。

② 《道家文化研究》第23輯，北京：生活·讀書·新知三聯書店，2008年，第261～279頁。

③ 劉鳳鳴主編：《丘處機與全真道》，北京：中國文史出版社，2008年，第453～473頁。

④ 《全真道研究》第1輯，第218～236頁。

⑤ 《道家文化研究》第23輯，第280～306頁。

⑥ 《道家文化研究》第23輯，第330～364頁。

⑦ "全真道與近現代中國社會和文化國際學術研討會"論文。

⑧ 《全真道研究》第1輯，第189～217頁。

⑨ 《全真道研究》第1輯，第191頁。

⑩ 《全真道研究》第1輯，第212～213頁。

⑪ 《全真道研究》第1輯，第215～216頁。

存碑刻的研究發現,白雲觀的全真道龍門派傳承,具有無可爭辯的正統性"。此"正統性"在於,作者還原了一條上迄明萬曆三十六年(1608),下止1995年,由第六代"真"字輩到第二十二代"理"字輩,前後接續近400年之久的全真龍門傳承譜系。此外,作者還提出了一個"按龍門派之概念,大約有廣義與狹義兩種理解"的觀點:所謂廣義,當指從金元時期開始,由丘處機(1148~1227)親傳的體系;所謂狹義,又稱龍門律宗,相傳起於丘處機親傳弟子趙道堅,雖時間鏈條不無疑問,但爲現世龍門派所公認。此所謂狹義的龍門律宗,應該就是近世全真道門中人如《金蓋心燈》的編纂者閔一得、"龍門正宗覺雲本支"弟子、《道統源流》的編輯者等自況的"龍門正宗",以趙道堅爲"龍門正宗第一代戒律祖師";在張廣保的論文中,也出現了"龍門正宗"的概念,其所指稱,多謂北京白雲觀王常月一系。①

湖北武當山凝虛觀、太子坡留存的碑刻顯示,從明萬曆四十三年(1615),到清康熙二十九年(1690),活躍於此的武當全真道士,其傳承派字爲"玄"、"静"、"真"、"常"、"守",也與龍門派百字詩相合。且這些"玄"字輩道士,遠高於王常月的"常"字輩,其活動也稍早於王常月於武當開壇授戒之時(1673),是知武當的龍門派並非源出於北京白雲觀的王常月一系。②

劉迅在河南南陽玄妙觀的研究中發現:清順治十五年(1658)和康熙四年(1665)的兩通石碑,《張大將軍收瘞枯骨碑》和《十方功德碑記》,合共刻有玄妙觀60位道士的名諱,其中的46人,從"德"字輩到"一"字輩,其法名與全真龍門派派字詩相合。張廣保據以認爲,"南陽玄妙觀早在清順治(1644~1661)時就存在龍門'德'字輩,遠高於北京白雲觀王常月的'常'字輩,這說明南陽玄妙觀的龍門派傳承與北京白雲觀王常月一系的龍門傳承無關"。③ 也就是說,它們屬於"廣義"的龍門派。

綜之,明中葉以降,至少山東、雲南、陝西、湖北、河南等地,已然發現了全真龍門派的活動蹤迹和傳承脈絡。而且,它們無一例外地與全真"龍門正宗"無關,或者說,與北京白雲觀王常月一系無關,屬於"廣義"的全真道龍門派。此前,一些學者曾經指出:在出自明朝的文獻中,没有任何關於龍門派的記載;如今,隨着

① 按,本文之行文用語,"全真龍門(派)"、"丘祖龍門派",一般即謂廣義之龍門派;"龍門正宗",則爲狹義之龍門派,即以趙道堅爲"第一代戒律祖師",五代以降分爲沈静圓、衛真定、沈常敬宗師一系和張静定、趙真嵩、王常月律師一系兩傳的傳法世系;而"龍門律宗",特指北京白雲觀王常月一系。

② 《全真道研究》第1輯,第213~214頁。

③ 《全真道研究》第1輯,第214~215頁。

學術研究的深入,碑刻資料的使用,我們發現:明中葉以降,全真龍門不僅活躍發展,而且一如派字詩般地代代延續,儘管其中還是没有明確出現全真"龍門"的字樣。

此外,趙衛東《泰山三陽觀及其與明萬曆宫廷之關係》一文,考究了山東泰山三陽觀的十一塊墓碑,其中七塊,刻有該觀道士的傳承譜系。經其比對,與《諸真宗派總簿》所載果老祖師雲陽派派字詩基本相同;其歧異之處,或係傳抄錯誤所致。趙衛東復按十八年一代計算,將果老祖師雲陽派的起始時間斷定爲明代中期,即正德(1506~1521)年間。①

據張廣保的研究,在山西省永樂鎮純陽萬壽宫六通碑文的立石署名中,清晰可辨"全"、"真"、"冲"、"和"、"德"、"正"、"本"七個派字,恰與《諸真宗派總簿》中的華山派派字詩吻合。因此,純陽萬壽宫的華山道脈傳承,可以追溯至明嘉靖(1522~1566)年間,甚或明初、中期前後。②

由此可見,清嘉慶(1796~1820)年間問世的白雲觀《諸真宗派總簿》,至少其中的龍門派、果老祖師雲陽派、華山派等派的派字詩並非向壁虚造。

學界將《諸真宗派總簿》的問世年代,判定爲清嘉慶(1796~1820)年間。現今所見北京《白雲觀志》之《諸真宗派總簿》,係"民國丙寅年(1926),迎賓梁至祥抄於丁卯年(1927)冬至後之日",其間,已有一些明顯的後世增補之迹,某些宗派名下也有派字詩淵源所自的明確記載。③ 由此推知,《諸真宗派總簿》應該是當時流佈於大清帝國境内主要道教宗派的匯總和實録。唯有如此,我們方可理解爲何在一部《諸真宗派總簿》中,出現了如此之多相同名稱的道教宗派,如"清微派"(8)、"正乙派"(8)、"正一派"(3)、"華山派"(4)、"天仙派"(4)、"自然派"(2)、"三丰派"(2)、"日新派"(2)、"清静派"(2)、"嵛山派"(2)等,都是不一而足,有的派名如清微派、正乙派等竟重複出現八次之多。可見它們派名雖同,却可能是在不同的地區,有着不同的傳承,故派字詩也全然不同。當然也不排除,在"匯總

① 《全真道研究》第1輯,第209頁。

② 《全真道研究》第1輯,第205~208頁。

③ 據《諸真宗派總簿》,第二十清微派,"此派原本二十字,於同治十二年(1873),有房山縣城隍廟來觀,同衆公議,重續八十字";第三二正乙派,"宣統元年(1909),重續廿字";第三八正乙派,"此派自光緒八年(1882)八月,係通州里二四佑民觀續起";第六七日新派,"此派係光緒八年(1882)七月二十日續起";第七一薩祖派,"係宣統元年(1909)三月二十六日,由山西漢中府城固縣平浪宫代來四十字";第八三廣慧派,"此派係民國五年(1916)丙辰八月八日,由江西南昌府武縣天平山萬壽宫穆善清代來六十字";第八四華山派,"此派光緒元年(1875),由南方代來,又有人云是華山後續";第八六尹喜派,"此乃南方代來"。見《藏外道書》第20册,成都:巴蜀書社,1992年,第577~581頁。

和實録”的道教門派中,有些道派已經式微甚或“傳承中斷”。

上述學者的艱辛探索,至少證明如下三點:一、《諸真宗派總簿》所録派字詩是可信的;二、明初、中期以降,陸續有全真龍門和其他道教宗派活躍於南北中國,且一如《諸真宗派總簿》所載派字詩般地代代相傳,從而“沉寂”之説可以休矣;三、這些龍門宗派,大都早於王常月的“龍門中興”之期,並非我們現今所言的“龍門正宗”或“狹義”的龍門派,而是有着各自獨立的傳承系統。張廣保《明代全真教的宗系分化與派字譜的形成》一文,提出了一個“樹形模式”的概念:“全真教内部各種大小宗派並立,自王重陽仙逝、七真分門授徒之時,就一直存在,並貫穿於全真教發展的始終。”“其中存在一種基本的擴張模式,即通過宗支的不斷繁衍分化來達成其發展。這一過程可以描述爲由祖師至徒弟至徒孫至重孫……再無盡演化,直至傳承中斷。這一發展模式頗爲類似樹的分枝生長,因此我們不妨稱之爲樹形模式。”①上述研究所發現的各自獨立的龍門傳承系統,就是對這種“樹型模式”的最好注脚。那麽,全真這棵大樹,在江南這片沃土繁衍分化、傳承擴張的具體情形,又是怎樣?這裏,且以元、明、清三個不同時代“江南全真道門所見之諸真宗派”分别加以闡釋。

## 二、諸真宗派

金元時期,全真道已經開始分宗立派,並興宫築觀,授徒傳道,迅猛發展。上述學者的研究表明:明初、中期以降,全真諸真宗派活躍發展於山東、雲南、陝西、湖北、河南和山西等地。至於江南一隅,具體情形如何?與上述地區相較,又有着怎樣的同與不同?

### 1. 元代

現有的研究表明:全真道教的南傳,大致與元軍征服江南的鐵騎同一步調。全真道教“越江淮而漸南行”之後,創建於元代江南的全真廟觀依次主要有:杭州玉陽庵、杭州全真庵、杭州重陽庵、松江長春道院、杭州紫陽庵、蘇州全真道院、杭州玄元庵、蘇州清真觀、杭州承天靈應觀、杭州長春庵、杭州長生庵、湖州迎真道院、嘉興南涇道院、嘉興文始道院、松江太素道院、嘉興崇真道院、杭州全真道院、杭州凝真庵、嘉興紫虚道院、嘉興全真道院、嘉興福清道院等。其中,根據現有資

---

① 《全真道研究》第1輯,第197~198頁。

料,僅有爲數不多的幾處廟觀,不僅可以判定其全真屬性,而且可以約略追溯其道派淵源。

A. 玉陽庵。資料所見,江南境内最早的全真廟觀是杭州仁和的玉陽庵。《仁和縣志·玉陽庵》"考據",有王處一(1141~1217)傳。據《仁和縣志》卷十一:玉陽庵,元至元六年(1269)奉敕而建,以居雲水道人。至元十年(1273)重建,賜"玉陽體玄廣度真人"。① 是知此"玉陽",即全真七子之王處一,其名下流傳全真嵛山派。庵名"玉陽",當係感念全真七子之王處一。

B. "大癡道人"黄公望。與玉陽庵之創建約略同時,又有黄公望諸人參學全真。黄公望(1269~1354),富陽人。聰明絶倫,通百氏説,尤工畫山水。元至元(1264~1294)間,更名堅,號一峰,又自稱大癡道人,放浪江湖,年八十餘卒。② 黄公望之"著道士服",爲全真道士,已是史家定論。此所討論者,主要是他的道門師承。據饒宗頤《黄公望事迹摭佚》考證,黄公望的師承淵源可簡述如下:丘長春→李志常→李月溪→金志揚(金蓬頭,1276~1336)→黄公望、方方壺(1301? ~1391)。③ 是知其所傳承,當係廣義的全真丘祖龍門派。黄公望不唯隱逸築觀(三教堂),而且也曾授徒傳道,文獻可考者有二人:一爲王玄真④,一爲沈生⑤。

C. 杭州重陽庵。元大德(1297~1307)間,西川道士冉無爲雲遊至浙,興宫築觀。明洪武二十四年(1391),清修道教,立爲全真叢林。⑥ 其時,杭州境内有全真庵、觀、院十有一,悉統之於重陽庵。⑦ 現已考明者,唯凝真觀(庵)一家。重陽庵的道脈傳承大致爲:冉無爲(活躍於1297~1307年前後)→劉碧虚→江鐵庵(活躍於1355年前後)→楊古巖、孫守素→鍾本清(活躍於1396年前後)→何志遠(活躍於1445年前後)→梅志暹(活躍於1458年前後)→駱仲仁(活躍於1475年前後)→潘崇正(活躍於1479年前後)→沈月川……→陳曰可(活躍於1575年前

---

① 沈朝宣纂:《仁和縣志》,見《中國方志叢書》第179號,第3册,臺北:成文出版社,1975年,第732~733頁。

② 陳讓、夏修正纂修:《杭州府志》,見《四庫全書存目叢書》史部第175册,臺南:莊嚴文化事業有限公司,1996年,第655頁。

③ 饒宗頤:《黄公望事迹摭佚》,見《黄公望及富春山居圖臨本》,香港:中文大學文物館,1976年,第1~13頁。

④ 《道法會元》卷二百一十《丹陽祭煉内旨序》,見《正統道藏》第51册,臺北:新文豐出版公司,1985年,第110頁。

⑤ 陶宗儀:《輟耕録》,見《四庫全書》子部第1040册,上海:上海古籍出版社,1987年,第508頁。

⑥ 《中國道觀志叢刊》第17册《重陽庵集》,南京:江蘇古籍出版社,2000年,第10頁。

⑦ 《中國道觀志叢刊》第17册《重陽庵集》,第19頁。

後）……[①]據載，重陽庵之"雲水鉢堂"爲丘處機"闡教於此"時所建，後由劉碧虛復建；[②]"龍虎丹室"係尹志平結茅山巔之地；江鐵庵"亦嘗建五祖七真之堂於殿右偏"；[③]又，"（楊）古巖之學，出金蓬頭之派也"。[④] 上述幾條重要綫索，隱約透露了重陽庵的淵源所自，即全真丘祖龍門派。前述黄公望，亦爲金蓬頭弟子；在稍後即將述及的松江長春道院，我們再一次發現了金蓬頭的身影。由此可見，在江南全真道教的發生和發展過程中，金蓬頭其人實有着舉足輕重、不容小覷的地位。

D. 松江長春道院。元大德十年（1306），道士鄭道真建，爲松江境内最早的一座全真道觀，是"爲境内全真教所自始"，或曰"境内全真教祖"。明朝歸併院七、庵堂二，即谷水道院、崇真道院、玄真道院、佑聖道院、昇真道院、谷神道院、上真道院、清谷庵和真聖堂。[⑤] 上述七院、二庵堂，當係全真廟觀。其中，崇真道院和真聖堂爲元末明初全真道士彭素雲所建，其餘則不能考定。據《道家金石略・長春道院記》碑，此碑篆額題《長春道院之記》，末題：至治元年（1321）四月十五日，承務郎前饒州路同知浮梁州事楊載撰，前翰林學士承旨榮禄大夫知制誥兼修國史趙孟頫書並篆題。洪武三年（1370）五月　日，住持嗣孫薛道沖立石，耆舊薛道寧、許道常，職事朱道源，道童□□□，檀信丁縉施石，天台盧奂摹刻。[⑥] 又《長春道院記》有言：鄭道真"度弟子朱道本等，使嗣守之"。[⑦] 師鄭道真、徒朱道本、孫薛道沖，包括耆舊、職事等若干人，皆取名"道某"，應當不是一種巧合，而是歸依全真之更名明志。據張廣保的考察，在全真門下的第二、三代弟子中，"道"字是一使用頻率極高的用字。[⑧] 又，《道家金石略・長春真人門徒王史郭三公碑》（1321）之碑陰，列有《宗派之圖》：王志道→史道安→王道□、趙道□、黄道□、王道超、陳道顯→孫道□、孟道□→……[⑨]頗與長春道院的命名情形相類。此外，關於長春道院的道派淵源，也頗有一些迹象可尋：元王逢《梧溪集》卷四下有言稱：十二月廿二日爲重陽王真人誕辰，是日立春，在松江長春道院瞻拜真人及七真

---

① 參見吴亞魁：《江南全真道教》，香港：中華書局，2006 年，第 88、93 頁。

② 《八詠事迹引》，見《中國道觀志叢刊》第 17 册《重陽庵集》，第 36 頁。

③ 《八詠事迹引》，見《中國道觀志叢刊》第 17 册《重陽庵集》，第 37 頁。

④ 李詡：《續吴郡志》，見《中國方志叢書》第 445 號，臺北：成文出版社，1983 年，第 363 ~ 364 頁。

⑤ 方岳貢修，陳繼儒纂：《松江府志》，見《日本藏中國罕見地方志叢刊》，北京：書目文獻出版社，1991 年，第 1382 ~ 1383 頁。

⑥ 陳垣編纂：《道家金石略》，北京：文物出版社，1988 年，第 757 ~ 758 頁。

⑦ 陳垣編纂：《道家金石略》，第 757 ~ 758 頁。

⑧ 《全真道研究》第 1 輯，第 202 頁。

⑨ 陳垣編纂：《道家金石略》，第 757 頁。

像，敬題薛一山丹房。其《題長春道院許元逸所藏桂風子與朱貞一真人詩後》一詩，有"仙人桂風子"和"蓬頭（謂金尊師）並鶴群"之句，蓬頭（金尊師）即金蓬頭，道出了桂風子和金蓬頭在元代江南全真道門的關鍵地位，所謂"二人者世號真仙翁，修丹之士依之者成市"。[①] 金蓬頭，浙江永嘉人，隱武夷山，居止止庵；鄭道真之信從全真，師受道要，其源在浙江永嘉，《長春道院記》稱：鄭道真"遁去至永嘉，師受道要，居密室中纍年"。據《長春道院記》，鄭道真"幼時聞北方人爲全真教，其祖師則長春丘真人，得煉氣養神之道，入灰不焦，入水不濡，出有入無，變化不測，壽無所止極，與天地終始，心甚慕焉"；又，"丘真人以度世爲業"，"第丘真人之道，顯重於時，故學者推之，以爲祖焉"；鄭道真同時亦聞知，"北方人以全真名教，始重陽王真人"，王重陽"度弟子七人，丘真人最後出"。[②] 從鄭道真對丘長春之多所瞭解、津津樂道來看，松江長春道院或以丘長春爲"祖"或"祖師"；所建道院名爲"長春"，當寓感念長春丘真人之意。

E. 蘇州清真觀。宋乾道七年（1171），道士翟守真來自天台，募爲真武道院。淳熙元年（1174），移常熟縣清真觀廢額改置。元大德（1297～1307）間毀。延祐（1314～1320）間，道士錢益謙重建。明洪武二十四年（1391），清理道教，爲正一叢林。永樂（1403～1424）初重修，歸併觀二、道院六，即靈應普照觀、真如觀、月華道院、廣福道院、真聖道院、靈佑道院、洞明道院和修真道院。歷明入清，屢有重葺。[③] 據此，明清真觀之爲正一廟觀，似無疑義。然據陳教友（陳銘珪，1823～1881）《長春道教源流》卷八：元楊維禎（亦作楨）《桃核歌》序有言稱："道人余筠谷，爲余道長春真人事。"此楊維禎逸詩，附刻於《楊鐵厓集》後。又，《元詩選》三篇、清朱彝尊《明詩綜》亦稱："楊鐵厓曰：余善與余談丘真師。"陳教友注稱："余善，玉峰清真觀道士。按余筠谷當即其號，係一人。"又稱："善蓋鐵厓方外友，其屢道長春神異，亦全真道士也。"[④] 據此，則余善（筠谷）當爲全真丘祖龍門派門下弟子。

F. 湖州迎真道院。迎真道院，在府治魚樓界。史載，有好道者金婆，築樓以居。元泰定（1324～1328）間，以其爲寧海州煙霞洞神清宮子院，道士劉道常建真

---

① 《宋文獻公全集》卷十一《太上上清正一萬壽公住持提點張公碑銘》，轉引自陳兵：《道教之道》，北京：今日中國出版社，1995 年，第 84 頁。

② 陳垣編纂：《道家金石略》，第 757～758 頁。

③ 參見淩萬頃：《玉峰志》，見《中國方志叢書》第 424 號，臺北：成文出版社，1983 年，第 3831 頁；王鏊等纂修：《姑蘇志》，見《天一閣藏明代方志選刊續編》第 12 册，上海：上海書店，1990 年，第 775～778 頁；張鴻等修，王學浩等纂：《崑新兩縣志》，見《中國地方志集成·江蘇府縣志輯》第 15 册，南京：江蘇古籍出版社，1991 年，第 138～141 頁。

④ 陳教友：《長春道教源流》下册，臺北：廣文書局，1975 年，第 576～577 頁。

武殿。[1] 寧海州，位於山東半島，爲天下全真張本之地。據《金蓮正宗記》，全真教祖王重陽最早設立的五個全真會堂，其中之一即寧海金蓮堂金蓮會。煙霞洞，在寧海州崑嵛山，《道家金石略·廣寧通玄太古真人郝宗師道行碑》有言："師乃棄家入崑嵛山，禮真君（指王重陽）於煙霞洞，求爲弟子。"[2]又，據王宗昱《早期全真道史料》，《登州府志》和《寧海州志》有《寓真資化順道真人唐四仙姑祠堂碑》，其中有言："重陽祖師果自關西而來，化度七真，達於寧海，開煙霞洞，創神清宮，姑（指唐四仙姑）居之處，遂爲全真張本之所。"[3]寧海州煙霞洞神清宮的全真道教身份應是確鑿無疑的，遠在江南的湖州迎真道院爲其子院，它的全真道教身份應也是可以認定的。據考，王重陽的幾大弟子如馬丹陽（1123～1183）、丘處機、王處一、郝太古（1140～1212）等，均曾居止或活動於崑嵛山煙霞洞，是以我們暫時無從判定，這些活躍於江南湖州迎真道院的全真道徒，其具體的宗派歸屬究竟爲何。

由上可知，有元一代，江南地區的全真道門，大抵以丘祖龍門派最爲興盛。這是由丘祖龍門派自開派以來的强勁發展勢頭所決定了的，所謂"玄風大振，四方翕然，道俗景仰，學徒雲集"。

**2. 明代**

關於明代的全真道教，學界大多以"沉寂"或"處於沉抑狀態"等字眼描摹。不過，前已述及的新近研究表明：明初、中期以降，全真道教仍然活躍於南北中國的山東、雲南、陝西、湖北、河南和山西等地，且一如《諸真宗派總簿》所載派字詩般代代相傳。

就江南的發展情形而言，似乎也不能直以"沉寂"二字蔽之。

根據現有資料，明代始建或至此明確了全真道教身份的道教廟觀，依次主要有：常州全真庵、蘇州佑聖道院、杭州海寧葆真觀、松江真聖堂、松江崇真道院、湖州弁山祥應宫、嘉興鬱秀道院、嘉興清真道院、蘇州福濟觀、蘇州丹霞觀、嘉興棲真觀、松江巢林道院等。其中，大多數廟觀，雖可認定爲全真，但師承淵源比較模糊；僅有下列幾處，稍有明顯的傳承脈絡可予追尋。

A. 蘇州佑聖道院。元至元三年（1337），道士楊道常建。明洪武（1368～1398）時，道紀倪玄素重建，後毁。萬曆（1573～1620）初，道士金玄真葺。清順治

---

① 此據咫進齋抄本《湖州府志》，見《四庫全書存目叢書》史部第179册，第557頁。

② 陳垣編纂：《道家金石略》，第673頁。

③ 《中國道教》2002年第5期。

十一年(1654)、雍正三年(1725),續有增建、重修。[①] 明崇禎《吴縣志》卷五十四有道士倪玄素傳,傳稱:倪玄素,杭人。從全真家,明心見性,坐圜煉丹,出金蓬頭一派。至元(1335~1340)間,避寇至吴,於白蓮涇畔棲止,建佑聖道院。[②] 又,明李詡《續吴郡志》有倪玄素傳稱:倪玄素,號無德。其先杭州人也,脱俗人衣,從楊古巖老仙,習全真家風,深知明心見性之理、坐圜煉丹之要。古巖之學,出金蓬頭一派也。前元至正(1341~1368)間,避苗寇亂,與同學俞心淵隨師至吴下,於府城西白蓮涇畔,立棲止之所,住踰年。師化去後,於洪武(1368~1398)間,買地建佑聖道院,即今之南濠九天閣、玄武殿,創造一新,以奉香火。於是守全真教,學正一宗,往來武當山中,遇至人教以禹步飛岡之法、五雷金晶之書,修持不怠。[③]此"楊古巖老仙"與曾經住持杭州重陽庵之楊古巖當爲一人。據前述可知:楊古巖住持重陽庵之時,在江鐵庵(活躍於1335年前後)之後,鍾本清(活躍於1396年前後)之前;而倪玄素所從之"楊古巖老仙"的活動時日,在元至元(1335~1340)、至正(1341~1368)、明洪武(1368~1398)間。他們有着相同的活動時日,活動地點也一度相同:杭州。

倪玄素從楊古巖老仙,習全真家風;楊古巖之學,出金蓬頭一派;而金蓬頭,爲丘祖龍門派門下弟子。明初之際蘇州佑聖道院的宗派面目由此可以推見。

B. 松江真聖堂,明洪武十三年(1380),全真道士彭素雲建;松江崇真道院,明洪武十四年(1381),彭素雲重修。

陳教友《長春道教源流》卷七稱:"全真之教行於北方,其始至南方者,武當一派也。惟當世祖(1260~1294年在位)平宋時,遣使召龍虎山三十六代天師張宗演,命主領江南道教。終元之世,蓋其勢然也。然觀張道貴至李德囦諸人,考其功行,尚不失全真本旨,而張守清弟子,且遞傳於兩湖江浙間,蓋自是而大江以南全真道教幾遍及之矣。"[④]據《長春道教源流》,張守清弟子,有張悌、黄明佑、彭通微、單道安等人,皆武當全真一派,兼修正一清微之法。其中,彭通微(1307~1395),名宏大,法名通微,號素雲先生。出家於紫潭,事全真劉月淵爲師。元至正甲申(1344),朝禮武當山,時太和張真人(即張守清)主武當紫霄宫,悉以煉氣棲神秘旨授之。歲壬辰(1352),彭素雲"東浮浙水,陟天目,至松江,擇勝棲止。

---

① 吴秀之等修,曹允源等纂:《吴縣志》,見《中國地方志集成·江蘇府縣志輯》第11册,第570頁。
② 牛若麟、王焕如等纂修:《吴縣志》,見《天一閣藏明代方志選刊續編》第19册,第694頁。
③ 李詡:《續吴郡志》,見《中國方志叢書》第445號,第363~364頁。
④ 陳教友:《長春道教源流》下册,第478頁。

明洪武十四年(1381),始至細林山(舊名辰山),結茅居之"。[①] 崇禎《松江府志》敘其事略詳:歲癸巳(1353),彭素雲遊姑蘇,至松江。郡南五十里有道院曰"池坎",院之焚修者見真人匏笠而來,形貌奇古,因請以居。又明年(1354),海上鶴砂善士創館,延之住十三年,度弟子周埜雲等十人。甲辰(1364),太清庵張净雲迎奉講授經義。洪武元年戊申(1368),乃踞澱山之陽樹庵,度弟子魯谷溪等五人。[②]

明洪武十四年(1381),至松江細林山。時有郭得全者,學博志高,因母族夏氏墓在辰山,即於本山度爲道士,遇彭真人,遂具香燭,告山靈,以師禮事之。真人化後,得全守其墓,以奉香火焉。[③]

由此可見,陳教友之"張守清弟子,且遞傳於兩湖江浙間,蓋自是而大江以南全真道教幾遍及之矣"一句,所謂"張守清弟子",彭素雲應是其中重要的一員;觀其所行,堪稱"當明之世,全真之顯著者"。[④] 元末明初的武當,儼然成爲全真道教的一個重要的傳遞和輻射中心。

C. 湖州弁山祥應宫,明永樂元年(1403),道士沈道寧建;嘉興鬱秀道院,明洪熙(1425)初,道士沈道寧徙建;嘉興清真道院,明洪熙(1425)間,道士沈道寧重修。此中關鍵人物是道士沈道寧。

沈道寧,號野雲,明成化《湖州府志》卷二十、嘉靖《浙江通志》卷六十八、萬曆《秀水縣志》卷十、崇禎《烏程縣志》卷七、周暉《金陵瑣事》卷四、清乾隆《烏程縣志》卷七、同治《湖州府志》卷九十一、光緒《重刊江寧府志》卷五十一、光緒《嘉興府志》卷六十二、光緒《歸安縣志》卷四十三等諸多方志有傳。從上述諸志之所記看,沈道寧似是一位正一高道。其中,唯光緒《重刊江寧府志》所述與其他各志迥然有異,傳稱:沈野雲,住雨花臺側清源觀中,從王古峰受煉氣之術。有王鼎者,以野雲爲師,而以家藏古峰丹經十卷爲贄。野雲喜曰:吾自失真師,養胎未脱,豈意今日復見玄機。遂相與晝夜研尋,師弟俱超玄秘。[⑤]

《長春道教源流》卷七《邵以正》條陳教友注,引述《嘉興府志》,言沈道寧事甚詳,並稱:"按史及志,並未言道寧所師何人,以志所載道寧功行核之,亦當全真

---

① 陳教友:《長春道教源流》下册, 第 473 頁。

② 方岳貢修,陳繼儒纂:《松江府志》,見《日本藏中國罕見地方志叢刊》,第 1193 ~ 1194 頁。

③ 宋如林等修,孫星衍等纂:《松江府志》,見《中國方志叢書》第 10 號,第 3 册,臺北:成文出版社,1970 年,第 1452 頁。

④ 陳教友:《長春道教源流》下册,第 478 頁。

⑤ 吕燕昭修,姚鼐纂:《重刊江寧府志》,見《中國地方志集成 · 江蘇府縣志輯》第 1 册,第 492 頁。

法嗣也。"①

據成書於民國年間的《道統源流》，則烏程沈野雲得全真龍門正宗第五代張無我宗師之傳，於龍門爲第六代，派名真至。據載：沈野雲律師，名真至，原名道寧，號野雲。烏程人。金婆樓迎真道院爲道士，後入龍虎山得祈禳之法，有試輒應，旋歸龍門。② 可見，同明時的其他道士相類，沈道寧也是一位兼得正一、全真(龍門正宗)之傳的道門高士。

D. 蘇州福濟觀。宋淳熙(1174～1189)間，道士陸道堅建，名爲巖天道院。道堅嘗與省幹王大猷設雲水齋於此，感會吕仙翁授以神方。元至大(1308～1311)間，道士葉竹居奏賜今額。元季兵毁。明正統(1436～1449)中，道士郭宗衡重建，歸併觀二、道院七。此二觀、七道院是：三茅觀、朝真觀、清微道院、安穩道院、元和道院、一清道院、太初道院、太微道院和佑聖道院。③ 其中，佑聖道院，前已考明爲全真廟觀；其他二觀、六道院，則不能確知其道派歸屬。至於福濟觀，判定其爲全真廟觀的最可靠和最直接的證據，還是明李詡《續吴郡志》"福濟觀"條：福濟觀，始於元至大辛亥(1311)年間，祖師葉竹居梯已蓋造。在本朝洪武二十四年(1391)，爲全真叢林也。④ 又，據徐有貞《福濟觀重建記》：有煉師郭宗衡者，"産崑邑，學道冶城，初師朝天提舉陳淵默，繼師長春真人劉淵然(1351～1432)，遊居兩京，侍祠行宫，久之乃領是觀(福濟觀)"，不忍其"蔽蔽若是"，遂"鳩工庀材，以漸經營，中建玄天之殿，爲祝釐之所。旁作二翼，一祠純陽及南五祖、北七真，一祠長春諸師"。⑤《福濟觀新建祠宇記》亦稱：郭宗衡"初師朝天提舉陳淵默，繼師長春真人劉淵然，得清微、靈寶、净明、神霄諸法之傳"。⑥

陳淵默，生平事略不詳。劉淵然，有明一代高道，周暉《金陵瑣事》、《明史》、清乾隆重修《江南通志》、《嘉慶重修一統志》、光緒《重刊江寧府志》等多有其傳。陳教友《長春道教源流》引王世貞《遊白雲觀記》稱："全真之教遍天下，蓋與元相終始。明興而其道始小屈，以劉淵然之見崇，不能盡復其盛也。淵然爲宜真弟子，然則宜真、淵然全真派也。"⑦據《金鼓洞志》，明武宗正德十一年(1516)，道士

① 陳教友：《長春道教源流》下册，第503～504頁。

② 莊嚴編：《道統源流》卷下，上海：民鐸報社等處發行，1929年，第2頁。

③ 王鏊等纂修：《姑蘇志》，見《天一閣藏明代方志選刊續編》第12册，第675～676頁。

④ 李詡：《續吴郡志》，見《中國方志叢書》第445號，第131頁。

⑤ 牛若麟、王焕如等纂修：《吴縣志》，見《天一閣藏明代方志選刊續編》第17册，第598～600頁。

⑥ 陳暐：《吴中金石新編》，見《石刻史料新編》第3輯，第5册，臺北：新文豐出版公司，1986年，第467頁。

⑦ 陳教友：《長春道教源流》下册，第502頁。

李得晟撰《長春殿增塑七真仙範記略》,其中有言稱:“若夫原陽趙真人(趙宜真),受北派全真之傳者,及門受業也,長春劉真人,封號相類,異世同符者也。”① 是知趙宜真、劉淵然師徒二人,皆爲全真道徒視做本派子孫。從劉淵然弟子郭宗衡的“一祠純陽及南五祖、北七真,一祠長春諸師”,陳教友據以認爲:“淵然仍守全真之學,正一之術係所兼習,非以是爲宗主者。”②在“邵以正”條,他又再三申說:“然如劉淵然輩,史别爲之傳,且特稱其淡泊自甘,不失戒行,夫劉淵然、邵以正,亦何嘗不兼通正一之學,要其所宗主者全真也。”③作爲趙宜真、劉淵然的傳人,郭宗衡顯然也是師出多門(清微、靈寶、净明、神霄、全真),但他所宗主者,可能還是全真南北二宗之學。

E. 蘇州丹霞觀。丹霞觀,清乾隆重修《江南通志》、同治《蘇州府志》、民國《吴縣志》等有志,另有徐有貞《重建丹霞觀記略》。據徐有貞《重建丹霞觀記略》:丹霞觀,舊名朝天道院。院有羽士陸道貞者,嘗與省幹王大猷設雲水齋於此,感會純陽吕仙授以神方,大猷子孫傳以濟人。元至大(1308～1311)間,葉薇生繼之,奏請觀額爲丹霞。明初,卧雲煉師郭鶴坡“鳩工庀材,以漸經營,中建玄天之殿,爲祝釐之所。旁作二翼宇,一祀純陽及南五祖、北七真,一祀長春諸師”。④ 丹霞觀與前述福濟觀,爲之作《記》與《記略》者,同爲徐有貞一人。在徐有貞的《記》與《記略》中,二者共有一個關於廟觀緣起的傳説,所謂“嘗與省幹王大猷設雲水齋於此,感會(純陽)吕仙”。除却觀名、人名,則關於清以前丹霞觀的記載幾乎可以原封不動地照抄福濟觀。其中,建觀道士,福濟觀爲宋陸道堅,丹霞觀爲宋陸道貞或唐陸應祥;請額道士,福濟觀爲葉竹居,丹霞觀爲葉薇生;明初道士,福濟觀爲郭宗衡,丹霞觀爲郭鶴坡,大都同時、同姓而不同名。如果它們二者確係兩座不同廟觀,則它們的道脈淵源可説是相當一致的:建玄天之殿,爲祝釐之所;祠(祀)純陽及南五祖、北七真,以及長春(指劉淵然)諸師。

明代全真道教的一個顯著特點是:所謂全真道士,大都兼嗣正一之法,如前述倪玄素、彭素雲、沈野雲、劉淵然之徒郭宗衡等皆是如此。我們的研究,也可以大致坐實陳教友“當明之世,全真之顯著者,多出南方,而北方無聞焉”之論。以江南地區而論,全真之顯著者,一是彭素雲,一是尹蓬頭。⑤ 從明代江南地區12

① 《金鼓洞志》,《中國道觀志叢刊》第18册,第358頁。
② 陳教友:《長春道教源流》下册,第502頁。
③ 陳教友:《長春道教源流》下册,第506頁。
④ 吴秀之等修,曹允源等纂:《吴縣志》,見《中國地方志集成·江蘇府縣志輯》第11册,第570頁。
⑤ 關於彭素雲、尹蓬頭二者之詳略,參見吴亞魁:《江南全真道教》,第177～185頁。

座全真廟觀的時間分佈來看，洪武（1368～1398）間5座，永樂（1403～1424）間1座，洪熙（1425）間2座，正統（1436～1449）、成化（1465～1487）間2座、萬曆（1573～1620）間2座。可知江南地區全真道教的發展似以明前期比較活躍，故“明中葉後，南方之全真亦微”的前人之論，可謂確當。而前述其他學者的研究表明：明初、中期以降，山東、雲南、陝西、湖北、河南和山西等地的全真道教，不僅活躍發展，而且一如派字詩般代代相續。就此而論，明代的江南全真道教似乎呈現出了全然有别於其他地區的發展態勢，且現有的資料也無任何關於諸真宗派派字傳承方面的蛛絲馬迹。

**3. 清代**

清代江南全真道教的傳承與發展情形似乎比較簡單，王常月奉旨主講白雲觀，凡三次登壇説戒，復出駐江、浙，大闡太上宗風，是以道風大振，龍門中興，史稱“龍門臨濟半天下”；且我們據以建構這一時期道教歷史的主要依據是一些“龍門正宗”弟子的撰著，如《金蓋心燈》、《龍門正宗覺雲本支道統薪傳》和《道統源流》等。不過，稍稍細究，還是可以發現一些“龍門正宗”王常月一系之外的其他宗派傳承，如廣義的丘祖龍門派，龍門正宗五代以降有别於律師系統的宗師一系，以及郝祖華山派等；當然，王常月一系的龍門正宗無疑是其中的顯宗和主幹。

根據現有的研究，清咸豐（1851～1861）以前始建或至此明確了全真道教身份的道教廟觀，依次主要有：湖州龍門静室、杭州大德觀、杭州餘杭天柱觀、蘇州純陽道院、蘇州回真道院、嘉興崇道宫、蘇州朗吟谷、蘇州小桃源、蘇州女貞觀、湖州純陽宫（古梅花觀）、杭州宗陽宫、杭州鶴林道院、嘉興松麈道院、嘉興嘉善長春宫、蘇州老君堂、蘇州全真道院、蘇州太微律院、蘇州冠山來鶴道院、杭州機神殿、蘇州無錫長春宫、松江萬壽道院、杭州松晟觀、杭州玉皇山福星觀、杭州餘杭半持庵、杭州餘杭洞霄宫、蘇州無錫正氣庵、蘇州裝嫁橋斗姥閣（斗母宫）、杭州餘杭三元宫、湖州歸安射村開化院、杭州登雲觀、太倉鶴梅館等31座。其中有些廟觀，“開講一方，流傳宗律”[①]，門庭繁庶，蔚爲龍門正宗的分支派别，據拙作《江南六府一州全真道派傳承譜系表》，這些龍門正宗的分支派别，有杭州餘杭金築坪天柱觀支派、湖州金蓋山雲巢支派、蘇州滸墅關太微律院支派、蘇州冠山支派、嘉興嘉善長春宫支派、蘇州無錫長春宫支派、杭州金鼓洞支派、杭州機神殿支派、湖州金蓋山（閔一得）支派、杭州餘杭銅山半持庵支派、杭州餘杭南湖三元宫支派、湖

① 《龍門正宗流傳支派圖》“按語”，見《藏外道書》第31册，成都：巴蜀書社，1994年，第166頁。

州歸安射村開化院支派、杭州登雲觀支派、蘇州裝嫁橋斗母宫支派等。[①]

清同治(1862～1874)以後始建或至此明確了全真道教身份的道教廟觀,除杭州顯真道院、松江海上白雲觀、嘉興洞虚道院外,其餘多見諸湖州地區,如德清紫陽觀、弁山佑聖宫、古報恩觀、湖州五雷觀、雙井嶺純陽宫、玉樞道院、玉皇殿、河口武聖宫、黄龍洞廟、雷祖殿等。時值清末,以湖州府城内外爲重心,遍及所轄長興、德清、武康、安吉、孝豐諸縣,以及周邊嘉興、海寧、上海、蘇州、平望、盛澤、太倉等江南腹地,湧現出了大大小小的全真道"壇",總有 60 餘處之多。與以往全真道場多稱"宫"、"觀"、"庵"或"道院"頗有不同的是,這些全真道教活動場所,皆以"壇"相稱。雖爲龍門正宗,實已距正宗龍門相去甚遠,如這些道壇,以在家俗居弟子即道教居士爲道門主體;鮮有受戒弟子,間有一些兼擅或熟諳正一法術之壇下弟子;引入世俗管理機制,如董事會制,這在傳統全真道門中是未曾一見的。[②]

上述這些道觀和道壇,大都崛起於清初王常月"龍門中興"之際和太平天國戰後全真"重振"之時,且大多依據《金蓋心燈》、《龍門正宗覺雲本支道統薪傳》和《道統源流》等龍門正宗的譜系資料而得以還原其宗派面目並建構其發展歷史,因此大抵可以歸爲狹義的丘祖龍門派之列,即龍門正宗,在此特别敘説者,是那些載諸方志資料的全真道教活動,和那些龍門正宗王常月一系之外的其他宗派傳承。

明代的方志資料,雖有"全真叢林"、"南五祖、北七真"等指涉全真道教的文字記載,却從未出現全真"龍門"的明確字樣。而在清代的方志資料中,我們確曾發現了全真道教、丘祖龍門派乃至王常月本人的活動身影。

A. 湖州龍門静室。據《烏程縣志》卷九:龍門静室,在佑聖宫之側。邑人程蔭善、汪亮采共建,延丘真人龍門派羽士住持,内有斗姥閣藏弆經典。[③]

B. 嘉興崇道宫,俗呼爲南宫。宋時舊物,元季已無存。"明宣德(1426～1435)間,張復字復陽者,爲朝天宫道士。正統(1436～1449)間歸故里,郡大夫爲新一枝堂,建棲元樓以居之。"[④]據光緒《嘉興府志》,清順治十一年(1654),道士

---

① 參見吴亞魁:《江南全真道教》,第 270～273 頁。

② 參見吴亞魁:《論清末民初的江南全真道"壇"——以上海覺雲爲中心》,見《弘道》2008 年第 2 期(總第 35 期)。

③ 羅愫修,杭世駿纂:《烏程縣志》,見《續修四庫全書》史部第 704 册,上海:上海古籍出版社,1995 年,第 1399 頁。

④ 羅炌修,黄承昊纂:《嘉興縣志》,見《日本藏中國罕見地方志叢刊》,第 298～299 頁。

馬顯科等建鉢堂。[①] 建鉢堂之馬顯科等,顯係全真道士,且先於王常月歷駐江、浙大闡太上宗風之時,故頗有可能並非龍門正宗王常月一系的傳人。《金蓋心燈》之《沈頓空宗師傳》和《衛平陽宗師傳》等,均語及嘉興"南宫"。如《沈頓空宗師傳》稱:"成化乙酉(1465)春,師遊禾郡,遇華亭衛平陽於語溪,遂攜至南宫,授以宗旨元脈。"[②]《衛平陽宗師傳》亦稱:衛平陽"遇頓空氏,一如夢示,乃禮而師之。遂攜至南宫,命名真定"。[③] 沈頓空、衛平陽(1441~1645)一系,屬全真龍門正宗的宗師系統。如《金蓋心燈》所述可信,則明成化(1465~1487)之際,崇道宫已是全真道士棲止之地;至"道士馬顯科等建鉢堂",已有將近200年的歷史。

C. 嘉興松塵道院。清順治(1644~1661)間,馮洪業、張翼成、張有孚等共捐資落成。[④] 咸豐十年(1860)兵毁,同治(1862~1874)間重修。[⑤] 據府、縣二志,居松塵道院者,先後有道士周之臣、陸微、郭長彬、陸光照等人。周之臣,《檇李詩繫》卷二十七有"周秀才之臣"條,稱其"本姓李,少補弟子員。康熙丁未(1667),受煉師王崑陽戒於松塵山,奉真朝斗"。[⑥]《嘉興府志》卷六十二和《平湖縣志》卷二十五有傳,其中以《府志》所記較詳,傳稱:"康熙丁未(1667),受煉師王崑陽戒,倡建松塵道院。"[⑦]是知周之臣嘗從王常月受戒,並倡建松塵道院。這是《金蓋心燈》以外有關王常月於江南授徒傳戒的罕見記載。

資料所見,周之臣並未有龍門派名行世;同時,後來居松塵道院之陸微、郭長彬、陸光照諸人,其所傳承者,主要還是正一之法。《嘉興府志》卷六十二和《平湖縣志》卷二十五,有道士陸微、郭長彬等人的傳記。從傳記所述看,陸微,字濟蒼,"請於母爲道士,受正一法,登壇行法,祈雨晴輒應;治疾或藥或符水,俱有效"。[⑧] 郭長彬則可能先得正一之傳而晚事全真之學,所謂"及長,受法於穹窿山施諒(亮)生。遊句曲、龍虎諸名山,得五雷傳,歸住松塵道院,行法屢驗"。"晚至京師,棲白雲道院。"白雲道院(觀),乃全真祖庭。郭坐化後,有題曰"長春接軌"。[⑨]

---

① 許瑶光等修,吴仰賢等纂:《嘉興府志》,見《中國方志叢書》第53號,第1册,臺北:成文出版社,1970年,第493頁。

② 《藏外道書》第31册,第180頁。

③ 《藏外道書》第31册,第182頁。

④ 許瑶光等修,吴仰賢等纂:《嘉興府志》,見《中國方志叢書》第53號,第11册,第513頁。

⑤ 彭潤章修,葉廉鍔纂:《平湖縣志》,見《中國方志叢書》第189號,第8册,臺北:成文出版社,1989年,第2477頁。

⑥ 沈季友編:《檇李詩繫》,見《四庫全書》集部第1475册,第646頁。

⑦ 許瑶光等修,吴仰賢等纂:《嘉興府志》,見《中國方志叢書》第53號,第4册,第1851頁。

⑧ 許瑶光等修,吴仰賢等纂:《嘉興府志》,見《中國方志叢書》第53號,第4册,第1851頁。

⑨ 彭潤章修,葉廉鍔纂:《平湖縣志》,見《中國方志叢書》第189號,第8册,第2493~2494頁。

至於陸光照，係陸微的及門弟子，“從松塵道院陸濟蒼學受經史，及《參同》、《悟真篇》諸書”，似乎也是丹鼎、符籙兼事，而更多地傳承了正一之法。①

D. 嘉興嘉善長春宮。清康熙八年(1669)，邑紳柯聳構室五楹，延丘祖派陳貫(？ ~1683?)静修於此。二十二年(1683)，聳子維楨復建吕祖殿、斗姥閣，貫嗣吴永盤募建斗閣，里人朱恒建三元殿。乾隆七年(1742)，邵元(圓)誠募建吕祖殿，又葺斗姥閣。道光二十五年(1845)，道士彭壽山募裝三十六雷神將，又裝六十甲子星君。咸豐十年(1860)，遭太平軍破壞，日就坍毁。光緒十八年(1892)，募緣修葺，重裝聖像。② 光緒《嘉善縣志》卷二十六有吴永盤、邵圓誠(？ ~1771)、金明丹等人的傳記。傳稱：吴永盤，“受教淩霄宫陳煉師隱中(陳貫)，作苦食力，專事内養。師功行高超，殿工未竣卒。盤募化告成，又建三元閣，規模宏敞，改名長春宫”；邵圓誠，“長春宫全真道士也，棲神導氣，邃於内養”；金明丹，“字巨峰，長春宫全真道士，精修有術”。③ 核之丘祖龍門派派字詩，“永”、“圓”、“明”字輩係龍門派第十八、十九、二十代弟子。由此推之，則陳貫當爲第十七代弟子。然其活動時日，正值王常月出駐江、浙大闡太上宗風之後數年，故嘉興嘉善長春宫的道派傳承可能並非北京白雲觀王常月一系。

又，《道統源流》有閔希仁宗師傳，傳稱：閔希仁，名真善，原名性，號希仁。“善周恤，晚好玄學，嘗默誦《黄庭》、《參同》等篇。年四十五，遇沈師於嘉善長春宫，與談玄理，心甚契之，遂禮爲師，行善益力。”④此所謂“沈師”，即沈頓空，《道統源流》稱其於“明正統己巳(1449)中元日，受周師玄脈宗旨，後不知所終”。⑤ 閔希仁名下，有弟子蔣御庭，活躍於明隆慶六年(1572)前後。如閔希仁“遇沈師於嘉善長春宫”實有其事，則早在明時，嘉善長春宫已有全真龍門道教的活動，且同嘉興崇道宫一樣，屬於全真龍門正宗五代以降有别於律師系統的宗師一系。

陳貫(活躍於1669年前後)、吴永盤(活躍於1683年前後)、邵圓誠(活躍於1742年前後)、金明丹之外，據《金蓋心燈》，有王常月龍門律宗第九代弟子邱寅陽、翁朝陽(1628 ~1698)、錢函陽，和張蓬頭等全真龍門道士隱修、居止於此。《金蓋心燈》卷三《邱寅陽律師傳》稱：邱寅陽“嘗開長春宫於嘉善，捐田一頃，以

---

① 彭潤章修，葉廉鍔纂：《平湖縣志》，見《中國方志叢書》第189號，第8册，第2494 ~2495頁。

② 江峰青等修，顧福仁等纂：《嘉善縣志》，見《中國方志叢書》第59號，第1册，臺北：成文出版社，1970年，第148頁。

③ 《中國方志叢書》第59號，第1册，第520 ~521頁。

④ 莊嚴編：《道統源流》卷下，第2頁。

⑤ 莊嚴編：《道統源流》卷下，第1頁。

接七真派之雲水者,延朝陽子爲主席"[1],啓嘉善長春宫支派。[2]《翁朝陽律師傳》稱:"六十一歲,至嘉善,喜其地有前緣,乃休於長春宫",嘗主嘉善長春宫講席。[3]年六十一歲,約在1688年前後;此所謂"其地有前緣",或指閔希仁嘗"遇沈師於嘉善長春宫"。張蓬頭,傳稱:"嘗行苦行於嘉善長春宫,人亦不之識。"鮑廷博注稱:"按《樵雲紀事(録)》載:乾隆四十一年丙申(1776),江夏張蓬頭來山。"[4]據此,則張蓬頭"來山"與邵圓誠建殿葺閣,大致同一時日。

令人困惑的是,在幾乎同一時期的同一地區,嘉善長春宫,活躍着兩個不同的道派傳承體系。或者,同名爲長春宫,却是兩個不同的廟觀。但不管怎樣,陳貫、吴永盤、邵圓誠、金明丹等全真道士,還有前述嘉興松麈道院的周之臣等,當地方志有傳,却未見載於閔一得的《金蓋心燈》。由此可知,《金蓋心燈》所載記和呈現者,可能只是當時江南全真道門的顯宗和主幹,而非斯時斯地全真道教活動的整體樣貌。

E. 松江萬壽道院。萬壽道院,初名神清道院,清嘉慶《松江府志》、光緒《青浦縣志》、光緒《松江府續志》等有志。僅從方志的記載,似不能確定松麈道院的道派歸屬,這裏的關鍵綫索是《國朝王原記》或《王原萬壽道院記》。據《國朝王原記》:康熙二十六年(1687),道院更名爲萬壽之後,"道士徐中白又於其間建斗姥閣三楹","寄目舒懷,於此爲最"。又,"全真吴紫垣繼徐中白之後,尤矢苦行,鶉衣轂食,行募纍數載,乃建彌羅閣於真武殿後。厥工甚巨,爲我邑勝觀"。復稱譽説:"紫垣爲人,樸願而摯,殆吾儒所謂善人志士,庶幾近之者矣。"[5]道院初名"神清",不知與崑嵛山煙霞洞神清宫有無瓜葛;而吴紫垣,則方志明確稱其爲"全真"道士,其時,距王常月中興之期相隔不遠,或爲王常月龍門一派門下弟子。

F. 杭州金鼓洞。金鼓洞,以其比較晚起之故,現今所見衆方志均無記載。據以建構其歷史傳承的文獻資料,唯《金鼓洞志》和《金蓋心燈》二者。《金鼓洞志》有"按"稱:"丘真人之師爲王重陽,重陽又爲純陽所授。今道院爲丘真人法派而虔奉吕祖,正是淵源一脈,所謂數典不忘其宗也。"[6]又,據《金鼓洞志》卷七《法嗣》:金鼓洞歷代先師,第一代至第四代無考,第五代沈頓空(静圓),第六代衛平

① 《藏外道書》第31册,第222頁。
② 《藏外道書》第31册,第168頁。
③ 《藏外道書》第31册,第220頁。
④ 《藏外道書》第31册,第284頁。
⑤ 宋如林等修,孫星衍等纂:《松江府志》,見《中國方志叢書》第10號,第3册,第1715頁。
⑥ 《金鼓洞志》,《中國道觀志叢刊》第18册,第368頁。

陽(真定),第七代沈太和(常敬,1523~1653)。[①] 是知該宗的自我身份認同爲丘祖龍門派,確切地説,是全真龍門正宗有别於律師系統的宗師一系;其活動時日也早於王常月出駐江、浙大闡太上宗風之時。而在閔一得《金蓋心燈》《龍門正宗流傳支派圖》中,該宗派却一無例外地"嫁接"於龍門正宗王常月律師一系的名下。據《龍門正宗流傳支派圖》"附注":第九代周明陽律師名下道派,稱杭州金鼓洞支派。[②] 在江南全真道教歷史中,清之周明陽,正如元之金蓬頭,明之彭素雲,實有着舉足輕重的地位,所謂"迨我明陽子周律師出,祖道南行"。[③]

G. 杭州餘杭洞霄宫。洞霄宫,史稱"漢唐故物,群真之庭",故諸多方志均有記載。但其爲全真道士居止之地,則爲晚近之事。清"乾隆乙丑(1745),餘杭邑侯及紳士延師來主洞霄宫"。[④] 此"師",即全真道士貝本恒(1688~1758)。據《餘杭縣志》卷三十《方外》:貝本恒,字常吉。蚤失怙恃,年十七(1704),堅志慕道,投武當袁正遇爲師,度爲道士。袁化後,訪茅山乾元觀,求王崑陽律師授修真戒律,遂南遊浙江。[⑤] 於此可知,貝本恒之學,師出袁正遇、王常月二人。然《長春道教源流》和《餘杭縣志》均稱"師之學,宗郝(太古)真人,先明易道之源,晚造神仙之域"。又,據《諸真宗派總簿》,華山派派字詩前二十字爲:"至一無上道,崇教演全真,沖和德正本,仁義禮智信。"是知袁正遇爲郝太古名下華山派第十四代弟子,而貝本恒則爲第十五代傳人。至於貝本恒"求王崑陽律師授修真戒律"事,不無可疑。王常月,1522 年生,1680 年卒,至其以 160 歲高齡辭世,貝本恒尚未出世,似無親授修真戒律的可能。不過,據《道統源流》,貝本恒曾得全真龍門第八代吕雲隱弟子樊初陽之傳,於龍門爲第十代,派名清昇。傳稱:貝旭陽律師,名清昇,原名常吉。先皈郝祖所開華山派,得名同仁。後遇樊師於武林,又皈龍門。後主大滌山洞霄宫講席。[⑥] 按華山派派字詩,本恒當即華山派派名。

---

① 《金鼓洞志》,《中國道觀志叢刊》第 18 册,第 376~377 頁。

② 《藏外道書》第 31 册,第 166 頁。

③ 就江南一隅來説,全真龍門的真正中興,要到第九代律師周明陽之時,正所謂"逮我明陽子周律師出,祖道南行"。據《金蓋心燈》,閔一得"嘗聞之輕雲子曰:全真一派,東華而下,盛自重陽。……逮我明陽子周律師出,祖道南行。外與沖虚、沖陽、虚堂、怡陽、雲隱、心月、諤山、青雲、凝素、石庵、全陽諸大律師後先頡頏,内而茂陽、華陽、永寧、融陽、小童、停雲、凝陽、静靈、賓陽、逸陽、東籬諸師,一秉玉陽、太和、平陽、頓空之宗旨,上承無我、復陽、崑陽、靖庵、赤陽之戒律,庚揚唱和,玄風慶會,自元而降,殆無有過之者"。見《藏外道書》第 31 册,第 214~215 頁。

④ 龔嘉儁,李榕纂:《杭州府志》,見《中國方志叢書》第 199 號,第 2 册,臺北:成文出版社,1975 年,第 855 頁。

⑤ 張吉安等修,朱文藻等纂:《餘杭縣志》,見《中國方志叢書》第 56 號,第 2 册,臺北:成文出版社,1970 年,第 461 頁。

⑥ 莊嚴編:《道統源流》卷下,第 9 頁。

貝本恒後嗣弟子事迹或姓名可考者，有第十六代李仁凝、童仁敷、陳仁恩，第十七代吴一（義）泉，第十八代張禮恭等人。

李仁凝，據《道統源流》，爲全真龍門派第十一代弟子，派名一是。《道統源流》有傳稱：李月峰，名一是，號月峰。蜀人。兼皈郝太古真君華山派，爲一十六代律嗣，名仁凝。[①]《金鼓洞志》引《至真經後傳》，稱其"皈依貝常吉真人爲師，隱於雲窩山房"；《金鼓洞志·諷李蘭谷詩並序》亦稱：李仁凝嘗遍訪諸道觀，"至禹航（餘杭）洞霄宫，悟（晤）貝真人，情與之洽，遂師焉"。[②] 其於龍門爲十一代，於華山爲十六代，皆係接續其師貝本恒而來。

童仁敷，重刊《餘杭縣志》卷三十有傳，傳稱："幼業儒，即棄家入大滌，師常吉甚虔，爲同居法嗣，力圖崇尚元氣，殫心振葺。"[③]

陳仁恩，重刊《餘杭縣志》稱：貝本恒"嘗以所得示仁恩曰：欲明性命之理，不外《周易》，誠能一志，静參久留，自契於是。仁恩奉教，幾三十年，得明其旨"。[④]

乾隆己丑（1769），有陳夢説者遊洞霄，撰《兩遊洞霄宫記》。《記》稱："初來時，惟與徐公等恣談論，未暇問道士何許人，無論姓氏。兹問之，曰姓陳名仁恩，號大滌山人，檇李人。"[⑤]此距貝本恒仙逝已十有一年。

二十年後，庚申（1800）即嘉慶五年，又有陸順豪者遊洞霄，並撰《遊洞霄宫記》。此時，住守洞霄者已是貝本恒的再傳或三傳弟子吴一泉、張禮恭。據《記》："余以是間諸名勝，欲探訪，未諳其徑，乃求吴一泉、張禮恭二煉師指示。"[⑥]又，重刊《餘杭縣志》有言稱："今仁恩徒孫張禮恭重修宫志，乞余作師傳，列之道真，並鑴石嵌壁，以垂永久。"[⑦]

貝本恒、李仁凝等、吴一泉、張禮恭之"本"、"仁"、"一（義）"、"禮"，適與華山派派字詩相合。以貝本恒之徒多以華山派派字得名並名世看，其師貝本恒所宗主者、洞霄宫所歷代相仍者，還是郝太古真人所傳全真華山道脈。張禮恭住山之歲，在1784至1800年前後。是知從1745到1800年，前後半個多世紀，貝本恒、陳仁恩、童仁敷、吴一泉、張禮恭等全真華山派道士一直住守大滌洞霄，在當時龍門中興、一派獨大的氛圍中，頗爲罕見地延續了華山道脈。

① 莊嚴編：《道統源流》卷下，第11頁。
② 《金鼓洞志》，《中國道觀志叢刊》第18册，第418～419頁。
③ 張吉安等修，朱文藻等纂：《餘杭縣志》，見《中國方志叢書》第56號，第2册，第463頁。
④ 《中國方志叢書》第56號，第2册，第463頁。
⑤ 《中國方志叢書》第56號，第1册，第210～211頁。
⑥ 《中國方志叢書》第56號，第1册，第211頁。
⑦ 《中國方志叢書》第56號，第2册，第462頁。

## 三、傳承譜系

關於江南地區的全真龍門傳承譜系,現今所見,主要有張復純募刊的《金鼓洞志》卷七《法嗣》(1807)、閔一得編纂的《金蓋心燈》(1821)①、陸本基編訂的《龍門正宗覺雲本支道統薪傳》(1927)和莊嚴居士嚴合怡編輯的《道統源流》(1929)。

《金鼓洞志》,凡八卷,卷一《仙迹》、卷二《山水上》、卷三《山水下》、卷四《院宇・院産・院規》、卷五《鄰庵》、卷六《教祖》、卷七《法嗣》、卷八《外紀》,爲我們研究杭州金鼓洞鶴林道院提供了堅實的資料基礎。其中,《法嗣》一卷,記載了金鼓洞五代以降至第十四代的傳承譜系。據《金鼓洞志・法嗣》,金鼓堂歷代先師,第一代至第四代無考,第五代沈頓空(静圓),第六代衛平陽(真定),第七代沈太和(常敬),第八代黄赤陽(守元)等4人,第九代僅周明陽(太朗)1人,第十代8人,第十一代17人,第十二代25人,第十三代14人,第十四代4人,包括募刊者張復純。

《金蓋心燈》,全帙包括沈秉成《重刊〈金蓋心燈〉序》、鮑廷博序、鮑錕序、蕭掄序、鮑廷博訂《〈金蓋心燈〉徵引文獻録》、《道譜源流圖》②、《龍門正宗流傳支派圖》、《龍門分派西竺心宗流傳圖》、卷一《龍門正宗》(一至七代10人)、卷二《龍門正宗》(第八代14人)、卷三《龍門正宗》(第九代21人)、卷四《龍門正宗》(第十代11人,第十一代10人)、卷五《龍門正宗》(第十二代28人,其中,二人合傳1篇,四人合傳1篇;第十三代3人;第十四代1人)、卷六上《龍門心宗》、卷六下《女貞》、卷七《名賢・高人・善士・節婦・善女》、卷八上《高僧》、卷八下《神仙》,以及閔一得《金蓋山純陽宫古今迹略》、晏端書《閔懶雲先生傳》、楊維昆《閔懶雲先生傳》和沈秉成《懶雲先生傳》。③《金蓋心燈》是我們研究明清時期江南地方全真道教歷史最重要文獻資料。

《龍門正宗覺雲本支道統薪傳》,是全真龍門正宗上海覺雲壇支派的傳承譜系,上、下二卷。上卷包括《道脈源流圖》、《龍門正宗支派傳流圖》、《覺雲本支道統薪傳圖》和《覺雲本支女宗薪傳圖》。其中,《道脈源流圖》、《龍門正宗支派傳

---

① 《金蓋心燈》初刻於道光辛巳(1821),重刻於同治癸酉(1873)。

② 按稱:謹按雲隱吕律師所纂原本,以玄玄皇帝爲道祖,純陽帝君爲道宗,今仍之。見《藏外道書》第31册,第162頁。

③ 《藏外道書》第31册,第158~175頁。

流圖》大抵爲《金蓋心燈》之《道譜源流圖》、《龍門正宗流傳支派圖》的原樣複製，唯《龍門正宗支派傳流圖》之"未列傳者，則注其出迹"的文字更趨簡略。其真正貢獻和價值之處，在於《覺雲本支道統薪傳圖》和《覺雲本支女宗薪傳圖》，輯録了《龍門正宗流傳支派圖》之後至1920年代上海覺雲壇的男女皈依弟子名録，重要者還附有小傳，爲我們研究上海覺雲壇支派的發創緣起、宗支繁衍、組織運作等提供了重要的文獻依據。據《覺雲本支道統薪傳圖》記載：第十三代"來"字輩弟子9人，第十四代"復"字輩弟子24人，第十五代"本"字輩弟子46人，第十六代"合"字輩弟子69人，第十七代"教"字輩弟子49人，第十八代"永"字輩弟子4人。此爲男宗。[①] 男宗以外，別有女宗。據《覺雲本支女宗薪傳圖》記載：第十三代弟子5人，第十四代弟子12人，第十五代弟子23人，第十六代弟子41人，第十七代弟子91人，第十八代弟子16人。[②] 其中，諸多弟子冠以夫姓，可知她們是在家俗居弟子。下卷爲《列傳》，除全真道祖、道宗，龍門丘祖及一至七代律師、宗師外，《列傳》有載者，唯第八代黄赤陽，第九代周明陽(1628~1711)、范青雲，第十代高東籬(1616~1768)，第十一代閔一得(1758~1836)，第十二代費撥雲，第十三代王來因、程來永、姚來鑒。[③] 第十三代的三位弟子，"即本壇(覺雲)啓派之宗師"。

《道統源流》，則内容更爲廣博，輯録了江南地區全真龍門特別是金蓋山支派主要分壇支派前後二十五代的傳承譜系，對我們研究閔一得之後金蓋山支派的傳衍和流變，具有重要的史料價值。關於道統淵源，其所本者，還是閔一得的《金蓋心燈》，正如序之所言："謹遵雲隱吕律師、懶雲閔宗師所定，以太上混元聖師爲道祖，開山啓教祖師爲道宗，龍門啓派恩師爲正宗。"也就是説，其所輯録者，是全真龍門正宗的傳承譜系。然自四代起始，便在《金蓋心燈》的基礎上有所增續和補益。據《道統源流》，第四代弟子2人，第五代弟子2人，第六代弟子7人，第七代弟子8人，第八代弟子24人，第九代弟子26人，第十代弟子18人，第十一代弟子24人，第十二代弟子40人(附11人)，第十三代弟子52人(附18人)，第十四代弟子194人(附3人)，第十五代弟子487人(附9人)，第十六代弟子667人(附3人)。[④] 自十七代而下，《道統源流》分宗壇直系和支壇、分壇系統開列各壇弟子名録。其中，第十七代弟子，金蓋山雲巢宗壇直系51人，皈雲支壇2人，翹

---

① 《藏外道書》第31册，第437~446頁。
② 《藏外道書》第31册，第447~452頁。
③ 《藏外道書》第31册，第465~473頁。
④ 莊嚴編：《道統源流》卷下，第1~66頁。

雲支壇 11 人,會雲支壇暨景雲、靈雲、慈雲各分壇 78 人,隮雲支壇 2 人,覺雲支壇 148 人,青雲支壇 6 人,指雲支壇 11 人,立雲分壇 14 人,惠雲分壇 37 人,蔭雲分壇 66 人,望雲分壇 4 人,雲遺壇系統(附、外傳)36 人,總計 466 人;[①]第十八代弟子,宗壇直系 6 人,覺雲支壇 22 人,景雲分壇 6 人,惠雲分壇 11 人,蔭雲分壇 19 人,雲遺壇系統(附、外傳)21 人,總計 85 人;[②]第十九代弟子,蔭雲分壇 2 人,外傳 11 人;[③]第二十代弟子 14 人,第二十一代弟子 12 人,第二十二代弟子 8 人,第二十三代弟子 3 人,第二十四代弟子 5 人,第二十五代弟子 1 人。[④]

這裏,我們饒有興味並試圖解決的問題主要有二:一是《金鼓洞志》關於前七代傳承的法嗣譜系,與《金蓋心燈》所載的傳承譜系有何不同。二是關於全真龍門前十二代傳承譜系,《道統源流》在《金蓋心燈》的基礎上,又有哪些增補之處。二者之取捨不同,僅止於史料挖掘,還是隱含了宗派傳承、身份認同等因素的考慮。

關於第一個問題。《金鼓洞志》卷七《法嗣》所記載的傳承脈絡,與《金蓋心燈·龍門正宗流傳支派圖》所顯示的傳承譜系,二者頗有一些歧異之處。

《金鼓洞志》卷七《法嗣》,輯録了全真道龍門派金鼓洞支派的前八代傳承譜系和第九代至第十四代嗣法弟子的傳記資料。據《法嗣》記載:太上混元龍門法派金鼓堂上歷代先師,第一代至第四代無考;第五代頓空子静圓沈真人,第六代平陽子真定衛真人,第七代太和子常敬沈真人,第八代赤陽子守元黄真人、茂陽子守木林真人、華陽子守丹程真人、玉陽子守一孫真人。這裏,並未出現全真龍門法派第一代至第四代先師的名諱,所謂第五代至第七代,也僅是《金蓋心燈·龍門正宗流傳支派圖》所述宗師系統,這一系統主要和江蘇茅山一系的龍門道統有關。[⑤]《金鼓洞志》確有第九代宗師周明陽"以康熙三年(1664)來杭,時崑陽王律師闡戒於宗陽宫,師服其操持,相依兩載"的記載;關於此,《金蓋心燈》則記作:"是歲秋,崑陽真人至武林,相依兩載,多所授受。"[⑥]如若所述可信,則周明陽先得茅山孫玉陽之傳,復於王常月弟子黄赤陽門下"進受大戒",後又親炙於王常月而"多所授受"。因此,在《金蓋心燈》中,周明陽被尊稱爲"律師"而非"宗師"。在

---

① 莊嚴編:《道統源流》卷下,第 66~82 頁。
② 莊嚴編:《道統源流》卷下,第 82~86 頁。
③ 莊嚴編:《道統源流》卷下,第 86~87 頁。
④ 莊嚴編:《道統源流》卷下,第 87~88 頁。
⑤ 參見《金蓋心燈·龍門正宗流傳支派圖》,見《藏外道書》第 31 册,第 169 頁。
⑥ 《金蓋心燈·周明陽律師傳》,見《藏外道書》第 31 册,第 214 頁。

《金蓋心燈》中，冠以“律師”、“律嗣”頭銜的，大抵是王常月龍門正宗律師系統的弟子；而冠以“宗師”、“宗嗣”名目的，則屬於有别於律師系統的宗師系統，或全真龍門其他分支，如西竺心宗等。從《龍門正宗流傳支派圖》看，稱以“宗師”者，不過沈頓空、衛平陽、沈太和、孫玉陽、范青雲、高東籬等數人而已；[①]至於“宗嗣”，更是寥寥無幾。[②] 顯見在閔一得生活的時代，龍門正宗王常月一系已蔚然成爲江南全真道門之一大顯宗和主幹，當然這也可能是閔一得個人的編纂取捨所致。即不管何宗何派，總與金蓋其人或金蓋其地有所牽扯。值得注意的是，金鼓洞的門下弟子，他們的道門身份認同，似乎並不是王常月一系的所謂“龍門正宗”，至少在張復純募刊《金鼓洞志》之時，他們仍自況爲沈頓空、衛平陽、沈太和一脈的嫡傳弟子，而未攀附於王常月的門下；又，《金鼓洞志》的募刊者張復純，已是金鼓洞支派的第十四代弟子，而《金蓋心燈》的編纂者閔一得則係金蓋山支派的第十一代弟子，且活動時限稍晚於前者。也就是説，遠在王常月出駐江、浙説戒闡道，立觀度人，大闡太上宗風之前，江南地區特别是杭州金鼓洞，其所傳承者，並非王常月一系的龍門律宗，而是别有淵源，即沈頓空、衛平陽、沈太和一系的宗師系統。隨着王常月龍門律宗一系的聲勢大振，以致於後來幾乎所有的江南全真龍門漸漸歸併於王常月龍門正宗麾下。

歷史事實，也許並非如此或如此簡單。不過，至少在閔一得的《金蓋心燈》中，江南的全真龍門，已然整合爲幾乎清一色的“龍門正宗”。從《金鼓洞志》看，作爲一身而兼得第七代王常月律師、沈常敬宗師二傳的龍門弟子黄赤陽（守元）、周明陽（太朗）一系的金鼓洞弟子，似乎並不知悉據稱是王常月《鉢鑑》所述的全真龍門傳承譜系，乃至到了身爲第十四代弟子的張復純募刊《金鼓洞志》時，竟稱第一代至第四代“以上四代無考”，其中，並無全真龍門“中興之祖”王常月的名諱，也無所謂“律師”和“宗師”之分，且五至八代宗師没有任何的傳承資料。而在閔一得的《金蓋心燈》中，赫然出現了一至四代先師的名諱，且五代以降，分爲“律師”和“宗師”兩傳，每一位“律師”和“宗師”都有堪稱完整的傳記資料。疑竇亦從此而生。按照《金蓋心燈》的敘述，趙道堅而下的前六代傳承，即趙道堅→張德純→陳通微→周元（玄）樸→張静定/沈静圓→趙真嵩/衛真定，前後共計四百多

① 《金蓋心燈》稱以“宗師”而並非“龍門正宗”主流的高道，如沈頓空、衛平陽、沈太和、孫玉陽、范青雲、高東籬等，除孫玉陽外，其他幾位皆悉數收入《龍門正宗覺雲本支道統薪傳》卷下《列傳》；而《列傳》有傳者，除全真道祖、道宗，龍門丘祖及一至七代律師、宗師外，不過黄赤陽、周明陽、范青雲、高東籬、閔一得等寥寥數人。

② 《藏外道書》第31册，第166～169頁。

年，八十多年一傳；且迄今爲止，並無任何道門之外的其他史料或綫索以爲佐證。故此，學者多謂“似不可信”，或“實爲不可思議”。

拙作《江南全真道教》曾言：“於此可知：所謂龍門正宗流傳譜系，一至四代，五代以降别分律宗一系，也許是出於閔一得的精心建構。”① 張廣保在其結論中，也認爲“趙道堅開創龍門派的説法應予否定，很可能只是王常月一系所謂龍門正宗對傳法世系的構造”。②

所謂“構造”、“建構”，其潛臺詞大概是説，這種傳承譜系原本是不存在的。不過，依閔一得治學之嚴謹，徵考文獻“凡五十二種”，其中就包括了《金鼓洞志》和王常月的《鉢鑑》。實難想像，他會憑空“建構”一個純屬子虚烏有的全真龍門傳承譜系。况且，不論是王常月，還是閔一得，抑或其他高道，憑空建構，着實是需要一番智慧和想象的。所以，在没有更多的證據之前，我們還不能够遽下結論。

關於第二個問題。江南全真龍門前十二代傳承譜系，《道統源流》與《金蓋心燈》二者之間，亦有一些明顯和重要的不同。如《道統源流》有傳而《金蓋心燈·龍門正宗》卷一至卷五未有列傳者，有第四代孫金山③，第六代周元真、沈季榮、沈野雲、閔希仁、陳永之④，第七代曹還陽、陳上陽、吕貞九、韓南愚、華伯翔、蔣御庭，第八代施鐵竹、駱矩青、臧湘友、淩漢章、陳守中、孫太白、吴守敏、盛青厓⑤，第九代閻曉峰⑥，第十代貝旭陽、周忍之、錢駿聲⑦，第十一代范松巖、黄賓軒、吴梅岑、李月峰、傅東池、沈觀空、董芝筠、奚退盦⑧，第十二代沈月光、錢滌塵、史常哉、嚴九能、嵇任仙、姚秋農、閔贛甫、顧半凡、鄭韜圃、高海留、湯勖兹、高三悔、徐梅谷、費撥雲、許餐霞、余蓮邨、徐先仁、潘省根、姚兆芝、費玉泉、徐浩然、周静涵等⑨，總計五十餘人之衆。

其中，第十二代弟子，他們的住世年代大多晚於閔一得，故未見載於《金蓋心燈》。

---

① 吴亞魁：《江南全真道教》，第308頁。
② 《全真道研究》第1輯，第217頁。
③ 莊嚴編：《道統源流》卷下，第1頁。
④ 莊嚴編：《道統源流》卷下，第2頁。
⑤ 莊嚴編：《道統源流》卷下，第4~5頁。
⑥ 莊嚴編：《道統源流》卷下，第8頁。
⑦ 莊嚴編：《道統源流》卷下，第9頁。
⑧ 莊嚴編：《道統源流》卷下，第10~12頁。
⑨ 莊嚴編：《道統源流》卷下，第12~16頁。

一些重要的道士，則在閔一得目來，不屬於全真龍門法派。

如清微派之周元貞[①]，周元貞之徒韓南愚、吕貞九。[②] 據載，吕貞九，兼嗣清微派，爲二十三代法師。陳守中，吕貞九門下弟子。[③]

正乙派之施鐵竹，嘗受初真、中極二戒，後改歸正乙，啓姑蘇穹窿山一派。[④]

華山派之貝旭陽、李月峰。貝旭陽，先歸郝祖華山派，得名同仁，後皈龍門；[⑤]李月峰，兼皈華山派，爲一十六代律嗣。[⑥]

一些道士，雖爲龍門正宗弟子，但屬於龍門正宗有别於律師系統的宗師一系。

如閔希仁、陳永之，爲沈頓空門下弟子；[⑦]蔣御庭，閔希仁門下弟子；[⑧]孫太白，遇沈師（太和）於茅山；[⑨]吴守敏、盛青厓，皆爲沈太和名下弟子；[⑩]孫玉陽弟子閻曉峰，嘗爲茅山乾元觀講席，其傳後人，改茅山法派。[⑪]

至於其他的道士，從其師承淵源來看，大都屬於龍門正宗王常月一系嗣法弟子。

於此可見，《金蓋心燈》所述傳承譜系，僅囊括了金蓋山全真龍門道教網絡所能覆蓋的地域範圍，或者説，主要反映了龍門正宗北京白雲觀王常月一系的傳承脈絡，即"當時江南全真道門的顯宗和主幹，而非斯時斯地全真道教活動的整體樣貌"。就此來説，在大致與《金蓋心燈》同一時期傳承資料的搜攬方面，《道統源流》確有不少重要的補益，可謂有所突破，但大致不脱《金蓋心燈》的窠臼，這也是該"道統"以湖州金蓋山雲巢爲祖堂宗壇所在的題中應有之義；至於《道統源流》所載十三代以降至二十五代的傳承譜系，則是研究清末民初金蓋山支派傳衍流變的珍貴資料。僅從其歷代皈道弟子人數的消長情況，我們即可約略窺知其興衰浮沉之一般景況。當然，其後來的弟子之衆，已不再是傳統意義上的龍門正宗，即所謂"受戒"弟子，而是閔一得"龍門方便法門"洞開之後而形成的"龍門方

---

① 莊嚴編：《道統源流》卷下，第2頁。
② 莊嚴編：《道統源流》卷下，第2頁。
③ 莊嚴編：《道統源流》卷下，第5頁。
④ 莊嚴編：《道統源流》卷下，第4頁。
⑤ 莊嚴編：《道統源流》卷下，第9頁。
⑥ 莊嚴編：《道統源流》卷下，第11頁。
⑦ 莊嚴編：《道統源流》卷下，第2頁。
⑧ 莊嚴編：《道統源流》卷下，第3頁。
⑨ 莊嚴編：《道統源流》卷下，第5頁。
⑩ 莊嚴編：《道統源流》卷下，第5頁。
⑪ 莊嚴編：《道統源流》卷下，第8頁。

便法派”,即以在家居士(而非出家道士)爲主體的全真龍門法派。

## 四、結語

通過以上“江南全真道門所見之諸真宗派與傳承譜系”的考察,我們發現:江南地區全真道教的傳播與發展,自始至終,大抵以丘祖龍門派最爲興盛;但元、明、清三個不同朝代,各有其別樣的傳承脈絡與發展軌迹。從中,我們自可得出以下一些簡單的結論:

1. 金元時期,全真諸真開宗立派,授徒傳道。作爲一種外來而全新的信仰形態,元代江南地區的全真道教,以丘祖龍門派最爲興盛,其中,門下弟子金蓬頭尤顯活躍,在江南全真道教傳播與發展的早期歷史中,實具有舉足輕重的地位。除丘祖龍門派外,元代的江南地區,也發現了王祖嵛山派的傳播之迹。

2. 前述學者的研究表明:明初、中期以降,全真諸真宗派活躍發展於山東、雲南、陝西、湖北、河南和山西等地,且一如《諸真宗派總簿》所載派字詩般代代相傳。就江南地區興宫築觀的具體情形而言,全真道教的活動則以明前期比較活躍,從而大致印證了陳教友“明中葉後,南方之全真亦微”的初步觀察。

明代的方志資料,雖有“全真叢林”、“南五祖、北七真”等指涉全真道教的文字記載,却從未出現全真“龍門”的明確字樣,也無任何關於諸真宗派派字傳承方面的蛛絲馬迹。但藉助《金蓋心燈》的記載,並徵諸其他一些道内文獻,我們則可發現一些全真龍門道教的活動綫索。這些綫索表明:活躍於明代江南的全真道教,屬於全真龍門正宗五代以降有別於律師系統的宗師一系。

又,明代全真道教的一個顯著特點是:所謂全真道士,大都兼嗣正一之法,如倪玄素、彭素雲、沈野雲、郭宗衡等人皆是。從倪玄素“往來武當山中”,彭素雲嘗“朝禮武當山”,後“東浮浙水”、棲止松江,福濟觀郭宗衡、丹霞觀郭鶴坡之“建玄天之殿,爲祝釐之所”等行止看,湖北武當全真一派對明代江南地區的影響似不容小覷,或如陳教友所言:“(武當)張守清弟子,且遞傳於兩湖江浙間,蓋自是而大江以南全真道教幾遍及之矣。”在此意義上可以説,元末明初的武當,儼然成爲全真道教的一個重要的傳遞和輻射中心。

3. 清代的情形似乎比較簡單,“龍門臨濟半天下”,江南的全真道教也以龍門正宗北京白雲觀王常月一系爲顯宗和主幹。且據以建構這一時期江南全真道教歷史的主要依據,除少量方志資料外,主要的還是《金蓋心燈》、《道統源流》等龍門正宗弟子所撰著的道内文獻。儘管如此,我們還是發現:江南地區的全真道教，除王常月龍門律宗一系爲其顯宗和主幹外，也確有一些其他支派的傳承與活動，如廣義的丘祖龍門派，龍門正宗五代以降有别於律師系統的宗師一系和郝祖華山派等。

徵諸《道統源流》和方志資料，不僅全真龍門正宗五代以降有别於律師系統的宗師一系，清微、正乙、華山等龍門正宗之外的諸真宗派，以及廣義的丘祖龍門法派等，不在《金蓋心燈》燈火相續的考慮範圍之内；即使王常月本人授徒傳戒的重要活動，《金蓋心燈》也未悉數載録於書。是知《金蓋心燈》所述傳承譜系，僅囊括了金蓋山全真龍門道教網絡所能覆蓋的地域範圍，或者説，主要反映了龍門正宗北京白雲觀王常月一系的傳承脈絡，即"當時江南全真道門的顯宗和主幹，而非斯時斯地全真道教活動的整體樣貌"。真實的江南全真道教歷史，可能更加豐富多樣、宏闊壯觀一些。

至於《金鼓洞志》付之闕如而《金蓋心燈》言之鑿鑿的全真龍門正宗一至四代，五代以降分爲律師、宗師兩傳的傳承譜系之真確與否，仍是一個不無疑問而有待深究的問題。

# 全真道老學之無爲論

## ——兼論明清時期全真道教義的變化

□劉固盛

**摘要**:全真道自創立之始,對老子無爲思想的吸收和發揮都是自覺進行的。就全真道老學而言,對無爲的詮釋主要從兩個方面展開,一是個人修煉的層面,一是應世的層面。全真道學者從政治實踐層面對老子無爲的闡發,是對老子固有思想的繼承,從中也可以看出全真道濃厚的現實關懷。而將無爲解釋爲修煉方法,將治國等同於治身,又重新回到了《河上注》、《老子節解》的詮釋理路上,顯然加强了全真道的宗教性。加强道教的宗教性建設,對道教本身的發展是有積極作用的,全真道老學關於無爲宗教性詮釋的意義,也正在於此。

**關鍵詞**:全真道　老學　無爲

**作者簡介**:劉固盛,男,1967 年生,湖南漣源人,華中師範大學道家道教研究中心教授,博士生導師。

相對於傳統道教而言,全真道的教義教理自有獨特之處,其中重要的一點是充分吸收了老莊思想的基本精神,如陳垣先生所言:"全真不尚符籙燒煉,而以忍耻含垢、苦己利人爲宗,此遺民態度也,謂其合於老莊,殆循而之老莊耳。"①陳教友更明確指出:"重陽之學,奉老子爲依歸者也。"(《長春道教源流》卷三)而王重陽本人也明確肯定《老子》是他傳道創教的思想源泉:"理透《陰符》三百字,搜通《道德》五千言,害風一任害風虔。"(《重陽全真集》卷十三)又説:"遵隆太上五千言,大道無名妙不傳。"(《重陽全真集》卷一)由於王重陽的提倡與重視,《老子》這部道教的最高經典真正發揮了它應有的作用。同時,從"全真七子"之一的劉處玄開始,元、明、清各代都有不少全真道徒爲《老子》作注,由此形成了全真道老

① 陳垣:《南宋初河北新道教考》,石家莊:河北教育出版社,2000 年,第 577 頁。

學。由於全真道學者詮釋《老子》時不僅僅是對《老子》書簡單的字句疏解，而是在詮釋過程中發揮己意，往往有着自己的理論創建，所以他們的注解具有思想史的意義。

無爲是老子之道的具體落實，是老子思想中的核心内容。王重陽闡述全真教義，十分重視對無爲的運用。他説："通《道德》遵公注，意無爲只自知。"（《重陽全真集》卷二）並贈其弟子馬鈺詩句"無思無慮覓無爲"（《重陽教化集》卷二），指出無爲是求道成仙的關鍵："子知學道之要乎？要在遠離鄉而已。遠離鄉則無所繫，無所繫則心不亂，心不亂則欲不生。無欲欲之是無爲也，無爲爲之是清净也。以是而求道，何道之不達？以是而望仙，何仙之不爲？"（《重陽教化集》劉愚之序引）馬鈺在傳承全真教義時也認爲其師"賜我無爲玄妙訣"（《重陽分梨十化集》卷上）。可見，全真道自創立之始，對老子無爲思想的吸收和發揮都是自覺進行的。就全真道老學而言，對無爲的詮釋主要從兩個方面展開，一是個人修煉的層面，一是應世的層面。在具體解釋時，雖然不同的學者往往有各自的側重點，但也有一致的地方，即他們的發揮總是和全真教義結合在一起。因此，本文試圖通過分析全真學者詮釋老子無爲的主要内容，進一步瞭解全真道的立教宗旨及其教義教理的發展與變化。

## 一、全真道老學的詮釋特點

據目前的瞭解，全真道的老學著述主要有李道純《道德會元》、鄧錡《道德真經三解》、陳致虚《道德經轉語》、陸西星《老子道德經玄覽》、程以寧《太上道德寶章翼》、潘静觀《道德經妙門約》、宋常星《道德經講義》、劉一明《道德經會義》與《道德經要義》、李西月《道德經注釋》等。在上述解《老》的作者中，李道純、鄧錡、陳致虚本屬南宗道士，但到元代都加入了全真道，均爲學兼南北的飽學之士；程以寧則以白玉蟾、李道純爲宗；潘静觀爲全真道龍門派第五代傳人，宋常星爲龍門派第七代傳人，劉一明爲龍門派第十一代傳人；陸西星、李西月雖分創道教内丹東、西二派，但其教義與全真差别不大，故仍可將其歸入全真一系。[1] 從現存的全真老學著作來看，儘管各家解義都有不同，側重點也有差别，但亦表現出明顯的一致之處，這就是全真道老學的共同特點：

---

① 關於全真道老學相關作者及著作的介紹，可參看拙文《全三教之真——以全真道老學爲視角的考察》，見《全真道研究》第1輯，濟南：齊魯書社，2011年。

其一,以真常解《老》。

老子之道玄之又玄,微妙難識,不同時代的學者根據自己的理解可以作出不同的解釋,有詮之以“氣”者,有詮之以“無”者,有詮之以“理”者,這些詮釋可謂各有勝義。全真道學者在闡發時則有一個共同的特點,即普遍以“真常”概念以釋之。真與常兩者是相輔相成、不能分割的,非真則不可常,非常則不能真,真常纔是道。

鄧錡在《道德真經三解》序中指出:“老氏一書,真常爲主。解者悉與道德混而爲一,不知賓主上下,以致諸儒妄生異議,無區以别矣。今也先述真常三百字,以擬陰符之數,列於序次,庶使後之談道德者不遠迷其復矣。”鄧錡認爲,《老子》書的思想主旨就是“真常”二字,但是歷來解《老》者很少有人將這一主題提煉出來,由此造成主次顛倒,主旨不明,以至衆説紛紜,令人不知所從。爲了改變這一現象,讓解《老》者、讀《老》者有所遵循,鄧錡首先撰寫了“真常三百字”,以明《老子》之旨趣。鄧錡以真常解《老》,反映出了全真道的立教傳統。他在《老子》第42章的注文中説:“先師有云:捉住虚空一點真,萬古千年終不朽。”如何達到生命的不朽?那就是要在虚無變幻中抓住一個東西——真。鄧錡明確指出這是師傳的法門,也即是全真道之教義與精神。

從老學史的角度看,比鄧錡略早、屬於同一師門的著名全真道士李道純也是真常理論的宣導者。他在《道德會元》首章便指出:“虚無自然真常之道,本無可道。可道之道,非真常之道,元始祖炁,化生諸天,隨時應變之道也。道本無名,可名之名,非真常之名,天地運化,長養萬物,著於形迹之名也。”李道純認爲老子之道最大的特點就是真常,而“真常之道,始於無始,名於無名,擬義即乖,開口即錯”(《道德會元·道》),十分玄妙。詹石窗教授曾用“無名之道真常化”一語概括李道純之老學大旨,指出“李道純以‘真常’立宗,這也是一種理論上的昇華,比起過去的老學來,他的最基本的概念顯得更抽象概括,更富有思辨色彩”①。顯然,鄧錡解《老》受到了李道純的影響,並對真常理論加以進一步的强調,更加清楚地反映出了全真道老學的致思特點。由於鄧錡、李道純均爲飽學之道士,在他們的影響下,以致形成了一股風氣,即全真道的學者注解《老子》,大都以真常爲宗,明清以後的全真派學者,大抵不會例外。

其二,以性命解《老》。

全真道以“獨全其真”、“明心見性”、“性命雙修”爲立教宗旨,因此,性命之

---

① 詹石窗:《南宋金元的道教》,上海:上海古籍出版社,1989年,第135頁。

學自然是全真教義的核心。這一點，在全真道的老學著作中有充分的反映。全真道學者在解《老》時，不僅揭示老子之道在宇宙萬物與社會存在中的本體意義，而且將道落實在具體的個人修養中，即性命雙修。李道純《道德會元·究理》說：

無欲者，無心作爲自然也；有欲者，有心運用功夫也。無爲則能見無名之妙，全其性也；有爲則能見有名之徼，全其命也。有與無，性與命，同出而異名，同謂之玄，玄之又玄，有無交入，性命雙全也。

李道純認爲，老子的無欲、無爲，講的就是修性，有欲、有爲，講的就是修命，這是把老子思想與内丹之理結合起來，體現出全真道老學的基本特色。對於性命雙修之旨，鄧錡在《道德真經三解》中亦有闡發，他認爲，"性命兩全，神形俱妙，變變化化，與道合真"（《道德真經三解》第 11 章），即是全真思想的體現，所以他又說："是以得道之士，刀鋸不能加，水火不能傷，何害之有哉？以其神形既安，心情既平，性命既泰也。"（《道德真經三解》第 35 章）

明代陸西星對《老子》思想主旨的理解與李道純、鄧錡等是一致的。他說："漢興以來，箋疏《老子》代不乏人，略記百有餘家，得其旨者，莊子《南華》之外，指不可以多屈。蓋自河上之説已屬可疑，其散焉者則狃於儒説之支離，而於所謂妙徼重玄之秘則概乎其未有得也。星啓竅寡聞，晚遭聖師誨諭，命讀《陰符》、《參》、《悟》之書，沉潛反覆，溯源窮委，觀其遞相祖述，言近指遠，迥出思議之表，乃知是經根極性命，八十一章的非即事漫衍之談。"（《老子道德經玄覽》第 1 章）陸西星認爲，除莊子外，歷代解《老》者得其旨者屈指可數，究其原因，大都是囿於儒家之説，不知老子思想之真義。他從《悟真篇》、《參同契》、《陰符經》往上追溯，纔發現《老子》的大旨乃"根極性命"。因此，發《老子》性命之微自然成爲他老學思想中的重要内容，如他在《老子道德經玄覽》的序言中說："《老子》者，聖人道德之微言，而性命之極致也。"這一認識在全真道老學中頗具普遍性。

其三，修身與應世並重。

全真學者不僅以性命之學解《老》，同時也注意從社會政治的層面對老子之道進行闡發，將修身與應世結合起來。例如程以寧《太上道德寶章翼》第 3 章注：

聖人之治以下虚心、實腹、弱志、强骨八個字，分明是指點金丹大道，教人下手處。蓋人之不能入道者，緣心上不净，一團名利牽扯，心不虚也。方寸幾何，莫非嗜欲所填塞，則元精元氣元神不存，爲一虚殼，而腹不實矣。虚心二字談何容易，心必如太空，任浮雲之往來而太虚之體自若，如是則元精元氣元神固而腹始實矣。心猶體也，所以宅神君氣統精，而志則心之發竅處也。志强則心未免外馳，骨力必受其損，故弱其志而後能强其骨。

《老子》第3章言"是以聖人之治，虛其心，實其腹，弱其志，强其骨"，程以寧則從修煉金丹大道的角度立論，强調心的虛静是修道的竅門與基礎。如果修煉者心不虛静，欲念雜生，那麽精、氣、神也將消失，這樣一來，内丹修煉也就成了一句空話了。但是，程以寧注《老》，並不是僅僅局限於金丹大道，同時也關注社會人事，如第57章之注：

正者，道之常也；奇者，道之變也；無事者，道之真也。以正教爲治，則足以立國之經；以奇謀用兵，則足以應時之變。天下神器，不可爲也，取天下常以無事，及其有事，不足以取天下。惟體道恬愉無心，順物自然，而天下歸之矣。上古之民忘帝力，而不知其所爲何忌何諱，後世民動觸忌諱，避諱之不暇，而何暇治生哉，故彌貧。古之人有什百人之器而不用，車輿無所乘，甲兵無所陳，其治亦醇。後世爲符璽以信之，人並符璽而竊之，製五兵以防暴客，人並五兵而盗之，所以人多利器，國家滋昏。

通過古今對比，闡明了無爲而治的重要性。

## 二、無爲與個人修煉

實際上，從老子思想來看，無論是修身還是治國安民，無爲都是其"不二法門"，對此，全真道老學具有自己的獨特闡發。

龍門派第五代傳人潘静觀指出："道出自然，德貴反本。所以經中發揮道字，多在自然上説，如恍惚杳冥、希夷寂寥等句是也，而要以谷神不死爲提綱。經中發揮德字，多在反本上説，如守中抱一、歸根復命等句是也，而要以爲而無爲爲究竟。"（《道德經妙門約・道德經提綱》）從《道德經妙門約》來看，潘静觀所主張的無爲之德主要指修煉而言。如第10章之注：

夫身猶國也，一身總持六根，即皆民也。抱一之功，元不離六根門頭，當其收視返聽，似涉有爲功動，而功本無功，依然不動着一毫頭，故曰愛民治國，能無爲，且此不動之體，即心天也。一分爲兩，是爲天門，元氣有動有静，天門便有開有闔。至柔之功，近乎守雌，究竟從一闔一闢中，化盡陰滓，復歸純陽,雖兩而未嘗不一,故曰天門開闔,能無雌。陽德既純,光明透露,表裏洞徹,正如空中樓閣,四通八達。然使尚有一毫能知所知底境界,便通身爲此知見所礙,而不得大自在矣。學人到此,不特滌盡知見,並其滌盡者而亦忘之,無知而知,知而無知,方是萬劫不壞之元神,故曰明白四達,能無知。此六句,將明體達用之學,一齊拈出,然徹始徹終,無過自生自畜,隨時任運,長養聖胎而已。

潘静觀認爲《老子》第 10 章“愛民治國,能無爲;天門開闔,能無雌;明白四達,能無知”道出了老子的“明體達用之學”,即内丹學之“長養聖胎”。顯然,他對無爲的解釋是從個人内丹修煉的角度着眼的。既然修身猶如治國,所謂“聖人即心君,萬民即意識。心君寂然則根塵齊泯,意識不行”(《道德經妙門約》第 57 章),所以在潘静觀看來,老子的治國之道就是深根固蒂長生久視之道,是修心養性之道,如他在第 29 章注中説:

治天下之道,即治心之道也。天下神器不可爲,人心虚靈活潑,其可執而爲之乎?世儒不以把捉爲存養,即以克治爲工夫。夫以把捉爲存養者,即此章所謂爲者敗之,執者失之也。克治之功,雖聖賢不廢,然當習氣之發,而偶一用之,如治天下者,不得已而用兵,非有大敵,不敢用也。此章既言天下之不可爲,下二章又極言兵之不可輕用,太上蓋以治天下寓治心之道乎?

基於治天下即治心的認識,潘静觀認爲從修心養性的角度更能把握老子無爲之主旨,如第 37 章之注:“到此則人法兩忘,聖凡俱泯,無欲之至,方爲大静,海宇之内有不各安於性命之正者乎?故曰不欲以静,天下將自正,此蓋清静無爲而萬物自化也。太上心印,實在此中。”對於這一解《老》主題,潘静觀在第 57 章的注文中有進一步的闡述:

此章言無爲之化也。無爲妙道,不貴紛擾而貴清静,一切治心治世,無不皆然。太上多從世諦中,隱寓性命精微之旨。其曰治國用兵,即是攝伏身心之法象。當其心君正位,六根寂然,便坐享太平之福,是爲以正治國。及乎心君失位,六賊紛擾,必須假廓清之功,是爲以奇用兵。雖然,有正有奇,尚是對治法門,功勳邊事,不若一切消歸無事,不動聲色,恭己無爲,纔是無功之功,而奇與正俱泯然無迹矣,是爲以無事取天下。須知天下二字,乃當人現量境界,自度度人,到此已一口吸盡。

潘静觀提醒大家,《老子》書從字面上看,多爲治世之言,實際上却隱寓性命微旨。所以老子的無爲妙道也就是性命之道,故其所言治國用兵的道理,乃是"攝伏身心之法象",無爲是通向自度度人的正途。

以國喻身、身國同構是道教的普遍認識,如《河上公章句》已提出"國身同也"(《老子河上公章句》第59章)、修身爲先的思想,而《老子節解》則不僅繼承了《河上注》身國同治的思想,而且有了進一步的强化,完全把《老子》中的治國思想解釋成了修身之術,《老子》成了一本純粹只講煉養之道的經典。這樣的詮釋也就成了道教老學的一大特色,誠如《道樞·虚白問篇》所云:"《老子内丹經》曰:一身之設,一國之象也。聖人以身爲國,以心爲君,以精氣爲民。民安則國斯泰矣,民散則國斯虚也。夫能惜精愛氣,則所以長生者也。"顯然,潘静觀沿襲了道教老學的這一傳統。以後類似的解釋還時有出現,如龍門派第十一代傳人劉一明的《道德經會義》。

劉一明認爲:"國非身外之國,乃身内至善之地。修道至於有爲事畢,還丹有象,已是止於至善之地而不遷矣。"(《道德經會義》第59章)由於國即是身,所以"以道修心,即是以道佐人主。以强縱心,即是以兵强天下。"(《道德經會義》第30章)再看他對《老子》第80章的解釋:

> 或言治大國,或言爲天下,或言用甲兵,或言爲士者……乃還元返本之學,立命之功。此章獨言小國,而不及剛强者,是了性之道。……小國者,柔弱之國,用柔弱以保聖胎,一心一意,無思無爲,故曰小國寡民。雖有什伯之器而不用,採取藥物水火烹煉,皆器也。聖胎已結,抱元守一,一切藥物水火之器,無所用矣。使民重死而不遠徙者,心清意静,守死善道,須臾不離也。須臾不離,爲無爲,雖有舟輿行道之脚力,無所乘之;事無事,雖有甲兵敵魔之神將,無所陳之。舟輿所以行有爲之道,甲兵所以用有事之時,聖胎凝結,無爲無事,舟輿甲兵無所用。既無所用,但使意念安於自然。常應常静,過而不留,應而不受,猶如古始結繩之用,不可有一點宿滯也。……雖鄰國相望,而有色在前,不過望之而已,見色不色也;雖雞犬之音相聞,而有聲相近,不過聞之而已,聞聲不聲也。此意念已忘於物矣。忘我忘物,老死不相往來,萬緣俱寂,一粒黍米,現於太虚之中,圓陀陀,光灼灼,凈躶躶,赤灑灑的,在釋則謂真空妙相,在儒則謂至誠如神,在道則謂金液大丹。此實一成,形神俱妙,與道合真,雖天地神明,不可得而測度。

《老子》“小國寡民”一章，一般被視爲老子的社會政治理想，而劉一明則進行了宗教性的詮釋。在他看來，《老子》一書本可以從多方面進行解讀：“或言天道，或言聖道，或言侯王道，或言用兵道，或言善爲道者，或言善爲士者，包括最多，不可執一事而注釋。若以一事注釋之，則小視經而昧於經矣。然經意多言治人本於治己，蓋自天子以至於庶人壹是皆以修身爲本也。余方外人也，於天下國家之事不敢妄言，而於修身之道專言之。”（《道德經要義序》）作爲道門人士的劉一明，專門從修身的角度解《老》，正反映了道教老學固有的特點。因此他認爲，老子所言治國、治天下、用兵之類，實際上就是指道教的性命雙修，而“小國寡民”，乃爲瞭性之道，是修煉金丹的訣竅。

相對於《老子節解》以一般的道教修煉方術詮釋《老子》，劉一明的《道德經會義》顯然有所不同，這種差別不僅表現爲劉一明的解釋更加圓融，更重要的是，他的解釋是緊緊圍繞全真道的教義展開的。就老子無爲的思想來說，劉一明同樣將其詮解爲性命雙修、心性爲主的全真教旨。

首先，劉一明反復闡述了道即心，心即道，修道即修心，修心即修道的修煉旨趣。如曰：

> 天即理也，順理而行，無思無爲，寂然不動，感而遂通，故曰天乃道。道者，自然神運，絶無勉强之謂。修道至於自然神運，氣質悉化，根塵盡消，心即道，道即心，與道合真，道不朽而吾亦不朽，爲金剛堅固之物，故曰道乃久。久則脱去凡胎，露出法相，雖没幻身，而有真身。真身聚則成形，散則成氣，虎兕不能傷，刀兵不能加，方且超出乎造化之外，有何危殆之憂乎？道至没身不殆，不僅虚極静篤，而並虚静亦化爲烏有，所謂打破虚空，方謂了當也。（《道德經會義》第 16 章）
>
> 抱一而至有元德，由觀徼而歸觀妙，後天悉化，復於先天，即陰魄亦變而爲陽神，何營營之有？載魄抱一之功妙矣哉。……内外合道，只有一心，並無二心，心即道，道即心。放之則彌六合，捲之則退藏於密，觀徼而入妙，抱一之功畢矣。（《道德經會義》第 10 章）

將修道解釋爲修心，這在唐代道教老學中就已出現，如唐末著名高道杜光庭言：“人之難伏，唯在於心，所以教人修道，即修心也，教人修心，即修道也。心不可息，念道以息之；心不可見，因道以明之。”（《道德真經廣聖義》卷八）王重陽創制全真道教義,亦提倡心道合一,如《授丹陽二十四訣》曰:“諸賢先求明心,心本是道,道即是心,心外無道,道外無心也。”由此可見,上述劉一明修道即修心的解釋,既是對唐宋以來道教老學的繼承,同時也是全真道教義在其老學思想中的具體落實。

其次,劉一明指出,修心就是去掉分別好惡之人心,彰顯虛空自然之道心。人心、道心本是理學家慣用的概念,劉一明援用過來説明修心的次第,倒也恰到好處。如《道德經會義》第10章注:

> 舜曰:人心惟危,道心惟微。蓋人心多險故危,道心多静故微。人心者二心,道心者一心。存道心則人心去,用人心則道心昧。是非不並行,邪正不兩立也。人之本來,只有道心之一心,並無人心之二心,不識不知,順帝之則而已。順帝之則,即元德也。因其有此血氣形質之幻身,陰氣之靈,結而成魄,居於肉團頑心之中,日謀夜算,多思多慮,營營不定,傷我天真,昧我本性,於是道心不彰,玄徽之德隱埋矣。

人心即世俗機巧之頑心,它傷害人的天真本性,道心則是虛静之真心,是道的體現,人心道心總是處於相對立的位置。修道實際上就是去掉人心,彰顯道心的過程。對此,劉一明進一步解釋:

> 知美之爲美,是有分别之心,真性有昧,斯惡矣;知善之爲善,是有好惡之心,道心不彰,斯不善矣。惡而不善,非真知,乃假知。何貴於知美知善?一落有知,自然之道廢矣。因其道廢,故有無之心相生矣,難易之心相成矣,長短之心相形矣,高低之心相傾矣,音聲之心相和矣,前後之心相隨矣。一有美惡善不善之心,而有無、難易、長短、高下、音聲、前後之心無不起之,以一心而引諸心,以諸心而攻一真,損精喪神,情亂性迷,未有不傷其生者。是以抱道聖人,其持身也,處無爲之事,不爲其美,亦不爲惡,不爲善,亦不爲不善,事無事,美惡善不善俱歸於無爲。其接人也,行不言之教,不言誰美,亦不言誰惡,不言誰善,亦不言誰不善,教無教,美惡善不善,皆付於無言。無爲之事,事無心;不言之教,教無迹。無心無迹,心法兩忘,清静恬淡,黑中有白,虛室生光,萬般至美至善之物,皆自然作興而不能辭矣。(《道德經會義》第2章)

這是《老子》第2章的注文,將美醜善惡解釋爲道心人心的對立,將有無相生、難易相成、長短相形、高下相傾、音聲相和、前後相隨等關於對立統一規律的辯證思考解釋爲有無、難易、長短、高下、音聲、前後的分别之心，仍然顯示出劉一明解《老》的宗教立場。於是也就有了後面的理解：處無爲之事，行不言之教，乃是爲了去掉分别好惡之心，心法兩忘而道心彰明。

再次，劉一明强調，無爲是修心修道的關鍵。對於一般人而言，總是人心遮掩道心，以至性命難立，但如果能够效法無爲之道，可使修道者妄念不起，精神不馳，正氣常存，精氣不耗，百骸俱理，復還本來先天之真。所以他説："果能爲無爲，則欲不生，心不亂，而吾之民安國富，一舉一止，皆是道氣運之，未有身不治者也。"（《道德經會義》第3章）類似的意思可見於《道德經會義》第48章注：

益者即益其道心之功力也，損者即損其人心之私欲也。益道心之功力，方是爲學；損人心私欲，方是爲道。道者自然無爲，絶無一點滓質。若方寸之中，稍有絲毫人心形迹，則道心不固，縱大道在望，未許我有，故必損之又損，其功不休，以至損無可損，益無可益，則道心常存，人心永滅，可以歸於無爲矣。夫所謂無爲，非灰心死念，頑空寂滅之説，乃無人心私欲之爲。無人心私欲之爲，自有道心天真之爲，是以謂無爲而無不爲也。爲道至於無爲而無不爲，是不思而得，不勉而中，即中士亦與天縱之聖同登一途。

此注有兩點值得注意：其一，無爲作爲修道的方法，其要點就是保持内心的虚静自然，具體來説就是滅除私欲，彰明道心。其二，無爲並非消極的灰心死念，頑空寂滅，而是無爲與有爲的結合，是無爲而無不爲。關於此點，劉一明又有如下闡述：

至柔者，無爲也；至堅者，有爲也。修道者能以柔爲用，外物不納，内念不生，是無爲矣。無爲則不與天下争，是謂無心。無心則陰陽不能陶鑄，萬物不能移動，是至柔之中而有至堅者在，至無之中而有至有存。無有相入而爲一，無有間隔矣。無有入於無間，無即是有，有即是無，有無俱不立，天地悉歸空，出乎一切有無之外，可知無爲之有益，無爲而無不爲也。（《道德經會義》第43章）

善建者有爲之事，善抱者無爲之事，先建而有爲，後抱而無爲，有無一致，性命雙修，形神俱妙，與道合真，身外有身，子又生孫，孫又生子，千百億化，子孫祭祀不輟。方到大解大脱之地，而建抱之功無所用矣。是道也，非有别事，乃修吾身之真德也。（《道德經會義》第54章）

從道教内丹學的角度看,有爲乃是修命,無爲則是修性,有爲是工夫,無爲是境界,兩者缺一不可。所以有爲必至於無爲,無爲不廢有爲,有無一致,性命雙修,從而實現形神俱妙、與道合真的理想。

最後,劉一明指出,雖然修道的方法是用無爲的方式彰顯道心,但又不能够執著於無爲、執著於道心。《道德經會義》第 49 章注云:"所謂無心者,非同泥塑木雕之無心,乃是無方無所,無形無象,無偏無倚,無常之道心也。道心大同無我,至公至正,量同天地,萬物等視,絶無執著。"無心,或謂無心之心,也就是道心,它不是毫無生機的寂滅之心,而是虛明無執著之心,不可見,不可聞,無形無迹,無我無物,安於自然,直至瞭達性命大事。再看第 28 章之注:

> 復歸於嬰兒,無人心也;復歸於無極,有道心也;復歸於樸,人心道心俱化,有無皆不立,天地悉歸空。到此地位,徼中有妙,妙不離徼,徼妙混一,我命由我不由天,處於造化之中,而不爲造化所拘矣。後之群真,以此三復,分爲三乘,又分爲三丹。復歸於嬰兒,即還丹初乘也;復歸於無極,即金丹中乘也;復歸於樸,即神丹上乘也。三乘之功完,而道成矣。因其道成,故爲天下谷,與虛空同一無爲矣。然雖無爲,猶有虛無在,算不得大成。更有最上一乘之道,必至虛無所虛,無無所無,乃至虛虛並無,無無亦無,虛虛盡,無無盡,方是道至於大成。……此章統修道始終工程而言,後世諸家丹經子書,大旨皆不出此。

劉一明認爲《老子》此章是内丹學的總綱,所言"三復"即復歸於嬰兒、復歸於無極、復歸於樸代表了内丹修煉的三個層次:還丹初乘,金丹中乘,神丹上乘。要完成此三乘之修煉,必須遵循無爲之法則。注文還指出,雖無爲而又不要執於無爲,没有執著的無爲,纔能够神契始母,真空妙有,兩而合一,復於本來圓明真性,這方是真正修道大成的境界。

## 三、無爲與社會政治

全真老學對無爲的闡發,除了上述從個人内丹修煉的角度進行解讀以外,還有另外一條詮釋的路綫,即從社會政治層面加以發揮。

郭武曾就《道藏》所收諸家《老子》注疏對"無爲"的詮釋進行分析,發現詮釋者"多未將無爲視爲無事,而是透露出一種積極有爲的精神,甚至以'大有爲'作爲其主要的内容,以‘無不爲’作爲其最終的目的”[1],這一看法是符合事實的。筆者通過對道教老學進行研究後也發現,道教老學表現出了鮮明的入世態度。由於老子思想本來就包含“君人南面之術”的内容,歷史上許多道士又曾爲帝王師,因此,道教學者解《老》時大都注意從應世的層面加以發揮,將理身與理國有機地結合起來。道士們雖然藉《老子》而大談丹道,但同樣没有忽視《老子》中的治世思想,認爲老子之道決非“寂滅無爲”,老子思想是大有可爲的。[2] 顯然,全真道老學同樣具有這一慣有的特點。例如陳致虚雖認爲“五千言是金丹髓”,《老子》蘊含金丹大道,但他並不否定該書在治世方面的價值,其《道德經序》説:“原其著此書者,甚欲引導修行之士,以成真人;使天下有以匡世救劫者也,如降魔斬蛟、平潮弭灾之事焉。然悟者自悟也,迷者自迷也。悟也者,因緣時節之來也;迷也者,宿昔所未種也。君臣也,父子也,夫婦也,兄弟也,朋友也,此大道之綱常也,萬世之不可易也。降魔也,斬蛟也,此道成之事也,適時而就其功也。”陳致虚指出,老子著書的目的固然是引導學道之士修真成仙,但同樣具有“匡世救劫”的追求,所以維護社會秩序必不可少的儒家的綱常名教也屬於大道的一部分。他説:

> 其旨意先有爲而後無爲,非蠢然無爲也;本道德而後仁義,非毁於仁義也;先仁義而後禮,非棄於禮者也。如恍惚中有象有物,杳冥中有精有信,不貴難得之貨,此皆直指大道,顯露玄機者也。
>
> 夫道也者,本無名無爲。且名亦即有,復不可常名,則無爲而無不爲矣。故三十八章曰:“上德無爲而無以爲,下德爲之而有以爲;上仁爲之而無以爲,上義爲之而有以爲。”熟於道德者,體無爲而無不爲也。無爲者,無以爲也;無不爲者,有以爲也。(《金丹大要·道德經序》)

儒學本是救世之學,而陳致虚認爲老子的無爲思想與儒家的仁義禮智並不矛盾,這實際上就間接肯定了老子學説也是可以積極入世的,即無爲而無不爲。他總結説:

> 大哉!五千餘言。多以天下國家用兵治民之説,以翼其道。然以之平

---

① 郭武:《無爲與現代道教的發展》,載《道教教義與現代社會國際學術研討會論文集》,上海:上海古籍出版社,2003年,第67頁。

② 劉固盛:《道教老學史》,武漢:華中師範大學出版社,2008年,第351頁。

天下,治國家,用兵使民,無施不可。仁者見之謂之仁,智者見之謂之智。故瑩蟾子有治道、丹道、兵機、禪機之説也。將以無爲之道奏之於吾皇,以仿陶唐無爲之治也。其將以有爲之道,告之於宰輔,行治平日新之德也。其將以無不爲、有以爲之道,訓諸學道之士,以修金丹也。得此道以無爲而治天下者,漢文帝之謂矣;得此道以佐漢而定天下者,張子房之謂矣;得此道而其鬼不神者,張輔漢之謂矣;得此道而善攝生者,許旌陽之謂矣。妙哉!(《金丹大要·道德經序》)

這是一個對《老子》書較爲全面的評價。作爲道教的最高經典,張道陵在創建五斗米道時便以之弘道演教,許遜則憑此長生飛昇。但《老子》本含"君人南面之術",所以也可以用來治國平天下,漢初"文景之治"則是其政治實踐的成功例證。可見,對《老子》的發揮和運用確實可以從多方面展開,而主旨不出治身理國,即如《道德經轉語》詩第五十四首所言:"觀鄉觀國觀天下,積德修身道有餘。善建亦知宜善抱,倚需得溥自安居。"

與陳致虚類似,李西月對無爲的理解,雖然自始至終注意與内丹學聯繫起來,但其主旨又不局限於治身,而是治身與治國並重,如他在《道德經注釋》自序中所指出的:"先輩云:老子之書,内可理身,外可理國。其實以理國喻理身也。然以理國喻理身,即可以理身喻理國。"身國同構本是道教的思維特色,李西月正是抓住了這一點並加以發揮。

李西月《道德經注釋》首章即强調:"道也者,内以治身,外以治世,日用常行之道也。"道之所以能够貫通内外,主要是因爲治身與治國本來就存在一致性,"善保身者乃善治身,善治身者乃善治世","黄石公之所以教子房也,保愛其身,以身爲天下"(《道德經注釋》第 13 章)。既然治身與治國不可分,所以李西月在注解《老子》的過程中常常將兩者聯繫在一起:

故當貴重其身,以身爲天下所寄命,而不敢自輕其千金之軀者,則可以寄身於天下。(《道德經注釋》第 13 章)

言治世隆污之道,然亦可悟治身之理。茲兩舉之,失無爲之事,遂有慈惠之政,猶之失渾淪之體,遂有返還之功也。用明用術以察求,民情益深掩蔽,猶之用巧用機以探取,藥物愈善互藏也。(《道德經注釋》第 18 章)

曲則全,以減爲增也;枉則直,以柔制剛也;窪則盈,謙則受益也;弊則新,剥則有復也;少則得,知足不辱也;多則惑,貪欲自迷也。此太上以前之古語，所説治身之要道也。

或問古之句復引“曲則全”者，何故？余曰：太上引古人治身之語，以起治天下之理，故曰“豈虛言哉”，人能敬守一誠，則天下亦必全歸其式也。(《道德經注釋》第22章)

李西月認爲，《老子》書有一個特點，即多引古人的治身之語，這固然是爲了闡明長生久視之道，但同時又希望能够從治身之道中悟出治國之理。

李西月進一步指出，真正將治身與治國之道結合起來，只有聖人纔能做到：

聖人治世，功成弗居，反求治身之道，然以聖人治世言之，其爲治道也。

治世之善，皆緣於治身之善也。是以聖人之治身，雖無爲而無不治焉。(《道德經注釋》第3章)

聖人治身之事，無爲之事也。治身之教，不言之教也。

治身可以治世，成己可以成物者。(《道德經注釋》第2章)

從上述注文可以看出，無論是治身還是治世，都離不開無爲二字。又如以下注文：

天下皆身中也，先天之道，以自然無爲而成。(《道德經注釋》第29章)

惟聖人欲而不欲，欲則好道，不欲則賤貨貴德，且學而不學，學則有術，不學則澹然無爲。蓋反衆人過用之心，輔萬物自然之理，而不敢有爲者也。(《道德經注釋》第64章)

修德行道均皆自然，乃能與道德爲一。失，即無爲也。無爲而爲，自得無爲之事。道也，德也，失也，俱樂此自然無爲也。信行不足，必有不信。自然者，在其先也。

希言，無聲也，又無爲也。入道者無爲、自然爲宗，無爲則泰定，自然則恒漸。(《道德經注釋》第23章)

與自然無爲聯繫在一起的是虛静不争，這在李西月的《道德經注釋》中同樣有體現，如：

道以默運爲生成，故有利而無害，聖人之道以無心造化，不與人争，積善行，故其大與天同。(《道德經注釋》第81章)

人能以清虛静養之心，察燥温冷暖之氣，而天下之正道得矣。(《道德經

注釋》第45章)

與自然虛静相對的是好利多欲,這是應該反對的,所以李西月指出:"人生在世,成我名者損我神,入悖貨者亦悖出,即所謂甚愛大費,多藏厚亡者也。愛至於大費是辱也,藏至於厚亡是殆也,皆非長久之計也。"(《道德經注釋》第44章)

此外,在談到治國之道時,李西月指出老子的無爲之旨與儒學也是相通的:"八十一章其合五書四經者,在在皆是。"(《道德經注釋・自序》)又云:"《易傳》曰:易,無思也,無爲也。無思即清静無爲,即自然也。先儒謂老子之學,合易經陰陽變化之理,故世間老易並稱,又言老子之書,多引古語,有述而不作,信而好古之風。"(《道德經注釋・自序》)由於孔、老、易相通,故又有注文:

孔子曰:躬自厚而薄責於人,則遠怨矣。是以聖人治世,必修自厚之德,取信於百姓,不責人而人自孚。(《道德經注釋》第79章)

儒家主張聖人自修其德,不責於人,這也是道家治國要旨。

對於老子的無爲思想,全真道龍門派第七代傳人宋常星所撰《道德經講義》也有自己的發揮。宋常星認爲,老子之道落實到社會與人生的層面,即是德,德爲道之用,體現出道的特點。如果從治道的角度來看,德的主要内涵乃是無爲,可以謂之"無爲之德"。

宋常星首先强調了聖人在無爲政治中的關鍵作用。關於聖人的標準,儒、道各有自己的看法,宋常星則認爲:

聖人者,秉天地之元氣而生也,所以萬善皆備,萬德周身,無私無我,無餘無欠,無親無疏,無分無别。(《道德經講義》第3章)

聖人之道,一貫之道也;聖人之心,無爲之心也。以一貫之道,用之於天下,則萬物之數不計而自知;以無爲之心,用之於天下,則萬事之理不較而自得。所以聖人之大機大用,有自然之理,有無爲之妙。(《道德經講義》第27章)

聖人之德性,本是一誠而已。誠則無私,所以無人無我,無先無後。惟知後其身外其身,一如天地之不自生,光明正大,普澤無遺,所以能隨方施德。……觀天地則知聖人,觀聖人則知天地,聖人天地一而已。(《道德經講義》第7章)

聖人進退順自然之理,得失守當然之道。事至而不凝,事過而無迹。以

> 大同之道，同於上下，以無私之德，及於朝野。不以夷險而少變，不以好惡而生心，惟在道德之行於天下，不在功名富貴之得失寵辱矣。（《道德經講義》第13章）

在宋常星看來，聖人即是道的化身，道的各種特點如自然無爲、至善無私等等，在聖人身上都有體現。而宋常星特别强調的，是聖人對民生的關懷，如説：

> 聖人養育萬民之生，成就萬民之性，令一切天理完全，無餘無欠，其功亦莫大焉。若以此功求之於聖人，聖人忘己無私，亦不自居其功矣。（《道德經講義》第2章）
>
> 濟物之心無窮，憂世之心切切。天地雖大，聖人之德與天地並行而不悖；萬民雖多，聖人之心與萬民同心而不異。是故不以聰明才智用於世，不以能所非常惑於人也。（《道德經講義》第3章）
>
> 聖人心同天地，物我兩忘，與天地之民，相忘於道德之中，共入於無爲之化。以人治人，又安有爲而自恃者？聖人儀錶萬民，首出庶物，可謂天下之長矣。然道同天地，恩如父母，與天下相忘於自然，相處於無事，無彼此之分，無上下之異，有何主宰之心乎？故曰爲而不恃，長而不宰。（《道德經講義》第10章）

由於道生萬物，自然而然，並不自恃其功，聖人法道，其教養萬民，亦自然而然，不求人知，不求人見，功勞至大而不自居其功，這就是“至治之澤，民不能見，不言之教，民不能知”（《道德經講義》第17章）。

其次，宋常星對無爲而治的内涵進行了自己的闡發。他注《老子》第18章云：“大道之用，用之於無爲而治，用之於有爲則不治也。無爲而治者，各循自然，行其當行，而不自知也。是爲至誠知實理，故己私不立，天理純然，上下相安於無事之中，朝野共樂於雍熙之化，不見其爲之之迹也。”强調無爲即治，有爲則不治，無爲而治的關鍵乃在於“各循自然”，這是頗合老旨的。而在詮釋“無爲”的過程中，宋常星又特别强調了以下幾方面的内容：

其一，在無爲的政治實踐中，統治者應該加强自身的修養。爲什麽聖人能够實現無爲而治，與民同化？那是因爲聖人的修養已與道合一，達到了最高的境界。宋常星在詮釋《老子》第3章時指出：“虚心、實腹、弱志、强骨，皆是無爲之道也。”虚心，即是“虚靈明妙，蕩蕩空空，不曾有一物所繫，少有纖毫塵垢”；實腹，即是“包藏天地，涵養萬物，其道也養之極深，其德也積之極厚”；弱志，即是“知雄守雌,知白守黑,知榮守辱";强骨,即是"以道德求勝於己,不以道德求勝於人"。由此可見,雖然無爲之道的目的是欲使民返樸還淳,"同入無爲之化,共樂熙皞之風",但施政的主體即統治者本身是否體會到了無爲之真義,是否具備了與道相契的至善之德,纔是至關重要的。在《道德經講義》中,宋常星對無爲的闡釋,大都是針對聖人或統治者而言的,試看《老子》第19章之注:

> 睿通淵微曰聖,知周萬物曰智。聖與智,任天下者必不可少矣。既不可少,豈可絶之棄乎?設使聖智可絶,道亦不能行於天下,德亦不能被於古今。經中言絶聖棄智者,意欲天下後世,以聖智自修,不以聖智施之於民,不以聖智用之於國。在上者無爲,在下者無事,無爲而民自富,無事而國自安。細詳聖人在上,原爲行道於天下,非欲沽聖智之名也,所以夫子不以聖自居,堯之稽衆捨己,舜之與人爲善,禹之聞善則拜,皆是絶聖棄智之妙處。

這是"絶聖棄智,民利百倍"之注。針對老子此語,長期以來有相當一部分解《老》者認爲老子是反智甚至反文化的,這實在是一種誤解。宋常星明確指出,治理天下,聖與智都是必不可少的,統治者在自身的修養中,應該具備聖與智,而所謂的"絶聖棄智",並不是不要聖智,而是不要以聖智去擾民,去干預國政。誰能否定堯、舜、禹不是聖智之人呢?他們都是憑聖智而實現了無爲之治。宋常星此解,應該説是很有道理的。而對統治者自身素養的强調,同樣反映出宋常星政治上的遠見。

其二,無爲而無不爲。宋常星指出,老子的無爲,並非消極避世,實際上是積極有爲的。他注《老子》第48章曰:

> 此無爲之妙,非土石可比,塊然而終於無爲也。此等無爲,乃是動中有静,静中有動之無爲;乃是虚中有實,實中有虚之無爲;乃是色中有空,空中損色之無爲;乃是有中有無,無中有有之無爲。其無爲也,不言而信,不行而至,不疾而速,不爲而成,即是清静自然之道也。此清静自然之道,雖云無爲,自然發見昭著,神乎其神,妙乎其妙,則又無爲而無不爲矣。

關於"無爲而無不爲"的含義,這一闡釋是符合老旨的。宋常星還結合天道、地道、人道進一步分析説,天不言而四季變化,這是"天之無爲而無不爲",地不言而生長萬物,這是"地之無爲而無不爲",人應該效法天地之無爲而無不爲,"求之於性,性理完全;問之於心,心德了明;修之於身,身無不修;齊之於家,家無不齊;

治之於國，國無不治；平之於天下，天下無不平矣”（《道德經講義》第48章）。能法天地之無爲者，當然是聖人了，聖人與平常之人的區别亦在於此：

> 爲無爲者，聖人之爲，爲之於道，爲之於理；常人之爲，爲之於名，爲之於利。爲之於名利者，乃是有欲之爲也。無私之爲，不用安排，無爲而自然成就，未嘗勉力，無爲而自然入妙。是故聖人之心體虚静，聖人之德性渾極，不生逆料之心，不起將來之意，以無爲而爲，人不能知其爲，人不能見其爲。因不能知其爲，所以廣大悉備，無爲而無不爲也；因不能見其爲，所以自然合道，無不爲而無所爲也。（《道德經講義》第63章）

聖人比常人的高明之處在於，聖人之爲，以大道爲法則，不自矜其名，不自居其功，故雖爲而順自然，雖爲而人不知，也就是“無不爲而無所爲了”。

## 四、餘論

全真道學者從政治實踐層面對老子無爲的闡發，是對老子固有思想的繼承，從中也可以看出全真道濃厚的現實關懷。而從個人修煉角度的詮釋，則反映出全真道教義的一些變化。柳存仁先生曾説：“王嚞（重陽）教旨的倫理性比宗教性來得强，它强調老子傳統中的純净及緘默，另外再加上忠孝的觀念，反映了中國人的民族意識。”①全真道的倫理性强，與儒家相容，這可以認爲是它的一個優點，體現了中國文化的特色，在傳播的過程中有利於被社會接受，獲得更多發展的機會，但同時也是一個缺點，因爲倫理性强，世俗性也强，從而容易削弱其宗教性。明清時期全真道士將無爲解釋爲修煉方法，將治國等同於治身，又重新回到了《河上注》、《老子節解》的詮釋理路上，顯然加强了全真道的宗教性。當然，這一詮釋路嚮並非簡單的回復，而是用“修道即修心”解釋身國同治，突出性命雙修的主題，體現出全真道的立教精神。

道教從一産生便充滿了濃厚的世俗色彩，方外之士常作方内之遊，但過分的世俗化並不利於宗教的發展，也許王重陽創立全真道已經注意到這點，所以他藉鑒了佛教的一些做法，如實行出家制度等，以解決道教宗教性不强的問題。不過，如柳存仁先生所指出的，全真道初創時期，其宗教性仍然有所不足。而到明

---

① 柳存仁：《道教史探源》，北京：北京大學出版社，2000年，第274頁。

清時期,全真道的宗教性在逐漸加强,一個典型的例子是被譽爲全真道中興之祖的龍門派第七代傳人王常月,於順治十二年(1655)秋北上京師,任白雲觀住持以後,開始弘宗闡教。其主要措施爲清整戒律,即針對全真道初創時戒律不嚴的情況,大力加强了戒律的建制,"奉旨主講白雲觀,賜紫衣凡三次,登壇説戒,度弟子千餘人"(《崑陽王真人道行碑》)。王常月的傳戒活動影響很大,南北道士紛紛前來求戒,皈依者衆多,全真道由此出現了中興的局面。由此可見,加强道教的宗教性建設,對道教本身的發展是有積極作用的,全真道老學關於"無爲"宗教性詮釋的意義,也正在於此。

# 伍守陽、伍真陽和柳華陽的佛經解釋與佛教批評

□蘇德樸(Stephen Eskildsen)

**摘要**:伍守陽、伍真陽和柳華陽的著作都富有創意地用佛經解釋自己的內丹學説和功法。他們的主張基本上都與兩個事情有關:(1)自己內丹功法的有效性、真實性和古老起源,(2)道佛兩教本來的同一性——即"仙佛合宗"。根據他們的看法,釋迦佛在佛經裏常常談到內丹功法與效驗,他們認爲佛典所載故事和語句中有很多關於內丹的比喻。他們又對於中國佛教有所批評,這主要是因爲一般中國的佛教徒不修內丹,又不承認仙佛兩宗本來的同一性。

**關鍵詞**:伍守陽　伍真陽　柳華陽　內丹　佛教

**作者簡介**:蘇德樸(Stephen Eskildsen),男,1963 年生,美國人。美國田納西大學查塔努加分校(University of Tennessee - Chattanooga)哲學宗教學部教授,主要研究方嚮爲全真道、內丹和道家內煉功法發展史。

## 一、序論

伍守陽(1573～1644,號沖虛)、伍真陽(伍守陽的堂弟、徒弟,也是其著作的注釋者)和柳華陽(在 1794 年時還活着)的著作都富有創意地用佛經解釋自己的內丹學説和功法。儘管他們(特別是柳華陽)非常尊崇釋迦牟尼與其他真佛,但還是批評了當時中國一般的佛教徒。

伍守陽和柳華陽都被後代尊崇爲內丹北派(全真道龍門派)的正宗傳人。據説,此派的源頭出自全真道開山祖師王嚞(號重陽)最著名的徒弟丘處機(號長春)。但是實際上,伍、柳兩人與龍門派以及已有的道觀和道士門派有何關係,事實並不清楚。

伍守陽自稱龍門派第八代傳人。[①] 根據他的著作《仙佛合宗語録》,他的師父是曹還陽(1562～1622),曹還陽的師父是李虚庵(1525～1615),李虚庵的師父是張静虚(虎皮座張真人,1432 年出生)。張静虚是邳州(江蘇省北部)人。他於蜀之碧陽洞"得道"之後,隱居在武當山峭壁中的一個小洞穴。《仙佛合宗語録》没有記述張静虚的名字和所屬道派。總之,伍守陽追溯自己的法脈,只能追溯三代,即到 15 世紀的人物。這個人物跟龍門派的真正關係並不清楚。也許張静虚可能在道觀中修煉過,但是我們並不知道他是否爲全真教的衣鉢傳人。其實,我們現在不太瞭解明代(1368～1644)全真道的出家制度、道觀和道士門派的情況,我們只是知道,明末(就是伍守陽在世的時候)清初高道王常月(1680 年去世,號崑陽)復興了全真道龍門派的出家制度和戒律。

伍守陽在曹還陽門下時没有參加什麽道教門派的迹象。從可靠的文獻來看,他也没有參加王常月的龍門派復興活動。(據閔一得〔1758～1836〕《金蓋心燈·伍沖虚律師傳》,伍守陽從王常月受戒。但是《伍沖虚律師傳》的内容跟伍守陽的自述有很大出入,是不可信的。)[②]但是,他確實從年少時就熱愛與信奉全真道教法。《仙佛合宗語録》附録有《伍真人修仙歌》,其中伍守陽回憶他十歲時"得遇重陽祖七篇",十三歲時有了方外之志嚮,十六歲時就抛棄了科舉和對名利的追求。他在去參拜連主仙祠堂(祭祀范登雲真人兄弟三人)的時候,得到的靈籤也勸他追求方外之途。到二十歲的時候,他纔得遇他後來的師父曹還陽。曹還陽原來是伍守陽親戚家的兒子,伍守陽和曹還陽都住在南昌,兩人住所之間的距離只有三里。曹還陽告訴伍守陽,他們兩人有緣分相遇,是因爲伍家祖先很有善行。曹還陽又説伍守陽前生是一個禪僧。伍守陽拜曹還陽爲師時並没有出家,但是他每天在自己家到師父家之間來回跑,從早到晚服侍師父。伍守陽還負擔曹還陽的日常費用,所以他賣掉了自己的田地,並有一次乞求妻子讓他賣掉她的金耳環和銀釵,這樣的行爲使伍守陽常常受到家族跟鄉人的嘲諷。

後來,伍守陽成爲丹道名家的時候,收了不少徒弟,其中也有一些親戚,但大多數都没有出家。在日用衣食住費用方面,伍守陽想必只是依靠那些在家徒弟們的支持。晚年他住在南都(南京),那時他有一個徒弟是王族,即是明睿宗(1476～1519)的重孫吉王朱太和。

---

① 在《天仙正理直論增注·自序》中,伍守陽自稱"邱真人門下第八派分符領節弟子"。見《藏外道書》第 5 册,成都:巴蜀書社,1992 年,第 782 頁。

② 參見丁常春:《伍守陽内丹思想研究》,成都:巴蜀書社,2007 年,第 16～22 頁。

從伍守陽的生平，我們能對明代晚期全真道和内丹學的情況作一些推測。伍守陽、曹還陽、李虛庵跟張静虛都是南方人。得遇曹師父很多年以前，伍守陽在還是孩子的時候就已經愛讀《重陽祖七篇》。全真道發源於北方，那時距元朝受寵的最盛期已經是三百年了。雖然如此，我們還是看得出全真道在華南（特别是江西）有很大的名聲和影響。但是全真道的出家制度與組織在華南（也許全國）已經衰退了，低迷了。龍門派内丹家大部分在民間活動。關於生活日用，他們依靠在家徒弟的支持和内丹術傳授的酬報。還值得注意的是，伍守陽的回憶提到一座祭祀神仙的廟裏的靈籤。從此我們能瞭解當時民間對於神仙靈籤的信仰比較盛行，伍守陽自己也信奉。

但是，伍守陽所學龍門丹法的主要内容是不是王嚞和丘處機本來就有的功法呢？如果是這樣，張静虛、李虛庵、曹還陽或者伍守陽有没有對這個龍門丹法作發揮？這個問題現在還不能完全清楚的回答。但是，我們可以説，伍守陽和伍真陽富有創意地進行了重新解釋，並應用到了佛教的用語與觀念。這樣的注釋在早期（12 世紀末至 13 世紀初）全真道文獻中並没有記載。王嚞教化之初就主張"三教歸一"，他强調苦修和打坐，也許與他跟禪宗的交流有關係。但是，伍守陽與伍真陽的著作用非常新穎的方法重新解釋佛典（特别是《華嚴經》）的語句，對於真佛的性質和功法又有很稀奇的看法——在早期全真祖師們的著作中找不到這樣的看法。伍守陽豐富的佛典知識是從哪裏來的？他怎麽做到獨到的佛教解釋呢？可能是在丘處機的年代與伍守陽的年代之間，仍然有我們還没瞭解的更密切的道佛交流，這是可能的。但是也許伍守陽只是一生對於佛教非常感興趣，在閲讀了很多佛經之後，富有創意地作出了自己的解釋。

柳華陽與龍門派乃至與道教的關係看來是很淺的，在《慧命經》的自序裏柳華陽説自己是"洪都（南昌）之鄉人"，從幼小時他就喜愛佛教，有一次進入佛寺的時候"有悟"。有一天，他偶然聽到一個和尚談到五祖弘忍私自把道傳給六祖慧能的故事，然後，柳華陽認爲自己也一定要找到自己真正的師父。所以他在荆楚廣泛地尋找明師，但終無所獲。最終，他在位於皖水邊的雙蓮寺剃度。在柳華陽努力去各地參訪三教學者期間，他每晚在夜半二更時都要"五體投地"地向"上蒼"祈求吉兆。一年半之後，"幸遇伍沖虛（守陽）傳余秘旨"。然後他又去廬山，從壺雲老師那裏學習到一些妙旨。柳華陽回憶，當他將要離開時，壺雲老師對他説，"佛教雙修，今已斷滅，子當續其命脈，以度有緣"。後來柳華陽去"江左"（此指江蘇南部與浙江北部），跟幾個同僚在一起修煉。等到修煉有了成效，他就決定撰寫《慧命經》以"開古佛之秘密，泄師祖之玄機"。

總之,柳華陽自稱得到伍守陽親傳。但是這個説法很不可信,因爲在柳華陽撰寫《慧命經》(1794)的一百五十多年前,伍守陽已經去世了。如果他們的相遇是事實,或許可能是柳華陽的神秘體驗,也許柳華陽確信他見過伍守陽的陽神,並且跟他溝通過。伍守陽跟柳華陽都是南昌人,這個事實很重要。最少,從柳華陽的記述我們能知道,在伍守陽去世一百五十年後,伍守陽在其故鄉的名望還是很高。我們讀柳華陽著作的時候,也很容易地看得出伍守陽對他的影響很大。看來,他一定接觸過伍守陽或者伍守陽門下的著作。其實,如陳兵所指出的,據龍門派内丹家閔一得的《金蓋心燈》,柳華陽撰寫《慧命經》跟《金仙證論》之前,伍守陽的徒弟謝凝素已經撰寫了内容大同小異的《慧命經》跟《金仙證論》。可是如我們在上面已經看到的,《金蓋心燈》有時會把事實歪曲。①

柳華陽所屬的宗教是佛教。雖然像他那樣的佛教徒内丹家是罕有的,但還是存在的。從柳華陽所描述的他跟壺雲老師的對話,我們看得出這一點。壺雲老師(佛教徒?)所講的"雙修"是内丹的意思。按一般的説法,内丹叫做"性命雙修",與此相對,普通的禪宗叫做"性修"或者"單修"。壺雲老師對於佛教徒内丹家的缺乏覺得很遺憾,又把復興佛教雙修的重任委託給柳華陽。壺雲老師認爲佛教曾經也有過内丹比較興盛的時期,從《慧命經》看得出,柳華陽後來試圖復興佛教内丹。《慧命經》記載了柳華陽跟幾個僧侶關於内丹的問答,更有意義的是,柳華陽在《慧命經》裏多次提到或者引用寂無禪師(清雍正年間〔1723~1735〕在世)和圓通禪師闡述的内丹功法,看來柳華陽的内丹學不僅受到伍守陽龍門派的影響,而且還受到一個既成的佛教内丹學派的影響。

然而,我們讀柳華陽著作的時候,始終認爲伍守陽的影響是最大的。我們還可以推測,寂無禪師跟圓通禪師也接受了伍守陽的龍門丹法。這個觀點最大的根據在於柳華陽的佛經解釋和引用方法。柳華陽所用的佛教用語和佛經語句與它們的解釋方法,大部分效仿伍守陽的文章。但是伍守陽和柳華陽的學説與態度也有一些不同的地方。雖然它們都對中國普通的佛教徒有批評,但柳華陽對佛教的批評更劇烈。

在以下的文章中,我們特别注意到伍守陽(跟伍真陽)對於"漏盡通"、"馬陰藏相"、"滅盡定"等佛教用語的重新釋譯,這些解釋方法也都是柳華陽所用的。伍守陽、伍真陽跟柳華陽都主張仙與佛都修同一個功法,又得到一樣的證驗、相好和神通,而且都認爲當時的中國佛教徒已經失掉了釋迦佛本來的真道。據柳

---

① 參見任繼愈主編:《中國道教史》,上海:上海人民出版社,1990年,第655頁。

華陽的説法,禪宗的功法不只是没有效果,更對身體的健康有害。

## 二、漏盡通

伍守陽、伍真陽和柳華陽闡述的龍門内丹功法的第一層次是"百日築基"——就是"煉精化炁"的層次。煉精("藥")之前,先要"採"之。採藥的方法是以存思而注念於下腹部的下丹田,以等候先天的真精從元炁發出的瞬間。在這裏最重要的是元精發出於"無念"之間——特別重要的是保持無欲的狀態。在《仙佛合宗語録》裏,伍守陽這樣説:

> 有念者,有淫媾之妄念也。因淫念而生之精,即同交媾精,因淫事而生之精,亦即交媾之敗精。精已敗者,炁已耗矣,更何以得長生?故《華嚴經》中佛言:初禪念住。《楞嚴經》中佛言:汝以淫身求佛妙果,輪轉三塗,必不能出如來涅槃。何路修證?陳虚白云:大道教人先止念,念頭不住亦徒然。是仙佛皆同除此一念也。①

據伍守陽的觀點,性交所泄的精,或者陰丹(房中術)所還以補腦的精,都是"敗精"——對於追求長生不老的修煉没有用。但只是不性交(爲了生殖、娛樂或煉丹)還不够,人還需要停止所有的對於性的雜念。那是因爲從性欲發生的精都是壞的。長生是好色的人所達不到的,更不必説不死。爲了證實這個主張,伍守陽引用了佛道兩教的文獻。如伍守陽指出,在《華嚴經》中,釋迦佛説正式的禪定需要人停止所有的念頭(包括性的雜念),又在《楞嚴經》中釋迦佛明確地説,好色的人一定不能成佛,不能入涅槃,而且將來一定轉生爲畜生、餓鬼或是地獄的居民。從道典裏伍守陽引用了元代内丹家陳沖素(號虚白)的《陳虚白規中指南》以主張止念的重要性。② 總之,伍守陽主張淫欲的消除是成仙成佛的必備條件。

真精生時,人有什麽樣的"證驗"(精神、肉體的現象或者感覺)呢?對於這個問題伍守陽的記述不太詳細,也不太清楚。但是,柳華陽的著作很明確地説真精

---

① 《藏外道書》第5册,第640頁。

② 參見《陳虚白規中指南》,《道藏》第4册,北京:文物出版社、上海:上海書店、天津:天津古籍出版社,1988年,第384頁。

生時陽根勃起,又有似乎將要漏精的感覺。[①] 意思就是,人如果安静地修存思,有的時候陽根會自然地勃起,跟睡覺的時候一樣。如果伍守陽的看法也是這樣,可能是他不敢説出來(也許因爲覺得不好意思?)——我們可以瞭解,爲什麽他這麽强調静功所生的真精與淫欲所生的敗精的區别。

真精一生,就要用特定的呼吸法跟存思法來"採煉"之。意思就是把真精引導入尾骨,從尾骨引入脊梁而上入腦袋(這條上昇之路叫"督脈"),又從腦袋向下,通過臉、咽喉和胸,最後進入下丹田(這條下降之路叫"任脈",兩脈一起叫"小周天")。這樣的呼吸法跟存思法叫"火"(包括"武火"跟"文火");"進火"的時機叫"火候"。煉士所有的精,在一百天左右的時間經過很多次周天火候後,終於都被煉成炁了。那個時候,就要"止火"。關於此,伍守陽説明如下:

> 是必要知火所當止而止之,止了之後,方可採大藥而超脱向上,斯時即得六通之一,爲漏盡通也。[②]

伍真陽注釋如下:

> 漏盡通者,陽精無漏,成神通也。爲六通之根本。[③]

據説,"漏盡通"就是煉士必須要達到的六神通(梵語叫 sad - abhijna)[④]之中最重要的一個。真正的仙佛都具有六通,煉士只具有五通,鬼神等都缺少漏盡通——結果就有生死,有輪迴了。"六神通"跟"漏盡通"都是佛教用語。但是《仙佛合宗語録》所説"漏盡通"的意思跟原來的意思並不一樣。在佛典中,"漏盡通"是消除一切煩惱的意思,在伍守陽(與柳華陽)[⑤]的内丹學裏,它却是不會漏精的意思。達到這個狀態,不只是因爲煉士消除了淫欲,也是因爲他没有了可漏泄的精,因爲所有的精已經被煉成炁了。煉士都必須修煉到這個純潔的、"無漏"的狀態。不然的話,不能追求更高的功法和應驗。

在《仙佛合宗語録》中,伍守陽又説,"得此真,即天仙矣,即同世尊佛矣。不

---

① 參見《慧命經》,《藏外道書》第5册,第892頁。伍守陽説在這時下丹田有暖和的感覺,全身有"蘇綿綿快樂,癢生毫竅"的快感。他還説那時煉士的呼吸要暫停一下之後再開始。

② 《藏外道書》第5册,第664頁。

③ 《藏外道書》第5册,第664頁。

④ 佛典一般説的六神通有:神足通、天眼通、天耳通、他心通、宿命通、漏盡通。

⑤ 參見《慧命經》,《藏外道書》第5册,第878~879頁;《金仙證論》,《藏外道書》第5册,第937頁。

得此真,則談禪說道,皆爲幻妄虛言矣"。[①] 他明確地說天仙(在伍守陽的理論裏是至高的仙)是跟佛完全一樣的。只有一個真理,背離這個真理的"道教"或者"禪宗"都是假的、邪的。伍真陽的注釋說:

> 得此元精真,則精炁能化炁而成漏盡通,出陽神而超浩浩劫運,惟此真者,方是天仙之道,同佛道。
>
> 若不得知此藥生、採藥之真時,則不成漏盡通,不出陽神,超劫運只成一個空談妄語而已。[②]

就是說,天仙與佛能够成就至上之道,是因爲他們能採用真"藥"(就是元精)之後,把它煉成炁,以成漏盡通,又出陽神。不教人採元精以成漏盡通的"道教"、"佛教"都是詐欺。

更早的時代有一些道典用"無漏"表示不漏泄精及其他身體内的液體或物質。[③] 但是現在看來,最早明確地以"漏泄精液"的意思解釋"漏",又把這樣意思的"漏盡通"列舉在六神通裏的是伍守陽。

伍守陽認爲,釋迦牟尼以消除淫欲和漏精,超過了其他古代印度的禪定修行者:

> 佛教中言阿私陀山(仙?)、迦旃延等,得四禪五神通,所少於佛者,即漏盡通。正是淫欲未净,而陽精之漏未除,只成陰神,其天眼、天耳二通,能見能聞天之下,不能見聞色界以上天者,即是無真精之陽炁,不合純陽之天體,陰性不能達天之陽中故也。[④]

據說阿私陀是古代印度的婆羅門方士,悉達多太子(釋迦牟尼)出生時,阿私陀檢查他的相貌,然後宣告太子將來一定做轉輪王或佛。迦旃延是釋迦佛十大弟子中的一個,但他原來是阿私陀的徒弟。在這裏伍守陽說像阿私陀、迦旃延那樣的人,的確是以禪定修到了深遠的境界,又得到了不少的神通。但是他們缺少漏盡通,結果他們的視聽能力還有很多不到的地方,遠不如釋迦佛(及其他真佛

---

① 《藏外道書》第5册,第641頁。

② 《藏外道書》第5册,第641頁。

③ 這樣"無漏"的用法,見早期全真道的幾個文獻及元趙道一編《歷世真仙體道通鑑·(北宋)張拱傳》。參見拙著:*The Teachings and Practices of the Early Quanzhen Taoist Masters* (Albany: State University of New York Press, 2004), pp. 70-71。

④ 《藏外道書》第5册,第687頁。

或天仙)。更重要的是,他們在身内僅修成陰神,不如天仙、真佛修成的陽神。陰神没有陽神那様的自由自在,陰神最終還是會隨順着因果報應的法則輪迴轉生。[①] 當然,我們要注意的是,主流的佛典並没有討論到陽神、陰神的問題。

## 三、馬陰藏相

如上所述,據伍守陽的内丹理論,最初的百日築基、煉精化炁的層次,是在已經消除了淫欲又不會漏精的時候纔結束的。但是,在這個時候,還有一個特異的現象,就是陽根的様子也有可見的改變。伍守陽爲了主張這個論點,又引用他最愛讀的佛經《華嚴經》。如下:

> 男根如童子矣,即《華嚴經》所謂具丈夫形,成就如來,馬陰藏相是也。[②]

伍真陽的注釋如下:

> 即老者返爲童之説,精有洩竅者,修成無洩竅,精已枯竭者,修成滿足,大人之身根如童子之小根。昔世尊修如來時,成三十二相,其一曰:"陰藏如馬蝗。"馬蝗能縮短,腎莖縮短似之,故以爲喻,即此説也。此與真仙修證同,若假稱佛宗而爲外道者,不能有此。[③]

所有的精都被煉成炁之後,煉士不會再泄精。所以可以説,他返回了發育期前的男孩狀態。以上所説陽根的様子似小童子的,這個狀態叫"馬陰藏相"。(後來,柳華陽也引用《華嚴經》主張這個論點)[④]。意思就是,陽根的尺寸顯然比以前短,或陽根常在不勃起的短縮狀態。這種現象的一個祥瑞的解釋是,煉士確實是在返老還童的路上。

---

① 參見《仙佛合宗語録》,《藏外道書》第5冊,第686頁。《仙佛合宗語録》又説,奸淫人間婦女的五通鬼就是那些控制不住性欲的煉士所作的陰神。參見《藏外道書》第5冊,第687頁。關於五通鬼,參見 Richard von Glahn, *The Sinister Way: The Divine and Demonic in Chinese Religious Culture* (Berkeley: U. of California Press, 2004)。

② 《仙佛合宗語録》,《藏外道書》第5冊,第664頁。伍守陽所引用的語句見實叉難陀(652~710)譯:《大方廣佛華嚴經》,大正新修大藏經刊行會編:《大正新修大藏經》第279號,第10冊,東京:大藏出版株式會社,1980年,第149頁。以下凡引該書簡稱《大正藏》。

③ 《仙佛合宗語録》,《藏外道書》第5冊,第664頁。

④ 參見《慧命經》,《藏外道書》第5冊,第894頁。

1078年左右所撰的一種比較特異的内丹書《陳先生内丹訣》[1]也論述陽根短縮的事情。其中説陽根不僅短縮,還完全縮盡了,就是没有了。陽根以前存在的地方後來只有一個孔,有的時候煉士就需要進入水裏,從這個孔讓身體内的"丹珠"出來游泳,這個方法叫冷却丹珠。再後來,煉士在肚臍上長出臍帶。[2] 可以這麽説,在《陳先生内丹訣》中,陽根的短縮不僅有返老還童的含義,還有退却男子氣、改變性别、帶有母性等含義(就是説,煉士是不死的性命〔真性,陽神〕的"母親")。

在《仙佛合宗語録》的記述裏,大概已經没有那些關於性别或者懷孕的含義。但是,伍守陽和伍真陽的記述還帶來了别的,即在很古老的佛教教義裏有根據的含義。這個教義就是關於佛的身體具有的"三十二相"(又有"八十好")。[3] 據佛經説,短縮或躲藏在身内的陽根就是三十二相中的一個。漢譯佛典用特異的比喻,就是把這一個"相"叫做"馬陰藏相"。這是因爲馬的陰莖在不勃起時也躲藏在包皮内。[4] 伍守陽所引用的《華嚴經》的語句在《十回向品第二十五》的一段中。那個段落描述菩薩看到"有衆生心懷殘忍,損諸人畜所有男形,令身缺減,受諸楚毒"[5]的情況時的反應。據説,那時菩薩用很多方便勸誡人們停止並悔改一切的閹割行爲。然後菩薩連續地宣告各種把自己的功德"回向"到衆生的誓願。其誓願中的一個是將來衆生都能够具有一個像馬那樣短縮躲藏的陽根;就是説,將來衆生都成佛。

伍守陽和伍真陽所説的要點是修煉内丹的人能够具有跟真正的佛一樣的身體特徵,這是因爲至上的仙人所修的功法跟真佛所修的完全一樣。所以伍真陽認爲不修這樣能够短縮陽根的功法的所謂"佛教徒"就是外道。真正繼承釋迦以及其他真佛功法法派是伍守陽全真道龍門派。

## 四、滅盡定

伍守陽龍門内丹法的第二個層次是"十月養胎",就是煉炁化神的功法。在

---

① 《道藏》第24册,第225~234頁。

② 參見拙作:"Neidan Master Chen Pu's Nine Stages of Transformation", *Monumenta Serica*, No. 49 (2001), pp. 1-31。

③ 這個教義見公元前1世紀所編的巴厘文三藏經。參見 Bhikkhu Nanamoli and Bhikkhu Bodhi trans. *The Middle Length Discourses of the Buddha: A New Translation of the Majjhima Nikaya* (Boston: Wisdom Publications, 1995), p. 745 (*Brahmāyu Sutra*)。

④ 在瞿曇僧伽提婆(4世紀末)譯《中阿含經》裏釋迦佛説"大人陰馬藏,猶良馬王"。見《大正藏》第26號,第1册,第494頁。

⑤ 《大正藏》第10册,第149頁。

這個階段存思的焦點移到中丹田(在心臟)。大概説(除了"採大藥"的功法之外)存思的方法是很單純的,只是漸漸地深入清静的狀態。同時煉士的呼吸自然地、毫不費力地減慢到暫停的狀態。伍守陽的説明如下:

以煉炁之初,本要似胎中之無呼吸者,而又不能無呼吸,若胎孕之將産時也。生滅之相尚在,出入之迹猶存,名二乘,亦名曰如來,以有來故名如來。又謂之如理而來,如理而去。故《華嚴經》云:如來大仙道,微妙難可知。燃燈佛又言:諸行無常是生滅法。皆謂此也。入涅槃而未實證,世尊謂之有餘涅槃,由此而漸趨者也,猶稱爲漸法。即此法此理,而仙聖喻之曰養胎也。其終成也,無呼吸而滅盡定矣。若人世男女始媾之時,祇二氣合一而未成胎,渾然無物也。生滅之相滅已,出入之迹寂滅,心爲不生不滅之心,身爲不生不死之身,從此一得,頓然直與虛空同。故仙聖喻之曰胎成也,世尊佛謂之無餘涅槃。①

原來道教的内煉文獻常常用跟生殖或者懷孕有關的用語和形象,煉士内修的高尚純潔的精神和活力類似母親腹内的胎兒,煉士自己也與胎兒相似,那是因爲他的心理狀態很純樸,又是因爲他的口鼻沒有呼吸,因爲他一直靠着"母親之炁"(就是内在的"道炁/真炁/元炁")活着。看來伍守陽認爲,他需要説明的是,這樣的用語和形象只是比喻。所謂"胎",實際上是煉士將要煉成神的内炁(以精煉成的)。"養胎"的實踐方法需要漸漸地減慢呼吸,最終達到暫停的狀態,這時纔能説"胎"是養完的。不然,它就還在被"養"的過程中。懷孕跟煉炁並不是完全相似的事情。煉士還沒有達到呼吸暫停狀態的時候,他還需要用口鼻呼吸。所以"養胎"的狀態實際上類似剛剛被分娩的具有人形的嬰兒勉强地開始呼吸的狀態。這樣開始具有呼吸着的人形的時候,人進入所謂"有死"的狀態。煉士暫停呼吸的狀態類似男女剛剛交媾時的陰陽之氣的狀態,因爲這些陰陽氣還沒有形體,還沒有呼吸。這樣無形無息的狀態是"不死"的。就是説,長生不老的自由自在的精神和活力——就是陽神——是無形的,它是停止呼吸之後纔可成就的。

在這裏有意思而又有一些奇怪的是,伍守陽把懷孕用語關聯於佛教用語的方法。他把還沒停止呼吸的所謂"養胎"的狀態叫"二乘",意思是那個狀態並不是最高的境界,如聲聞緣覺二乘並不如至高的佛乘。養好了"胎"時纔達到佛乘,

---

① 《仙佛合宗語録》,《藏外道書》第5册,第683~684頁。

就是說,暫停呼吸是真佛的特徵,這個特徵是真佛與一般佛教徒的區别。當然實際上一般主流的中國佛教徒有没有這樣的論法還不確定。伍守陽又主張釋迦佛所説的"無餘涅槃"是停止呼吸的三昧的意思,"有餘涅槃"是還没有停止呼吸的三昧的意思。(後來柳華陽也主張這個論點。)①一般主流佛教的説法,"有餘涅槃"指的是還活着的人已經開悟的狀態,已開悟的人去世後的情況叫"無餘涅槃"。兩種涅槃的高度没有差别,兩種涅槃的區别跟呼吸的有無並没有關係。更特異的是,伍守陽主張,"如來"指的是鼻還有氣入的狀態,不算是至高的境界。按佛教本來的用法,"如來"就是佛的尊稱,指的就是過去、現在、未來的諸佛都經過同樣轉生修道的過程,又講同樣的佛法。

伍守陽(及柳華陽)②把暫停呼吸的至上之定(三昧)叫做"滅盡定"。但是在這個至上之定裏暫停的不只是呼吸。伍守陽的説明如下:

> 以無息大定而圓胎,則一又歸於無矣。無者,無其先天後天之二氣也,無其心之生滅動静之環也,無其六脈而性真寂,滅盡定也。③

煉士在滅盡定的時候,他的脈搏停止,心裏又消除念頭。就是説,精神肉體兩方面意思的"心"的機能暫然停止。對於這段伍真陽解説如下,他又引用了著名南宋内丹家陳泥丸語和《華嚴經》:

> 陳泥丸云:我昔工夫行一年,六脈已息炁歸根,正言十月關中之實證也。六脈者,兩手寸關尺,共六部脈也。脈住由於息能先住,息雖住,必至滅盡而後脈住。故《華嚴經》云:二禪息住,三禪脈住,四禪滅盡定者,言息與脈俱滅盡定也。④

爲了證實"十月養胎"功法有暫停呼吸及脈搏的應驗,伍守陽引用陳泥丸對於親歷的證言。陳泥丸的證言證實的是,伍守陽的主張在五百年前的内丹家的體驗中已經有根據 。⑤ 伍真陽又親切地給我們説明"六脈"表示位於兩個手腕上的六個氣口。

---

① 參見《慧命經》,《藏外道書》第5册,第897頁。
② 參見《慧命經》,《藏外道書》第5册,第897~898頁。
③ 《仙佛合宗語録》,《藏外道書》第5册,第675頁。
④ 《仙佛合宗語録》,《藏外道書》第5册,第675頁。
⑤ 參見《翠虚篇·羅浮翠虚吟》,《道藏》第24册,第205頁。

然後伍真陽説明脈搏的停止是停止呼吸後纔可能的。爲了證實這個觀點，他引用佛教的《華嚴經》。但是奇怪的是，在所有的現存漢譯《華嚴經》裏，我找不到這個伍真陽所引用的段落。伍真陽這樣引用《華嚴經》(?)的目的，不只是説明呼吸對於脈搏的作用，目的也是主張呼吸與脈搏的暫停是釋迦佛所修功法的重要要素——是煉士必須要親歷的"四禪"中的一個。

佛教本來的禪定功法有没有要求必須停止呼吸、脈搏呢？這值得懷疑。從古以來，佛經雖然常常論到禪定的層次，但是各層次禪定的特點的描述都是關於心理狀態的——跟呼吸、脈搏那樣的生理機能並没有關係。在佛典裏，"滅盡定"一般指的是"不還"(梵語 - anagamin)所成就的禪定。"不還"指的是一種高層次的佛教修行者，在消除大部分煩惱後，不會再轉生在人間(就是説他將來在天上成就涅槃)。據佛經的説明，在滅盡定的狀態，人都没有心理的作用。但是在佛經裏提到呼吸、脈搏暫停的文獻非常難找到，或是找不到。在《華嚴經》裏我們找得到一些"滅盡定"的用例，如下兩段：

> 譬如比丘，具足神通，得心自在，次第乃至入滅盡定，一切動心、憶想、分別悉皆止息。①
>
> 譬如比丘，得心自在，入滅盡定，六根作業皆悉不行，一切語言不知不覺；定力持故，不般涅槃。②

以上兩段都説明"滅盡定"是心理作用的暫停，並没有提到呼吸、脈搏的問題。但是，值得注意的是，據以上兩段的第二個説法，暫停的不只是心理作用，視覺、聽覺、嗅覺、味覺和觸覺也都暫停了。在這個狀態的僧尼對於旁邊的人的言行都没有感知。這段要説的是，這個滅盡定，雖然是高尚的境界，還不算是涅槃——也就是説，這樣勉强故意的抑止心理感覺機能的僧尼實際上障害自己。我們也許能推測僧尼實際上進入這個狀態的時候，呼吸和脈搏有減慢甚至暫停的現象。

在内丹發展史上，伍守陽主張呼吸、脈搏是可以暫停的，這並不新穎。③ 新穎的是他用富有創意的佛教用語描述這個現象，並且主張這個現象在佛教中是煉

---

① 《大方廣佛華嚴經》，《大正藏》第 279 號，第 10 册，第 199 頁。

② 《大方廣佛華嚴經》，《大正藏》第 279 號，第 10 册，第 324 頁。

③ (元)玄全子編:《諸真内丹集要・金丹證驗》(《道藏》第 32 册，第 466 頁)論到暫停呼吸的現象。參見拙著："Some Troubles and Perils of Daoist Meditation", *Monumenta Serica*, No. 56 (2008), pp. 259 - 291。

士必須親歷的。

## 五、内丹入定的應驗與佛的親歷及神通力

伍守陽的記述跟伍真陽的注釋非常生動地描述了内丹修煉過程中的心得、感覺和生理方面的現象——這樣的現象叫“證驗”或“應驗”。在《仙佛合宗語録》中,伍守陽回憶自己修煉初期的體驗說:

> 我於萬曆壬寅春初試百日關,於家而煉精化炁,首一月調習,次一月精進,時至神知,運一周天斡旋斗柄,默悟世尊所謂見明星而悟道之説,契我妙用。①

伍守陽開始煉内丹是 1602 年的春天,在自己家裏。第一個月没有什麽證驗,但到了第二個月的末期,他就能够認識元精發生的瞬間而“採藥”,又能隨着“小周天”引導“真藥”以煉之。在這個時候伍守陽確信他自己親歷的這個過程是跟古代印度的釋迦佛一樣的。② 他以爲釋迦佛的開悟是親修龍門丹法的結果,所以他預期自己也能在將來再現佛典所述的釋迦佛的體驗。伍守陽親歷的應驗怎麽與釋迦佛“見明星”③的事情相似的呢?在這段裏伍守陽没説,但是在《伍真人丹道九篇》裏他説,在百日煉精的階段,煉士有的時候在兩眉間的“明堂”會看見閃電樣的“陽光”。④ 也許親自看到這個閃光的時候,伍守陽想起了釋迦佛“見明星”的佛教故事。但是,在《伍真人丹道九篇》裏,伍守陽把眉間的陽光對照於佛經裏的其他事情:

> 又有寶勝如來放光動地之句,亦爲陽光發現之明證也。⑤

伍守陽在這裏引用佛經中的一段來證實内丹煉精的階段中真有眉間閃光的證驗,所引用的這一段話描述了一位真佛身體發光的事情。(可惜的是我在佛經

---

① 《藏外道書》第 5 册,第 661 頁。

② 後來柳華陽也這樣把釋迦佛“見明星”的語句解釋爲釋迦佛所修的内丹的證驗。參見《慧命經》,《藏外道書》第 5 册,第 889 頁。

③ 志盤(1269 年在世):《佛祖統紀》描述釋迦佛開悟的瞬間時說,“明星出時霍然大悟”。見《大正藏》第 2035 號,第 49 册,第 146 頁。

④ 參見《藏外道書》第 5 册,第 868 頁。

⑤ 《藏外道書》第 5 册,第 868 頁。

中没找到這一段。)大乘經典常常有如來發光的描述,但是這些描述的主旨大概並非關於煉功(内丹、坐禪)的證驗。

這樣隨便地解釋佛經來證實内丹證驗的方法是伍守陽和伍真陽(及柳華陽)常用的方式——特别是在描述"採大藥"功法中的應驗時。"採大藥"功法是在煉精化炁剛剛完成時所修的,目的是把真炁(以真精煉成的)從下丹田,沿着"大周天"(由督脈上昇,由任脈下降)的路徑引導移入中丹田。這一階段的功夫一般需要七天的修持。

在《仙佛合宗語録》中,伍守陽描述他的恩師曹還陽親歷的證驗如下:

> 不五十日而火足,採其大藥,五日而得,眼有金光,鼻有氣擂,耳後有風生,腦後有鷲鳴,身有踴動,丹田有火珠馳驟,上衝下突,如是六種見驗已。①

據説曹還陽不到五十天就已經修完"百日築基"的功夫。然後採大藥的功夫只要五天——並不要七天。大藥(以真精煉成的真炁)發動時曹師父感受到六種證驗。對於這段,伍真陽解説如下:

> 鷲爲水鳥,即白鷺也。腦後虛空中,若有鷺鳥之聲,亂噪不住,則大藥將至之先兆也。故世尊示人曰"鷲嶺",又曰"鵲巢灌頂"是也。
>
> 六種者,六根有所證果之驗也。俞玉吾作《参同契注》,亦有六種應驗之説,同此。《華嚴經》世尊亦有六種震動之説,同義。②

伍真陽説伍守陽所説的"鷲"實際是鷺鳥。他這樣説的意思很難理解,也許伍真陽是根據自己的經驗説的,他以爲在這個階段煉士聽到的聲音類似鷺鳴,不太與鷲鳴一樣。無論如何,伍守陽後面説内丹煉士所感受的證驗跟諸佛所感受的完全一樣。鷲嶺就是位於印度北部的靈鷲山(Mt. Grdhrakuta),據説釋迦佛在這座山説法很多次——在這裏闡述的最有名的經典是《法華經》。伍真陽這裏説"鷲嶺"其實是比喻,它指的是煉士在"採大藥"時聽到的聲音(也許"鷲嶺"最少帶有這樣秘傳的深層含義)。關於悉達多太子的苦修,佛典又説太子在長期不動地打坐,在他頭頂上的樹上做窩的鵲鳥拉屎的時候他還不動身。③ 據伍真陽的解

---

① 《藏外道書》第5册,第661頁。

② 《仙佛合宗語録》,《藏外道書》第5册,第661頁。

③ (明)寶成編:《釋迦如來應化録》描述太子的苦修説:"鵲巢樹上抱卵哺雛。糞汙其身亦不棄去。"見《卍新纂續藏經》第1511號,第75册,第67頁。

釋,這個佛教傳説也是藉指“大藥”將要發動時煉士聽到鳥聲的比喻(還是含有那樣的深層意思)。

伍真陽在這裏强調的是伍守陽(及後來的柳華陽)[1]所説的六種應驗是道佛兩教的經典已經提到的現象。伍真陽在這裏引用的道書看來是元代著名内丹家俞琰的《周易參同契發揮》[2],他引用的佛經是《華嚴經》。其實《華嚴經》在幾個地方有“六種震動”之句,在《華嚴經》以及其他佛經裏,這指的是如來出現時引起的各種地震的樣子,如下:

> 爾時,佛神力故,十方各一萬佛刹微塵數世界,六種震動。所謂動,遍動,等遍動;起,遍起,等遍起;湧,遍湧,等遍湧;震,遍震,等遍震;吼,遍吼,等遍吼;擊,遍擊,等遍擊。[3]

據説佛的不可思議的威力使無數的世界产生“動起湧震吼擊”六種樣式的震動,各種震動還有“遍”和“等遍”的樣式。爲什麽有這樣複雜的震動分類呢?在現代的我們看來,大概已經是不可解的了。無論如何,從伍真陽的視角來看,震動有六種類型肯定是有道理的。那是因爲“六種震動”其實是内丹“採大藥”功夫的六種證驗的比喻。證驗有六種是因爲“六根”(心身眼耳舌鼻)各自有“證果之驗”。

關於眼睛裏現出的金光,伍真陽在《仙佛合宗語録》的另一段又説如下:

> 眼光圓滿如金光,陽氣復還,圓滿之徵也。仙家有金光咒,佛家有金光明經,皆此。[4]

伍真陽説那種證驗是陽氣充滿的結果。他又指出“金光”之句是道教和民間宗教的儀禮常用的一個咒文的名稱,這句又在一篇重要的大乘佛教經典(《金光明經》)的題目中出現。他想這是因爲道佛兩教的内丹煉士看見了同樣的金光。他心想釋迦佛(或其他的人)命名這篇經典的時候,一定想起這個“大藥”發動時的眼睛裏的金光。看來這樣的臆測是一般人想不到的。如果這個解釋是伍真陽自已想到的(就是説,它不是從師父伍守陽那裏學來的),我們可以説他佛經解釋

---

① 參見《慧命經》,《藏外道書》第5册,第895頁。
② 參見《周易參同契發揮》卷六,《道藏》第20册,第238頁。
③ 《大方廣佛華嚴經》,《大正藏》第279號,第10册,第85頁。
④ 《藏外道書》第5册,第663頁。

的創意性超過了他的師父。

關於"採大藥"的成就,伍守陽在《仙佛合宗語録》裹又説:

正世尊所謂火化以後,收取舍利者,此也。①

伍真陽解釋這段説:

火化後,同仙家小周天之候也;收舍利者,同仙家採大藥得玄珠之喻。②

佛教最古老的崇拜諸佛諸賢者的方法可能就是把火化的遺骨(就是"舍利",梵語 - sarira)收起來而埋葬在塔(梵語 - stupa)裹。據説釋迦佛在拘屍那揭羅(Kusinagara)去世的時候,人們把他的舍利收起來而分給周邊八個部族的國家,各個國家就把分到的舍利埋葬在塔裹並崇拜祭祀它。大乘經典裹的釋迦佛常常講關於三世十方世界諸佛入滅火化的故事。在這裹伍守陽想起什麽佛經是很難説的,但是在這樣的故事中,特别有名的是《法華經》(《藥王菩薩本事品》第二十三)所記載的一切衆生喜見菩薩火化日月净明德佛的故事(火化如來之後,一切衆生喜見菩薩又焚燒自己的兩隻手臂)。③ 從伍守陽的角度來看,釋迦佛在這裹的描述是比喻,"火化"就是内丹煉士"採大藥"時的"火候","舍利"就是"大藥"。

有意思的是,我們在佛典裹找得到高僧用禪定所生火焰來自焚的例子。一個例子在《景德傳燈録》(1004 年,道原編),其中説印度的禪宗十八代祖師伽耶舍多"踴身虚空現十八種神變,化火光三昧自焚其身",然後他的徒弟們把舍利埋葬在塔裹。④ 其實把摯切的宗教行爲——不管是精思、苦修還是祭祀——對照或等同於火熱(梵語 - tapas)是印度最古老的宗教概念中的一個。⑤ 又值得注意的是,道教的傳記裹也有高道(張契真〔936 ~ 1006〕和張伯端〔1082 年去世〕)被火化而留下奇妙的舍利的故事。又有一部道書叫《洞元子内丹訣》(11 世紀左右)

① 《藏外道書》第 5 册,第 663 頁。

② 《藏外道書》第 5 册,第 663 頁。

③ 參見鳩摩羅什譯:《妙法蓮華經》,《大正藏》第 262 號,第 9 册,第 53 頁。

④ 參見《大正藏》第 2076 號,第 51 册,第 212 頁。

⑤ 參見 Walter O. Kaelber, *Tapta Marga: Asceticism and Initiation in Vedic India* (Albany: SUNY Press, 1989), pp. 2 - 4。

説火化後留下的珍奇的舍利就是由於故人的禁欲清修而凝結的精。①

關於"大藥"的獲得,伍守陽又説:

> 有因以青龍姹女採取而來,故略言之曰:龍女獻珠。得此者,獲無漏果,證無量壽。②

"姹女"與"青龍"都是道家丹道文獻的比喻用語,在生理上它們各自與"心臟"和"肝臟"相應,在一起它們屬於陽(對照陰)、心(對照身)、神(對照氣)、炁(對照精)與性(對照情)。姹女、青龍各自的對象是嬰兒和白虎,煉士用存思(騎在青龍上的姹女)來控制身體的生理而煉精化炁,然後成就大藥。據伍守陽(及柳華陽)説,釋迦佛在《法華經》(《提婆達多品》第十二)談的有名的故事就是這樣的内丹功夫的比喻。③ 在這個故事裏,龍王的女兒把一顆珍珠送給如來,這個行爲帶來的結果是,她立刻變成男身了。④

據伍守陽門下的龍門内丹學説,天仙跟真佛又有"出陽神"的能力。陽神就是天仙真佛的真性,具有完全不生不死而自由自在的性質。雖然人的肉體有死亡,但陽神還是繼續存在的。雖然整個天下經歷屢次劫運帶來灾禍,陽神還是没有死亡的。唐末左右以來的道教傳記裏有很多内丹煉士顯現"身外之身"的故事,就是説,它們能够在肉體外的地方顯出有形可見的立體的身體。但是從《仙佛合宗語録》的記述中,我們看得出伍守陽在談到"出陽神"的時候,一直不用"身外之身"的説法。他想那種説法是錯誤的,因爲陽神是原來的真性(又是永遠普遍的道性),並不是有形可見的。當然,據他的想法,陽神從肉體出來的時候,肯定能够顯現"身外之身";如果希望的話,陽神還能顯現無限之數的身體。就是説,陽神自己雖然是無形的,但它具有顯出身體的神通。然而陽神出來時,有的時候並不顯出"身外之身"。雖然如此,那時陽神還是有神通的,並一定具有顯出某種樣子的神異性。⑤ 有一次,伍守陽的徒弟伍太一(就是伍真陽的兒子)請求師父對於這個問題作更詳細的説明,伍守陽就提到多種道典所載的關於高道出陽

① 參見拙著:"Death, Immortality and Spirit Liberation in Northern Song Taoism: The Hagiographical Accounts of Zhao Daoyi", in *The People and the Dao: New Studies of Chinese Religions in Honour of Prof. Daniel L. Overmyer.* Edited by Philip Clart and Paul Crowe. Sankt Augustin: Institute Monumenta Serica (2009), pp. 389-419。

② 《仙佛合宗語録》,《藏外道書》第5册,第663頁。

③ 參見《慧命經》,《藏外道書》第5册,第904頁。

④ 參見《大正藏》第262號,第9册,第35頁。

⑤ 參見《藏外道書》第5册,第684~685頁。

神而不顯人體的例子。他還提到佛經裏下面的例子:

> 釋迦牟尼佛世尊以白毫光出,故《華嚴經》五十卷云:世尊從白毫相中放大光明,名如來出現。又《法華經》亦云:世尊放白毫相光,照見東方萬八千世界,靡不周徧,下至阿鼻地獄,上至阿迦尼吒天,南西北方如是照見周徧,此所出亦非有身也。①

就是說,諸佛也具有出陽神的能力。爲了證實這個主張,伍守陽引用他最愛讀的佛經《華嚴經》。後來,柳華陽也同樣提起"白毫相光"來陳述這個論點。②

總之,據伍守陽(及柳華陽)的看法,佛經和佛傳有很多記述證實釋迦以及其他諸佛親歷的證驗和顯出的神異是跟道教龍門派的高士們一樣的。

## 六、對於中國佛教的批評

伍守陽門下最强調的主張,一個是釋迦佛修與道教全真道龍門派一樣的内丹功法,還有一個就是佛跟天仙是完全一樣的不可思議的人物。這種看法還暗示,不接受龍門派内丹法的佛教徒其實没有繼承釋迦佛的真正教法。據這樣的標準,在中國自稱"佛教徒"的人絶大部分是外道。如果這樣的話,佛宗從什麽時候開始墮落的呢?據伍真陽的注釋,那是在8世紀初期:

> 自六祖不傳衣鉢之後,則性學不真,皆言和尚操轉劫之性,全不究竟如來佛超劫之性,以是而分仙佛爲二矣。③

這裏提到的"六祖"無疑是慧能(638~713)。"性學"指的不是佛教,就是禪宗。伍真陽這裏主張釋迦佛真正教法的傳授止於慧能,至於什麽原因,則不得而知。所以,後來中國佛教徒所修的功法都是假的,他們的志嚮與修證遠不如諸佛天仙的至上之境界,他們區别仙佛的錯誤的原因是缺少佛教知識。有幸的道教徒(至少是全真道)能够拋棄那樣的區别而結合仙佛兩宗爲一,對於這個偉大工作最有貢獻的就是全真道開山祖師王嚞:

---

① 《仙佛合宗語録》,《藏外道書》第5册,第720~721頁。
② 參見《慧命經》,《藏外道書》第5册,第898頁。
③ 《仙佛合宗語録》,《藏外道書》第5册,第691頁。

唯演説佛法，開立全真正教，至於浩浩無極劫者，自重陽真人始，後來法眷，故皆遵之。而仙佛二宗，始能合一爲真修矣。①

就是說，在中國傳承並保護真佛法的是全真道，不是佛教。

伍真陽的注釋還有一些關於中國佛教現狀的很有意思的記述：

仙家必先以元精返還於身中，而復歸於元炁，佛家則泛言戒淫欲以出欲界，俱是除淫之義……究之佛門，惟浙僧間有談及除淫離欲者，由天台智顗和尚之遺教。智者之兄名陳鍼，出於張果真人之門故也。②

在這裏，伍真陽指出道佛兩教本來都是需要人斷淫的教法，只是各教門勸人斷淫的說法跟辦法不一樣。道教（"仙家"）一般强調生理方面，而勸人保持身體内的精；佛教用戒律來勸人斷淫，以躲避性交所帶的惡業。但是伍真陽認爲，一般的中國佛教徒——除了浙江的一部分之外——不"談及除淫離欲"。伍真陽的意思，是一般的佛教徒不太服從戒淫的戒律呢，還是他們只是不太喜歡談到斷淫的問題？也許伍真陽的意思是，"除淫離欲"並不是由單修戒律的方法達到的，煉士還需要修"煉精化炁"的功夫來廢止身體的生殖機能——懂這個事實的是道教的内丹家們和浙江的一些和尚。無論如何，伍真陽以爲浙江僧侶的優良知識是來自於高僧天台智顗（538～597）的遺教。據伍真陽的看法，智顗斷淫方面的知識一定是從他的兄長陳鍼那裏學來的，陳鍼又是著名神異道士張果的徒弟。

張果是民間熟知的"八仙"之一，道教的傳記描述，他在唐代前期（7至8世紀，從太宗到玄宗的時代）顯示出很多神異。據說他自稱幾百歲，又"善於胎息，累日不食"。③（《道藏》裏又有幾本據稱是他所撰的書。）④由此看來，伍真陽關於張果、陳鍼和智顗的看法不太可信，因爲我們不能相信張果有幾百歲的壽命，況且他出生的年代大概在智顗去世之後。

但是，其實在佛教的傳記裏，我們找得到伍真陽看法的根據。灌頂（632年去世）撰《隋天台智者大師别傳》記述如下：

① 《仙佛合宗語録》，《藏外道書》第5册，第706頁。

② 《仙佛合宗語録》，《藏外道書》第5册，第659頁。

③ 參見沈汾（937～975年間在世）：《續仙傳》，《道藏》第5册，第86頁。

④ 《道藏》裏有《黄帝陰符經注》（第2册）、《玉洞大神丹砂真要訣》（第19册）和《太上九要心印妙經》（第4册）。

梁晉安王中兵參軍陳鍼，即智者之長兄也。年在知命，張果相之死在晦朔，師令行方等懺，鍼見天堂牌門，此是陳鍼之堂，過十五年當生此地。遂延十五年壽，果後見鍼，驚問：君服何藥？答：但修懺耳！果云：若非道力，安能超死耶？①

從以上7世紀初的記述，我們能知道一些重要的事情。智顗真有一個兄長叫陳鍼，當時真有一個人叫張果。這個張果是當時著名的看相家（看來灌頂認爲没有介紹他的必要），又是對於醫學和長生有見解的人。但是這一段，其實並没有説陳鍼是張果的徒弟，能看得出的只是陳鍼信任張果的看相能力。這個故事原來的重點是智顗和尚用的懺法（懺悔罪業的佛教儀禮）的絶大的效驗，這個懺法結果使陳鍼得以延長了十五年壽命，這樣的情形是張果不可預見的。故事的主旨雖然是這樣，伍守陽可能是對這個故事作了新的解釋來表達自己的看法。

在佛教徒柳華陽的記述裏，我們找得到更嚴厲的佛教批評。如我們已經看到的，柳華陽在《慧命經》的自序中回憶他承擔復興"佛教雙修""命脈"的重任。他撰寫《慧命經》的目的是"開古佛之秘密，泄師祖之玄機"。而且他又説：

余見世之求道者多宗語録，而語録中有實語者，有妄語者，彼下學不知如來慧命之道，誤入套語口禪，終爲下愚，轉受語録之害。余遍閲諸經，與師傅印證，有《楞嚴》、《華嚴》、《壇經》，乃實語也。禪師語録、和尚語録，乃妄語也。②

"慧命"是柳華陽常用的特别用語，指的是清修的煉士採煉的真精（真藥）。據柳華陽的看法，採煉慧命是原來釋迦佛教法的重要要素，但是誰都不知道這個事情。他認爲，對於這樣令人遺憾的事情最應該負擔責任的是慧能之後的禪宗。他特别覺得遺憾的是禪宗語録的普及和影響。柳華陽列舉的可靠的佛經中果然有伍守陽所愛讀的《楞嚴經》和《華嚴經》，他又推薦慧能的《壇經》，看來他跟伍守陽同樣認爲慧能秉承了真正的佛法。我們還能推測，柳華陽推薦《壇經》而非難語録，是因爲慧能的不少關於坐禪的説法。相反，語録有的時候有輕視坐禪的語句。語録又是提供"看話禪"所用公案的題材，這樣的看話禪對於内丹的修煉並没有什麽幫助。柳華陽所説的"套語口禪"也許就是指看話禪。

---

① 《大正藏》第2050號，第50册，第197頁。

② 《藏外道書》第5册，第876頁。

在《慧命經》裏的如下段落，我們又看到了柳華陽關於佛教史的更有獨創性的看法：

奈何此道自漢明帝至今，並無一人宣講，獨有達磨、寂無二祖師密受。故肉身俱已變化，親登太空，允證金身，達磨微露，而寂無著諸經典，闡揚此道，奈門人藏閉其書。余今解明備全，願同志者概而證之，免墮傍門，得疾病而夭死，早成乎大道矣。①

且寂無得如來、達磨之全旨，慧命之嫡傳，故能隱顯莫測，變化無窮。雍正年間，纍在太邑，化陽身數十，家家有個寂無。談笑飲食，隱則無蹤，或與人金銀美女，或顯虎獰水火，從學之徒，凡心欲念，無不消焉。②

世尊達磨，雖有火化風吹候之言，而文武之用度，未行竹帛。故世之無雙修，而亦不能信，自達磨、寂無後，無有神形俱妙之高僧矣。③

柳華陽以爲，在中國佛教史上，傳授釋迦佛本來的内丹法而達到仙佛至高成就的人，只是達磨（5至6世紀在世）跟一個寂無禪師（清朝雍正〔1723～1735〕年間在世）。這樣看來，慧能的地位降低了。概括地説，柳華陽的看法是這樣的：慧能可能是從禪宗歷代祖師的法脈間接地承受到了達磨的一些内丹法，寂無却從未死的達磨得到了内丹法，結果他能達到至高的仙佛地位。（我們可以説，寂無和達磨的幸遇，與柳華陽和伍守陽的幸遇屬於同一性質。）釋迦佛跟達磨兩人都講到内丹存思（“火化”）和調息（“風吹”）之方法，可惜的是他們没有把這些教法寫成文章。寂無因慈悲心而撰寫了一些内丹文章，但是他的門徒後來不知什麽原因，讓這些文章滅迹了。

寂無跟柳華陽有何關係呢？雖然他們兩個是同一個世紀的人，但互相見面的可能性不大，因爲柳華陽出生得太晚。如果柳華陽跟寂無見過面的話，《慧命經》一定會提到這件事情。柳華陽跟寂無的門徒很熟，見過面的可能性很大。在《慧命經》自序裏提到的壺雲老師，也許是寂無的熟人。在《慧命經》中多次提到的圓通禪師，可能是寂無的弟子。如果寂無禪師真是个真實的人物，他受到伍守陽丹法影響的可能性很大，或許寂無跟全真道龍門派有直接的交流。

雖然柳華陽的丹法顯然受到伍守陽很大的影響，但柳華陽丹法的一些要素

① 《藏外道書》第5册，第887頁。
② 《藏外道書》第5册，第888頁。
③ 《藏外道書》第5册，第890頁。

是在伍守陽的著作中找不到的，這些要素可能是柳華陽的原創，但也可能源自寂無禪師門下的佛教内丹學。（當然柳華陽並不敢主張自己所説的原創性，那是因爲他堅信真正的内丹法是永遠不變的，如果他的著述有獨創的要素，那是因爲他因慈悲心漏泄了先輩們不敢説出的天機——柳華陽一定這樣説。）

在柳華陽著作的新要素中，有兩個特别重要。一個是他明確地説在真精發生時煉士的陽根會勃起，但是也許伍守陽（及他以前的龍門派内丹家）已經知道這個現象，只是不敢説出來。還有一個重要的新要素很有可能是柳華陽（或寂無）的原創。在上面引用的關於達磨與寂無的三個段落中，第一個段落説他們兩個都成就了能够變化而昇天的身體，這樣的身體叫“金身”。第三個段落把這樣的成就叫“神形俱妙”。如我們已經論到的，伍守陽把至高的仙叫“天仙”，天仙就是煉成不生不死、自由自在、神通無限的陽神的人。肉體雖然有死亡，天仙的陽神是永遠存在的。在柳華陽的論述中，至高的仙叫“金仙”，金仙的肉體是跟他的陽神一樣不死的。金仙能够把整個肉體煉成炁而跟隨着陽神永遠存在。柳華陽的説明如下：

> 能到虚空境界，真心常定，一切智觀滅除，渾然無極。或一定三載，或一定九年，一點金光真火收藏於内，日久月深，則凡軀亦化而爲炁，神既妙而形亦妙矣。①

當然令柳華陽很遺憾的是，在他同時代的佛門裏幾乎没有人實踐内丹，所以他對中國的佛教持批評的態度。其中作爲柳華陽最嚴厲之批評對象的是“打七一門”，即通常所説的經受七天集中的打坐。《慧命經》記載了如下的問答：

> （了然）問之四曰：打七一門，釋教今時稱爲最上，不見成道，習者反人人吐血，是何也？
>
> （柳華陽）答曰：自如來開化，西天二十八祖，東土六代，並無此門，乃僧高峰門人誣設坑害後人。高峰乃文字之學，非如來之道，況所習者，是閉息之傍門。吐血者，因跪香忍氣，傷其臟腑，坐打香板，傷其脊絡，就是盧醫、扁鵲，莫能救之。此門日後，自有至人滅之，以救無盡性命矣。
>
> 問之五曰：有打七之人，自稱頓悟佛性，現在吐血，反教他人習之，果是悟得佛性否？

---

① 《慧命經》，《藏外道書》第5册，第900頁。

華陽嘎嘎大笑曰：凡得道者，百脈流通，一團太和之陽氣，全無陰氣之阻塞。吐血者，乃陰陽不和，火氣盛，陰氣阻塞之過耳。命且不保，焉能悟得佛性？不待計較而自明也。[1]

看來當時這個"打七一門"在民間有廣泛的傳播。在一般人看來，他們的打坐苦修大概帶有高尚嚴格的佛教古風。但是，如了然所指出的，有時候實踐"打七"的人會吐血。據柳華陽講，他們的打坐功法只是一個高峰和尚捏造的邪法，與釋迦佛跟古代印度的祖師們所講的教法並沒有關係。打七的嚴酷修法，對身體顯然有害，甚至會使人死掉。對於不死的追求，打七功法是没有用的。打七功法最大錯誤在調息法，他們通常用閉氣的方法（我們可以説，他們的功法又跟佛教主流的不一樣）。伍守陽、伍真陽跟柳華陽的内丹法一個非常重要的證驗是暫停呼吸及脈搏（滅盡定），但這並不是閉氣。煉士不要故意地停止呼吸，呼吸的減慢和暫停是隨着心的漸漸深化的清静狀態自然地進行的。據伍守陽的看法，提倡那樣假的又有害的功法的高峰和尚一定有嚴重的罪孽。

## 七、結論

伍守陽——還有曹還陽、李虚庵或者張静虚——爲了證實自己内丹學的主張，用很新穎的方法來引用和解釋佛經和佛教用語。伍守陽的主張基本上都關於兩件事情：(1)自己内丹功法的有效性、真實性和古老起源，(2)道佛兩教本來的同一性——即"仙佛合宗"。使用同一個佛教解釋方法的，不只是他的徒弟（又是堂弟）伍真陽，還有一百五十年後的佛教徒柳華陽。

原來在佛典中"漏盡通"表示消除煩惱的狀態，在伍守陽、伍真陽和柳華陽的用法中，它表示不會泄漏精液的狀態。在漢譯佛經裏，"馬陰藏相"是佛或轉輪王原來具有的三十二相中的一個，在伍守陽、伍真陽和柳華陽的用法中，它表示修煉内丹一百天左右之後陽根的縮短與勃起功能的消失，這就是成就不死的過程必須的證驗。"滅盡定"在佛典裏指的是成就"不還"的修行者所修證的三昧，就是停止所有心理作用的狀態，在伍守陽、伍真陽和柳華陽的解釋中，它是暫停呼吸和脈搏的狀態，如果煉士要出陽神，他必須要進入這個狀態。總之，這三個佛教用語都在伍守陽、伍真陽和柳華陽的論述中表示内丹過程中的生理現象，他們

① 《藏外道書》第5册，第910頁。

這樣解釋這些佛教用語的目的是主張古代印度的釋迦佛就是内丹家。

在伍守陽、伍真陽和柳華陽看來,佛典所載的故事和語句中有很多關於内丹的比喻。特别隨意地使用這樣的解釋方法的是伍真陽。有時他引用我們找不到的"《華嚴經》"的文章,他又説《金光明經》題目中的"金光"是内丹證驗的比喻。

伍守陽、伍真陽和柳華陽都對於中國的佛教有所批評,這主要是因爲中國一般的佛教徒不修内丹,又不承認仙佛兩宗本來的同一性。從達磨到慧能的六個祖師還能繼承釋迦佛本來的教法,但是後來幾乎所有的中國佛教徒其實都是外道。據柳華陽的看法,最可惡的是提倡有害坐禪功法"打七之門"的創始者高峰和尚和他的門人。

以上的考論給我們留下幾個關於明清時代佛教的問題。在柳華陽之前,佛教裏有没有修内丹的? 如果有的話,又有多少人? 他們在什麽地方活動? 跟全真道龍門派有何關係或交流? 伍真陽關於"談及除淫離欲"的"浙僧"的論述,也許有所暗示,他的意思也許是,這些活動於 17 世紀浙江的和尚們有内丹煉精化炁功夫的知識。如果是這樣,在伍守陽的時代,已經有一些佛教内丹家,這些佛教内丹家們也許跟伍守陽的門下有過交流。很有意思的是,柳華陽所尊崇的寂無禪師和多次提到的圓通禪師,如果他們是真實的人物,他們的存在至少説明 18 世紀前半期有一個小規模的佛教内丹法派,而且這個小法派可能受到了伍守陽的影響,並且對於内丹理論的發展有貢獻。

# 清代全真道派適應低潮時期的三項歷史經驗

## ——全真三大師王常月、劉一明、閔小艮的啓示

□陳耀庭

**摘要**：本文總結了清代三位全真高道，即北京白雲觀方丈王常月、甘肅棲雲山劉一明、浙江湖州金蓋山閔一得，如何應對道教發展低潮時期的歷史經驗，指出在道教發展遇到客觀和主觀條件限制的時候，全真高道採取了三種辦法適應社會，即加强組織建設和規誡建設以健全道教内部隊伍，密切聯繫信徒和爲信衆開展醫術服務以維護宫觀及道士自養，整理道教文化和傳播道教經典以吸引信衆及擴大影響。這三項做法使得全真龍門派在低潮時期仍然在局部地區取得了類似高潮時期的弘道傳法的積極成果。

**關鍵詞**：全真派　龍門派　王常月　劉一明　閔一得　低潮時期　歷史經驗

**作者簡介**：陳耀庭，男，1939 年生，上海人。原上海社會科學院宗教研究所研究員，2001 年退休。現爲新加坡道教學院學術顧問、上海城隍廟學術顧問、四川大學"985 工程"講座教授、澳大利亞悉尼大學中國研究中心名譽研究員。

任何一種事物的發展，總是有起有伏的。有發展飛速的時期，也會有發展停滯的時期；有高潮，也會有低潮。事物的發展不可能自始至終保持一種狀態，更不可能始終保持着一種高潮狀態。

任何一種事物的發展，不會是單嚮的，更不會是綫性的。事物的發展受到衆多的内因和外因的影響，所以，事物的發展總是螺旋形的，波浪形的，並且有時候還會出現諸多方嚮性的變化。

宗教的發展是如此，中國道教的發展也是如此，乃至中國道教的一個宗派，例如全真道派的發展也是如此。

改革開放以來，宗教工作實現了撥亂反正，宗教信仰自由政策得到了認真的

貫徹落實。這個過程已經有三十年了。在中國人的心目中,三十年正是半個甲子。前輩道長一直説,這三十年是近百年來道教發展的黄金時期。他們心目中的黄金時期,就是指道教平穩發展,很少受到限制或者干擾。三十年來,宫觀修復開放,道教組織健全,各宫觀香火旺盛,青年道士得到培養,一批青年領袖湧現,因此,近三十年或許也可稱爲是道教歷史上的高潮時期。當然,由於時代不同,社會的物質和精神生活有很大的區别。因此,近三十年的高潮時期同唐代和宋代道教的高潮時期又是有所不同的。

對於在近三十年裏成長起來的新一代道教領袖人物來説,他們首先應該學會在發展時期率領好道教,那是當務之急。不過,從"居安思危"的處世原則出發,新一代道教領袖也要在思想上準備好如何應對道教的低潮時期,爲在低潮時期率領道教走出困境作好準備。

本文就是想從清代三位高道在低潮時期的所作所爲中,爲新一代道教領袖總結出一些有用的歷史經驗,録以備用。

## 清代全真道派處在低潮時期

如果説,金代是全真道派的初創時期,元代的初期是全真道派發展的高潮時期,那麽,清代的全真道派就應該説是處在低潮時期了。

清代全真道派在低潮時期的生存情況如何呢？概括起來就是"零落凋敝,生存維艱"這八個字。

《金蓋心燈》在説到第四代律師周玄樸的時候稱,周玄樸"住世一百一十年",在"景泰庚午歲(明代宗景泰元年,公元1450年)十月望日,他適,不知所終"。當時早於清代王常月的時代大約百餘年,"是時元(玄)門零落,有志之士,皆全身避咎,師隱青城,不履塵市五十餘年,面壁内觀,不以教相有爲之事累心。弟子數人,皆不以闡教爲事,律門幾致湮歿"。[①]

《金蓋心燈》在説到第五代宗師沈頓空的時候稱,沈頓空在明英宗天順三年(1459)"至金蓋,掛瓢於書隱樓。慨仙蹤之不振,吊逸緒之無承。有終焉志,問水尋山,陶情適性"[②]。

《金蓋心燈》裏説到,王常月曾經兩次遇見第六代律師趙復陽真人。王常月

---

① 《金蓋心燈》卷一,《藏外道書》第31册,成都:巴蜀書社,1994年,第178頁。

② 《金蓋心燈》卷一,《藏外道書》第31册,第180頁。

第二次遇見趙復陽真人是在上次遇見的十年以後。趙復陽真人問王常月:"十年之闊,持心應物,何得何失?"王常月回答説:"元(玄)風頽敝,邪説流行,罹諸艱苦,徒增浩嘆耳。"①

以上引用《金蓋心燈》裏的三條材料,目的是説明明代末年和清代初年的全真道教的生存狀況十分困難。

所謂"仙蹤之不振",可以理解爲社會對道教的神仙信仰不關心、不熱心,於是供奉神仙的道觀就香火不旺盛,道士的生活就難以維持,道觀的修葺也不能及時。究其原因,自然是因爲"邪説流行",這裏的邪説流行當然就是指社會上流傳各種各樣批評神仙的説法的意思。

所謂"玄風頽敝",可以理解爲道門總體上出現的頽廢和凋敝,包括廟觀的年久失修,廟觀内缺乏信衆的香火。道士不能天天按時舉行早晚課以及各種科儀活動,或者道士規誡執行鬆鬆垮垮,廟觀内部紀律鬆懈,等等。

所謂"逸緒之無承",可以理解爲道教的傳承出現了中斷。師父找不到可以繼承道法的弟子。道觀裏的道士也"不以闡教爲事,律門幾致湮歿"。道士流失,或者道士不能稱職,導致宗派幾乎被湮没。道教處在如此的低潮之中,自然就有了中斷傳承的危險。

明代末年和清代初年道教出現這樣的低潮是有客觀的社會原因的,同時,也和道教自己的主觀原因有關。

説到客觀的社會原因,一方面是清代朝廷對於道教的態度以及道教受到社會重視的程度;另一方面就是清代社會的人文思想和學術思想的潮流,道教在這個潮流中的處境。

先來看清代朝廷對於道教的態度。清朝是滿族入主中原的王朝。從清太宗皇太極在明崇禎九年(1636)改國號大清算起,一直到宣統三年(1911)清朝滅亡,其間經歷了276年。在這276年中,歷史學家一般以鴉片戰争(1840)爲界,前205年定爲中國封建社會的末期,而後71年,中國則淪爲半封建半殖民地社會。

清朝的社會發展有個過程。清代初年由於連年戰争,社會生產力遭到嚴重破壞,經濟蕭條,人民窮困。清聖祖康熙皇帝接位以後,採取了一系列穩定社會、發展經濟的措施。加上清聖祖的繼任人清世宗雍正皇帝和清高宗乾隆皇帝繼續了康熙皇帝的事業,於是形成了康雍乾三朝的盛世。不過從乾隆朝的後期開始,清朝逐漸走向衰落。嘉慶和道光時期,農民起義連續不斷,軍隊腐朽,財政困難。

---

① 《金蓋心燈》卷一,《藏外道書》第31册,第183頁。

面對西方列强的侵略,清朝軍隊無力抵抗,清朝也就成爲中國最後一個封建王朝。

滿族入主中原,缺乏治理泱泱大國的經驗,因此從清世祖順治帝開始就一直强調要學習漢族的政治和文化,還推崇理學作爲官方哲學。但是,清廷對於漢地宗教信仰一直保持疏遠態度,清廷的内廷祭祀仍然沿用滿族的薩滿崇拜和儀禮,對於漢地佛教和道教都十分冷淡。只有雍正時期共 13 年有些不同,因爲雍正帝信佛,也通道,並且對佛道二教的領袖也都給予禮遇。雍正九年(1731)正月二十五日《修上清宫上諭》稱:"域中有三教,曰儒,曰釋,曰道。儒教本乎聖人,爲生民立命,乃治世之大經大法。而釋氏之明心見性,道家之煉氣凝神,亦於吾儒存心養氣之旨不悖。且其教皆主於勸人爲善,戒人爲惡,亦有補於治化。道家所用經籙符章,能祈晴禱雨,治病驅邪,其濟人利物之功驗,人所共知,其來久矣。"①但是,雍正帝死後,從乾隆帝起,清廷對於道教的防範和限制,越來越嚴格。道教,不論是全真派或者正一派,處境也越來越困難了。

再看清代的社會和人文思潮。清代和元代完全不同,雖然這兩個都是少數民族統治的朝代。清代的順治皇帝和成吉思汗不同,他熟悉漢族人治國的思想和方法,還注解過老子的《道德經》,因此清廷不需要像成吉思汗那樣邀請全真祖師丘處機不遠萬里來到西域,商討治國良策。特别是,清朝一開始就沿用明代的制度,以程朱理學作爲官方的殿堂哲學,清初就出現了指責和批判陸九淵、王陽明的心學的思潮,將王陽明開除出儒籍,判處王學在政治上的死刑。同時,在清代初年還出現了一股社會批判思潮,這個思潮的矛頭直接指向道家、道教以及佛教禪宗思想對於儒家思想的滲透和影響。例如對於宋儒的先天太極説的批判,對於占星術的批判,指出朱熹發明的"太極之説"被視爲"天命源頭、聖教統宗、理學真傳",實質上源出道教。這些批判對於道家思想的傳播産生了很大的影響,直接影響到清廷官場以及士大夫階層對於道教的態度,客觀上也限制了道教在上層人士以及知識界中間的傳播。

另外,清代道教出現低潮也有道教自身的主觀原因,那就是明代道教生存狀態在清代的延續。明代初年重視正一道派,可是到了明代末年,明代朝廷對於道教也採取了抑制的政策,正一道派的地位急劇下降,而全真道派更是雪上加霜。正是在這樣一種歷史環境中,出現了一些全真道大師幾十年隱居深山閉關修煉的狀況。而一般全真道士更是不問弘道之事,只求謀取生存。清代全真道派的狀態,是明代全真道派生存狀態的延續。

① 《龍虎山志》卷一,《藏外道書》第 19 册,成都:巴蜀書社,1992 年,第 427 頁。

因爲清廷對於道教是不重視的，所以全真道派在清朝也是生存維艱的。不過即使在十分艱難的條件下，清代全真道派還是出現了幾位大師，使得全真道派中的龍門派在道教總體發展遲緩的條件下，同樣獲得了相當規模的發展，並且在局部地區和局部道觀中，全真道派還出現了中興的景象。例如北京白雲觀、甘肅蘭州榆中縣的棲雲山和興隆山，以及浙江湖州金蓋山的梅花道觀等等。這三個地方之所以出現局部發展，是因爲這三處道觀中出現了三名高道，並且創造了在逆境中獲得歷史發展的重要經驗，給後世道門留下了重要的啓示。

### 第一項歷史經驗是加强組織

清代道教在低潮時期創造了龍門派中興的歷史經驗的是北京白雲觀的方丈王常月。

《金蓋心燈》卷一《王崑陽律師傳》稱，王常月"於順治乙未（即順治十二年，公元1655年）秋遊京師，掛單靈佑宮"。王常月遊京師是爲了實現師父趙復陽的囑託，因爲，趙復陽説過，"子於二十年後遊燕京，謁邱祖於白雲觀，是道行之時也"。[①] 可是，王常月遵師命，來到燕京，却不能在白雲觀掛單，而只能到靈佑宮掛單。這是爲什麽呢？靈佑宮在北京南城，原來是一所十方道院，萬曆壬寅（1602）擴建後供奉真武大帝，改名爲真武廟。癸丑（1613）又擴建，朝廷賜額爲護國靈佑宮。靈佑宮一直有香火和道士，可是，同藏有丘處機遺蜕的白雲觀相比較，只是一個小廟。只是因爲明末的戰亂，作爲十方叢林的白雲觀的道士紛紛離散，一個白雲觀只剩下一個姓俞的居士在觀内看守。

白雲觀的歷史，比起靈佑宮要悠久得多，影響也比靈佑宮大得多。白雲觀的前身是天長觀。天長觀創建於唐開元二十七年（739）。金大定十四年（1174）重修，改名十方大天長觀。泰和二年（1202）毁於火，重建後改名爲太極宮。元太祖十九年（1224），丘處機西遊謁見成吉思汗以後，回到燕京奉命居住在此，改名長春宮。二十二年（1227），丘處機逝世，其弟子買下長春宮東下院，安葬丘處機，從此稱下院爲白雲觀。元代末年，長春宮毁於戰火之中。明代洪武二十七年（1394），燕王朱棣想修復長春宮，無奈破壞嚴重，只得就東下院的白雲觀基址重建。洪武、宣德、正統等年間，陸續擴建，使得白雲觀"規模廓大，雄偉壯麗，金碧交輝"。不過，到明末清初時，白雲觀又已破敗不堪。

---

① 《金蓋心燈》卷一，《藏外道書》第31册，第183頁。

王常月遵循師父趙復陽的囑託來到燕京，面對丘祖龍門祖庭破敗的局面，可以有兩種選擇：

一種選擇是像某些前輩祖師那樣，閉關清修，獨善其身。例如：像第四代律師周玄樸，在明代"玄門零落，有志之士，皆全身避咎"的時候，"師（周玄樸）隱青城，不履塵市五十餘年，面壁内觀，不以教相有爲之事累心"。既然玄門不振，難以有所作爲，只得面壁内觀，不以雜事累心。周玄樸的做法就是"窮則獨善其身"。在全真道派的歷史上，還有像元代掌教之一祁志誠。祁志誠掌教九年，承擔了佛道辯論失敗的結局，這對於一名掌教者來説是非常難堪的事情。因爲，這場佛道辯論並不是祁志誠挑動起來的，而是個别地區個别道士以重刊《老子化胡經》挑動起來的。祁志誠曾經寫過一首《寒江獨釣》的詩，詩稱："一片煙蓑一葉舟，爭如袖手去來休。情知月白風清夜，那個魚兒肯上鈎。"這首《寒江獨釣》詩告誡全真門人，現在是寒冷的冬天，又在黑夜之中，儘管是月白風清，但是在這樣的環境裏釣魚，魚兒是不會上鈎的。因此，我們不要做現實條件下做不到的蠢事，不然，不僅得不到收穫，還會給人帶來麻煩。祁志誠在《西雲集》卷中還有關於魯彦通的詩歌共三題五首。其中有一題稱《魯彦通有出家之意，無決烈之心二首》，題目表明，魯彦通是有意出家從道的信衆，只是還在猶豫之中。另有一題《贈魯彦通二首》，詩稱："俯視靈鼇戲黑波，我來欲釣出迷河。奈他不肯吞香餌，回首空歸赴大羅。名韁擺脱出塵才，閑把絲綸上釣臺。抛餌夜闌魚不食，相邀風月洞中來。"①這首詩表明，祁志誠在全真道遇到極大困難的時候，並没有忘記自己作爲掌教者的職責，要發展和壯大全真道士的隊伍，但是，這樣的工作在全真道轉入衰敗的時候做起來並不容易，因爲，被度者並不甘心情願地接受度化，抛出的香餌不被食用，結果只能是"回首空歸"。

另一種選擇，就是王常月後來選擇的，利用各種可以利用的條件，從加强自身、積聚力量入手，從培養和加强組織入手，創造改變局面的條件，實現全真龍門的中興。

王常月踏進白雲觀的大門，有多大年紀呢？這裏關係到王常月出生年月的兩種説法。一説是王常月出生在明代萬曆二十二年，即公元 1594 年；另一説是出生在明代嘉靖元年，即公元 1522 年。王常月羽化的年份是没有異説的，大家都認爲是清康熙十九年，即 1680 年。這兩種出生年月的説法相差有 72 年，也就

---

① 《西雲集》卷中，《道藏》第 25 册，北京：文物出版社、上海：上海書店、天津：天津古籍出版社，1988 年，第 537 頁。

是説，一種説法是王常月活了86歲，另一種説法是王常月活了158歲。王常月踏進白雲觀的年代是1655年，當時的王常月可能是133歲，或者是61歲。

據《王崑陽律師傳》稱，王常月"時年弱冠，而向道之心已篤。遍遊名山，踰越險阻。風霜道途，歲月寒暑，幾於相忘者，八十餘年"。王常月的遍遊名山，並非是遊山玩水，閑情逸致，而是爲了尋求學道的師父。功夫不負有心人，在王屋山，王常月遇見了師父趙復陽，後來又在20餘處參拜師父，師父有50餘人。10年以後，在九宫山又遇見趙復陽師父。趙復陽針對王常月説到"玄風頹敝，邪説流行"的情況，告訴王常月"君子窮於道謂窮，通於道謂通。道備我身，何憂窮通？若違時妄行，安能免世俗之謗議，匪類之妒忌哉？吾有三百年來獨任之事，當付於子，寶而秘之，時至而興。大闡元(玄)風，是在子矣"。[①] 這件"獨任"之事，就是丘處機當年"單傳秘授"的"戒法"。由於是"單傳秘授"，"是以羽流道侶，鮮覩威儀，幾不知元(玄)門有戒矣"。

道門有戒，並非從丘處機開始，一般認爲最早的戒律是《老君想爾戒》三品九條。關於戒的功能和作用，道門經典中也早有闡述。例如，唐代道士朱法滿編的《要修科儀戒律鈔》卷四稱，"夫經以檢惡，戒以防非"，"戒者，遏穢垢之津路，防邪風之往來"。[②] 這些闡述都是從戒律對於個人修道的作用出發的，僅僅指出戒律對於修道者個人的作用。可是，以開壇傳戒的方式來加强對於道門弟子的訓誡，就使得守戒從一種個人行爲變成一種集體行爲，一種强化和統一道教組織思想的行爲。於是，開壇放戒和授戒，就變成了道教組織强化自身組織力量的舉措。在放戒中，道門弟子從上至下形成統一的思想，變成一股統一的力量。放戒活動，成爲一場"幹部短期集訓"，成爲道門加强組織力量的手段，這是王常月的創造和貢獻，也因此使得低潮時期的全真道出現了龍門派人才濟濟，一時中興的局面。

王常月在放戒過程中要對戒子作多次訓誡，王常月的講話被弟子們記録下來，就成爲清代高道的重要著述《龍門心法》，也就是《古書隱樓藏書》中的《碧苑壇經》。這部經籍充分説明，王常月的放戒不是單純發放一張戒牒，而是包含着豐富的内容，並且因此得到了豐碩的效果。

第一，放戒不是爲了收徒，因爲參加授戒活動的人本來就已經是全真道士了。當代道教界中部分人士認爲放戒是道教全真派收徒的一種形式，或者是全真派道徒的資格認定方法，這些都是一種不完整的理解，降低了放戒活動的意

① 《金蓋心燈》卷一，《藏外道書》第31册，第183頁。

② 《道藏要籍選刊》第8册，上海：上海古籍出版社，1989年，第407頁。

義。

《龍門心法》中，王常月說："大衆，你們既已出家，原爲生死，嗔根不斷，則毒龍攻入天根；既求出世，原因性命，嗔根不滅，則猛虎咆哮月窟。"王常月還説："大衆，初真戒者，是因你們即悟前非，深追舊過，又念人生在世，光陰有限，生死無常，既是出家做了道士，叫做個全真。仔細思量，自從出家到今，何曾全過甚麽真來？"①

《龍門心法》是王常月在康熙二年（1663）在金陵授戒時的講經文辭。從這些文辭可以知道，前來受戒的道士都是已經"出家"的全真道士，而且是已經"出家至今"的全真道士，到金陵來受戒就不是來拜師，不是來求入全真之門。所以，到王常月處受戒，不能理解爲是爲了獲得做一個全真道士的資格。因爲，受戒的人早已是全真龍門派道士了。

第二，放戒不是就事論事地説戒律，而是對已經入門的全真道士進行系統的信仰教育。當代道教界中部分人士認爲放戒就是要求全真道士熟悉戒條、遵守戒條，懂得哪些可以做，哪些不可以做，因此，放戒是進行紀律教育。這樣一種理解是不完整的理解。

《龍門心法》卷上"心法真言"，包括十個内容，即"皈依三寶、懺悔罪業、斷除障礙、捨絶愛緣、戒行精嚴、忍辱降心、清静身心、求師問道、定慧等持、密行修真"等。②《龍門心法》卷下，則又包括十個内容，即"報恩消灾、立志發願、印證效驗、保命延生、闡教弘道、濟度衆生、智慧光明、神通妙用、了悟生死、功德圓滿"等。③

這二十條内容，可以認爲，包括了一個全真道士應該做到的全部信仰内容。諸如對於神靈的信仰，對於社會和人際關係的信仰，對於道經師三寶的信仰，對於長生成仙的信仰，對於自身修道思想和行爲的信仰，對於行善和懺悔關係的信仰，對於正確對待人的生和死的信仰，對於修道人具有弘道職責的信仰，等等。因此，王常月在放戒中對於戒子們宣講的並不僅僅是全真道士必須遵守的戒條，而是全真道士必須具有的全部思想信仰。放戒實際上就是進行系統的信仰教育。

第三，全真道士接受信仰教育的途徑，過去只是依靠自己的師父，這樣的信仰教育方式自然受到師父水準的限制，王常月將放戒活動確定爲全真龍門派的

---

① 《龍門心法》卷上，《藏外道書》第6册，成都：巴蜀書社，1992年，第738、750頁。

② 《龍門心法》卷上，《藏外道書》第6册，第728頁。

③ 《龍門心法》卷下，《藏外道書》第6册，第757頁。

一個群體性的信仰教育活動。於是,放戒就成爲全真道派内進行信仰教育的全局性的平臺,這樣就大大促進了全真龍門派總體素質的提高,幫助全真龍門派作爲一個强有力的派系而存在,當然也有助於全真龍門派的幹部隊伍的選拔和健康成長。

王常月在《龍門心法》的"戒行精嚴"中説:"我道門中,只因七真闡教之後,教相衰微,戒律威儀,四百年不顯於世。皆因教門中未曾有人擔當其任,所以把這照路的天燈,不曾剔明,使修行人昏暗難行,扶身的拄杖抛開,使向上者失其把柄。怪不得旁門邪教,反通行於天下,清静解脱,光明正大之道,反寂莫不聞。今幸道運當興,遭逢盛世。上有皇王之福庇,天下太平;又有官宰之善信,教中護法;又有檀越布施,衣鉢巾規,現成製就,這便是千生難遇稀有之事。"①這段話説明,王常月把他的放戒活動當成是"七真闡教"的繼續,是弘道和傳道的工作,而不是單純的紀律教育。

王常月的弟子邵守善、詹守椿在《龍門心法後跋》中説道:"道教自重陽祖師開立全真之法,以度丘、劉、譚、馬、郝、王、孫七位真人,唯丘長春真人繼法而興,紹宗而闡。""(丘祖師)將玄門戒律,按大藏經法科儀,普闡真風,通行天下。邪教由兹而遁迹,旁門自此斂形。正法如日中天,至道如風拂草,弘宣清静,普利群生,修真得度者,莫可紀述。"但是,"迄今四百年來,頹衰不振,邪教外道,充塞天下,害人心術,壞我教門,爲毒爲魔,其罪甚重"。邵守善、詹守椿稱頌他們的師父王常月"憫念愚人,爰開戒律,俾大衆棄暗投明,直入清虚之路,改邪皈正,徑登中正之門。萬世罕逢,多生稀有。又恐劣根淺智,不能頓悟,必自漸修,妙典真經,不能解悟,常言直説,方入靈臺,撥轉迷心,挑開慧性,功德不可思議"。其所作所爲正是"丘長春真人之家風尚在,王重陽祖師之心法猶傳"。這裏就將王常月的放戒講經,直接説成是繼承了丘處機和王重陽的傳統,就是提高龍門派大衆,"撥轉迷心,挑開慧性,功德不可思議"。②

第四,王常月的放戒活動,實質上同當今培訓教内人才的道教學院或者社會上的幹部學院相類似,也就是在道教組織内部吸收幹部和培訓幹部。在王常月赴金陵等地的放戒活動中,一批全真道派中有儒家思想基礎的子弟,堅定了全真信仰,活躍在各地弘道傳道的第一綫,成爲清代龍門派獲得發展的骨幹力量。《金蓋心燈》卷一《王崑陽律師傳》稱,王常月"凡三登壇,而得弟子千餘人。威儀

① 《龍門心法》卷上,《藏外道書》第6册,第736頁。
② 《龍門心法》卷下,《藏外道書》第6册,第785頁。

楚楚,莫不欣羨。二十餘年間,諸山闡揚殆遍。戒子得道者,仙蹤勝迹,亦復不少"①。戒子中著者有:

伍守陽,道門稱爲第八代律師,號沖虛子。伍守陽在王屋山拜王常月爲師,他著有《仙佛合宗》、《天仙正理》等典籍,對清代的弘道傳道有一定影響。

詹守椿,原來是金陵的名士,母親是皇親。詹守椿因爲不降於權臣阮大鋮,妻妾都被拘而死,詹守椿就隱匿於燕山深處。王常月在白雲觀放戒時,詹守椿"聞造謁,極相契,疊受三大戒,統領大衆有年。隨王南行,歷駐金蓋、穹窿、南坪、棲霞等境"。據《金蓋心燈》卷二《詹怡陽律師傳》,詹守椿"與交有雲隱(即吕律師守璞)、靖庵(即金蓋宗師陶靖庵先生)、赤陽(即黄律師守元,一號隱真,儒名珏)、石庵(即金蓋嗣師,姓陶,名太定)、明陽(姓周,名太朗。以上諸師均有本傳列後)、鐵竹(即穹窿山施法師,名亮生。道譜載其曾受戒於崑陽真人者,此不列傳)輩二十餘師,互闡太上宗風"。②《金蓋心燈》中列舉的詹守椿交往的同好,都是王常月培養的龍門派骨幹,對於清代龍門派的發展有過重要影響。

黄守正,常州人,世代業儒,年十三入鄉學,年十五冠古學,名振江南。順治十二年(1655)遊燕京,正巧碰到王常月在白雲觀説戒,"遂執弟子禮,受初真戒而出,旋開律院於滸關"。③

王常月在低潮時期,不辱師命,擔當起了弘道、傳道的重任,找到了全真道適應低潮的發展方法,着重在加强道教的組織工作,就是用放戒的形式,以系統的全真道教的信仰來培訓龍門派的骨幹力量,在一時一地形成一個有信仰目標的群體,然後讓培養的骨幹分散到各自所在的地區,開展弘道和傳道的工作。於是,在骨幹所在的地區形成了龍門派相對活躍的局面,在全局上爲全真龍門派的中興打下了堅實的基礎。

## 第二項歷史經驗是聯繫信衆

劉一明是清代全真派處於低潮時期的又一名高道。劉一明生於雍正十二年(1734),道光元年(1821)羽化,山西平陽府曲沃縣人士,世稱其爲全真龍門派第十一代傳人。劉一明出生的年代距離王常月羽化已經有五十餘年了。

① 《金蓋心燈》卷一,《藏外道書》第 31 册,第 184 頁。
② 《金蓋心燈》卷二,《藏外道書》第 31 册,第 187 頁。
③ 《金蓋心燈》卷二,《藏外道書》第 31 册,第 187 頁。

劉一明出生在一個富裕的晉商家庭裏,父親在甘肅蘭州從事藥材生意。據門人張陽全撰《素樸師雲遊記》稱,劉一明"自幼習儒,志圖功名,尤好技藝,醫卜星相,地理字畫,俱能留心。百家之書,凡所見者,亦必略觀大意"。在十七歲時,劉一明讀了《吕祖傳》的黄粱一夢故事,就有了拋棄紅塵,入道修道的念頭。劉一明說:"人生在世,富貴榮華,百年歲月,瞬息間耳!古往今來,誰人打破?昔祖師因夢大覺,出塵超凡,得證天仙,至今一千餘年,普度群生,隱顯莫測,不知熬煞多少世路英雄,真乃出乎其類,拔乎其萃者。我求功名,將欲何之?"①

不過,致使他入道的最重要原因是劉一明體弱多病。劉一明在《悟道破疑集原序》中說:"余世間一大不肖人也。幼時習儒,年未二十,大病者三,幾乎殞命。因病有悟,遂而慕道。"②在治病和休養之時,劉一明先後遇見多名異人:

一是涇陽關帝廟的道者。"路過涇陽,遇一蓬頭老翁,相見如故。余言及切身大事,翁曰:性命之道,人人有分,衹在有志無志耳。又賜良方。及至南安,如方療治,諸病盡脱。自此立意方外,以爲修養計。"③

二是金城的龕谷道人。"後遊金城,聞有龕谷老人者,服儒服,冠儒冠,舉止異常,人莫能測。即往叩謁,觀其行藏高超,與衆不同,及聽言譚,俱皆義理。余雖不知身分深淺,確識其真高人也。機緣相投,得入正門。又囑先盡人事,遵命歸里。事親之暇,静玩諸家丹經。"④

三是漢南的仙留丈人。劉一明在燕京、河南和山西等地尋師問道,"皆未能決我所疑,後抵漢南,得遇仙留丈人。打開寶藏,拈出珠玉,一一指示,十三年所抱疑團,於此打爲粉碎矣。方知大道必要真傳,性命還須雙修,非同旁門曲徑,着空執相之事也。"⑤據劉仲宇教授考證推測,此時是乾隆三十三年(1768),劉一明已經35歲了。⑥

從這一年以後,劉一明料理好父親喪葬大事,雲遊於寧夏、陝西和甘肅蘭州一帶,明裏是以醫道濟世,而在暗裏則是修煉自身,混俗和光,濟度衆生,廣泛結交信道群衆。劉一明的醫術是很有名氣的,他被稱爲清代甘肅地區的名醫,醫德

① 《素樸師雲遊記》,由榆中孫永樂先生收集刊印於《劉一明道書研究叢書》首集中,筆者無緣得見該叢書。本文引用該遊記,是根據網上流傳版本,同時參閲和比照劉仲宇教授《劉一明學案》中的引文加以核對。以下引用該遊記,根據相同。

② 《藏外道書》第8册,成都:巴蜀書社,1992年,第582頁。

③ 《藏外道書》第8册,第582頁。

④ 《藏外道書》第8册,第583頁。

⑤ 《藏外道書》第8册,第583頁。

⑥ 劉仲宇:《劉一明學案》,濟南:齊魯書社,2010年,第13頁。

高尚，醫術高明，著有《眼科啓蒙》、《經驗奇方》、《經驗雜方》等醫書。不過，正是依靠醫術，劉一明得以混迹於西北民衆之中，一邊雲遊，一邊結交無數信衆。大約在乾隆四十三年（1778），劉一明雲遊至蘭州西的棲雲山。此時他已經45歲了。

棲雲山，在今蘭州市榆中縣城西南6公里，蘭州市的東南約45公里處，海拔2400米，現在是國家4A級旅遊景區。進入棲雲山景區，人們就看見一座山門牌坊，正面有"隴右名山"四個大字。古時候，人們看見山上常年白雲浩渺無際，所以取名"棲雲山"。相傳早在西周時，就有人在山隱居修行。唐宋時期，這裏已是殿堂樓閣，富麗壯觀，人稱"洞天福地"。

劉一明雲遊到棲雲山，看見棲雲山山勢脈來馬銜，嚮對虎丘，雙峽鎖水，四獸有情，於是決定在此地修行。但是由於經過明末戰亂以及年久失修，棲雲山上的道觀殿宇破漏，神像剥落，有的已經傾頽，只留下殿堂的基礎。山上路徑險惡，樹枝攀扯，水衝成溝，登山行走十分艱難。面對"洞天福地"如此一片敗落的狀態，要想恢復棲雲山修煉名山的舊貌，談何容易？《會心外集》卷上有《遊棲雲後山》詩，劉一明稱："杖藜到後山，滿路茨枝攀。火速磨鐮斧，來春一概删。"

第二年，即乾隆四十四年（1779），劉一明收拾了钁鐮斧鍬等工具，真到山上修路，幹了起來。當時，有蘭州來的相識善人來訪問。劉一明就對善人說："神殿將傾，善人若發誠心修補，功德莫大焉。"善人就對劉一明說："道人若肯煩心，吾願成就。"於是，鳩工庀材，一氣完成，焕然重新，神妥人安。山脚下還新建洗心亭小院，招待來山道人早晚起居。其時，劉一明已經47歲了。

到了乾隆四十五年（1780），劉一明又想從棲雲山遠出雲遊。當地一些信衆就攔住他，不讓他離開。據《素樸師雲遊記》稱："有善信數人問師曰：'道人何不重開此山，以復古迹？'師曰：'予遊方道人，有何大力？且怕煩心。'善人曰：'此乃大功大行之事，道人若行，吾等募化，併力成之。'師初未允，因其再三懇强，出於誠心，不得已而應之。明年大開舊基，量地建造，一時各處信士，發心領疏者，不約而合。"從這段記載可知，劉一明當時身邊圍繞有一大批信衆，並且獲得了信衆們完全的信任。因此，劉一明要外出，信衆就竭力挽留。劉一明要修建棲雲山道觀和勝迹，信衆就鼎立支持。劉一明的信衆，不僅有甘肅棲雲山本地的，還包括有寧夏、陝西和甘肅各地來的。例如，棲雲山有白雲窩，位於朝陽洞右側的峭壁間。現在有30釐米大小的"白雲窩"三字刻在聳立的巖面之上。白雲窩背倚峭壁，面臨幽峽，中午暑氣昇騰，順壁而上，窩四周雲霧繚繞，景象美妙異常。可以猜想，當年一定是劉一明爲修道人建造的修煉場所。這個白雲窩是在乾隆五十一年(1786)由固原信衆謝祥及其弟謝禎、謝禄、謝福捐資修建的。固原不在甘肅,而是在寧夏六盤山北側。固原信衆來參與棲雲山的建設,正是劉一明密切聯繫信衆,在信衆中具有崇高威望的結果。

《素樸師雲遊記》説,劉一明聽從了信衆的挽留,“起建三清殿、黑虎殿、五圖峰、均利橋、牌坊道房。其工方半,忽遭撒臘作亂,蘭城人民受害,所化布施,俱皆落空,錢糧無出,暫且歇工,師遂赴蘭。明年三月,仍赴棲雲,遠方募化,方得完工。乾隆四十七年告竣,時年四十九歲矣”。

從劉一明開始修建棲雲山,經過 14 年的慘淡經營,在棲雲山建成殿宇樓臺亭閣 62 座,完善了二十四景,蔚然成爲名副其實的道教名山。其中有棲雲峰混元閣、雷祖殿、朝元觀(初建於宋代)等建築,總稱棲雲仙閣。因爲雨後山峰樓閣時隱時現於變幻莫測的雲霧中,仿佛神話中的“蓬萊仙境”,故有“小蓬萊”的美稱。棲雲山自在窩,在棲雲峰山腰,係一石洞,内有石炕,是劉一明撰文談經、交友募化、修行之地,也是他修煉及生活的起居之所,建於清乾隆年間。上臺爲磚木結構小舍,是劉一明炮製中藥、煉丹的地方,也被人稱爲太上老君煉丹的地方。中臺是中間大兩邊小的三孔磚窑,是劉一明的藏經洞,曾存放劉一明的著作書版。下臺爲磚窑,爲劉一明著書課徒的地方,現闢爲開山祖師洞,祀奉悟元子劉一明神像,窑洞眉匾爲“悟得元關”。最底層磚窑洞有一孔在巖壁上鑿出的石洞,洞口很窄,只能側着身子進去。石洞下寬上窄,頂上繪着一幅八卦。下面是一面石板炕,長 2 米,寬 1.3 米,是由一塊卵形的石板搭成的。此炕當是劉一明自在修煉之窩,故稱自在窩。

劉一明道號中有“一”字,按照龍門字譜,表明他是龍門派的弟子,而且是第十一代傳人。但是,以現存的有關劉一明的史料,我們還不知道劉一明究竟拜何人爲師,在何時何地皈依於全真龍門派。不過,從西北地區民間流傳的大量的劉一明的故事,以及劉一明留下的豐富的著述,我們可以清楚地看到,在清代全真道派低潮時期的西北地區,劉一明以他豐富的道教文獻著述和廣泛而深入的聯繫西北三省廣大信衆的實際行動,將甘肅棲雲山恢復建設成爲西北地區道教的聖地,引導西北地區出現了全真龍門派的熱潮。

### 第三項歷史經驗是整理經典

和劉一明在西北地區的活動相類似的,江南地區的全真道在王常月赴金陵等地放戒傳道以後,也有了一定程度的發展。世稱王常月是全真龍門派中興之祖,很大程度上就是指北方的全真道龍門派在王常月之後"遞傳於兩湖江浙間,蓋自是而大江以南,全真教幾遍及之矣"①。不過,對於這個"遍及"的理解恐怕也不宜過分詮釋。吴亞魁在《江南全真道教》一書中轉引了法國學者高萬桑對一份清代乾隆初年(1736)至乾隆四年(1739)的不完全的官方統計資料的研究分析,當時浙江省的全真道士只有120人。這一官方統計資料的年份已經是王常月在1663年到金陵放戒以後的60多年了。可見,所謂"遍佈"也罷,"中興"也罷,人們都不能對之估計過高。應該説,江南的全真龍門派還是處在傳佈之中,只是比起原來略微有了一點進展。

江南全真龍門派在低潮時期取得進展,首先要説到浙江湖州金蓋山梅花觀閔一得的貢獻。

閔一得(1748? ~1836),原名苕旉,字小艮,自號懶雲子,道號一得,全真龍門派第十一代傳人。浙江吴興(今湖州市)人。

和劉一明相同的是,閔一得和道教的結緣也是因爲身體多病。閔一得自幼體弱多病,9歲時還不能順利行走,於是被送到桐柏山,跟隨全真龍門派第十代高東籬,學習導引之術,同時皈依在高東籬門下。高東籬,名清昱,乾隆三十三年(1768)逝世。閔一得又以師禮侍高東籬弟子沈一炳(號輕雲)。

和劉一明不同的是閔一得的出身。劉一明出生在商人的家庭。在古代中國社會裏,商人安排在"士農工商"的最末位,還不如農民和工匠。而劉一明的父親又是一位藥材商人,醫士在"三教九流"中,只是居於九流中的第二位。而閔一得的出身,據晏端書《閔懶雲先生傳》,閔家"世爲吴興望族,父大夏舉於鄉,授河南息縣令,尋改教諭餘杭"。雖然因爲體弱,閔一得進入桐柏山學習導引,但是在疾病痊癒以後,"歸讀書,研究性理,不爲科舉。學及壯,以父命入貲爲州司馬,服官滇南,尋奉諱歸,絶意仕進"。閔一得的出身,使得他不可能像劉一明那樣有醫術能够服務信衆。同時,閔一得也不可能接觸很多的下層信衆,像劉一明那樣在復興棲雲山道教宫觀中在西北三省的廣大信衆中獲得廣泛而持久的支持和回應。

和劉一明相同的是,閔一得也有不少有影響的著述存世。劉一明是清代著述豐富的高道,他的《道書十二種》曾經被後代道門中人多次翻印刊刻,流傳極廣。《道書十二種》是一部叢書,其實它所包含的道書不止十二種,並且劉一明還有一些著名的醫學和醫藥著述没有包括在内。閔一得也是有著述的高道,不過,閔一得著述的路子和劉一明不盡相同。閔一得的《古書隱樓藏書》也是清代道教

---

① 《長春道教源流》卷七,《藏外道書》第31册,第122頁。

著名的叢書。《古書隱樓藏書》收書三十五種,其中屬於閔一得自己撰述的只有六種,其他都是别人的著述,或者是閔一得對於他人著作的注釋。

拿閔一得和劉一明自己撰述的著作來比較,特别突出的是劉一明的《悟道録》和《通關文》。劉一明這兩部書,都是針對普通信衆的需要,採用通俗的語言,選取人們日常生活中的道理,以道教教義教理來教化信衆的作品。劉一明在《悟道録原序》中稱:"余因是將眼前人人共見共知之物理,拈取八十一條,也不敘層次,也不列前後,各就一事而分晰之,名曰《悟道録》。附以《嘆道歌》七十二段。欲以自悟者,使人人皆悟之。學者若能遠取諸物,近取諸身,以有象窮無象,以有形辨無形,極深研幾,志念不退,功力日久,必自有得。"①在這裏,劉一明説得明明白白,他寫《悟道録》就是給人人看的,其中説的道理也是人人身邊發生的大家都能够體悟到的道理。

例如,《悟道録》的《四時代謝》篇説:"春夏秋冬四時,春而生物,夏而長物,秋而收物,冬而藏物。各有代謝,周而復始,相接相連,未有間斷。吾之觀此,因悟的損益相因之道矣。夫損者,損其剛躁之有餘;益者,益其柔弱之不足。剛不使太過,柔不使不及。剛以柔接,柔以剛用。剛柔相濟,陰陽相當。可大可小,可高可低,可進可退,可順可逆。方圓不拘,曲直並行。即與四時合其序,變通無礙,吾身自有一天地,吾心自有一造化,而不爲天地造化所拘矣。"②這段一百多字的文章,從四時變化説起,講述大道損益變化的道理,文字通俗淺近,説理清楚明白,完全適合一般信衆的閲讀需要。

同劉一明相比較,閔一得結交的信衆也有不少。晏端書的《閔懶雲先生傳》稱:"邑南金蓋山爲陶靖庵修真之所,沈師羽化,先生遂居是山,閉關修道,憫其法嗣淩替,屋宇傾頽,慨然思振其緒。於是修葺增壯,拓其規模,並修近山衛正節高士墓,植梅百餘株。時或往來江浙間,隨緣啓迪,自搢紳之士至胥吏僕輿,欽其道範、納交受業者,實繁有徒。入室者雖不多,覯而誘掖、獎勸之下,因其言而自新者,亦復不少。"③這段話婉轉地説明,曾經得到閔一得幫助的信衆也是不少的,受到閔一得的教化而改過自新的信衆也是不少的,不過,信衆中最後成爲閔一得弟子的人並不多。閔一得在金蓋山修復梅花古觀的工作也是很突出的,不過,如果與劉一明修復棲雲山的道教宮觀建築群和各種仙迹勝景相比較,應該説閔一得

① 《藏外道書》第8册,第585頁。

② 《藏外道書》第8册,第587頁。

③ 《藏外道書》第10册,成都:巴蜀書社,1992年,第153頁。

是略遜一籌的。

閔一得也留下了不少著作和注釋,不過,需要指出的是閔一得編寫或者注釋這些典籍並不是爲了教化信衆,而是爲了給道門内部詮釋這些著作的真正含義,以免被人誤讀。

晏端書的《閔懶雲先生傳》説,閔一得教化人是"有體有用,有本有末,篤於實行,不事神奇。大旨以修身寡過爲入門,窮理盡性至命爲究竟,省察涵養爲徹始徹終功夫。嘗憫丹經邪正混淆,流弊滋多,爰取平日間於師友及四方好道之人持其所藏之本過訪就正者,讎校勘訂,剖其真僞。凡陰陽採補,訛傳邪説,悉皆屏斥,歸於中正。所著《金蓋心燈》八卷,沿流溯源,發潛闡幽。又《書隱樓藏書》三十餘種及《還原篇闡微》,以儒釋之精華,詮道家之玄妙,言言口訣,字字心傳。俾有志者循序漸進,自有爲以造無爲,不至昧厥旨歸"①。這段話説明閔一得的《古書隱樓藏書》中屬於自撰的並不是很多,只有《金蓋心燈》等幾種。《金蓋心燈》是記述全真龍門派在金蓋山傳承譜系的作品。其他著述和注釋,大多是内丹修煉和養生的内容,都是在和師友及四方好道之人探討之時産生的作品。例如:閔一得曾經對劉一明的《修真辨難》作過注釋,即《古書隱樓藏書》中的《棲雲山悟元子修真辨難參證》。閔一得在該書的序中説道:"今春正月(按,道光九年,即1829年),新安鮑生,名蘭浦,字淦亭,號崑峰,派名陽用,從事玄學久矣。孔君昭璞授之書(按,即劉一明《修真辨難》)交採抽添結圓之旨。行承亦有日,以余曾遇至人,折節事余,幾六年也。至日,乃以悟元子著《修真辨難全編》印證於余,始得反復探討。""余既有所聞,淦亭請問甚懇,不敢自秘,爰爲採擇師傳。謹述補於問答,則中義泄未備下。似注非注,似批非批,上以求印於悟元子,下以請證於得讀是書者。"②閔一得對寫作這部著作的劉一明有很高的評價,稱其爲"度師",而對於刻印這部書的湖北長春觀崔教淳律師也有很高的評價,稱其爲"引進者"。並且對於這部著作的"參證"費了很大的精力。但是,這部書只有一些關心修真養生的道教徒纔感興趣,對於一般的信衆而言,乃至於大部分道門中人,都不是非常關心。從作品的語言來看,閔一得著述的語言風格同劉一明著述的口語化的風格也是很不一樣的,正如晏端書所説的,閔一得的著述都是"以儒釋之精華,詮道家之玄妙",因此,閔一得的著述充滿了三教風格的語言。

人們習慣於將金蓋山全真派的發展歸功於閔一得特別是閔一得"三教同修"

---

① 《藏外道書》第10册,第154頁。

② 《藏外道書》第10册,第218頁。

的"龍門方便之法"。吴亞魁在《江南全真道教》的"雲巢支派與金蓋山支派"一節中,曾經對金蓋山一時的興旺作過客觀的分析。吴亞魁引用陳攖寧先生在《答復蘇州張道初君十五問》中的話:"湖州金蓋山閔小艮一派,是調和派。他與'陰陽栽接'和'清净孤修'常立於反對地位,便另外開一條門徑,將二者合二爲一:雖講清净,而不是孤修;雖説陰陽,而不是栽接;既非《参同》、《悟真》之法,亦非沖虚、華陽之法,更非悟元子《道書十二種》之法。"[1]閔一得的修煉之法,人稱就是"三教同修"的"龍門方便之法"。

其次,吴亞魁指出,閔一得和雲巢支派所收的弟子,大部分都是俗居弟子。據《龍門正宗覺雲本支道統薪傳》的後跋:"自閔祖啓方便法派而後,半多出自俗居有志之士,於是儒而道者日愈多,推行教法日益廣。今者雲壇,竟遍於江浙海上。"[2]這個後跋作於光緒十四年(1888)以後四十年的"丁卯",即民國十六年(1927)。那時,上海和江浙地區,正好是結束民國初年的動亂,政治和經濟漸趨穩定之時。就我們瞭解的上海地區的道教狀況而言,雲巢支派只不過相當於爲旅居上海的湖州人士服務的散居道士在上海設立了一些雜處於居民區内的道壇,更談不上有什麽梅花觀的下院。陳攖寧先生在他的《陳攖寧自傳》中曾經説到民國初年到過湖州金蓋山尋師問道,結果"都是空跑,並無結果"。可知,由閔一得創立的金蓋山雲巢支派在民國初年已經風光不再了。

## 結束語

第一,從中國道教協會成立到今天,前後一共五十多年。其中前二十年的道教協會的主要領導,都是處在"左"傾思潮的低潮之中。當時的前輩們,或者是在兵荒馬亂的年代裏進入道門的,或者是在洋槍洋炮横行在華夏土地上時進入道門的,或者是在宫觀傾頽、香火殆盡的年代中混迹於道門的,或者是在"左"傾思潮横掃一切牛鬼蛇神中堅守在破敗的殿堂中的。不管時局變化,道教處在怎樣低潮的困境之中,留在道門中的前輩們對於大道的信仰從來没有動摇過,他們想盡一切辦法保存道教的力量,終於等來了後三十年的黄金時節。他們度過困難時期的最重要的一條經驗就是把握好自己。已故的陳蓮笙會長曾經説過:"道教的生存和發展,就要看道教自己是否争氣,就要看我們當今的道士是否適應社

① 轉引自《江南全真道教》,香港:中華書局,2006年,第292頁。
② 《藏外道書》第31册,第473頁。

會,把握自已。爲了適應社會,把握自已,我們欲做之事多不勝舉,只能企盼同道挑起振興之重擔,奮起直追。"①不埋怨環境,不埋怨條件,堅定信仰,牢牢把握自己,這是道教適應低潮時期各種潮流,得以走出困境的關鍵。

第二,清代三位高道在低潮時期的所作所爲是各有鮮明特點的。比較三位的作爲,王常月的放戒似乎更加重要,也更加有效一些。這是因爲王常月抓住了關係道教興亡的關鍵問題,也就是人才的培養和骨幹的培訓問題。道教有没有人才,是道教面對高潮時期,或者面對低潮時期都必須面對的首要問題。説到底,一旦道教没有人才了,没有有堅定信仰的道士了,没有信仰道教的信徒了,道觀没有香火了,那麽,道教也就無所謂面對高潮或者面對低潮的問題了,因爲那時候的道教已經進入博物館了。道教處在高潮時期會感到人才缺乏,人手不足,其實,在低潮時期對於人才品質要求會更高一些。王常月就是在低潮時期抓住了人才的培養和培訓的問題,通過放戒組織起了一支骨幹隊伍。這些人才回到各地,就帶動了一個道觀、一個地區、一個宗派出現了局部振興的局面。而無數局部振興匯合在一起,就在全局範圍裏形成了全真龍門的中興。

第三,清代高道劉一明在短短幾十年裏,將甘肅棲雲山塑造成爲"隴右名山"、"洞天福地",爲後代留下了許多修真勝景,也在當地留下了許多仙迹傳説,至今仍然影響着甘肅和西北地區民衆的精神生活。高道劉一明的個人魅力及其社會影響,是值得當今道門中人重視和學習的。這些年來,青年一代道教領袖們都在説,一個高道要有"絶活"。所謂絶活就是拿手的本領的意思,就是我有人無的本事。對於絶活,各人有各人的特殊條件,不可能雷同,也不會雷同。有的鑽研書畫,成爲丹青妙手;有的鑽研寫作,成爲經史專家;有的鑽研堪輿,成爲風水大師;有的鑽研命相,成爲預測能手。而劉一明也有他的絶活,那就是在百姓缺醫少藥的年代裏,成爲爲百姓解除病痛的醫家和藥物的能手。劉一明的本事,不是從娘胎裏帶來的,它一方面來自家傳,另一方面也來自於他自己的"久病成良醫"。由於這個絶活同百姓和信徒的生活密切相關,於是,劉一明的周圍聚集了一大批各種層次的道教信徒,這些信徒一起幫助劉一明實現了振興棲雲山道教的願望。道教保持同信徒的密切聯繫是度過低潮時期的必要條件,而要保持這個密切聯繫,關鍵是信徒需要道士,離不開道士,這就是説道士領袖們要有聯繫信徒的"絶活"。

第四,清代高道閔一得是江南地區的全真道士。閔一得開始在湖州金蓋山

① 《道風集原序》,《陳蓮笙文集》上册,上海:上海辭書出版社,2009年,第6頁。

梅花古觀開始弘道事業距離王常月到金陵放戒已經相隔有百年之久了。嚴格地説,這一百年中江浙一帶的全真龍門派的發展並没有形成氣候。閔一得處在這樣一個低潮環境之中,採用了因地制宜地改革龍門派的發展路子。一是在組織上,改變龍門派不吸收俗家弟子的做法,大膽從信衆中吸收在家修行的全真龍門弟子;二是在修煉方法上,改變難以推廣的全真内丹修煉方法,推行一套以儒釋思想弘揚道法的方便法門,有利於俗家弟子不離開世俗生活,却同樣可以修煉内丹,追求成仙。從道教發展的歷史來看,一般地説,道教發展高潮時期,往往是以恢復傳統、思古懷舊作爲主流;而在發展低潮時期,往往爲了適應變化的環境,不得不對傳統作出適當的變革和創新。閔一得正是這樣做的,金蓋山的變革,使得江浙富庶地區的士農工商各階層都對世俗弟子也能皈依全真發生興趣,於是,龍門派的覺雲分支便迅速壯大起來,其弟子也迅速佈滿了江浙地區,包括上海。不過,因爲時局變化十分迅速,金蓋山的變革没有充分成熟,其經驗却是當今全真弟子值得重視的。

第五,近三十年來,中國道教儘管總體上處在黄金時節,其發展和變化也是近百年來少見的。只是在局部地區,在某些道教宫觀所在地區,其發展並不理想,還有種種干擾和阻力。即使獲得發展的地區和宫觀,青年一代的領袖們也總是感到責任重大,辦法缺少。他們常常隨着國内外形勢的發展和變化,思想和情緒起伏不定,擔心在自己任内黄金時期的消失。其實,道教發展的高潮會變成低潮,發展會變成停滯,這些都是正常的。作爲新一代道教的領袖們,要處變不驚,要在環境和條件發生變化的時候,迅速調整策略,立足依靠自己的努力,保護道教繼續發展,以迎接中華民族復興大業的實現。

# 清初全真道新探

□尹志華

**摘要：**本文通過對清初湖北、山東、東北、陝西、河南、四川、江西、浙江、廣東等地道教名山和宫觀的全真道狀況的考察，指出：清初全真道的復興，不是某一個人倡導的結果，也不存在以某個教團、某個地區爲中心的全真復興運動，不宜過分誇大王常月對清初全真道龍門派復興的影響。各地官府和士紳出於穩定社會秩序、發揮道教對社會教化的輔助作用的目的，對道教採取了各種方式的支持，這是清初全真道復興的重要社會條件。而王常月、白玄福、李常明、郭守真、陳清覺、徐守誠、朱道朗、佘守淳、周太朗、杜陽棟、曾一貫等高道輩出，並積極闡教弘道，則是清初全真道復興的重要内因。

**關鍵詞：**清初　全真道　復興　新探　地域

**作者簡介：**尹志華，男，1972 年生，湖南常寧人。哲學博士，副研究員，現任中國道教協會《中國道教》雜誌副主編。研究方嚮爲道教哲學和全真道歷史。

## 引　言

學術界以往的研究大多强調，全真道龍門派第七代律師王常月公開傳戒以及其門下弟子紛紛開山闡教，對清初全真道的復興起到了關鍵作用。如陳兵在《清代全真道龍門派的中興》一文中即認爲，王常月是清代全真道龍門派中興的主帥。① 王志忠在《清代龍門道教演派識略》一文中進一步説："王常月的傳教活動和傳戒語録爲龍門派的發展奠定了良好的組織基礎和思想基礎。龍門派道教迅速發展，高道迭出，支派繁庶，以江浙一帶爲中心，延伸到東北、西北、西南及東南大部分地區。"②

本文認爲，清初全真道的復興，不是某一個人倡導的結果，也不存在以某個教團、某個地區爲中心的全真復興運動。

---

① 陳兵：《清代全真道龍門派的中興》，《世界宗教研究》1988 年第 2 期。

② 王志忠：《清代龍門道教演派識略》，《宗教學研究》1996 年第 3 期。

本文先略述王常月及其徒裔的弘道活動，然後再對順治、康熙年間一些道教名山、宮觀進行考察，就可以清楚地看出，清初各地全真道的復興，並非導源於王常月開壇傳戒，而是各有各的機緣。

## 王常月及其徒裔的弘道活動

據載，王常月（號崑陽）曾在北京白雲觀、江浙地區和武當山公開傳戒。

關於王常月到北京白雲觀傳戒的事情，筆者所發現的較早記載，是收録在《道藏輯要》中的《初真戒》所載兩篇序。

署名王常月本人撰於順治十三年（1656）的《初真戒律序》説："故不避僭妄之罪，按法於丙申歲（1656）三月望日，就白雲觀設立戒壇，傳戒演鉢。"①

署名龍起潛撰於康熙十三年（1674）的《初真戒律序》也説王常月曾在北京白雲觀傳戒："崑陽王老師得戒法於復陽趙真人（趙真嵩），當世祖章皇帝時，於京都白雲觀設立戒壇，傳戒演鉢，一時授受弟子千有餘人。"②

清初王澐撰《漫遊紀略》卷四《楚遊中》，載其與四川湖廣總督蔡毓榮於康熙十二年（1673）在武當山復真觀見到"道人上党王崑陽，白雲戒師也。丰姿修偉，自言年八十餘，善導引之術，弟子甚衆"。③ 所謂"白雲戒師"，顯然指王常月曾在北京白雲觀傳戒。

王常月於康熙二年（1663）南下，在南京、杭州、湖州、蘇州等地傳戒。

《龍門心法》和《碧苑壇經》正文開頭都説："康熙二年，歲在癸卯，十月之吉，崑陽子説戒於金陵（今南京）碧苑。"④

《金蓋心燈》載王常月在江南的行程是：康熙三年（1664）三月，駐杭州宗陽宮。⑤康熙六年（1667）七月，至湖州金蓋山。⑥ 康熙七年（1668），至蘇州穹窿山。⑦

---

① 《道藏輯要》張集七《初真戒》。筆者所引用的《道藏輯要》，爲中國道教協會圖書室收藏本。

② 《道藏輯要》張集七《初真戒》。

③ 《筆記小説大觀》第17册，揚州：江蘇廣陵古籍刻印社，1983年，第7頁。

④ 分别見《藏外道書》第6册，成都：巴蜀書社，1992年，第729頁；第10册，成都：巴蜀書社，1992年，第159頁。

⑤ 閔一得：《金蓋心燈》之《詹怡陽律師傳》，鮑廷博注引《金蓋雲箋》説："康熙三年歲次甲辰三月，國師王真人由京師出駐浙杭之宗陽宮，從者二十餘人。"同書之《周明陽律師傳》載，康熙甲辰秋，"崑陽真人至武林（即杭州）"。朱文藻《金鼓洞志》卷七之周太朗傳亦載，周太朗"以康熙三年甲辰來杭，時崑陽王律師闡戒於宗陽宮"。

⑥ 閔一得：《金蓋心燈》之《詹怡陽律師傳》，鮑廷博注引《金蓋雲箋》説："康熙六年歲次丁未秋七月，王崑陽真人來止我山（即金蓋山）。"《金蓋心燈》之《程華陽律師傳》也説："歲丁未（康熙六年），崑陽王祖來駐金蓋。"

⑦ 閔一得：《金蓋心燈》之《詹怡陽律師傳》，鮑廷博注引《金蓋雲箋》説：康熙七年秋，"姑蘇施法師亮生、吕律師守璞來迎我真人，乃出山之穹隆"。

沈季友(1654～1699)於康熙時所編《檇李詩繫》,載浙江嘉興平湖人周之臣,於"康熙丁未(1667)受煉師王崑陽戒於松塵山,奉真朝斗"。①

彭定求(1645～1719)所撰《詹維陽律師塔銘》説,詹太林曾棲居茅山乾元觀,"時當崑陽王律師金陵行道之後,其嗣心月譚律師(即譚守誠)以先生爲入室高弟,付龍門派第九傳云"。②

王常月後來又到武當山傳戒。前引龍起潛撰《初真戒律序》説:"今朝謁武當,幸遇師傳戒於玉虚宫中,遂發心皈命,而受持戒律。"王常月大概在康熙十一年(1672)已到武當山。前引王澐撰《漫遊紀略》卷四《楚遊中》,載其與四川湖廣總督蔡毓榮於康熙十二年(1673)遊武當山,在復真觀見到王常月。

就在康熙十三年(1674),武當山地區發生戰亂,王常月可能離開了武當山,返回北京白雲觀或南京隱仙庵。康熙十九年(1680)羽化。《金蓋心燈》載王常月羽化於北京白雲觀③,清末陳教友《長春道教源流》卷七則説王常月羽化於南京隱仙庵。④後世以北京白雲觀爲傳戒祖庭,但當時南京隱仙庵在龍門派受戒弟子中享有"祖庭"的聲譽,這可見之於康熙二十五年(1686)吴太一所撰《初真戒説》。⑤

王常月的嗣法弟子是譚守誠。據陳鼎於康熙三十七年(1698)刊印的《留溪外傳》載,譚守誠(? ～1689),號心月,楚之酃縣(今湖南炎陵縣)人。明亡後棄家爲道士。獲王常月傳授"秘密精義",操修二十餘年。後遊行天下,闡揚道教。最後棲居於江寧(今南京)城西虎踞山之隱仙庵。誨人以忠孝爲本,以誠静爲用。其徒從者近千人。康熙二十八年(1689),端坐而化。⑥

《金蓋心燈》所載王常月的其他弟子有十餘位,除鷄足道者隱居於雲南鷄足山外,其他人都活動於江浙地區。

王常月的再傳弟子中,詹太林被尊爲第九代律師。

詹太林(1625～1712)字晉柏,號維陽子,湖廣黄州麻城縣(今屬湖北省)人。四十九歲時在江西南昌鐵柱宫出家。後至蘇州全真律壇受戒。爲譚守誠入室高弟。曾雲遊各地,後住持茅山乾元觀。欲復叢林清規,未能如願。在京口(今江

① 《檇李詩繫》卷二十七,《四庫全書》本。

② 彭定求:《南畇文稿》卷十,《四庫全書存目叢書》集部第246册,濟南:齊魯書社,1997年,第775～776頁。

③ 《藏外道書》第31册,成都:巴蜀書社,1994年,第203頁。

④ 《長春道教源流》卷七,《藏外道書》第31册,第134頁。

⑤ 《道藏輯要》張集七《初真戒》。

⑥ 陳鼎:《留溪外傳》卷十七,《四庫全書存目叢書》史部第122册,第797～798頁。

蘇鎮江)某道院傳戒一次,旋即羽化。①

可見,王常月的徒裔們大多在江南開山闡教,對全真道在江南的盛傳産生了重要影響。

## 武當山宫觀的毁壞與修復

明末清初,武當山及周邊地區戰亂頻仍,武當山宫觀建築受到了很大的破壞。

雖然戰亂頻仍,但武當山道士在清朝官府的支持下,相繼修復了一些被毁的宫觀。在此過程中白玄福居功最偉。康熙十二年(1673)《均州志》説,明真庵道人白玄福,"重修宫觀庵廟十餘處,並修路有功"。②

白玄福,其名因避康熙皇帝名諱,又或作鉉福,或作元福,號柱峰。西秦金明延川(今陝西延川縣)人氏。出身於書香世家,爲白居易二十八代孫。四十歲,以明經擢職。做官没多久,掛冠而去,徑入武當山七真洞,隱居修道。後爲諸當事强起巖穴,修復武當宫庵橋梁。後又修明真庵,爲聚徒講道之所。囑徒云:"慢理蒲團修太嶽,願成志士闡全真。"壽七十一,書偈云:"性返靈明氣返空,太虚似我不相同。只因會得些兒意,撒手撑開混沌中。"偈畢,端坐而逝。③

清康熙二十九年(1690),武當山太子坡立有張煉志撰《重修復真觀開十方叢林碑記》和蔡元撰《重修復真觀暨神路碑記》兩通碑文④,記述了鄖陽治撫王來任於康熙元年(1662)邀請白玄福修復太子坡復真觀的事情。

張煉志撰《重修復真觀開十方叢林碑記》説,太子坡"經明末一亂,煌煌聖迹幾致漂隕,粼粼神路將盡傾圮"。"幸治撫王公朝謁過此,訪知全真道人白玄福夙有美行,延之使居復真觀中,輒會道府重修。"蔡元撰《重修復真觀暨神路碑記》説,康熙元年,"治撫王公謁聖過此,訪有全真道人白玄福隱於七真洞,延出,會同道府重修。工越六年告竣,雖非舊觀,於以綿聖迹、棲香侶大有賴也"。

① 彭定求:《南畇文稿》卷十,《四庫全書存目叢書》集部第246册,第775~776頁。

② 康熙十二年《均州志》卷二《八宫》,故宫博物院編:《故宫珍本叢刊》第144册,海口:海南出版社,2001年,第31頁。

③ 《古今圖書集成·博物彙編·神異典》卷二八八《方士部》。

④ 兩通碑文見梅莉:《清代武當山全真龍門派的中興與武當山宫觀的復修》,載熊鐵基、麥子飛主編:《全真道與老莊學國際學術研討會論文集》上册,武漢:華中師範大學出版社,2009年,第309~311頁。

從兩通碑文可知,復真觀毀於明末戰亂,康熙元年,鄖陽治撫王來任延請白玄福主持重修,歷時六年纔竣工。乾隆九年(1744)王概纂修《大嶽太和山志》也説:"太子坡復真庵當鄖〔陽〕、襄〔陽〕要衝,登頂孔道,舊爲接待處,殘廢久矣。康熙元年,治撫王公倡修,以道人白元福主之,焚修苦行者也。"①

白玄福棲居武當期間,有楊常炫亦至武當山修道。楊常炫,山西人,崇禎庚辰(1640)進士。明末棄官入道,登華山,復遷嵩嶽,以門生故吏往來雜還,乃三遷於武當之北巖。與白玄福相友善,餌精服術於洞者六年。預知山中劫數將至,出遊江漢間,爲副憲余公誦經救劫。刊劉道明(號洞陽子)《武當福地總真集》行於世。②

康熙十三年(1674)三月,襄陽總兵楊來嘉、鄖陽副將洪福響應吴三桂,舉兵反清。五月,清兵大敗洪福於武當山。復真觀等宫觀在此戰中"復壞於兵"。③ 此時白玄福大概已羽化,除其徒張静明堅守復真觀外,山中道士大多逃散。王常月和衆弟子大概也是在戰亂發生後離開了武當山。

張煉志撰《重修復真觀開十方叢林碑記》説:"越數年,吴逆變起(指吴三桂叛清),賊衆往來盤踞其間,道侣悉外,獨有玄福徒張静明苦守此觀,飢食野蔬,渴飲澗水。又有齊守山相與同志,及徒姪道衆輩,赤足蓬頭,朝夕募化,節一己之食,濟萬人之飢。"蔡元撰《重修復真觀暨神路碑記》説:"〔康熙〕十三年,吴逆變起,賊衆往來蹂躪,道侣盡外。時有玄福徒張静明苦守,而漂摇傾圮,幾成剥落。"乾隆九年王概纂修《大嶽太和山志》説,康熙十三年,復真觀復壞於兵,"〔白〕元福與徒張静明誓死守之"。④ 如果其時白玄福尚在世,張煉志和蔡元所撰碑記,不會只提到白玄福之徒張静明苦守復真觀,因此,王概的説法有誤。

張静明等人雖有志於修復復真觀,而力不逮。康熙二十三年(1684),襄陽總兵蔡元至武當山修祀事,目覩道觀毀壞,神路崩廢,遂捐俸委官修葺。鄖襄道沈志禮、張敏等官員也捐資相助。張静明之徒張真源、徒孫王常安等人,勤苦募捐,至康熙二十九年(1690),復真觀重修落成。蔡元和道士張煉志分别撰寫碑文,以紀始末。

據兩通碑記所載道士姓名,可知當時白玄福一系在武當山徒裔衆多。計有

① 王概纂修:《大嶽太和山志》卷三《宫殿附修建》,《中國道觀志叢刊》第5册,南京:江蘇古籍出版社,2000年,第268頁。

② 《古今圖書集成·博物彙編·神異典》卷二八八《方士部》。

③ 王概纂修:《大嶽太和山志》卷三《宫殿附修建》,《中國道觀志叢刊》第5册,第268頁。

④ 王概纂修:《大嶽太和山志》卷三《宫殿附修建》,《中國道觀志叢刊》第5册,第268頁。

住持張真源，師弟孫真和、張真坤、金真蕊、王真禄，徒唐常恒、王常璽、淩常順、唐常榮、張常義、王常安、馮常寧，孫袁守□、許守初、齊守教、趙守聯、甄守忌、趙守一等。另有共事道人齊守山、郭太明、蔡太知、張煉志等。從道士姓名來看，白玄福一系屬全真道龍門派。從“玄”至“守”，分别爲龍門派第四至八代。

## 李常明開創山東即墨馬山全真叢林

位於山東即墨縣（今即墨市）城西約七公里處的馬山，又名馬鞍山，從清初起，就成爲著名的全真道十方叢林所在地。馬山全真道的興盛，奠基者是全真龍門派第七代傳人李常明。

李常明的生平事迹，見載於清順治十六年（1659）藍潤撰《即墨縣馬鞍山建廟記》[①]、清康熙四十七年（1708）宋暕撰《泥丸道人李老師碑序》[②]、清雍正十一年（1733）李寅賓編撰《馬山志》所載《泥丸祖師傳》[③]、清同治十一年（1872）刊《即墨縣志》卷十二《雜稽・釋道》等文獻中。

據載，李常明（1572～1681），號泥丸，山東濟南府陽信縣美化鄉紅門村李家莊人。少慕玄虚，於明朝末年棄家遠遊，至青州白雲洞，遇全真道龍門派第六代傳人宋真空，師事之，盡得其術。苦修三十載，慕嶗山仙蹤，於順治五年（1648）前往參訪，行至信村，望見馬鞍山勝概，衆善友接引而上。喜該山層巒疊嶂，恍若仙境，遂棲止於此。山中舊有玉皇、真武及金山大王等殿宇，歲久荒蕪，斷瓦頹垣，没於寒煙衰草間。人言此山多牛鬼蛇神，妖魔之所聚也。李常明兀坐其間，凝神定氣，凡十五日，未見怪異之物。衆皆訝之。於是李常明立願興復廟宇，對衆誓約，擇日興工。遠近善信雲集，越數年，修成殿宇三重。

李常明後又“修濱都宫於棲霞，造端陽〔廟〕於萊陽，起崇德〔廟〕於平度，建龍宫（龍王廟）於新河、店口二處”。[④] 修路修橋，所在尤多。文登福仙嶺之石蹬，爲其所辟。即墨縣“北河、沽河、店口河、五龍河各處石橋，皆其募建”。[⑤]

據傳李常明醫術高明，“初以藥劑活人，後應接不暇，和土爲丸，以治百病，未

---

① 此《記》載於清藍潤《聿修堂集》，爲抄本，李常明之名誤寫作李明常。收入《四庫全書存目叢書》集部第213册，第58頁。

② 載李寅賓編撰：《馬山志》，即墨市文化局馬山管理處1996年重印本，第75～77頁。

③ 載李寅賓編撰：《馬山志》，第55～58頁。

④ 宋暕：《泥丸道人李老師碑序》，載李寅賓編撰：《馬山志》，第76頁。

⑤ 同治《即墨縣志》卷十二《雜稽・釋道》。

有不瘉者。”“此神奇之事,世所希聞也,因以自號焉。”①

李常明爲馬山道衆制有《道門清規》,云:

即墨西馬鞍山苦行道人李常明,爲嚴查真僞,整頓清規事。凡出家人,既抛離六親,投在本山派下,欲躲生死之苦,必須公平正直,忠孝和睦,苦志常住,勿玷玄風。或在外住庵,慕道参訪,亦宜修真養性,持念經咒,積功纍行,恪守清規。此乃進道之階梯也。若有無知之輩,不信罪福因果,妄化十方錢糧,誑騙瞞哄,吃酒賭錢,興詞告狀,積財放賬,任意胡行,不作正果,謀害十方好人,如此等徒,深可痛恨。本山道衆,如有見者,許同鄉保提拿,問其虛實。無論嫡系門徒、冒名假充,並宜稟官究治。法律無親,各自珍重。

凡無清規文牒者,即係假充。有而不遵者,追回不許再給。②

據載,李常明“淡泊自奉,布衣芒履,縑帛不掛於體。嚴持戒律,坐起端莊,談笑不苟,故雖貴官長者,莫不敬禮焉”。③

李寅賓《馬山志》載有佚名之人贈給李常明的十二首詩,其中一首曰:

杖履從容雲水鄉,率真標格異尋常。
道情已自通三境,餘事猶能動十方。
點綴溪山新氣象,完全樸素舊衣裳。
論功豈得人間住,指日登晨覲玉皇。④

此詩對李常明的品行和功德推崇備至。

康熙二十年(1681)三月三日,李常明羽化於新河鎮(今屬山東平度市),享年110歲。在其羽化前,即墨縣令黄公賜號“紫氣真人”。門徒百餘,散處青、兖、幽、冀間,各立門墻。至雍正十一年(1733)李寅賓編撰《馬山志》時,嗣法者已以千計。

與李常明一起在馬山修道的,還有王真成。據李寅賓《馬山志》所載《王仙師傳》,王真成,山東濟南府禹城縣碱場店人,爲丘祖龍門派傳人。清初寓於即墨,李常明東遊,聞而謁之,以宗派相同,遂以師禮事之,迎居馬山。傳説能祈雨,又

① 《泥丸祖師傳》,載李寅賓編撰:《馬山志》,第56頁。
② 李寅賓編撰:《馬山志》,第66頁。
③ 《泥丸祖師傳》,載李寅賓編撰:《馬山志》,第57頁。
④ 李寅賓編撰:《馬山志》,第82頁。

能至龍宫水府。康熙七年(1668)正月十五日在平度州羽化。王士禛《漁洋夜譚》卷七《僧道》,也載有禹城道人王真人祈雨之事,並謂:"晚年居馬山,自言其壽五百三十三歲,羽化於康熙七年。"同治《即墨縣志》卷十二所載王真成生平,略同《馬山志》。

關於李常明一系龍門派的淵源,民國十三年(1924)馬鞍山道士李成德撰《道教龍門派馬鞍山宗譜》,將其上溯到第一代任道安。據稱:

丘長春弟子任道安初在陝西太華山隱修,後雲遊至山東青州府之西山創修白雲觀,是龍門派第一代。

任道安弟子郭德真,住持青州白雲觀,是龍門派第二代。

郭德真弟子周通乾,住持青州白雲觀,明隆慶八年[1],由宫監慕道,至青州府東香山修煉,蒙賜大地山場一處,是龍門派第三代。

周通乾弟子司玄樂,係進士出身,住持白雲觀,是龍門派第四代。

司玄樂弟子李静一,係文庠生,住持白雲觀,是龍門派第五代。

李静一弟子宋真空,住持白雲觀,人稱爲宋異人,道術大著,名聞齊魯,是龍門派第六代。李静一弟子王真成,事迹具載《馬鞍山志·王仙傳》……亦龍門派第六代。李静一弟子劉真玉,住持白雲觀,亦龍門派第六代。

宋真空弟子李常明,係明萬曆間進士,在青州白雲觀出家,事迹具載《馬鞍山志》、《李祖碑》及《泥丸李祖師傳》,是龍門派第七代。王真成弟子王常月,號崑陽子,山西蒲州人,初在西嶽華山,一心朝斗十二年,蒙斗母下降,指示要法。清順治年間在燕京(今北京)白雲觀演戒三壇,著有《龍門心法》,並續龍門派後六十字,合丘祖所遺四十字,共百字。迄今白雲觀屹然道範,永昭萬古,皆崑陽弘揚宗教所首創者也。是又龍門派第七代。劉真玉弟子郭常清,住持青州白雲觀,亦龍門派第七代。[2]

此一"龍門正宗"的傳承譜系,與清嘉慶時閔一得著《金蓋心燈》所載迥異。《金蓋心燈》所載龍門正宗第一代至第七代是:趙道堅→張德純→陳通微→周玄樸→張静定、沈静圓→趙真嵩、衛真定→王常月、沈常敬。

《鐵刹山志》所説的山東青州府西山,即雀山。清康熙四十年(1701)立《雀山白雲洞載松記碑》説:"青郡城西刁莊境内,古有雀山白雲洞,任道庵修仙之處。

① 按,此年代有誤,隆慶年號只有六年。

② 白永貞纂:《增續鐵刹山志》卷十《龍門正宗派系傳統略歷》,中國國家圖書館藏民國三十二年(1943)刊本,第15~16頁。

遠近皆聞,誠名山也。”[①]《馬鞍山宗譜》所説的任道安,可能就是在雀山修道的任道庵。但此人是否爲丘處機的弟子,則尚需查考。

據《馬鞍山宗譜》,李常明及門弟子有十四人,分别是:賈守興、王守正、岳守虚、孫守林、李守成、陳守成、張守皂、羅守善、楊守亮、錢守志、蔣守忠、郭守真、萬守鎮。[②] 其中郭守真後來到遼東鐵刹山修道,大振玄風,爲全真道在東北的廣泛傳播奠定了基礎。

## 全真道在嶗山的傳承

嶗山爲道教名山之一,也在即墨縣境内(今屬青島市)。金元時期,嶗山全真道即十分興盛。全真高道劉處玄、丘處機等都曾至嶗山弘道。明嘉靖年間,嶗山道士孫玄清曾將其著作進呈皇帝御覽,被敕封爲“海嶽真人”。他開創了全真龍門支派——金山派。[③] 入清以後,金山派在嶗山的影響日益擴大。

嶗山明霞洞有順治十年(1653)所刻金山派在該洞的傳承譜系:

孫玄清→孫至鸞、胡至廉→于一泰、劉一品→王無相、朱無凡、梁無涓、劉無□、劉無塵、□無□→侯上德、孫上士、王上乘、□上信、王上來、高上□→□天□、陳天順、周天□。

嶗山上清宫有康熙九年(1670)所刻金山派在該宫的傳承譜系:

于一泰→劉無塵、張無決、劉無念、朱無凡、劉無境→王上乘→喬天福、胡天進、許天愛、張天護、萬天顯、孟天意、黄天慧、程天理、吕天行、宋天智、楊天存、劉天報、隋天勝、肖天明、李天□、崔天□、隋天□→史元根、寵元海、徐元□、隋元□、王元山、隋元喜、李元見、成元快、高元性。[④]

可見,順治十年,金山派在嶗山明霞洞已傳至第六代;康熙九年,金山派在嶗山上清宫已傳至第七代。

明霞洞爲孫玄清得道處[⑤],係金山派的祖庭。上清宫以于一泰爲開山祖師,而于一泰之名也出現在明霞洞石刻中,可能于一泰後來遷居上清宫,並在上清宫

① 趙衛東、莊明軍編:《山東道教碑刻集:青州·昌樂卷》,濟南:齊魯書社,2010年,第212頁。

② 即墨市政協文史資料委員會編:《馬山志》,即墨市機關印刷廠1999年印本,第92~93頁。

③ 孫玄清事迹見《孫真人紫陽疏》(石刻現存嶗山明霞洞左側,文字參見黄肇顎:《嶗山續志》卷七,濟南:山東省地圖出版社,2008年,第267~268頁)。

④ 以上兩塊石刻的照片係嶗山郭清禮道長惠贈,謹致謝忱。

⑤ 黄肇顎:《嶗山續志》卷七,第267頁。

傳下金山派一脈。

清末黄肇顎《嶗山續志》也記載了于一泰一系的傳承。《嶗山續志》説，孫玄清“再傳爲抱玄真人胡至廉，再傳爲中玄真人于一泰，再傳爲劉無塵，號守玄山人，再傳則王沖陽也”。

于一泰，號守元子，東昌（今山東聊城）人。生活於明末清初，聲名比較顯著。他曾於明末到京城弘道，與一些官員和文人有密切交往。崇禎十四年（1641），工科給事中范士髦贈于一泰詩云：

嶗山閑慕久，今見嶗山人。
道破長生惑，方傳太乙津。
丹光淩日影，玄轡涉天輪。
闡教須經急，餐霞任體貧。
與之一來對，忘此百年身。
雲嶺勝相約，洞天安遽臻。

范士髦在該詩的序言中説：

昨歲春，予同年兄萊陽左羅石懋第爲予言，東海名勝無如嶗之深幽秀奇者，每真人輩出入。陟足其中，輒生羽翰想。蓋雅非人世間云。予心儀之久矣。今春杪，都中得中玄道人（即于一泰）自嶗山來，承拜訪問，示予手卷一卷，寫二道真，蓋其祖師普化真人（即孫玄清）、師抱玄真人（即胡至廉）遺像，至中玄而三傳之。果符羅石言。竊以嶗山何能即至？至其真人何容易覯？茲中玄其偶然耶？奉教之餘，占數言以志仰慕夙私。崇禎辛巳年（1641）夏四月，工科給事中瘦陶范士髦書。[①]

同年，儒生喬已百[②]亦有詩贈于一泰，詩曰：

牢山道士人不識，學透先天耀紅日。
厭薄神仙不肯爲，咳唾一聲天地裂。

---

① 黄肇顎：《嶗山續志》卷七，第268頁。

② 范士髦曾向朝廷推薦喬已百，但未被採納。《明史·魯世任傳》載：“〔崇禎〕十三年（1640）秋，給事中范士髦薦世任及臨城諸生喬已百、内丘太原通判喬中和於朝，稱爲德行醇儒，堪繼薛瑄、陳獻章之後。乞召試平臺，置左右備顧問，不報。”

夜來傳道怕高聲，語落人間神鬼泣。

喬己百注明：“《牢山道士歌》，爲于中玄先生賦。”[①]于中玄即于一泰。

同治《即墨縣志》載于一泰於順治時居明霞洞，精通經義。後遷大廟，聚徒講學，遠近多從之者。年八十四，猶如童顔。一日謂其徒衆曰：“吾去後，勿建塔，築一墓足矣。”言畢，端坐而逝。[②]

黄肇顎謂《即墨縣志》所載于一泰事迹，疑誤，應爲于一泰的徒孫王沖陽事迹。[③]“沖陽”應爲道號，按金山派派字詩“玄至一無上”，王沖陽應屬“上”字輩。據嶗山上清宫石刻，王沖陽應該就是王上乘。

王沖陽初在明霞洞修道，後修復上清宫和大廟，並聚徒講學，影響甚大。康熙十一年（1672），黄宗崇撰有《贈明霞洞王道人小記》，自述曾於順治九年（1652）遊嶗山，至上清宫，見宫院荒頹，又至明霞洞，遇王沖陽，綽約如處子，清臞淡漠，習静洞中。見客至，拾松枝煮澗水，出所製黄精爲飯。與之交談，不測其深淺。十餘年後，黄宗崇聞上清宫已修整，四方來遊者，皆稱讚王沖陽。又聞大廟有異人，戒律精勤，弟子甚盛，爲嶗山羽士之首，心竊慕之。黄宗崇往見，識其爲十餘年前所見之王沖陽。黄宗崇感慨説，不意清臞淡漠之人，一旦起而弘道，能有如此大的影響。[④] 黄宗崇撰於康熙十二年（1673）的《玉皇殿碑記》也説，王沖陽從明霞洞出來後，遠近服其教者接踵而至，於是重修上清宫，又應大妙山鄉人之請，重修該山大廟，遂成大觀。黄宗崇希望王沖陽之弟子“皆世守師法，慎勿遺憾於二嶗也”。[⑤]

清初，嶗山著名道士還有蔣清山和劉信常。

蔣清山，字雲石，江南人。係李常明的三傳弟子。[⑥] 自幼出家，住嶗山百福庵，號煙霞散人。好讀書，工書能文，修真養性，行誼高潔。及老，無病，沐浴更衣而化。[⑦]

蔣清山在當時頗有聲譽。清康熙五十六年（1717），即墨進士黄鴻中撰《重修百福庵記》説：

---

① 黄肇顎：《嶗山續志》卷七《分志》，第268頁。

② 同治《即墨縣志》卷十二《雜稽·釋道》。參見周至元編著：《嶗山志》，濟南：齊魯書社，1983年，第166頁。

③ 黄肇顎：《嶗山續志》卷七《分志》，第267頁。

④ 黄肇顎：《嶗山續志》卷七《分志》，第269頁。

⑤ 黄肇顎：《嶗山續志》卷九《附載》，第348頁。

⑥ 《馬鞍山宗譜》，即墨市政協文史資料委員會編：《馬山志》，第93頁。

⑦ 同治《即墨縣志》卷十二《雜稽·釋道》。

曩者吾師趙世五先生，尋勝嶗山，留館吾家，常稱百福庵蔣雲石志遠大，年尚壯，尋日成就，庶能振道緒者。吾師登進士，喜與方外人遊，尤慎許可，固知其言不妄。越今三十餘年，而雲石居然古德耆宿，東方士大夫雅重之，而吾師之言大驗。①

百福庵建於宋宣和年間，爲嶗山之門户，遠方訪仙迹者往往於此問津。但清初蔣清山住持該庵時，除僅有棲身之處外，無他屋宇。蔣清山於是發願力，修整殿廡，又建道房若干，購養贍地若干，俾雲遊道士可以掛單修煉。黄鴻中撰《重修百福庵記》對蔣清山修廟之舉大加讚譽，謂其以"一人之力，公諸道衆，一時之急，庇及後人，吾世五師所謂成就遠大，克振道緒者，今果然矣。斯爲嶗山之光，不亦大乎"?②

劉信常，俗名顯常，字調元，號熟陽。全真隨山派第十七代。山東高密縣武蘭莊人。業學孔孟，志好老莊。幼時晨起赴學，母視之，笑曰："子生之時，夢道人投宿，觀子性靈，成必入道。"從此牢記母説，道心日進。於是棄儒學，隱東海，入嶗山，訪明人，拜師劉長眉，交友宋水一(即宋天成)③，松間求道，月下參玄，同居四月，師駕歸天。葬師畢，還居消息石室，改洞名曰熟陽。結草庵而誦經，開石室而坐静，《皇經》祝國，施藥救民。從康熙元年(1662)開始鑿山建廟，歷數十年之辛苦，終於在康熙三十九年(1700)建成大殿，奉祀玉帝。④

## 全真道在東鎮沂山的傳承

位於山東臨朐縣的沂山，是我國古代五鎮名山中的東鎮(其他四鎮是西鎮吴山、南鎮會稽山、北鎮醫巫閭山、中鎮霍山)。

東鎮立祠祀神，始於隋開皇十四年(594)。⑤ 武則天時，重修東鎮沂山祠。宋太祖建隆三年(962)，建東鎮廟。元代對東鎮沂山的重視程度超過以前各代，皇

---

① 黄肇顎:《嶗山續志》卷八《補遺》，第 305 頁。

② 黄肇顎:《嶗山續志》卷八《補遺》，第 306 頁。

③ 黄肇顎:《嶗山續志》載:宋天成，號水一，山東安丘人。幼習儒，中年入道，爲全真道金山派第六代。年六十餘，雲遊天下，復歸嶗山。康熙四十七年(1708)，端坐化去。(卷八《補遺》，第 315 頁)

④ 康熙四十七年《劉道人自敘碑》，見黄肇顎:《嶗山續志》卷八《補遺》，第 308 ~ 309 頁。

⑤ 《隋書・禮儀志》載:"開皇十四年閏十月，詔東鎮沂山，南鎮會稽山，北鎮醫無閭山，冀州鎮霍山，並就山立祠。"

帝多次遣使代祀、祭告。[①] 元成宗大德二年(1298),加封東鎮沂山之神爲元德東安王,其他四鎮之神亦加封爲王。[②]

元代,全真道士已棲居東鎮沂山。至治二年(1322)《東鎮沂山元德東安王廟神佑宮記》中説,大德三年(1299),掌教大宗師真人降劄,同意沂山太虚宮提點張德顯爲神佑宮提點。[③] "掌教大宗師"應該是指全真道的掌教大宗師。

明代,皇帝亦多次遣使到東鎮廟致祭。從明代一些碑文所載道士姓名,可推斷他們的道派歸屬。嘉靖四十年(1561)重修廟記,載有住持崔崇佑,道士陳崇進,募緣住持唐教玉,助緣杜教用、王教洪、孟道勝、郇一林、李教允、申道貴。[④] 萬曆十四年(1586)所立唐教玉墓碑,載唐教玉生於正德丁卯(1507),有徒孟道勝、申道貴、雪道之、吕道朐、姚道江、侯道夫,徒孫杜守仁、付守智、申守政、方守田、楊守仁、徐守衫、田守俸、楊守□,重孫牛悟性、于悟賢、于悟清,玄孫申玄機。[⑤] 萬曆四十二年(1614)重修廟記,載有住持道士吕玄陽、張演隨、宋全科,本廟道人王道蓬、李教花、王道真、夏全釗、趙演爵、朱演賢、申玄機、張悟全、白全德、張真緒、聶全傅、田惟臣、邵守清、班演化、户演香、徐守衫、尹演儒、周守明、楊悟清、高真和、趙守身、崔演器、曹真惟、張守文、杜惟宦、崔惟訓、王顔沖、張守存、吕演文、朱真先、馬全守、孫真寧、王奉沖。[⑥]

從以上三通碑文所記道士姓名,可以看出其中有全真道華山派和邱祖又派的傳承。其中華山派道士的姓名,包括崇、教、演、全、真等五代。而屬於《諸真宗派總簿》所列第七十三派"邱祖又派"的道士,則有道、守、悟、玄等前四代。至於杜惟宦、崔惟訓、王顔沖、王奉沖等道士的派别,不詳。

按唐教玉墓碑所載,他的徒弟數人都是"道"字輩,也就是邱祖又派的第一代。也許唐教玉就是邱祖又派的創派人?按,從唐教玉的姓名來看,如果他屬於丘祖龍門派,乃第十七代傳人,但在明末,龍門派不大可能傳到第十七代;故他可能是屬於華山派("教"字在華山派爲第七代),因爲跟他同處東鎮廟的道士,多爲華山派。墓碑上又稱他爲"上清三洞五雷經籙兼三五都功太平輔化仙卿唐以明諱教玉"。也許他又受了正一派的符籙。"以明"有可能是他的字,也可能是正一

---

① 張孝友主編:《沂山石刻》,濟南:山東友誼出版社,2009年,第12頁。

② 《大元增封東鎮元德東安王感應之碑》,載趙衛東、宫德傑編:《山東道教碑刻集·臨朐卷》,濟南:齊魯書社,2011年,第2頁。

③ 趙衛東、宫德傑編:《山東道教碑刻集·臨朐卷》,第8頁。

④ 趙衛東、宫德傑編:《山東道教碑刻集·臨朐卷》,第79頁。

⑤ 趙衛東、宫德傑編:《山東道教碑刻集·臨朐卷》,第85頁。

⑥ 趙衛東、宫德傑編:《山東道教碑刻集·臨朐卷》,第85頁。

派法名。由於他身兼全真、正一兩派之傳,所以新開一派。其派字詩爲:“道守悟玄微,清静本希夷,無爲自然妙,又繼龍門裔。真常德正止,重開鳳唱奇,功成超紫府,丹詔赴瑶池。”①

入清以後,全真華山派和唐教玉一系的“邱祖又派”,繼續在東鎮沂山傳承。康熙二年(1663)重修廟記,載有住持道人朱全周,督催(指督催修繕事宜——引者注)道人趙守身、倪微教、顧清然、苑静雲、祖悟讚、馬静讀、李沖喜、段和典。②從名字看,全真華山派有朱全周、李沖喜、段和典,其餘屬於邱祖又派,已傳到第七代“静”字輩。

邱祖又派傳人趙守身,是清初東鎮廟較有名的道士。趙守身道號仰沂,生於明萬曆二十四年(1596),羽化於清康熙十五年(1676),享年八十一歲。③ 著有《東鎮述遺紀劄》一書。康熙十六年(1677)所立趙守身墓碑,載其有徒祖悟讚、孔悟界,徒孫馬玄□、馬玄舉、李玄和,曾孫周微篇、許微笈、柴微篆、王微簪,玄孫程清芬。④

康熙二十二年(1683),青州府安丘縣西鄉渠丘泊里莊居民,因數年來風調雨順,爲報神恩,乃由會首倡導,將姓氏勒於碑石。碑文後載本廟住持爲李德仁。⑤從名字看,應屬華山派。

康熙二十七年(1688),皇帝遣内閣學士兼禮部侍郎李振裕到東鎮沂山致祭,祭畢立碑,碑陰載住持爲馮希魁⑥,應屬邱祖又派。

康熙四十 一年(1702)重修廟記説,張昆詒任臨朐縣令三年後,發起重修東鎮廟,而住持王正位“實與有勞勳焉”。⑦ 王正位應屬華山派。

康熙四十年(1701),會首宗炌等又結社募資,重塑神像。次年所立碑記,除載住持王正位外,還載有道人徐和風、劉無祥、王得□。⑧ 徐和風、王得□應屬華山派,劉無祥應屬邱祖又派。

康熙四十八年(1709)皇帝遣内閣侍讀學士瓦爾大到東鎮沂山致祭,祭畢立

① 小柳司氣太:《白雲觀志》,收入《中國道觀志叢刊》第1册,第150頁。
② 趙衛東、宫德傑編:《山東道教碑刻集·臨朐卷》,第92頁。
③ 趙衛東、宫德傑編:《山東道教碑刻集·臨朐卷》,第95頁。
④ 趙衛東、宫德傑編:《山東道教碑刻集·臨朐卷》,第95頁。
⑤ 趙衛東、宫德傑編:《山東道教碑刻集·臨朐卷》,第96頁。
⑥ 趙衛東、宫德傑編:《山東道教碑刻集·臨朐卷》,第98頁。
⑦ 趙衛東、宫德傑編:《山東道教碑刻集·臨朐卷》,第101頁。
⑧ 趙衛東、宫德傑編:《山東道教碑刻集·臨朐卷》,第104頁。

碑。碑上載住持爲石希照[1],應屬邱祖又派。

康熙年間,沂山附近村民組織朝山敬神會,以三年爲期,赴廟修醮。沂山東鎮廟現存有仁壽鄉盤羊社修醮碑文,上列會首多人,亦載道士姓名:玄門弟子苑静雲,領醮王本固、李希耐。[2] 所謂"領醮",大概是指主持齋醮儀式。"静"、"本"、"希"分别爲邱祖又派第七至九代。

## 全真道在東北地區的傳播

金元時期,全真道已傳播到東北地區。金元之際,利州(州治在今遼寧省喀喇沁左翼蒙古族自治縣)出了一個著名的全真道士康泰真,弟子多達數千人,元太宗賜號全真體道至德真人。[3] 東北地方史志記載有元代全真道碑刻多通。但入明以後,東北全真道的情况,我們現在還不清楚。

清初,全真道龍門派郭守真一系在東北地區廣泛傳播。

郭守真是前文所述山東馬山全真道士李常明的徒弟。郭守真其人,乾隆《盛京通志》卷一〇八有簡略提及:"奉天城(今瀋陽)東南有九頂鐵叉山,相傳爲仙靈窟宅。三教堂郭道常於山中苦修數年。時奉天大旱,禱雨無驗,使郭道祈請,起壇而雨。當事者多敬重之,延住三教堂。自此世味已交,回首靈山,不可復入矣。"

清咸豐十一年(1861)重謄《太清宫開山祖師源流》[4]、光緒七年(1881)《太清宫特建世系承志碑》[5]、民國二十三年(1934)《龍門八代祖郭真人碑》[6]、民國二十三年(1934)《奉天通志》卷二二二《人物五十・方外》等文獻,則對郭守真的生平敘述較詳。

據載,郭守真,字致虚,號静陽子,生於明萬曆三十四年(1606)。原籍江蘇丹陽縣,後遷遼東。關於其入道拜師經歷,記載不一。《太清宫開山祖師源流》説他在山東馬山出家,本師爲李常明。辭師後,至遼東鐵刹山(原名鐵叉山,清末民國

---

① 趙衛東、宫德傑編:《山東道教碑刻集・臨朐卷》,第110頁。

② 趙衛東、宫德傑編:《山東道教碑刻集・臨朐卷》,第132頁。

③ 《雲峰真人康公墓志》,載哈達清格:《塔子溝紀略》卷十一《藝文》,收入《叢書集成續編》第239册,第160~161頁。

④ 載五十嵐賢隆:《太清宫志》,東京:國書刊行會,1986年,第11頁。

⑤ 載五十嵐賢隆:《太清宫志》,第260~262頁。

⑥ 載五十嵐賢隆:《太清宫志》,第52~55頁。

初年擔任該山三清觀住持的覺明德，認爲“鐵叉”二字鄙俚，始改稱鐵刹山①）開立常住。《龍門八代祖郭真人碑》和《奉天通志》説他於明崇禎三年（1630）到鐵刹山八寶雲光洞隱居修道，清順治四年（1647）下山訪道，順治六年（1649）抵山東即墨縣馬山，拜李常明爲師。後仍歸鐵刹山。《太清宫特建世系承志碑》説他“謁崑陽（即王常月）於燕京，訪孫真（即孫玄清）於大嶗，尋師問道，幾遍名山，厥後於即墨之馬鞍山，得遇常明李祖”，“爰承師命，仍居鐵刹之山”。

關於郭守真“謁崑陽於燕京”的事情，《龍門八代祖郭真人碑》和《奉天通志》説，郭守真於順治八年（1651）至北京白雲觀，求王常月授戒。此事存疑，因爲《金蓋心燈》和《龍門傳戒譜系》説王常月於順治十二年（1655）始至北京。

關於郭守真從王常月受戒的説法，大概是由於後來王常月一系被視爲龍門正宗，受戒被認爲是承繼龍門正宗的象徵，故晚清民國的東北道士，便説郭守真也曾從王常月受戒，以表明自己這一系也屬於龍門正宗嫡傳。

康熙二年（1663），東北大旱，盛京將軍吴達禮（一作烏庫禮）延請高士祈雨，郭守真應聘，立壇祈禱，果降甘霖。當地人感其盛德，留住城中，吴達禮命於城外西北角建三教堂，以居郭守真及其弟子。堂後建高閣，奉祀玉帝，閣之兩旁，貯道經一藏。其時遠近來參者，絡繹不絶。乃遣諸弟子往千山、醫巫閭山等名山建廟弘道，普濟衆生。

郭守真於康熙四十七年（1708）羽化。群弟子葬其遺蜕於三教堂後院。次年，起塔立祠。

《太清宫特建世系承志碑》説郭守真居鐵刹山三十餘載，度徒甚衆，其挺然傑出者，有劉太應、高太護、吕太普、王太祥、王太興、高太悟、劉太琳、劉太静、劉太華、沈太宗、砥太庸等十一人。白永貞《增續鐵刹山志》著録此碑文後，加按語説：“此文内載郭真人弟子十一人，查《鐵刹山宗派譜系》，先在雲光洞度徒八人，爲王太祥、王太興、高太悟、劉太琳、趙太源、傅太元、沈太宗、砥太庸，繼在省城三教堂度徒六名，爲秦太玉、高太護、吕太普、劉太華、劉太應、劉太静，共十四名。此碑遺漏趙、傅、秦三名。”②

白永貞《增續鐵刹山志》説，郭守真所傳門徒十四支，其中八支獨善其身，雲遊三山五嶽名山，不能詳考，另六支皆有度世之心，所開創宫觀，歷歷可考。如第一支王太祥與第四支劉太琳，奉師命至千山，創建無量觀。劉太琳又派嗣法孫于



① 白永貞纂：《增續鐵刹山志》卷十五《鐵刹山四外分八宫》，第19頁。

② 白永貞纂：《增續鐵刹山志》卷八，第17頁。

來煉到醫巫閭山,創建老爺嶺聖清宮。① 第二支王太興由鐵刹山至黑龍江綏化,創建慈雲宮。② 第九支秦太玉與第十支高太護,奉師命前往本溪,在本溪湖太子河南平頂山建廟,名清虛觀。清虛觀又分支十餘處。③ 第十一支吕太普奉師命,於康熙十年(1671),到吉林省長春縣(俗稱爲寬城子)東南四十里龍泉山,地名泉眼溝,立廟弘道,名其廟曰清華宮。復又在新京西阜豐山建廟,名慶雲觀。在此東西兩處收度弟子六名,輪流看守廟宇。④ 第十三支劉太應,則爲盛京真武廟之開山祖師。⑤

清初的東北地區,在郭守真一系以外,也還有全真道的傳承。據清乾隆年間哈達清格撰《塔子溝紀略》記載:"天成觀在大城子(今遼寧省喀喇沁左翼蒙古族自治縣縣城)之東,康熙六年(1667)間,道士夏一振募建天齊廟三間、東西十閻君殿六間、關帝殿三間。嗣經道徒夏陽春、徒孫蒙古傅來正先後募建增修,因之樓閣殿堂規模宏敞,屋宇焕然,迄於今猶足爲邊地寺院之巨擘焉。"⑥夏一振、夏陽春、傅來正分别爲全真道龍門派第十一、十二、十三代。此道觀今仍存在,於1988年被列爲省級文物保護單位。

東北地區由於在山海關以外,又稱爲關外。而山海關地區,據説在明代末年纔建有道觀。清初佘一元撰《修建三清觀記》説:"山海舊無道觀,明末有陰陽李真成者,發願募資,百歲翁曹綉實首其事。創建於城西北隅。維時正殿兩廡,門垣略具,而規模猶未大備。"入清以後,有全真道士張守正從北京來到山海關,住持三清觀,"增抱厦、兩廊二十餘楹,繼起鐘鼓二榭,門坊一座,於是修爲日盛,鐘磬之音,四時不較,一方祈禳,有舉必以是爲會歸焉"。⑦

## 陝西境内全真道宫觀的狀況

金元以來,陝西境内全真道宫觀衆多。這主要是因爲全真道創始人王重陽出生於陝西,修道於陝西,而馬鈺、丘處機等全真宗師也曾闡道於陝西,故全真道後人對在陝西營建宫觀非常熱心。然而世運滄桑,到了明清之際,陝西境内有些

① 白永貞纂:《增續鐵刹山志》卷十二,第14頁。
② 白永貞纂:《增續鐵刹山志》卷十二,第9頁。
③ 白永貞纂:《增續鐵刹山志》卷十二,第6頁。
④ 白永貞纂:《增續鐵刹山志》卷十二,第1頁。
⑤ 白永貞纂:《增續鐵刹山志》卷十二,第8頁。
⑥ 哈達清格:《塔子溝紀略》卷七《寺廟》,載《叢書集成續編》第239册,第148頁。
⑦ 佘一元:《潛倉集》卷三,載《四庫全書存目叢書》集部第216册,第35頁。

著名的全真道宫觀,或毁於戰亂,或頹敗失修。如全真道祖庭重陽萬壽宫(位於陝西鄠縣),殿宇傾頹,破敗不堪,直到乾隆年間纔稍有修葺。歷史悠久的樓觀(老子説經之處,在陝西盩厔縣),於明末毁於兵燹。清朝順治五年(1648),“耆民伍應時等募金重修”。[①] 然而到了康熙二十年(1681),又是“碧瓦参差,苔痕穿漏”[②],盩厔縣知縣章泰“恐歲月滋久,漸致崩摧,因從而修葺之”。[③] 此次修葺,規模較小,連藏經樓也未予復建。此後數十年,未能補葺,“殿堂廡舍,歲久摧殘,遂致福境一旦蕭條”。[④] 且“廟中香火,盡入火居,管理情形與社廟無異”。[⑤] 直至康熙五十一年(1712)全真道人梁一亮自京師遊歷至此,爲衆人所挽留,方於雍正六年(1728)興工,大規模重修樓閣殿宇。此次重修,歷時十年,始告竣工。西安八仙庵,在明末清初也是墻垣倒塌,殿宇殘破,直到康熙十四年(1675),纔由住持任天然募化重修。[⑥]

本文僅對清初華山、漢中天臺山、葭州白雲山等道教名山以及三原縣城隍廟的全真道傳承情况,略作考察。

**(一)華山**

華山是五嶽中的西嶽,也是著名的道教仙山。五代宋初著名道士陳摶曾隱居於此。金元時期,則有不少全真道士在此修道。明代後期,棲居華山的道士,主要是尊奉郝大通爲祖師的華山派。明萬曆三十年(1602)《重修西嶽廟記》,載有道士席演魁、趙演才、吴全琚、趙全謨、苗全智、王沖寧。[⑦] “演”“全”“沖”分别爲華山派第八代、第九代和第十一代。

明末,全真龍門派道士馬真一,也曾隱居華山修煉,後遊歷湖南、山東、遼東等地。弟子有常光等。[⑧]

清順治年間,華山白雲峰,亦有全真龍門派道士。據順治十三年(1656)《重

---

① 乾隆四年《説經臺重修記》,載王忠信編:《樓觀臺道教碑石》,西安:三秦出版社,1995 年,第 180 頁。

② 康熙二十年《重修樓觀記碑》,載王忠信編:《樓觀臺道教碑石》,第 201 頁。

③ 康熙二十年《重修樓觀記碑》,載王忠信編:《樓觀臺道教碑石》,第 201 頁。

④ 乾隆四年《説經臺重修記》,載王忠信編:《樓觀臺道教碑石》,第 180 頁。

⑤ 民國《樓觀志》,轉引自王士偉:《樓觀道源流考》,西安:陝西人民出版社,1993 年,第 188 頁。

⑥ 參見張建新、陳月琴編著:《西安八仙宫》,西安:三秦出版社,1993 年,第 33 ~ 35 頁。

⑦ 張江濤編:《華山碑石》,西安:三秦出版社,1995 年,第 299 頁。

⑧ 參見康熙《登州府志》卷十八《仙釋》、道光年間李榕纂輯《華嶽志》卷二。徒孫王清正,據説曾興復白雲觀。劉獻廷(1648 ~ 1695)《廣陽雜記》卷三引孫宗武(順治八年舉人)言:“有馬真一者,世號顛仙,言其不死,今猶在遼東云。今興復白雲觀道人王萊陽,乃其嫡派。萊陽名清正。今〔北京〕白雲觀已焕然非故矣。”劉獻廷:《廣陽雜記》,北京:中華書局,1985 年,第 130 頁。

修白雲峰記》,此處道士的傳承譜系是吴静雷→胡真海、郭真祥→張常德、黄常見→李守冬、張守益→姚太會→郭清泉→蘇一鰲→王陽□、高陽起→陳來昭。始於龍門派第五代,已傳至第十五代。他們在白雲峰修建了一些殿宇:明萬曆元年(1573),創建祖師洞殿;天啓二年(1622),創建猢猻愁洞;天啓六年(1626),創建三丰神洞;崇禎十四年(1641),重修祖師洞殿;清順治三年(1646),創建九皇神洞;順治七年(1650),創建文昌神祠;順治十三年(1656),創修西嶽靈官土地神殿。①

順治年間,還有龍門派道士張清貴在華山鐵牛臺修建關帝洞。據順治十八年(1661)張表撰《西嶽太華山鐵牛臺建修關帝洞碑銘》,昔有道士楊玄庵居白雲峰,夢中忽受關帝指示殿宇在金天洞東北,乃檢行至鐵牛臺,不幸墜落絶谷中,而身未受傷。楊玄庵感關帝福佑,遂在此開鑿關帝洞。洞穴初闢,楊玄庵就羽化了。其徒曾孫張清貴繼其遺德,在善信的捐助下,於順治五年(1648)重新開工,落成於順治十三年(1656)。②

清初,華山廟會興盛,附近居民朝山建醮者衆。順治十七年(1660)《朝山建醮碑》載:"春三月,邑人士無少長,各贔屭登高,卜宫觀,建醮其處,以報神功。"此碑在華山玉泉院,碑上載住持道人爲王沖威,徒郭和□,孫二人,字難辨認。③"沖""和"分别爲華山派的第十代和十一代。

**(二)漢中天臺山**

漢中天臺山道觀始建於明代。據明萬曆二十三年(1595)《天臺山修建雷祖三官寶殿碑記》,山上建有混元玉虚宫、三官殿、雷祖殿,會首張淩春等,目覩宫殿傾頽,捐資重修。時任住持是全真華山派道士史全江。④

清順治十三年(1656),天臺山大頂又創建真武祖師殿。主事者爲會首郝漢枝等。住持道士有郭明彦、曹興、王世高,派别不詳。⑤

順治十四年(1657),平西王吴三桂屬官又捐資修繕天臺山宫觀。時任住持是全真龍門派道士劉永泰。捐資碑上還載有他的徒孫張明長,以及王復桂、范既林、王既清、張既鶴、李復正、陳復惠等道士之名。⑥"復"字輩爲全真龍門派第十

① 張江濤編:《華山碑石》,第 81 頁。
② 張江濤編:《華山碑石》,第 84、320 ~ 321 頁。
③ 張江濤編:《華山碑石》,第 319 頁。
④ 陳顯遠編:《漢中碑石》,西安:三秦出版社,1996 年,第 178 ~ 179 頁。
⑤ 陳顯遠編:《漢中碑石》,第 195 頁。
⑥ 陳顯遠編:《漢中碑石》,第 195 ~ 196 頁。

四代,"既"字則不知屬於什麽道派。

據載,清初,天臺山上"有三清殿、三官殿、雷祖殿、祖師殿,更有關王、聖母、靈官殿,樓閣層出,臺觀迭見"。"境内居民,每歲扶老攜幼,攀躋□□□□伸拜跪,絡繹不絶者,實以數萬計。"但是,"自僞逆盤踞後,廟貌傾圮,聖像損□"。[①]

康熙十年(1671),寧邑(河南修武縣)全真道人李一清雲遊至天臺山,"目覩心傷,不忍坐視,即施願募化,建理廟宇,補裝聖像,受苦力,新建西院三教〔殿〕並玉皇寢宫、黑虎諸殿,數年以來,庶幾廟貌告成"。康熙四十二年(1703)陝西漢中府分巡關南道按察司副使鄒嘉林撰碑文以記其事。該碑載李一清有徒姚陽敬、王陽晉、孫陽乾、曹陽坤、何陽成、劉陽□、陳陽真、李陽經、朱陽緒、朱陽和等人。[②]

**(三)葭州白雲山**

陝西葭州(今佳縣)境内有白雲山,明末玉風真人在山上創建白雲觀,後發展成爲西北著名道教聖地之一,道脈一直傳承至今。

據天啓元年(1621)《敕建道大藏經閣記》[③]、康熙五年(1666)《白雲山補藏記》[④]、乾隆《榆林府志》卷三六引《葭州志》,玉風真人姓李,於明萬曆三十三年(1605)雲遊至山西汾陽城西的石盤山修道,並創建了一座道觀。當地人懷疑他爲妖人,將他驅離出境。次年,他來到陝西吴堡縣,被葭州人牛登第迎請至白雲山。在當地官府士紳的支持下,他在白雲山上修建了白雲觀。萬曆四十六年(1618),朝廷頒給該觀《道藏》一部。玉風真人亦被朝中大臣延請入都,居京不久,即辭歸,途中羽化於河北邯鄲。

玉風真人師承不詳,康熙十二年(1673)《重光白雲山記》説他來自終南山碧天洞。[⑤] 關於他所屬道派,泰昌元年(1620)《白雲山起建藏經閣會首功德疏》説:"全真玉峰,山開白雲。無何羽化,率土崩心。"[⑥]則玉風一作玉峰,爲全真派道士。

白雲山白雲觀建成後,當地官府招募道士王真壽等住持該觀。據萬曆三十六年(1608)八月十五日陝西布政司頒帖:"……即招道士王真壽等……道士王真

---

① 康熙四十二年《重修天臺山廟宇龍碑》,陳顯遠編:《漢中碑石》,第 203 ~ 204 頁。

② 康熙四十二年《重修天臺山廟宇龍碑》,陳顯遠編:《漢中碑石》,第 203 ~ 204 頁。

③ 王富春、張飛榮編著:《中國·佳縣白雲山白雲觀碑刻》,西安:陝西旅遊出版社,2008 年,第 193 頁。

④ 王富春、張飛榮編著:《中國·佳縣白雲山白雲觀碑刻》,第 195 ~ 196 頁。碑名作《白雲山碑記》,樊光春《碑刻所見陝西佳縣白雲觀全真龍門派傳承》則作《白雲山補藏記》。樊文載陳鼓應主編:《道家文化研究》第 23 輯,北京:生活·讀書·新知三聯書店,2008 年,第 261 ~ 279 頁。

⑤ 王富春、張飛榮編著:《中國·佳縣白雲山白雲觀碑刻》,第 197 頁。

⑥ 王富春、張飛榮編著:《中國·佳縣白雲山白雲觀碑刻》,第 192 頁。

壽應承□□同各道□張真義、景真雲、李守鳳、趙常清前赴白雲山安置,□□鐘鼓,潔净殿宇,灑掃焚香,□□遵守清規,□□招留異人。如有棍徒,並遊食可疑,王真壽憑帖赴禀,以憑拿□不恕。須至帖者。右帖給住持王真壽等。准此。"[①]王真壽、張真義、景真雲、李守鳳、趙常清,分别爲全真道龍門派第六、七、八代。

泰昌元年(1620)《白雲山起建藏經閣會首功德疏》,載該觀道人姓名有劉真玄、張真義、景真雲、牛宗儒、馬真供等。[②]

天啓元年(1621)《敕建道大藏經閣記》,載領經道人張真義、李□□。[③]

崇禎十六年(1643),住持劉常沾重建白雲觀。據《白雲觀重建廟記》,其時棲居白雲山的道人還有景真雲、馬常隆、牛常威、閻常震、賀守鳴、高常霈、高守鷗、李守鵠、曹太順、苗太穗、姚太醇等。[④]

名載崇禎十六年《白雲觀重建廟記》的李守鵠,號鴻陽,曾爲美化白雲山環境從山西石樓山募化松樹三百餘株,移植於山上。[⑤]

康熙五年(1666),李守鵠趁山西汾陽石盤山檢藏安鉢的機會,邀請幾位秀才,抄補白雲山《道藏》缺失經卷。據朱之俊(奉直大夫、翰林秘書院侍讀、纂修《明史》副總裁)撰《白雲山補藏記》,康熙五年,汾陽西頂石盤山檢藏安鉢,"預布告四方。届期,四衆雲集。中有自秦、豫來者,白雲山道人李守鵠其一也。道人拉茂才(即秀才)一二輩,團聚小屋繕謄經卷。迨道場畢,鈔録亦竣。道人相率還山,詣余稽首曰:'白雲觀規模不減西頂,己丑(1649)兵變[⑥],頗遭蹂躪,《道藏》委地,遺落數十册,今特來查補,幸月餘就緒,無復缺陷事。乞爲我誌其略。'余唯唯"。[⑦] 此記刻石後,列名於碑上的白雲山道士還有苗太穗、曹太順、馬太白、張太成、李太文、雷太玉、李清玉、劉常沾、高和順、李和太、韓太錦、李□□、姚太醇、苗太稔、李太崧等。其中高和順、李和太應屬全真道華山派。

清初,白雲山在正月、四月、九月都有朝山廟會。康熙二十六年(1687)立《葭州神木府谷善士朝山碑記》説:"葭神三郡邑之善士,每年正月會朝白雲山。"[⑧]康

---

① 王富春、張飛榮編著:《中國·佳縣白雲山白雲觀碑刻》,第 192 頁。

② 王富春、張飛榮編著:《中國·佳縣白雲山白雲觀碑刻》,第 192 頁。

③ 王富春、張飛榮編著:《中國·佳縣白雲山白雲觀碑刻》,第 193 頁。

④ 樊光春:《碑刻所見陝西佳縣白雲觀全真龍門派傳承》,載陳鼓應主編:《道家文化研究》第 23 輯。

⑤ 孫海峰撰《白雲山種松記》,劉珏撰《白雲山種松記》,劉光秀撰《後種松記》,載王富春、張飛榮編著:《中國·佳縣白雲山白雲觀碑刻》,第 194 ~ 195 頁。

⑥ 順治六年,山西大同總兵姜瓖等人反清,陝西延安參將王永强起兵響應。

⑦ 王富春、張飛榮編著:《中國·佳縣白雲山白雲觀碑刻》,第 195 ~ 196 頁。

⑧ 王富春、張飛榮編著:《中國·佳縣白雲山白雲觀碑刻》,第 199 頁。

熙二十七年(1688)《創建白雲山五龍捧聖宫碑記》説:“晉之東,河之南,以及齊秦之區,四方朝謁者,夏四月,秋九月,往往不遠千里而來。”①

朝山信衆建立了多個香會組織。康熙三十八年(1699)立《榆林朝山諷經碑記》説:“榆林自白雲〔觀〕初建之時,立會朝山,已經百年。迄於今,神木縣有朝山會,綏德州、清澗與米脂縣皆有朝山會矣,豈非榆林善與人爲善之一徵哉! 今榆林第三會糾首雷性安、梁宏昇、李元清等延請本鎮道衆一堂,詣白雲山金闕,御前跪諷經籙,敬獻音樂,此亦善善欲長之舉也。嗣是以往,將見秦、晉、燕、齊以及四海之遥,莫不共登白雲〔山〕,如朝五臺〔山〕、東嶽也。”②

康熙四十七年(1708),道士劉太興募緣重新裝飾白雲觀正殿。③ 事畢所立《金妝正殿募緣碑記》,列有三十五位道士姓名。④ 這大概反映了其時白雲山道士總數。從題名來看,全真龍門派在白雲山已傳至第十二代(“陽”字輩)。

**(四)三原縣城隍廟**

三原縣城隍廟始建於明洪武八年(1375),規模宏大。從碑文資料看,從嘉靖年間起,該廟就由全真華山派道士住持。嘉靖三十一年(1552)《重修城隍廟寢殿創建無梁門明禋亭記》,載該廟住持爲劉教禄,徒羅演風、王演才,徒孫馬玄伸。該廟還有道士張教禧、張教裕、李演常、李全企等。⑤ “教”、“演”、“全”分别爲華山派第七、八、九代。劉教禄的徒孫名馬玄伸,不符合華山派的命名規則,頗令人費解。

萬曆六年(1578)城隍廟發生火灾,天啓七年(1627)重修。該年所立《三原重飭城隍廟碑記》,載有住廟道士張全寵、范全家、李全守、緱全寰、史真厚、周真元、楊真庸、周真奇、張沖奎、曹沖玄、劉沖翼、張和順、范和清、張和昇、劉和寧、寇和熙、楊得岷、張得嵚等。⑥ “全”、“真”、“沖”、“和”、“得”分别爲華山派第九至十三代。

清順治六年(1649),三原縣知縣李溥在當地士紳的籲請下,發起重修城隍

① 王富春、張飛榮編著:《中國·佳縣白雲山白雲觀碑刻》,第199頁。

② 王富春、張飛榮編著:《中國·佳縣白雲山白雲觀碑刻》,第200頁。

③ 《金妝正殿募緣碑記》,載王富春、張飛榮編著:《中國·佳縣白雲山白雲觀碑刻》,第201~202頁。

④ 樊光春:《碑刻所見陝西佳縣白雲觀全真龍門派傳承》,載陳鼓應主編:《道家文化研究》第23輯。

⑤ 李慧、曹發展注考:《咸陽碑刻》,西安:三秦出版社,2003年,第539頁。

⑥ 李慧、曹發展注考:《咸陽碑刻》,第582~583頁。

廟。重修碑記中載有本廟住持署道會司事道官范和清、前署印住持王沖雪。①

康熙十八年(1679)秋,霖雨爲灾,三原縣民房百無一完,城隍廟亦多頹壞。該縣耆德舊立有城隍社,約數十人,遇城隍廟有傾圮,即捐己資,不時修補。遂於康熙十九年(1680)鳩工重葺。知縣葉章期其時剛莅任,亦與僚屬助其成。半年以後,廟復舊觀。重修碑記中載有本廟道士寇得廣、王沖翔、武得巍。②

可見,從明嘉靖三十一年到清康熙十九年,三原縣城隍廟都是由全真華山派道士住持。但該廟的幾次維修,都是由當地官員和鄉紳發起的。康熙十九年重修碑記,還載有總管首事與管廟會人員姓名。該廟的管理權不在道士手中,道士只是擔任守護廟宇和主持宗教儀式之責。

## 河南南陽玄妙觀的狀況

南陽玄妙觀歷史悠久,據説原爲老君堂,始建於漢代。元朝至元年間,老君堂由道人進行改造,定名爲玄妙觀。明洪武四年(1371),道人李雲庵對玄妙觀進行了擴建。洪武十五年(1382),南陽府道紀司設立於玄妙觀。正統年間,藩封在南陽的唐憲王對玄妙觀進行了重修,並親題觀額,使廟宇初具規模。嘉靖、萬曆年間,玄妙觀又屢有增修,逐漸成爲豫西南著名的道教中心。③

明末,南陽迭經戰火,生靈塗炭。清順治三年(1646),遼東人張應祥以總兵駐鎮南陽。④ 張應祥"莅政之日,城無完廓,農無繮索,民與寇狎,居若綴芀,公室傾覆,而有司若寄"。⑤ 張應祥先招徠民衆,然後剿滅盗賊,"中州南鄙始有室廬之安"。⑥ 但是,戰爭的創傷還遠未平復。其中一大問題就是很多死於戰亂的人,其遺體或没有埋葬,或只是草草掩埋,導致白骨露於野,令人觸目驚心。按照傳統的觀念,這些死者的鬼魂將不得安寧,會對生者造成傷害。因此,掩埋暴露於野的屍骨,是當政者施行仁政的象徵。然而"有司不及舉",⑦地方官没有重視這個問題。大將軍張應祥在一次赴宴過程中,其飛馳的坐騎踩到了一個骷髏。張將

① 順治六年《重修城隍廟碑記》,載李慧、曹發展注考:《咸陽碑刻》,第584~585頁。

② 康熙十九年《重修城隍廟碑記》,載李慧、曹發展注考:《咸陽碑刻》,第599~600頁。

③ 關於南陽玄妙觀的歷史,參見劉迅:《張將軍瘞埋枯骨:清初南陽重建中全真道與清廷之合作》,載陳鼓應主編:《道家文化研究》第23輯。

④ 清康熙《南陽府志》卷五《人物上》之張應祥條。

⑤ 順治十五年楊璥撰:《張大將軍收瘞枯骨碑》。(碑文係劉迅先生提供,謹致謝忱。)

⑥ 清康熙《南陽府志》卷五《人物上》之張應祥條。

⑦ 順治十五年楊璥撰:《張大將軍收瘞枯骨碑》。

軍目擊心傷，罷宴而歸。此後他便派府中人掩埋屍骨。“奈白骨青苔不勝揀，破塚復迷人”，府中人苦不堪言，便草草行事，謊報掩埋數量。①

正當張將軍爲找不到合適的人來幹掩埋屍骨這份差使而發愁時，有玄妙觀四位道士挺身而出。如何安頓亡靈，是道士所擅長的。道教齋醮科儀中的幽科，就是用於濟度亡靈的。全真道祖師丘處機曾於元太祖十五年(1220)在燕京天長觀作齋醮，超度死於戰亂者。時逢當地大旱，啓醮時天降大雨，待午後赴壇行禮時天又放晴，觀者皆驚嘆。② 而掩埋屍骨，也是道士經常施行的善舉。其中太一道四祖蕭輔道掩埋死於戰亂者的屍骨之事，王惲曾作《堆金塚記》以讚之。③

張將軍對玄妙觀四位道士願意承擔掩埋屍骨之任，喜出望外，遂資助“米八斗，錢二千，衣服冬夏稱足”。“於是四人者，積稔之力，填墓竇大小若干孔，聚骨如山。大將軍卜地於玄妙觀之西南，開萬人壙，卜期於仲冬廿七，收衆骨而瘞之。”④

雖然南陽經歷了明末戰亂的嚴重衝擊，但在清廷派張應祥鎮守南陽後，玄妙觀的常住道士又頗具規模。在楊璥撰於順治十五年(1658)的《張大將軍收瘞枯骨碑》的碑陰，列有玄妙觀六十餘位道士的姓名。其中大部分屬於全真龍門派，計有“真”字輩二人，“常”字輩五人，“守”字輩六人，“太”字輩九人，“清”字輩九人，“一”字輩四人。另有田霄珍、裴霄静、楊功勝、孫功名、孟有良等，屬全真南無派。另有“道”字輩、“德”字輩數人，他們不大可能是龍門派，因爲龍門派第一、二代不會在清初纔出現，而應是全真道的其他派别，如華山派、隨山派等。

南陽玄妙觀在清初已較破敗。住持張太順在參將蔣雲龍和白朝佐的支持下，曾予以修繕，“奈厥功力微而不獲告成”。⑤ 張應祥於順治十三年(1656)至玄妙觀進香，目覩三清殿年久失修，即打算重修，而一時没有找到堪當其任者。後來有兩個從山東雲遊至玄妙觀的道士，一個名李天常，一個名華清風，願意以閉關的方式，募集修繕資金。張應祥首先捐資，以作倡導。又多方設法，讓人用車推着兩位坐圜道士周行城市中，而市民果然紛紛捐資，“以種福田”。“然工程宏闊，終難足額。”張應祥考慮到“暑月炎蒸”，擔心時間久了，兩位閉關的道士支撑

① 順治十五年楊璥撰:《張大將軍收瘞枯骨碑》。
② 李志常:《長春真人西遊記》，載《道藏》第34册，第482頁。
③ 王惲:《秋澗文集》卷三十九，陳垣編纂《道家金石略》第850頁轉載。
④ 順治十五年楊璥撰:《張大將軍收瘞枯骨碑》。
⑤ 康熙四年《十方功德記》。(碑文係劉迅先生提供，謹致謝忱。)

不住，於是“盡榷其所餘以施之”。[①] 乃得購材鳩工，囑住持薛清福等“同秉丹誠，共成大事”。薛清福領命，跪誦《皇經》九年，設黄籙普醮三次。日夜不懈，募修前後殿宇，裝塑金容玉像，又修兩旁廊廡、周圍墻垣，焕然一新。[②]

康熙四年(1665)《十方功德記》列有各會會首姓名數十人，而順治十六年(1659)《重修玄妙觀三清殿記》則只有一百多位信士的姓名。可能在支持重修玄妙觀的過程中，信士們組成了各種香會，以更好地發揮募集資金和幫助修繕的作用。

## 河南濬縣大伾山吕祖洞道院的興建

河南濬縣東西各有一名山，東曰大伾山，西曰浮丘山。大伾山天寧寺歷史悠久，浮丘山碧霞元君廟香火鼎盛。清康熙年間，濬縣知縣劉德新在大伾山開鑿了吕祖洞，修建道院，聘請全真道士李德琳作住持。

劉德新在大伾山興建吕祖洞道院的理由，是改善風水，以利該縣讀書人的科舉考試。劉德新撰於康熙十五年(1676)的《創建純陽吕帝君洞閣碑記》中説，濬縣以往人才輩出，但近來年，“人文厄甚”，讀書人北上參加科考者，大多落第而歸，而習武之人，中武舉者則甚多。堪輿先生認爲，西邊浮丘山碧霞宫香火鼎盛，東邊大伾山道場寂寂，“龍精爲虎氣所奪”，因而武勝文衰。劉德新問有無補救之道，堪輿先生説：“是宜增勝於左，以與右敵，俾龍虎各得其所而已。”怎麽“增勝”於大伾山呢？劉德新認爲，“非仍以神道設教不可”。也就是説，要在大伾山上建廟。那麽建什麽廟呢？劉德新認爲，廟中所奉神靈，必須名氣與碧霞元君相當。他想到了兩位神靈，一是佛教的觀音大士，一是道教的吕祖。從有利讀書人科考的角度，他選擇了吕祖。理由是：“大士以浮屠之道導天下，釋與儒不相爲謀。而純陽，唐之進士，終歸於道，始則爲儒。且好爲篇章，如唐詩中載有贈羅浮道士之名□。今偶然遨遊人世，憑乩傳語，常多佳製，此文章神仙也。以此祠於伾而擬於浮，庶幾純陽、太陰之兩不相絀乎？”堪輿先生深以爲然。於是公議，在大伾山鑿吕祖洞，並建道院。[③]

吕祖洞道院的興建，動工於康熙十四年(1675)，次年告竣。住持道官李德琳

① 順治十六年彭而述：《重修玄妙觀三清殿記》。(碑文係劉迅先生提供，謹致謝忱。)

② 康熙四年《十方功德記》。

③ 濬縣文物旅遊局編：《天書地字》，北京：文物出版社，2006年，第271～272頁。

爲首事者之一,其徒逯正行爲督工之一。[1] 二人並募化銀兩若干。[2]

濬縣知縣劉德新自號抱元子,好仙道,自言"幾欲黄冠歸大道",只因有年邁父母需奉養而未能實現。但心中仍然計劃"何年了却人間事,仍向商山採藥歸"。[3] 他對吕祖推崇備至,在所撰《蓬萊得道祖師純陽吕帝君洞銘》的引言中説:"讀《列仙傳》,上自赤松、廣成,以及近世之鐵冠(張中)、三丰輩,其所述仙人備矣。然求其英靈肸蠁,洋洋如在人心目者,則無如純陽吕祖。予嚮往仙風,羨墻其覯。治濬之六年,於伾山西崖荒石亂榛中,鼎建此洞,爲琢像祀之。……爰命住持李德琳代典其事。"他因任期將滿,恐怕"無由復爲展禮",因而撰銘勒於石壁。其中有句曰:"仙譜纍纍不勝陳,獨有純陽親且尊。"[4]他還敬録《吕祖聖誥》,亦勒於石。[5]

劉德新還重修了離吕祖洞不遠的張三丰祠。他所撰《重修三丰張真人祠小記》説:"□□吕祖洞不數武(半步曰武),躡崖而上,□□三丰張真人祠。諸生爲予言,張真人於數年前,曾憑乩傳語,有□吾師至之説,是逆知予今日之宰濬,有此鑿洞奉吕祖一舉也。時洞工告竣,因念真人之所棲,將次敧□,並革而鼎之。"[6]

吕祖洞道院住持劉德琳,屬全真華山派。據劉德新撰《吕祖洞羽士李青霞墓志銘》,李德琳(1626~1702),號青霞。世爲濬縣人。九歲慕道,棄家修真,憩迹浮丘山。康熙十四年(1675),劉德新建吕祖洞道院,"求道行純備者以奉香火",因迎接劉德琳至大伾山,"爲法海之司南,羽流之領袖"。李德琳在劉德新所創道院基礎上,繼續修建,爲道院的完善作出了貢獻。[7]

李德琳門下徒裔繁衍甚衆。《吕祖洞羽士李青霞墓志銘》載有其徒逯正行等四人,徒孫張本曜等十七人,曾孫師仁浦等二十八人,玄孫李義訓等十二人,來孫王禮綱等四人。此《銘》撰於康熙四十二年(1703),其時李德琳的徒裔已傳承至第五代。[8]

---

① 劉德新:《純陽吕祖洞别記》,載濬縣文物旅遊局編:《天書地字》,第274頁。

② 《大伾山創建純陽帝君閣捐金姓氏碑記》,載濬縣文物旅遊局編:《天書地字》,第276~277頁。

③ 劉德新:《純陽吕祖洞告成賦四章附一絶》,載濬縣文物旅遊局編:《天書地字》,第279頁。

④ 劉德新:《蓬萊得道祖師純陽吕帝君洞銘有引》,載濬縣文物旅遊局編:《天書地字》,第280~281頁。

⑤ 濬縣文物旅遊局編:《天書地字》,第282頁。

⑥ 濬縣文物旅遊局編:《天書地字》,第247頁。

⑦ 濬縣文物旅遊局編:《天書地字》,第540~541頁。

⑧ 濬縣文物旅遊局編:《天書地字》,第540~541頁。

## 陳清覺在四川開創龍門碧洞宗

元代,全真道已傳入四川地區。[1] 清初,全真道龍門派傳人陳清覺由楚入蜀,開創了龍門支系——丹臺碧洞宗。

四川成都青羊宫是歷史悠久的著名道觀,相傳爲老子再次降世,與尹喜相會之處。清康熙六年(1667),四川巡撫張德地主持重修。據張德地撰《重修青羊萬壽宫碑記》,當時青羊宫已毁,他捐金重修,"始康熙丁未(1667)之秋,成於辛亥(1671)之春",歷時四年。"暨訖功,以命授牒道士陶來御居之,使奉獻事。"[2]這個受命住持青羊宫的道士陶來御,從其名字來看,可能是全真道龍門派第十三代傳人。

青羊宫重建後不久,有道士陳清覺雲遊至此,打坐於道觀旁。康熙三十四年(1695),四川按察使趙良璧見之,與語甚悦,遂爲創建一修行之所,曰二仙庵。

趙良璧撰《新建青羊二仙庵碑記》説,康熙三十四年,他路過青羊宫,"見老者盤膝静坐,面貌沖容,真有道士也。驚喜注目久之,余亦不問其姓氏里居,即拉之並轡而歸,供於署之積翠軒。渠惟兀然盤坐,斂神静性,終日夜不吐一言,不作一嚬。余敬而禮之,問其由來,曰青城是也。問其齋供,曰隨緣過也。再問其鄉貫姓名,曰楚人而俗陳也"。[3] 趙良璧於是爲陳清覺建庵於青羊宫之左,名曰二仙庵。

關於二仙庵得名之由,乾隆四十一年(1776)洪成鼎(曾任四川安嶽縣知縣)撰《重修二仙庵碑記》説是陳清覺所攜圖畫中有兩位仙人像。該《碑記》説,趙良璧於"休暇日,偶遊西郊,尋張三丰真人詩碑遺迹,恍惚若有所遇,蹤迹之,不覺步入叢篁中,見草團瓢,有道士跏趺習静,内供小圖,畫兩人像。問之,道士以吕(洞賓)、韓(湘子)二仙對。公睇視,大驚異。道士楚人,自青城來,名陳清覺。公與語,深契玄旨,益異之。蓋公平昔信道甚篤,適有邂逅遇,而二仙庵建修之緣於是乎起矣。先建正殿,祀吕祖,後建亭,並祀吕韓二仙,遂顔曰二仙亭。最後建斗姥閣,並静室、單房、客寮、茶竈,共數十區。更捐俸買田二契,供香祀。……復請於朝,康熙四十一年歲在壬午十二月,欽賜御書'丹臺碧洞'匾額,並《悟真篇》'赤

---

① 参見郭武:《全真道初傳四川地區小考》,載《中國道教》2008 年第 4 期。

② 《重刊道藏輯要》續翼集一《四川青羊宫碑銘》,第 2 頁。

③ 《重刊道藏輯要》翼集一《二仙庵碑記》,第 103 頁。

龍黑虎各西東,四象交加戊己中。復姤自茲能運用,金丹誰道不成功?'詩一章,乃建御書坊於亭南,題曰'了門'"。①

康熙三十五年(1696),趙良璧調任浙江布政使,臨行前,特發公文給成都縣令,讓其發告示,禁絶對二仙庵的雜派。告示中説,四川按察使趙良璧"捐資創二仙庵,一以扶道教之式微,一以興隆冬之掛單。深慮道糧不敷,又捐資二契八十兩買地畝,可載種一十七石,以供常住之道供"。"今本司奉旨總藩兩浙,恐起行之後,里甲頭人藉雜派名色,攪擾本庵,則朝夕焚修,嚴寒掛單,斷難寧處。即本司之一片經營,亦因此輩之生端,而胥泯之矣,殊可痛恨。合行飭知此牌,仰該縣遵照來文事理,文到即便出示曉諭本庵並里甲頭人知悉。凡本司契買之地,止完正糧,不許一毫私派。如有地棍諸人藉端妄派者,本庵住持即便指名呈稟該縣,著即立行拿究,永行禁絶,毋壞善果。"②

趙良璧對二仙庵的護持,可以説是不遺餘力。

道光十年(1830)劉沅撰《碧洞真人墓碑》,説陳清覺是湖北武昌人,爲少年名進士,曾入翰林院。後辭官歸隱,至武當山拜詹太林爲師。康熙二十六年(1687)入峨嵋,至成都,結茅於青羊宫側。③

康熙時的幾通碑銘,都没有提到陳清覺的師承,只説他來自湖北。劉沅所述,可能是根據道門内的口傳。青城山天師洞藏有《龍門正宗碧洞堂上支譜》,説陳清覺生於明萬曆丙午年(1606)三月初五日申時,弱冠登第,後辭官入道,至武當山太子坡拜詹太林爲師。康熙四十四年(1705)羽化,壽近百歲。④

卿希泰先生主編的《中國道教史》認爲,《龍門正宗碧洞堂上支譜》"其文大約輯於清嘉慶年間,後光緒、民國時又加續輯"。⑤ 按,陳清覺師承詹太林的説法,不見於康熙、乾隆時的碑刻,康熙年間彭定求所述詹太林生平,也没有提到詹太林曾至武當山弘道,故《龍門正宗碧洞堂上支譜》的説法難以得到證實。

卿希泰先生主編的《中國道教史》第四卷載陳清覺傳有弟子多人,多爲各地宫觀的住持。計有:陳一慶,稱弘道真人,曾住持青城山天師洞;吉一法,住持成都二仙庵;劉一貞,稱含玄真人,住持青城山朝陽洞;孟一貴,開建住持大邑縣龍



① 《重刊道藏輯要》翼集一《二仙庵碑記》,第110~111頁。

② 《重刊道藏輯要》翼集一《二仙庵碑記》,第109頁。

③ 《重刊道藏輯要》翼集一《二仙庵碑記》,第118~119頁。

④ 《龍門正宗碧洞堂上支譜》,轉引自卿希泰主編:《中國道教史》(修訂版)第四卷,成都:四川人民出版社,1996頁,第135頁

⑤ 卿希泰主編:《中國道教史》(修訂版)第四卷,第135頁。

鳳場雲臺山觀音寺；石一含，開建住持茂縣歐陽觀；龍一泉，開建住持三臺縣雲臺觀。陳清覺的師兄弟張清湖、張清雲、張清仕等，亦在四川收有若干徒弟。這些弟子遞相傳授，逐漸在四川形成了一個有較多徒衆的龍門派支系，尊陳清覺爲開山宗師，稱爲"丹臺碧洞宗"（因清聖祖賜陳清覺"丹臺碧洞"匾額）。[①]

康熙年間，活動於四川地區的全真道士，尚有不屬於碧洞宗一系的其他道士。如青城山上元宫，爲龍門派李太浩一系住持。據乾隆年間鄭翊清撰《上元宫碑》，上元宫原爲天臺寺，創自明萬曆間。後來"殿宇傾頹，僅一僧名自埃，難於住持"。康熙五十年（1711），道士李太浩給資接收，改名本洪庵。庵後有上皇觀，建於明正德間，歷久荒蕪。李太浩於康熙五十八年（1719），與徒謝清源協辦修復。李太浩於雍正五年（1727）羽化。乾隆三十年（1765），住持李陽純將本洪庵更名爲上元宫。[②] 李太浩、謝清源、李陽純，其名亦符合全真龍門派的派字譜，分别爲第九、十、十二代。

## 南昌地區：全真道士兼嗣净明派

江西南昌之西山，又名逍遥山，有玉隆萬壽宫，爲奉東晉許遜（世稱許真君）爲祖師的净明道之祖庭。明清之際，萬壽宫因戰亂而破敗。康熙初，有全真道士徐守誠興復殿宇，並建全真堂，在此開啓了全真道的傳承。

據光緒《逍遥山萬壽宫志》卷十三《人物志》，徐守誠（1632～1692），初名弘元，字明真，號野谷，南昌世族。爲全真龍門派第八代法嗣。幼即具非常之志。讀書解大意，不肯爲章句之學。順治五年（1648），金聲桓、王得志在南昌起兵反清，爲避戰亂，徐守誠之父與弟各逃散，他獨自奉養母親。因感世事滄桑，未及冠，已有拔俗之思。順治八年（1651）元旦，"醉卧，夢一道翁登其堂，拂其几，書二'山'字，默然以去"。遂恍然而覺，決意出家。順治十年（1653），棄家居西山天寶洞，拜全真道龍門派第七代傳人孔常桂爲師。[③]

孔常桂，號玄微，山東曲阜人，孔子六十七代裔孫。父母没，出家雲遊，隱居湖北木蘭山修道。後聞江西南昌西山爲神仙窟宅，遂徙居該山天寶洞。"終日兀坐松下，静悟天機，時弄靈芝以自娱。""從遊甚夥，而惟徐師野谷爲尤著。"[④]

---

① 卿希泰主編：《中國道教史》（修訂版）第四卷，第136頁。

② 龍顯昭、黄海德主編：《巴蜀道教碑文集成》，成都：四川大學出版社，1997年，第362～363頁。

③ 光緒《逍遥山萬壽宫志》卷十三《人物志》，《中國道觀志叢刊》第31册，第661～662頁。

④ 光緒《逍遥山萬壽宫志》卷十三《人物志》，《中國道觀志叢刊》第31册，第660頁。

徐守誠拜孔常桂爲師後,“隨師遊浮雲宫數載,性命雙修,脱然融釋”。“一日過萬壽宫,見宫殿丘墟,荆棘滿目,不勝浩嘆,而重興之願已默矢於心焉。”①

徐守誠與當時南昌另一有名的道士周德鋒相友善。周德鋒,字思永,號占月,又自稱鐵漢。江西南昌荷湖人。生於官宦人家,祖、父皆以鄉薦出仕,所在多惠政,積書萬卷以貽後昆。周德鋒博學,工詩文,十七歲食廩於府學。曾爲官,明亡後,棄官爲道士,遍遊名山。遊揚州,翰林許承家(字師六)以師禮事之。皈依者甚衆,皆教之忠孝。年七十六,預定死期,端坐而化,葬於金泉之麓。後有友人從武當來,道遇德鋒,云入終南,乃郵書於其徒。友人歸,始知其已仙去。②

徐守誠與周德鋒二人謂玉隆萬壽宫爲净明祖庭,安忍任其衰敗?遂商量修復之策。康熙二年(1663),徐守誠於萬壽宫旁之逍遥靖廬趺坐三晝夜,里中耆宿聞而異之。於是徐守誠在當地官民的捐助下,將萬壽宫重修一新。③

徐守誠重修後的萬壽宫,特闢有“全真堂”。據光緒《逍遥山萬壽宫志》卷七《宫殿考》:“全真堂,徐守誠、岑守默、周德鋒同建。此堂惟黄冠之流煉養服食者居之。”④

徐守誠後又興復丹陵觀、紫陽觀、至德觀等净明道宫觀。“暮年謝棄宫事,一意習静參玄。”性嗜酒,人多稱爲醉仙。康熙三十一年(1692)羽化於丹陵觀,世壽六十歲。⑤

徐守誠傳有弟子張太玄、譚太智、熊太岸等。

在徐守誠一系道士活躍於西山一帶時,南昌城郊另有道士朱道朗修建青雲譜道觀,亦兼嗣全真與净明。

朱道朗,字良月,號破雲樵者,又自稱望道人。⑥ 其自述曰:“予少亦章句士

---

① 光緒《逍遥山萬壽宫志》卷十三《人物志》,《中國道觀志叢刊》第31册,第662頁。

② (清)陳鼎:《留溪外傳》卷十七,《四庫全書存目叢書》史部第122册,第798~799頁。參見光緒《逍遥山萬壽宫志》卷十三《人物志》。

③ 光緒《逍遥山萬壽宫志》卷十三《人物志》,《中國道觀志叢刊》第31册,第662~663頁。

④ 《中國道觀志叢刊》第30册,第377頁。

⑤ 光緒《逍遥山萬壽宫志》卷十三《人物志》,《中國道觀志叢刊》第31册,第664~665頁。

⑥ 學術界已考證,朱道朗與八大山人是兩個人。民國二十年(1931)刊《江西青雲譜志》所載署名清初周體觀撰《青雲譜道院落成記》,内有“寧藩宗室裔自稱八大山人者……後委迹黄冠,自號良月道人”的説法。康熙年間刊行的《青雲譜志略》,無署名周體觀撰《青雲譜道院落成記》,而有周體觀撰《定山橋梅山道院記》,該文中没有提到朱良月即是八大山人。署名周體觀的《青雲譜道院落成記》,爲民國時人所僞撰。該《記》起首一句説:“夫寺觀廟堂,寰球甚夥。”“寰球”二字,似不應出自清初之人的筆下。且該《記》所署周體觀的官職“江西按察使司”,亦有錯誤,按周體觀撰《定山橋梅山道院記》所署官職,應爲“江西按察司副使”。

也,家學未荒。"[①]可知其爲儒學世家。其友人黎元寬在《青雲譜志略序》中說:"良月於貴時,嘗共謂晉以太子貴,不若修道之樂也。"[②]於是隱居洪崖山修道,並築室養親。其自述曰:"殫心太上言之微,法之隱,乃依洪崖巔下,築室養親,虔加窺領。半竿紅日,數餉松風,不萌市朝想。雖未全棲真,較之愁魔病劫,爲隙中駒、石中火者,似有間矣。"[③]黎元寬《青雲譜志略序》說:"向者良月別予,行出世事,施藥於市,而不言姓名;採藥於山,而鹿豕夜衛。"[④]後朱道朗之弟迎母歸南昌奉養。順治十八年(1661)秋,朱道朗回南昌省親,路出城東定山橋。橋毀,爲鄉人所請,任興復之責。又被告知,此地爲昇仙太子晉故迹,橋畔原建有太乙觀。於是朱道朗重修道觀,命名曰青雲譜。[⑤] 據黎元寬解釋:"夫譜者,一以著仙兆也,又一以承教也。仙兆謂純陽吕公乘青雲而來告祥也。"[⑥]朱道朗說,道觀中"崇祀吕祖,以其受東華、正陽之教,發明性命雙修之旨,遂乃因地而教,因人而授法也。其視許祖(許遜),教同而道一也,道同而心皆一矣"。[⑦] 所以,雖然時人稱其爲"全真朱良月"[⑧],但他自己是兼嗣全真與净明二派的。

朱道朗被時人稱爲仙人。黎元寬《青雲譜志略序》說:"賀本之好道篤摯,每拿舟招予訪良月,輒曰'訪仙'云。國中長者、居士之招呼,類如此。"[⑨]

與朱道朗一同參玄學道之人,有周德鋒(號占月)、胡之玫(法名德周)等人。胡之玫在《太上靈寶净明宗教録序》中說:"良月朱先生、占月周先生,與余三人者,同遊净明之門,瞻望龍光[⑩],已三十有餘年。"《净明宗教録》共十卷,由胡之玫與其子胡士信(法名弘道)編校,朱道朗與周德鋒共同鑒定。[⑪] 朱道朗還在各卷後作疏、衍,於净明奥旨,頗多闡發。

朱道朗將其所作闡道之文,"合之諸名公所撰序、記、長短詩,以及規戒、語録之屬"[⑫],編成一書,名曰《青雲譜志略》,刊行於世。

---

① 朱道朗跋,《青雲譜志略》,中國國家圖書館藏康熙刻本,第70頁。
② 《青雲譜志略》,第5頁。
③ 朱道朗跋,《青雲譜志略》,第70頁。
④ 《青雲譜志略》,第5~6頁。
⑤ 朱道朗跋,《青雲譜志略》,第70~71頁。
⑥ 黎元寬:《青雲譜志略序》,《青雲譜志略》,第3頁。
⑦ 朱道朗跋,《青雲譜志略》,第71~72頁。
⑧ 黎元寬:《青雲譜志略序》,《青雲譜志略》,第2頁。
⑨ 《青雲譜志略》,第7頁。
⑩ 按,"龍光"指許遜龍沙之讖,謂屆時有八百仙人當出。
⑪ 中國道教協會研究室2005年整理重印。
⑫ 黎元寬:《青雲譜志略序》,《青雲譜志略》,第4頁。

朱道朗的弟子，有沈兆奎（法名弘慈）、陳德瓚（法名德航）、朱統鉛（法名德沁）、鄭弘果、涂若愚、宋程六等。

康熙四十一年（1702），戴有祺（康熙三十年狀元）撰《重修青雲圃（譜）碑記》，謂朱道朗的傳人已至第三代。[1]

## 周太朗開創杭州金鼓洞道院

金鼓洞在杭州棲霞嶺北。洞之得名，緣於昔時有人伐石其間，聞金鼓之聲。[2]金鼓洞之有道院，開創於全真道士周太朗。

閔一得《金蓋心燈》稱周太朗爲“茅山乾元觀之宗嗣，杭州金鼓洞之開山祖，金蓋山雲巢之宗師”。[3]

《金蓋心燈》和朱文藻《金鼓洞志》均有周太朗傳。據《金鼓洞志》所載周太朗弟子戴清源撰傳，周太朗（1628～1711），字明陽，號元真子。[4]江蘇震澤人。幼有夙慧，克慕玄旨。隨父仕至京師[5]，謁白雲觀，虔禮七真殿下，誓願出家。以親在，未遂也。越三年，父歿，乃決意捨俗，往來道觀中，冀得明師而事之。孫玉陽（名守一）真人引至座下，嗣龍門派第九代。[6]

據《金蓋心燈》，龍門正宗從第五代起，分律師、宗師兩支。第四代律師周元（玄）樸“住世一百一十年，始得天台道者張宗仁承當法戒，復得頓空氏承傳宗派”，“宗仁名静定，頓空氏名静圓，姓沈，原名旭”。[7] 張静定傳趙真嵩，趙真嵩傳王常月，是爲律師一系。沈静圓傳衛真定，衛真定傳沈常敬，沈常敬傳孫守一，孫守一傳周太朗，是爲宗師一系。

沈常敬居茅山乾元觀，孫守一亦曾侍師偕隱茅山，故《金蓋心燈》稱周太朗爲“茅山乾元觀之宗嗣”。

《金鼓洞志》説，周太朗聞道後，一瓢一笠，雲遊東南。康熙三年（1664），王常月律師來杭州，闡戒於宗陽宫中，周太朗前往拜謁，“服其操持，相依兩載”。[8]

---

① 《江西青雲譜志》，《中國道觀志叢刊》第 24 册，第 74～75 頁。
② 朱文藻：《金鼓洞志》卷二，《藏外道書》第 20 册，成都：巴蜀書社，1992 年，第 203 頁。
③ 閔一得：《金蓋心燈》卷三《周明陽律師傳》，《藏外道書》第 31 册，第 214 頁。
④ 閔一得：《金蓋心燈》則謂周太朗字元真，號明陽子。
⑤ 閔一得：《金蓋心燈》謂周太朗時年二十歲。
⑥ 閔一得：《金鼓洞志》卷七，《藏外道書》第 20 册，第 283 頁。
⑦ 閔一得：《金蓋心燈》卷一《周大拙律師傳》，《藏外道書》第 31 册，第 178 頁。
⑧ 閔一得：《金鼓洞志》卷七，《藏外道書》第 20 册，第 284 頁。

《金蓋心燈》則説,周太朗在北京白雲觀已見過王常月,願皈依門下,王常月諭之曰:"師在江南,宗律將於汝一貫。"在王常月來杭州之前,周太朗已遇王常月弟子黄守元(赤陽子)於杭州大德觀,進受大戒。[1] 所謂"宗律一貫",是指周太朗既得宗師一系孫守一的傳承,又得律師一系黄守元的傳承,宗師、律師兩系合於一身。

但成書時間早於《金蓋心燈》的《金鼓洞志》,在卷七《法嗣》中,則説龍門派第一代至第四代皆無考,第五代至第七代爲沈静圓、衛真定、沈常敬,也無律師和宗師之分。[2] 因此,閔一得關於龍門正宗第一至四代之姓名,以及從第五代起,分律師和宗師兩支的説法,有待找到進一步的文獻證據。

《金鼓洞志》載,康熙五年(1666)春,周太朗至金鼓洞,"愛其境隔斷紅塵,就於巖下掛瓢,端坐三晝夜"。其時金鼓洞未有屋宇,洞内供奉觀音大士像。住持慧登禪師以城中有寺院可居,不常至,故洞常闃寂。禪師見周太朗打坐於巖下,遂叩問行迹。周太朗曰:"野鶴無巢處,雲遊天地間。只求真種子,至此好收元。"禪師曰:"此山非梵室,原名一洞天。真人垂鶴馭,千載集仙壇。"周太朗告訴禪師,自己到處雲遊,没有道院棲身。禪師説,這個地方本來就是道教的洞天,不是佛教寺院。於是禪師將此地讓與周太朗,並"遣徒賫糧,頻來供養"。周太朗"延同壇王永寧初結一茅,繼建屋宇,葆真習静"。[3]

協助周太朗創建金鼓洞道院的王永寧,道名太古,《金蓋心燈》卷三有傳,謂:王太古(1597~1721),號永寧子,原名慎,字止上。四川夔關人。蜀亂南遊,順治十七年(1660)至金蓋山,禮陶守貞爲師,黄守元亦重之。康熙十三年(1674)始出山,佐周太朗開創金鼓洞道院。樵採身任,得閑則持誦禮拜。一日,與周太朗論道,曰:"道貴無我,欲净理淳。千經萬典,發明心學。完我太古,頭即玉京山,心即法王城。"周太朗肅然起敬,遂擇日懸陶、黄二師像,爲其更服加冠,付以三戒,贈名太古,號永寧子。周、王二人相處數十年,於宗旨互有闡發。[4]

周太朗創建金鼓洞道院後,收弟子高清昱、戴清源等,"化愚迷而成知識,破歧途而遵正軌。奉列真度人無量之心,修太上内觀無心之法"。[5]

《金鼓洞志》説,周太朗開創的道院,"奉全真派,規矩綦嚴"。[6] 第十四代嗣

---

① 閔一得:《金蓋心燈》卷三《周明陽律師傳》,《藏外道書》第31册,第214~215頁。
② 朱文藻:《金鼓洞志》卷七,《藏外道書》第20册,第283頁。
③ 朱文藻:《金鼓洞志》卷七,《藏外道書》第20册,第284頁。
④ 《藏外道書》第31册,第216~217頁。
⑤ 朱文藻:《金鼓洞志》卷七,《藏外道書》第20册,第284頁。
⑥ 朱文藻:《金鼓洞志》卷四,《藏外道書》第20册,第253頁。

法弟子張復純説:“昔日周祖從白雲觀雲遊來杭,爲服崑陽王律師戒行整嚴,遂掛單於宗陽宫,共闡三極大戒。自金鼓開堂,宗風聿振,曾將三極戒律七十四則,芟繁去複,手定十則,垂示弟子,奉爲清規。”[①]周太朗在清規前言中説:“昔長春演鉢堂正教,規矩爲先;太上説滅罪名經,愆尤胥泯。況居塵出塵不易,在欲無欲實難。玆者同登勝地,用建瑶壇,爰参三極之戒儀,酌定十條爲院約。惟冀後來永守,勿犯清規。”[②]十條清規,文繁不全録。其中有:不得妄談朝廷官府,求知軍國事,以驗吉凶;不許輕言道法及爐火、黄白之説;不得殺生,不得食肉及五辛;不得習學外道,及視外教小説、傳奇,閑雜等書;每日早晚焚香誦經,宜爲萬姓請願,勿但爲己妄求福報等等。[③]

周太朗又有遺訓數條,極具特色。1.“三不留”之例:法侣弟子,思欲分住他處院觀,暫辭祖林,則宜勖其演正派而佈玄風,不强留也;若雲遊参訪,亦修真者所當務,冀其擴眼界而結勝緣,不便留也;或者不耐清閑,不甘淡泊,頗思還俗,則心已外役,決難守静默而進玄關,不應留也。2. 中年出家:此道院所收弟子,俱中年出家,從不收孩幼嗣法。中年人出家,道心堅固。年幼之人,恐識見未定,初雖約束,繼必勉强,甚至侵損常住,敗壞清規,流弊甚多。3. 二粥一飯:因道院無恒産,周太朗規定,不得奢侈供養,每日早晚食粥,中午吃飯。[④]

周太朗特别重視道院當家之人的選擇。因爲,“院中事務殷繁,經懺往來,賦租出納,經理得人,則百廢俱舉,常住日隆;倘一不得其人,則日漸廢弛,關係非淺”。道院“設當家一人,專主合院,聽命授受之際,一切開載籍簿”。[⑤]當家退職時須有交家簿籍,開列田地、山場、房屋、器皿物件等項。[⑥]

閔一得對周太朗弘揚全真道的功績,讚嘆有加。他説:“聞之輕雲子(沈一炳)曰:全真一派,東華而下,盛自重陽,歷傳丘〔處機〕、趙〔道堅〕、陳〔通微〕、周〔玄樸〕祖,周傳張〔静定〕、趙〔真嵩〕、王〔常月〕、黄〔守元〕,並傳沈〔静圓〕、衛〔真定〕、沈〔常敬〕、孫〔守一〕諸祖……逮我明陽子周律師出,祖道南行。……玄風慶會,自元而降,殆無有過之者。”[⑦]

---

① 朱文藻:《金鼓洞志》卷四,《藏外道書》第 20 册,第 254 ~ 255 頁。
② 朱文藻:《金鼓洞志》卷四,《藏外道書》第 20 册,第 254 頁。
③ 朱文藻:《金鼓洞志》卷四,《藏外道書》第 20 册,第 254 頁。
④ 朱文藻:《金鼓洞志》卷四,《藏外道書》第 20 册,第 255 頁。
⑤ 朱文藻:《金鼓洞志》卷四,《藏外道書》第 20 册,第 254 頁。
⑥ 朱文藻:《金鼓洞志》卷四,《藏外道書》第 20 册,第 254 頁。
⑦ 閔一得:《金蓋心燈》卷三《周明陽律師傳》,《藏外道書》第 31 册,第 215 頁。

周太朗弟子衆多，閔一得説，“當時從師者，千有餘人”。[①] 知名者有戴清源、童清和、金清來、方清復、高清昱、孟清晃、葉清徹、許清陽等。

## 余體崖復興湖州計籌山昇元觀

浙江湖州武康計籌山，相傳爲春秋時越大夫計然隱居之地。計然，一作計倪，一名辛鈃，號文子，范蠡之師。山之得名，一説是由於計然“嘗登此山，籌度面勢，以營隱居”[②]，一説是由於計然曾與范蠡在此籌劃伐吴之策。[③] 漢末，葛玄曾煉丹其上。後建有常清觀。宋紹興初，和王楊沂中將道觀修繕一新。乾道二年（1166），已退位爲太上皇的宋高宗駕幸計籌山，賞賜甚多，改觀額曰“昇元報德”。南宋末年，著名道士杜道堅受楊沂中後人之請，住持昇元報德觀。[④] 元兵南渡，杜道堅冒矢石，叩見元軍統帥伯顔（一譯作巴延，1236～1295），以不殺無辜相請。伯顔與語大悦，遂攜其北上。元世祖特委馳驛江南，搜訪遺隱。後“欽奉璽書，提點道教，住持杭州宗陽宫”，仍領昇元觀事。又在計籌山上創建通玄觀，以弟子主之。元仁宗皇慶元年（1312），宣授隆道沖真崇正真人。“真人居寵思退，請老而傳”，朝廷遂以其弟子姚志恭爲昇元觀提點，其徒孫孫拱真爲提舉，“俾世世相傳，玄玄不絶”。[⑤]

然世運滄桑，元末，昇元觀毁於兵。明洪武二十四年（1391），煉師袁居安重建。[⑥] “不意自明而清，荒廢久，而高人去；仙迹毁，而謀占多。”[⑦]康熙六年（1667），當地村民請煉師余體崖擔當修復道觀之任。

清初毛奇齡（1623～1716）《西河集》卷二八有《送余煉師居昇鉉觀序》，謂：“菰城山水甲天下。武康計籌山，則春秋計倪所棲地也。……臨安（杭州）余煉師自皋亭來，顧而樂斯，乃葺其廢墜，假之偃息，同人各爲詩贈行，而命予以序。夫煉師修髯廣顙，身具仙骨，而又好讀古異書，闡經國謀野之學，雖譚衆妙，如九術焉，殆章甫而黄冠者。”

余體崖曾棲居餘杭洞霄宫。清初王嗣槐《桂山堂文選》卷六《遊洞霄宫記》

---

① 閔一得：《金蓋心燈》卷三《周明陽律師傳》，《藏外道書》第31册，第215頁。

② 戴表元：《剡源文集》卷五《計籌山昇元報德觀記》，《四庫全書》本。

③ 鄭元佑：《僑吴集》卷九《計籌山巢雲樓記》，《四庫全書》本。

④ 戴表元：《剡源文集》卷五《計籌山昇元報德觀記》，《四庫全書》本。

⑤ 趙孟頫：《松雪齋集》卷九《隆道沖真崇正真人杜公碑》，《四庫全書》本。

⑥ 同治《湖州府志》卷二八，《中國方志叢書》第54號，臺北：成文出版社，1970年，第562頁。

⑦ 清雍正初年佚名《昇元觀記》，載民國《計籌山志》，浙江省圖書館藏抄本。

説，他於順治十五年（1658）三月，“偕友人訪道士孫善長於洞霄〔宫〕，登金竹屏最高處，與道士余體崖窮討其幽趣”。[①]

雍正《浙江通志》卷二二九《寺觀》，載武康縣東唐泫村有修真觀，始建於元泰定間，元末毁，明洪武二十四年（1391）復建，清康熙六年（1667）道士余體崖重建。

民國十七年（1928）《計籌山志》，載記、傳、碑銘數篇，敘余體崖生平甚詳。今簡述如下：煉師余真人，道名守淳，字體崖，别號静虚。杭州錢塘人。生於明天啓元年（1621）。幼年雙親棄世，由祖父撫養。稍長，祖父又去世，衣食難支，遂出家爲道士，居孤山之文昌祠。博訪黄老之術，崇禎十五年（1642），避暑棲霞嶺紫雲洞中，遇白髪頭陀，得修煉要訣。入清後，受知於錢塘令高漢章，互相賦詩酬答。順治七年（1650）閉關，修頭陀訣，三年不得就。順治十二年（1655），浙江提學谷應泰慕其高風，爲之創構講堂，遣諸子讀書其中。時吕留良亦與谷公善，朝夕議論甚洽，因延余至石門東莊，余杜門謝客，獨修頭陀訣，頗有所得。之而訪者，踵相接焉。後余受門人之請，居餘杭洞霄宫，住天柱峰下。有《大滌草》行世。康熙三年（1664），給事中姜希轍見其詩悦之，迎其住紹興之兩水亭，遂著《越遊草》。次年（1665），住杭州皋亭之煙石磯。康熙六年（1667），受邀興復武康計籌山昇元觀，不期年而觀宇落成。喜登高，常憂足力不濟，醫者誤針氣海泥丸，遂致不起。康熙九年（1670）羽化，享年五十。

余體崖弟子衆多，《計籌山志》列名者，即有魯太興、方太瓊、李太霞、胡太琮、方太瑞、金太琛、李太增、徐太權、傅太梅等。從師徒名字來看，余體崖爲全真道龍門派第八代。

余體崖爲衆弟子制有《規訓》，公佈於齋堂中，民國《計籌山志》收入，其文曰：

> 學道之人，第一要脚跟穩當，不被人騙。在山住十年，今見方外之人，念年（即二十年）煉得心如槁木，意若死灰，雖富貴功名，美色財帛，煩惱種種不起，纔算得入門一著。輒云，某説好，某説歹，駡我，妬我，某處有錢，某處有齋，就要搬移，生出别樣心腸。呵呵！殊不知命運不濟，徒自勞碌。惹人不重，惹自顛倒。奉勸諸弟，知命可守，含忍過去，籌山腐渣菜根冷齋飯，倒有滋味，自然苦盡甜來，水到渠成，如大悟大徹，徒死心主宰爲最也。
>
> 籌山道人體崖氏，初夏静坐之餘，澄思滌慮，萬象皆空，適大德持紙箋求書教言，隨即迅筆拈此以勉之。凡我及門，其各稟遵毋忽。

---

① 《四庫未收書輯刊》第7輯，第27册，北京：北京出版社，2000年，第394頁。

余體崖修復的昇元觀，只是初具規模。此後又有周玉峰、卓火傳等相繼修繕。吴綺(1619～1694)《送卓火傳歸隱計籌山昇元觀序》説："余體崖始爲結茅，周玉峰繼爲除草。然金亭未顯，空存九節菖蒲；絳闕猶虚，未長萬年神藥。而我火傳年兄褰裳獨往，將尋赤水之珠；著屐思從，欲訪玄都之籙。何其勇也，不亦異哉。"①

周玉峰，事迹不詳。卓火傳，名天寅，號亮庵。仁和(清代爲浙江杭州轄縣)人。順治十一年(1654)中副貢。工詩文，爲江南名士。於塘棲鎮建傳經堂，一時文士争爲詩文以紀之。大學士張玉書(1642～1711)《書卓氏傳經堂集後》説："卓子火傳建祠於塘棲里第，奉其先入齋(卓搏)、左車(卓發之)、珂月(卓人月)三先生，而名其堂曰傳經。海内文章之士，皆以卓之子孫世守侍郎忠貞公(卓敬)之教，以克紹其先烈，爲能不愧於傳經之義，争爲詩文以紀之。"②卓火傳把這些詩文編爲《傳經堂集》。

卓火傳後入道，隱居計籌山。吴綺《送卓火傳歸隱計籌山昇元觀序》説："予與同年火傳卓君聯半世之交，歷深情於風雨；賦十年之别，託遠夢於湖山。適於戊辰(康熙二十七年，1688)之冬相見邗江(今江蘇揚州市邗江區)之上，形容非昔，情好有加。曲巷泥深，予方委形於皂帽；名山花發，君忽託興於黄冠。"

卓火傳隱居計籌山昇元觀之時，余體崖一系的道士仍住持該觀。《計籌山志》載有雍正初年佚名《昇元觀記》，稱余體崖率徒魯抱玉(即魯太興)、徒孫施棲雲等，復建昇元觀。當時"拜謁者紛紛，皆曰神仙復來，觀宇新建，將有葛〔玄〕、杜〔道堅〕之興"，"孰意天不假年，余與魯相繼而逝，今惟賴施子棲雲，率徒陳慧熙等，苦守清規，略加整飭"。可知計籌山昇元觀的興復，經過了很多人的努力。

## 杜陽棟、曾一貫與全真道在廣東的傳播

清末廣東羅浮山酥醪觀道士陳教友在《長春道教源流》中説："元以後，至於國朝(即清朝)，全真派遍佈於江南各行省，惟粤無聞。然《寰宇訪碑録》有《臨桂(今屬桂林)棲霞洞全真觀記》，云楊璧撰，至元十七年(1280)。是元初全真教已逮粤西矣。今粤東羅浮及會城(即省會廣州)諸道觀，詢其派，又皆全真也，其來

① 吴綺:《林蕙堂全集》卷七,《四庫全書》本。
② 張玉書:《張文貞集》卷六,《四庫全書》本。

不知何自。”①

陳教友認爲，從元朝至清初，兩廣地區，未聞有全真道。但他又舉出《臨桂棲霞洞全真觀記》，説明全真道在元初已傳至廣西。至於廣東，雖然到他那個時代，羅浮山和廣州各道觀，大多屬於全真派②，但廣東的全真派從何處傳來，他表示弄不清楚。

陳教友接着説，他寓居羅浮山酥醪觀，知觀中爲龍門派，出自曾山山師。③ 他在《浮山志》中進一步説：“全真教之居羅浮，實自山山師始。”④

曾山山即曾一貫。其師李清秋，爲龍門派第十代玄裔。陳教友《長春道教源流》載，曾一貫，號山山，傳李清秋之學，恬修道成，以符藥救人。康熙間，入羅浮山，築道場於紫霞洞。康熙五十五年（1716），廣州旱，當道邀請求雨，雨大注，因委管沖虚觀。山中五觀，餘四曰酥醪、曰九天、曰黄龍、曰白鶴，俱延爲住持。後遷紫霞洞道場於酥醪洞，令弟子柯陽桂主之。曾一貫自居沖虚觀，未幾羽化。⑤

黎志添教授經過考證，認爲在曾一貫之前，已有全真龍門派道士杜陽棟住持羅浮山沖虚觀。⑥

羅浮山沖虚觀歷史悠久。原爲葛洪故居，“唐置祠，宋立觀”⑦，“明嘉靖徙博羅縣道會司於此”。⑧ 明末時毁於群盗焚掠，唯存中殿（即三清殿）。⑨ 康熙二十六年（1687）冬至二十七年（1688）仲夏，廣東提督許貞、惠州知府吕應奎、博羅縣令陶敬等重修沖虚觀。⑩ 潘耒於康熙二十七年四月遊羅浮山後寫成的《遊羅浮記》稱，沖虚觀“往時宏麗甲一山，今蓬萊閣、遺履軒皆廢，唯三清殿存。其御簡

---

① 《藏外道書》第31册，第137頁。

② 陳教友説：“今粤東羅浮及會城（即省會廣州）諸道觀，詢其派，又皆全真也……”其實並非廣州所有的道觀都屬於全真派，歷史悠久的廣州元妙觀，即屬於正一派。參見黎志添：《廣州元妙觀考：一座正一派道觀的歷史變遷》，載黎志添：《廣東地方道教研究》，香港：中文大學出版社，2007年，第21～56頁。

③ 《藏外道書》第31册，第137頁。

④ 《藏外道書》第32册，成都：巴蜀書社，1994年，第592頁。

⑤ 《藏外道書》第31册，第137頁。

⑥ 黎志添：《廣東地方道教研究》第二章第二節，第61～77頁。

⑦ 潘耒：《遊羅浮記》，載宋廣業編：《羅浮山志會編》卷十二，《藏外道書》第19册，成都：巴蜀書社，1992年，第256頁。

⑧ 宋廣業編：《羅浮山志會編》卷十二，《藏外道書》第19册，第128頁。

⑨ 陳伯陶：《羅浮補志》，《藏外道書》第32册，第805頁。

⑩ 吕應奎：《重修羅浮沖虚觀碑記》，光緒《惠州府志》卷二十四，《中國方志叢書》第3號，臺北：成文出版社，1966年，第506頁；陳伯陶：《羅浮補志》，《藏外道書》第32册，第805頁。

亭、葛仙祠,則提督許公(許貞)、郡守吕侯(吕應奎)所新葺也。黄冠皆散處村落"。① 潘耒遊羅浮山後一個月(仲夏),沖虚觀重修工程告竣。② 不知散處村落的道士,是否即於沖虚觀重修後返回觀裏。

據載,杜陽棟在沖虚觀重修後兩年來到羅浮山。陳伯陶《羅浮補志》説,杜陽棟字鎮陵,山東濰縣人,入道於靈山乾元宫。康熙二十九年(1690)雲遊至羅浮山,三十七年(1698)任沖虚觀住持,復修該觀。曾與梁佩蘭論養生,引義玄暢。③

張妙昇亦於康熙中來羅浮山。陳伯陶説,張妙昇乃山東人,嶗山道士,有奇術,與杜陽棟同興沖虚觀,爲道俗所仰。觀中長生井,味甚洌,爲其所鑿。顧嗣立、梁佩蘭、陳阿平俱有贈詩。後開創黄龍觀,爲該觀初祖。④ 又重修弼唐精舍及四賢祠。⑤

陳伯陶説張妙昇的道派是嶗山派。⑥ 從"妙"字來看,張妙昇應爲龍門岔派金山派第八代玄裔。金山派由明代嶗山道士孫玄清創立,故亦稱嶗山派。

康熙三十九年(1700),詩人梁佩蘭與陳阿平等人同遊羅浮山。⑦ 梁佩蘭作詩分别贈給沖虚觀道士杜陽棟和張妙昇。⑧

杜陽棟還被邀請住持惠州元妙觀。乾隆三十三年(1768)惠州元妙觀住持陳合琮刻立的《修元妙觀記》説:"康熙三十七年(1698),延沖虚大師主持整飭之。"⑨

陳伯陶《羅浮補志》説杜陽棟還曾創建歸善縣(屬惠州府)之南天觀。又説,杜陽棟曾修廣州三元宫,七十六歲時坐化於三元宫内。⑩ 黎志添教授認爲,"由於此説並没有其他歷史憑證的支持,故不可輕易確信"。⑪

在杜陽棟之後,住持羅浮山沖虚觀的全真道士是曾一貫。據道光二十五年(1845)賴洪禧所撰的《浮山新志》,康熙五十五年(1716)"當道延師(指曾一貫)

---

① 宋廣業編:《羅浮山志會編》卷十二,《藏外道書》第19册,第256頁。

② 吕應奎:《重修羅浮沖虚觀碑記》,光緒《惠州府志》卷二十四。

③ 《藏外道書》第32册,第805、812頁。

④ 陳伯陶:《羅浮補志》,《藏外道書》第32册,第812頁。

⑤ 陳伯陶:《羅浮補志》,《藏外道書》第32册,第804頁。

⑥ 陳伯陶:《羅浮補志》,《藏外道書》第32册,第804頁。

⑦ 吕永光:《梁佩蘭年譜簡編》,梁佩蘭著、吕永光校點補輯:《六瑩堂集》,廣州:中山大學出版社,1992年,第480頁。

⑧ 梁佩蘭著、吕永光校點補輯:《六瑩堂集》,第152頁。

⑨ 張友仁編著:《惠州西湖志》,廣州:廣東高等教育出版社,1989年,第165頁。

⑩ 《藏外道書》第32册,第812頁。

⑪ 黎志添:《廣東地方道教研究》,第104頁。

禱雨,立應,因委管五觀,權駐沖虚”。[①]

曾一貫雖獲委任管轄羅浮山五觀(沖虚觀、黄龍觀、白鶴觀、九天觀和酥醪觀),但其時除沖虚觀外,其他四觀仍然廢圮,故他只能是“權駐沖虚”。

陳教友《長春道教源流》説,曾一貫居沖虚觀没多久,就羽化了。[②]

曾一貫曾築道場於羅浮山紫霞洞,後遷紫霞洞道場於酥醪洞,令弟子柯陽桂主之。其時酥醪觀久廢,舊址已不可考,曾一貫與柯陽桂擇地重建。其工未竣,曾一貫已羽化。柯陽桂繼承師志,於雍正五年(1727)興復酥醪觀。復建後的酥醪觀,“以曾山山爲第一代住持”。[③]

全真龍門派道士入主羅浮山,也曾引起山中原有道士的非議。康熙五十六年(1717)宋廣業纂《羅浮山志會編》載有李無無道人的觀點:“太上本教清微,漢天師立教正一,葛祖立教靈寶,許祖立教净明。今清微奉行不善,皆火居道士,正一天師自有後人,靈寶寥寥,净明無幾。元初丘處機長春子立全真教。羅浮乃靈寶法壇,他教道人豈可住持?如今江右龍虎山乃天師子孫住持,他教焉能住持也?”[④]康熙六十一年(1722)吴騫編著《羅浮紀勝》,亦載有李無無道人之言。[⑤]

羅浮山的道教歷史傳統,一是葛洪曾隱居該山,故普遍奉祀葛洪;二是南宋時内丹南宗四祖陳楠和五祖白玉蟾都曾在該山活動過,故内丹南宗的影響也很深遠。陳教友《浮山志》就説:“惟羅浮本南宗道宇,自明以前北宗全真無居此山者。”[⑥]

黎志添教授指出,“李無無道人稱羅浮山本屬靈寶法壇,這不應只從奉祠葛玄和葛洪的源流來理解”。因爲靈寶派在宋以後,其科儀行持結合内丹與雷法,而陳楠、白玉蟾都是精通内丹與雷法的道士。故李無無道人言“羅浮乃靈寶法壇”,應是指稱兼南宗内丹而奉行雷法濟煉的靈寶道法。[⑦]

康熙年間入主羅浮山的全真龍門派道士曾一貫,據説也精通五雷法。陳教友《浮山志》説:“今酥醪觀正殿祀雷祖,以(曾)山山師通五雷法,其左右祀純陽(吕洞賓)、稚川(葛洪),於全真、靈寶兩家亦未偏廢也。”[⑧]

---

① 《藏外道書》第32册,第567頁。
② 《藏外道書》第31册,第137頁。
③ 見陳教友輯:《浮山志》,《藏外道書》第32册,第592頁。
④ 《藏外道書》第19册,第128頁。
⑤ 《四庫全書存目叢書》史部第240册,第466頁。
⑥ 《藏外道書》第32册,第592頁。
⑦ 黎志添:《廣東地方道教研究》,第65頁。
⑧ 《藏外道書》第32册,第592頁。

陳教友認爲,李無無道人的議論,就是針對曾一貫被官府委任住持羅浮山五觀之事而發的。他説:"李無無係康熙時人,時大吏命曾山山師住持五觀,其言蓋有所指。"①針對李無無的議論,陳教友反駁説,既然靈寶派已經衰落,由正興旺的龍門派來接管羅浮山,是無可指摘的。他説:"自元以後,龍門派幾遍天下,今靈寶既寥寥,以之管領仙山,尚得焚修之正。李無無之論,近於固我。"②他又認爲,曾一貫入主羅浮山後,對靈寶派傳統也是尊重的,其證據就是前面所引的酥醪觀正殿祀雷祖,"其左右祀純陽、稚川,於全真、靈寶兩家亦未偏廢也"。

自杜陽棟、曾一貫於康熙年間先後來到羅浮山後,全真道在廣東的傳播逐步展開。而他們之入主羅浮山,都得到了地方官的大力支持。地方官之所以支持他們,則是因爲他們禱雨有驗,造福於地方。

## 結　語

以上所述清初各地名山宫觀的全真教團,基本上與王常月一系没有什麽關係,除周太朗外,也看不出這些地方的道士受到王常月的什麽影響。而李常明開創馬山全真叢林,更在王常月傳戒之前。可見,不宜過分誇大王常月對清初全真道龍門派復興的影響。各地官府和士紳出於穩定社會秩序、發揮道教對社會教化的輔助作用的目的,對道教採取了各種方式的支持,這是清初全真道復興的重要社會條件。而王常月、白玄福、李常明、郭守真、陳清覺、徐守誠、朱道朗、余守淳、周太朗、杜陽棟、曾一貫等高道輩出,並積極闡教弘道,則是清初全真道復興的重要内因。

① 《藏外道書》第 32 册,第 592 頁。

② 《藏外道書》第 32 册,第 592 頁。

# 清代全真三壇大戒儀式的創立

□莫尼卡(Monica Esposito)

**摘要:**以往的研究者把王常月視爲三壇大戒的創立者,並認爲他是《初真戒》、《中極戒》、《天仙戒》三篇戒文的作者。但託名王常月所作的《初真戒律》序言認爲,這是王常月繼承與復興龍門派祖師丘處機教義的結果。本文作者對此提出質疑,通過細緻的考察後提出,以上三篇戒文,實際上是中世紀早期道教經典的彙編,並沒有明顯的全真認同。與《初真戒》、《中極戒》不同的是,《天仙大戒》不僅篇首複製了傳統靈寶經文的天啓式結構,而且還取法了由居士的扶鸞壇設計的儀式。

**關鍵詞:**全真道　王常月　三壇大戒

**作者簡介:**莫尼卡(Monica Esposito),女,日本京都大學人文科學研究所訪問學者(Visiting Associate Professor)、《道藏輯要》項目主持人(Director of the *Daozang jiyao* Project)。

明末的混亂結束以後,道教在清代初期經歷了所謂的新的復興。傳統上認爲這一新的復興過程中的關鍵人物是王常月(? ~1680)。王在所謂的偉大的"龍門中興"中被描繪成清代全真道律宗復興的推動者。[①]這一"新的"全真時代開啓的標誌性事件是王自稱於1656年在北京白雲觀設立了戒壇。[②]據説這一重要的儀式活動讓王常月得以重立由全真祖師丘處機(1148 ~1227)"直傳"下來的

---

① 陳兵:《清代全真道龍門派的中興》,載《世界宗教研究》1988年第2期。據稱是王常月弟子的人將他描繪成龍門第七代律師。參閱《碧苑壇經》,第2a頁,載閔一得編《古書隱樓藏書》,重刊於《藏外道書》第10册,成都:巴蜀書社,1992年,第159頁。另請參閱小柳司氣太《白雲觀志》(東京:東方文化學院東京研究所,1934年)中的兩篇碑文,第148 ~149、162 ~163頁。

② 託名王常月所作的《初真戒律序》,第25b頁(《重刊道藏輯要》,臺北:考正出版社,1971年,以下簡稱CK,卷二十四,第10469頁)。關於此序的分析,見下文。

全真宫觀儀軌。[①]

此後，據説王到南方廣爲弘法。1663年，據稱他在金陵（今南京）傳戒，此事後載於《龍門心法》。[②]據説王於1664年到達杭州，之後遍訪浙江和江蘇的宫觀，直至1674年於武當山最後一次傳戒。[③]王的“傳律巡遊”使他的新教派——龍門律宗——更加廣爲人知。很自然地，他的教派接下來有了宗譜、戒文及自己的龍門祖庭。王的龍門祖庭設立於白雲觀，位置就在存放金元道教領袖、龍門正宗傳説中的創派祖師丘處機靈柩的聖殿之上。王是全真教龍門正宗創立神話中的關鍵人物；在後人杜撰的宗譜中，王被尊爲龍門派第七代律師，其塑像被供奉於白雲觀祠堂。不少新的地方性的龍門支派都宣稱同王有關係，並以此獲得承認。[④]

由於這一晚近的普遍意義上的龍門正宗歷史的構建——通過“道家燈史”即《金蓋心燈》的編輯得以首次刻於石上——王常月作爲全真律宗輝煌、理想的過去的弘法大德及所謂的賡續不斷的“全真普遍認同”的保證人，安坐於白雲觀住

---

① 有關從丘處機到王常月的全真戒律“直傳”，請閱《金蓋心燈》中王的傳記。有關王的傳記中諸多矛盾之處及他具有傳奇色彩的在白雲觀的傳戒儀式，參閱莫尼卡（Monica Esposito）：《龍門——金蓋山龍門派與〈道藏續編〉中的内丹》（*La Porte du Dragon — L' école Longmen et ses pratiques alchimiques d' après le Daozang xubian*，卷二，博士論文，巴黎第七大學，1993年）及《龍門派及其在清代有争議的歷史》（“The Longmen School and its Controversial History during the Qing Dynasty”），載 John Lagerwey 編：《宗教及中國社會》（*Religion and Chinese Society*，Hong Kong and Paris：Chinese University Press and EFEO，2004）。有關丘處機至王常月之傳戒的“延續性觀點”的接受，可參閱閔智亭：《道教儀範》，北京：中國道教學院，1990年；李養正：《新編北京白雲觀志》，北京：宗教文化出版社，2003年，第241～249頁；任宗權：《道教戒律學》下，北京：宗教文化出版社，2008年。最近，中國學者也開始對王常月在白雲觀傳戒的歷史真實性表示懷疑。參閱尹志華：《王常月傳戒的敘述歷史》，載《道教文化研究中心通訊》2007年第8期；《清同治十二年北京白雲觀傳戒考述》（上），載《三秦道教》2008年第1期（總第46期）；《清同治十二年北京白雲觀傳戒考述》（下），載《三秦道教》2008年第2期（總第47期）；《清代全真道傳戒初探》，《全真道研究》第1輯，濟南：齊魯書社，2011年，第237～283頁。

② 莫尼卡（Monica Esposito）：《清代中國的龍門道教：教旨理想及本地現實》（“Longmen Taoism in Qing China：Doctrinal Ideal and Local Reality”），*Journal of Chinese Religions* 29（2001），P192－231。

③ 參閱《金蓋心燈》中王常月諸弟子的傳記及龍起潛撰於康熙十三年（1674）的《初真戒律序》。

④ 參閱莫尼卡（Monica Esposito）：《龍門——金蓋山龍門派》；《龍門派及其在清代有争議的歷史》；《清代における金蓋山龍門派の成立と金華宗旨》，載京都大學人文科學研究所編：《中國宗教文獻研究》，京都：臨川書店，2007年（此文獻可在以下網頁查得：http://www.daozangjiyao.org/ DZJY_E/Monica_Esposito_CV.html），第252～253、255～261頁；《清代全真教之重構：閔一得及其建立龍門正統的意願》，發表於“探古鑒今—全真道的昨天、今天與明天研討會”，香港，2010年1月6～8日。有關所謂的全真三壇大戒與禪及靈寶的關係，參閱莫尼卡（Monica Esposito）：《清代道教と密教——龍門西竺心宗》，載麥谷邦夫編：《三教交涉論叢》，京都：人文科學研究所，2005年，第287～338頁，此處爲第292～293、315～318、321～322頁（在 http://www.daozangjiyao.org/ DZJY_E/Monica_Esposito_CV.html 網頁可查到 PDF 文檔）；《清代全真三壇大戒的産生》（“The Creation of the Quanzhen Ordination of the Threefold Altar during the Qing”）。

持的寶座。[1] 所謂的王以白雲觀住持身份主持的授戒儀式後來被稱爲全真三壇大戒。這一儀式包含三部分:(1)初真戒,(2)中極戒,(3)天仙戒。在道教界,三壇大戒代表着同全真派有關的新的傳戒系統。

同主張非連續性及創造性行爲的"變革性"敘事("innovation" narrative)不同,道教内部資源都强調延續性及保守性。[2]在這些資源裏,三壇大戒不是王常月的活動結果,而是全真傳統中自丘處機開始的直傳的產物。作爲神話般的龍門創派祖師,丘處機被認爲是元代三壇大戒的主要弘揚者。這些資源宣稱,由於時勢惡劣,丘的後繼者只能秘密地守護這一傳承。在後人的描述中,王常月現身白雲觀,並在清廷的支持下重立久已存在的戒律,而在此之前,道教人士對道教戒律竟懵然無知;全真傳承的延續性是可以解釋這一事實的。[3]

不管人們是否相信此"保守性"敘事("conservation" narrative)方式,事實是王常月在清代同戒律傳承緊密聯繫在了一起,以致在當代道教人物及學者看來,王甚至成了三壇大戒戒文(即《初真戒》、《中極戒》和《天仙戒》)的作者。王死後兩個世紀,在全真宫觀舉行的受戒儀式上,這三篇戒文開始被發給受戒者。1989年,白雲觀恢復了全真受戒儀式。時至今日,這三篇戒文仍在此種儀式上使用,如1995年四川青城山及2002年遼寧千山五龍宫的受戒儀式。[4]

已故白雲觀住持閔智亭(1924~2004)曾撰文介紹過這三篇戒文。[5]然而事實上,早在二十世紀初,Heinrich Hackmann(1864~1935)就在嶗山發現了同受戒憑證有關的這三篇戒文的副本。[6] 正如Livia Kohn所言,這三篇戒文"最初是由王常月於1656年編輯的"。[7] Hackmann從中國返回德國後,曾將其中的兩篇即《初真戒律》和《中極戒》翻譯成德文。Kohn在其著作的序言中,認爲全真宫觀受

---

① 有關代表龍門派"正統意願"之首部"燈史"即《金蓋心燈》的介紹,請參閲莫尼卡(Monica Esposito):《龍門——金蓋山龍門派》、《龍門派及其在清代有争議的歷史》、《清代全真教之重構》。

② 我發表了數篇論述此種同普遍被接受的"保守性"敘事方式截然不同的"變革性"敘事方式的文章。參閲莫尼卡(Monica Esposito):《清代中國的龍門教》;《龍門派及其在清代有争議的歷史》;《清代における金蓋山龍門派の成立と金華宗旨》;《一部全真道藏的發明:〈道藏輯要〉及清代全真認同》,載趙衛東主編:《問道崑嵛山》,濟南:齊魯書社,2009年,第303~343頁;《清代全真教之重構》。

③ 《金蓋心燈》張德純傳及王常月傳,參閲莫尼卡:《龍門派及其在清代有争議的歷史》。

④ 尹志華:《清代全真道傳戒初探》。

⑤ 閔智亭:《道教儀範》,第65~89頁。

⑥ Heinrich Hackmann, "Die Mônchsgebote des Klostertaoismus", *Ostasiatische Zeitschrift* 8 (1920), P146-147, *Die dreihundert Mônchsgebote des chinesischen Taoismus*, Amsterdam: Koninklijke Akademie van Wetenshapen, 1931, P6-7.

⑦ Livia Kohn, "Monastic Rules in Quanzhen Daoism: As Collected by Heinrich Hackmann", *Monumenta Serica* 51 (2003), P367-397.

戒儀式及戒律系統是於十七世紀中葉在王常月的指導下創立的，並一直使用至今。Kohn 説："這三篇戒文（即《初真戒》、《中極戒》和《天仙戒》）的作者是他，它們對應於三種受戒，概括出了道教中初級、中級及天仙級實踐者的行爲方式。"[①]

在西方學者中，高萬桑（Goossaert）也在其近作中引述了這三篇戒文，將其視做清代及二十世紀全真受戒儀式的組成部分，並認爲它們"作於王常月及其他龍門派領袖之手，他們於 1656 年恢復了全真受戒"。高萬桑還説這三篇戒文收於二仙庵版《道藏輯要》，題目是"三壇大戒"，"這是一個籠統的題目，統攝了三篇頁碼連續却彼此獨立的戒文：《初真戒》、《中極戒》和《天仙戒》"。[②]

然而，如果查詢二仙庵版的《道藏輯要》（即《重刊道藏輯要》），不管是在叢書正文還是在其不同的目録裏，你是根本不會發現高萬桑提到的"三壇大戒"的題目的。[③]而且，王常月戒文的作者身份也是值得商榷的。據我所知，這三篇戒文首版於嘉慶（1796～1820）年間的舊版《道藏輯要》，早於 1906 年出版的二仙庵版《道藏輯要》。在這兩個版本裏，這三篇戒文的題目及其作者是如此表述的：

1.《三壇圓滿天仙大戒略説》（在魚尾中簡稱《天仙大戒》），"開玄闡秘宏教真君柳守元撰"（張集七，第 1a～24b 頁；CK 卷二十四，第 10457～10468 頁）。

2.《初真戒律》（在魚尾中簡稱《初真戒》）"崑陽子王常月著"（張集七，第 25a～61b 頁；CK 卷二十四，第 10469～10487 頁）。

3.《中極戒》，未提及作者（張集七，第 62a～79b 頁；CK 卷二十四，第 10487～10496 頁）。

這就是我接下來要提出並試圖解答的問題的背景。依據對上述首印於嘉慶版《道藏輯要》的三篇戒文的分析，能否像上述三位學者那樣，得出其作者是王常月的結論？王常月是後來被稱做全真"三壇大戒"的創立祖師嗎？王常月傳戒的内容是什麽？這三篇戒文傳達了怎樣的信息？從何時開始這三篇戒文被認爲代表了成熟的"全真受戒"？其原因是什麽？我們在這三篇戒文中能够發現延續性的"全真認同"嗎？

接下來，我將引述、分析上述三篇戒文及其他有關文獻中的相關段落。我的

---

① Livia Kohn：《體系與群體》（*Cosmos and Community*），Cambridge，MA：Three Pines Press，2004，P12.《初真戒律》的部分英譯見第 253～263 頁。另請參閱她在 Hackmann 德譯基礎上翻譯的《中極戒》，載 *Supplement to Cosmos and Community*（electronic publication，2004）。

② 高萬桑（Vincent Goossaert）：《北京道士：1800～1949》（*The Taoists of Peking*，1800－1949），Cambridge，Mass：Harvard University Press，2007，第 150～151 頁注 55、第 362 頁。

③ 《重刊道藏輯要總目》，第 56a 頁（CK1：32）；《重刊道藏輯要子目初編》卷四，第 58b～60a 頁（CK 1：188－189）。

目的是觀察並描述這些資料,並儘量做到不受傳統的、先入爲主的以爲全真教該當如何的觀念的影響。這將幫助我們更好地看清同這三篇戒文的出現有關的作者、編者及其他人物的意願。

## 全真“元始律宗”的創立

全真“元始[1]律宗”(Ur – Vinaya tradition)的創立事件記載於《初真戒律序》。這篇序據稱作於王常月之手,時間是1656年。我們在本節中將研究這篇序及其他託名王常月所作的文獻。在這些資料之外,我們没有任何有形的證據能够表明王常月於1656年在白雲觀開啓了宏大的受戒儀式。我一直在等中國的學者們能够有所發現,但我自己的研究迄今爲止還没有找到任何此類證據。證據的缺乏,連同我接下來要描述的因素,讓我將此事件視做我所謂的全真元始律宗即龍門律宗的有紀念意義的創立行爲。這一行爲是據稱出自王常月手筆之《初真戒律》的序言中描述的一系列創始性階段的結果。

序言作者在文章開始描述了道教戒律(即清都玉律)——被稱做“虚皇大道”——“萬聖寳重,萬靈佩奉”的最初年代。當時只有“金骨玉名者”堪受此律。此後虚皇道君“大啓慈悲”,決心在世間傳播此律,以“救度沉溺”。

> 故傳演戒律經教,開化法界人天,爲植福修因之慧炬,登真入道之慈航也。

在此神啓的作用下,“代代相承,師師相授,道藏列款有載矣”。該律一時大興,但此後傳承中斷。用序言作者的話講:

> 後因秦火大變,道經戒律十損八九,科條門列止存一二。故此近代以來,戒法日廢,至於今日,間有得傳者,萬萬一二矣。

所幸並非一無所剩。接下來有了復興的迹象,即第三個階段。王被描繪成此階段的主角。王宣稱:

> 雖然,萬代不磨之玄律,亦未嘗終於湮没也。今感集衆善,茂闡玄元之化,益宏清静之宗,可知時至之妙在斯一舉,將來之望在於今日也。

---

[1] 注:我使用“元始”一詞,而非更常用的“原始”,是想同託名“元始天尊”所演説的最初的律宗傳承發生關聯。

此後，王描述了他作爲改革者的使命及他是如何從其師父那裏受此諭示的：

遂告余從事，余因崇禎初歲雲迹於楚，謁九宫山復陽趙真人，親授戒法，得其領要。

有了如此堅實的基礎，並得師父親授戒法之後，王終於在1656年於北京白雲觀開始了標誌道教律宗重生的"傳戒"：

故不避僭妄之罪，按法於丙申歲三月望日，就白雲觀設立戒壇，傳戒演鉢。上祝當今聖主帝道遐昌，下祈宰官士庶身家胥慶。接續先宗，啓至聖度世之本願；提續後進，開道流無妄之真風。

在誓言開創一個新時代之後，王勉勵受戒者修行成功。最後，在序言的結尾，他表示遵循他的新律法者將獲得諸多功德：

入戒者果能磨勵身心，覷身世若浮雲之變；精勤戒行，以戒律爲急務之修。了生死之大事，盡性命之真常。雖有飢寒風暑切身之苦，不易其操；雖有死生困辱臨難之變，不奪其志。實際真宗，加功着力。業累自是冰消，功勳自是日就。

一身戒行，自然融通於變化之中；半句律言，亦可出没於陰陽之内。天堂地獄，渾然成戒子之家風；日月星辰，都是我心中之活計。駕景淩虚，不爲尚也。倘若教衍天長，宗傳地久，首則默佐於王綱，次則歸功於衆善也。

從這篇序言中我們可以看到，其所謂的作者王常月將自己視做全真復興的媒介。他的敘事遵循了一個三元模式："黄金時代"、"衰落"和"復興"。最初的虚皇道尊（又稱"元始天尊"，是玉清天的至尊神）的傳戒可謂"黄金時代"，此後律宗進入衰落階段。正在其即將湮没之際，王出現了，承擔起復興大法的重任。

王序言中的三元模式同 Urs App 定義的"元始道統"運動（"Ur – tradition" movements）是完全對應的。正是因爲有了這樣的運動，宣稱其爲行將湮没的"元始"教義的唯一代表者纔得以使其對教義的改革獲得承認：

這些運動存在的理由是所謂最爲古老、真實、"元始"的教義在長期衰落之後的復興。這樣，他們就需要定義一個"元始"的教義，建立起傳承的脈系，分别出不同的階段和衰落的種類，並將自己認定爲元始、"古老"教義"復興”的媒介。①

在我們的案例中,元始、“古老”的教義是道教律法即清都玉律。用王的話説,這一元始的、純一的教義最初是由虛皇道尊(元始天尊)在上天傳播的。在最初的興盛之後是一段長時間的衰落,直至王通過道經的編輯和白雲觀的傳戒儀式使這一元始教義得以復興。這一復興活動標誌着王的“元始道統”(即被稱爲龍門律宗的傳統)的復興。然而,爲了强化這一新的傳統,像王這樣的改革者需要一批能够證明其純一性和正統性的經書。於是,序言中的“保守性”敘事爲王提供了《初真戒律》,並將其同1656年北京白雲觀的授戒儀式聯繫了起來。因爲他廣爲人知的在中國南部的“傳律巡遊”,這一傳統也將《龍門心法》歸功於他。這篇文章包括王據説於1663年南京授戒儀式上所作的訓詞。有意思的是,《初真戒律》和《龍門心法》都是王死後幾百年纔出版的——這一事實不免使人對王的作者身份產生疑問。

另外一件有趣的事是,同《初真戒律》一樣,《龍門心法》也包含王宣稱自己是復興關鍵人物的説法。在這兩篇文章裏,王宣稱他在從師父趙復陽那裏得戒法之後,重新建立了白雲觀的戒壇。②但同《初真戒律》不同,在《龍門心法》裏,王宣稱他的傳戒直承丘處機,這樣他就將自己的律法同全真教聯繫了起來。在《龍門心法》“闡教弘道”章裏,王表達了傳道的困難,原因在於其時道教徒的“墮落”。正是在這樣的背景下,他將自己再一次當做了“復興”的媒介:

> 又想教門裏的禍根,從本教中,匪品多,正人少。使人不敬道,招人來謗道,所以不能復興。又想長春祖師,自從元朝説戒興玄,到今四百年來,不行其戒。三十年前,發心參訪,天從其願,王屋逢師,九宫受法,密密行持,二十多年。天開道運,遭逢盛世,得遇清朝,上有聖君賢宰,又遇夙緣,得逢同志。凝真時至,機會當行,在京都開壇,至於今日雷鳴八載,風動千真。羽流道衆,居士善人,凡有道緣,莫不皈依戒定慧門,直入清虛之妙。而貧道何嘗有心去做,用力去爲,不過是這個一點靈機,真誠默運,感動天恩,得其際遇,僭

---

① Urs App, *The Birth of Orientalism*, Philadelphia: Pennsylvania University Press, 2010, P255 - 256.

② 事實上,趙復陽一名只在兩篇《初真戒律序》中出現,一篇託名王常月所作(見上文),一篇託名龍起潛所作。龍序中還提到了白雲觀授戒儀式及王同清朝皇帝的關係:“崑陽王老師得戒法於復陽趙真人,當世祖章皇帝時,於京都白雲觀設立戒壇,傳戒演鉢,一時授受弟子千有餘人。”在《龍門心法》及《碧苑壇經》中,只有兩處提到王常月的師父,即後人描述的王在受戒法前同他的兩次見面。更多關於《金蓋心燈》中王的師父的細節,請參閲莫尼卡《龍門派及其在清代有爭議的歷史》。

登法座,妄作律師而已。至於大闡教門,普宏道法,貧道素願也。須順天待運,時至則行。

正如我們上文分析過的《初真戒律》序言一樣,在《龍門心法》裏,我們同樣看到"衰落—復興"這樣一種模式。這一次,衰落的時間段更爲清晰:起自丘處機所處的興盛期之後。我們已經看到,在《初真戒律序》中,黄金時代没有明確的歷史界定;但在此處,則是清楚地表述爲丘處機廣爲傳播元始教法之時。兩篇都提及了衰落期,但在《龍門心法》中,衰落期持續了四個世紀(即自元至清)。王描述了他如何在清廷的支持下,得天之厚,重修白雲觀戒壇,重立丘處機的教旨。兩篇都將新時代開啓的時間定在1656年。王是這樣設定這一日期的:在白雲觀授戒之後,"至於今日雷鳴八載"。

同《初真戒律序》大爲不同的是,王將他的"元始道統"同全真教聯繫起來,宣稱他的教義同"全真黄金時代"著名的金元全真領袖丘處機的教義一脈相承。龍門派第十一代宗師閔一得(1748/1758?~1836)在嘉慶末年將《龍門心法》更名爲《碧苑壇經》,在這一版本中,又出現了相似的一幕;不過,在這一版本裏,王更爲明確地將他的"元始道統"同龍門派聯繫在一起。原文如下:

我龍門乃始於元朝邱祖,興玄闡化,到今四百年來,高人罕覯,志士難逢。今我道末,不期於三十年心奉持戒,守律循規,參訪求真,天從志願,王屋逢師,九宫受法,二十多年。天開道運,欣遇皇朝,得逢盛世,紳宦好善,士商樂施,同志有緣,皈修遇時,因在都中開壇設戒,寒暑八度,風動千真。羽俗有緣,莫不皈依戒定,直入清虚妙道。貧道唯憑這一點靈機,真誠默運,感動天恩,得真際遇,僭登法座,妄作律師而已。至於大闡玄門,普宏道場,貧道之素願也。

我們對這些資料的分析揭示出一個幾乎相同的三元模式:"黄金時代"、"衰落"、"復興"。所有這些據稱出自王手筆的資料都將他描繪成"復興"的媒介。按照這一説法,王通過於1656年建立白雲觀戒壇這一創基性活動使"元始律宗"重獲活力。而且,在《龍門心法》和《碧苑壇經》裏,王的"元始律宗"有了更明確的認同,即傳説中龍門派的創立者、著名的元代全真祖師丘處機的純一教義的重生。

但是王復興丘處機"全真黄金時代"的純一教義的内容是什麽呢?

## 三壇大戒：初真戒、中極戒及天仙戒

據稱由王常月創立的三壇大戒在《初真戒律》中有解釋。[①] 託名王常月的作者將道教戒律分爲三個等級或階段，對應於三種受戒級别：初真戒，對應於第一級妙行師；中極戒，對應於妙德師；天仙戒，對應於妙道師。[②]最後一個級别也出現於《龍門心法》。[③]

據説這三種戒是漸次授予的，且包含一定數量需要遵守的戒律。後期的受戒程式參照《初真戒律》，但對三壇大戒的漸次授予、入臘的時間、念誦的經文等則有所調整。根據《初真戒律》，初真戒守戒時間爲100天，之後方可受第二級中極戒。[④]受中極戒者須守戒三年，之後方可受最後等級的天仙戒。[⑤]不過，同治（1862～1874）和光緒（1875～1908）年間的受戒程式表明申請受戒者可以在同一天受三種戒並獲得相關證書（浄戒牌）。[⑥] 而且，雖然《初真戒律》規定入臘時間爲100天，後期的入臘時間則縮短爲53天。[⑦]

《初真戒律》列出了每一戒應念誦的經文。同治年間，在受戒程式中對此也作了調整。值得注意的是，除了託名丘處機所作的《丘祖懺悔文》[⑧]，這些要念誦的道經同全真教都没有什麼關係。[⑨]《全真戒律》中引録的大部分經文均出自中世紀早期的道教經典。在被稱做全真三壇大戒的儀式中，看不出有哪些元素表明確定的"全真認同"。我們將會看到，這一點同樣適用於授中極戒時使用的戒

---

① 我在本節中將爲本次研討會概述其内容，更多細節可參閲我的英文文章。

② "受天仙戒者，稱妙道師；中極戒者，稱妙德師；初真戒者，稱妙行師。"（《初真戒律》，第38a頁，CK 24：10475）。

③ 《龍門心法》"智慧光明"章（也見於《碧苑壇經》，但文字略有不同）："大衆，智慧光明，晃朗太玄，照燭法界，豈能出天尊《玉樞寶經》之外哉？玉樞即大衆之真機。欲轉經者，先轉真機，則智慧光明在其中矣。至於養成無漏之道體，修成不壞之法身，若不勤轉真機，密修福慧，只恐光明藏不能聞不能見也。安能知鬼神之情狀，握造化之樞機，參天地之化育，斡日月之運行，播法界於黍米之中，定事物於未萌之始，稱妙道之師，進天仙之境耶！"在《中極戒》中，有"妙德真人"這一名稱。參見下文。

④ 這篇經文更精確地規定了受戒者在受十戒之前，應入臘並守五戒100天。見下文。

⑤ 經文裏面有這樣的文字："已入鉢堂修煉身心，及行持中極戒，歷三年者，方受天仙戒。"（第47a頁，CK 24：10480）

⑥ Hackmann, *Die dreihundert Mônchsgebote des chinesischen Taoismus*, Amsterdam: Koninklijke Akademie van Wetenshapen, 1931；王卡、汪桂平編：《三洞拾遺》第11册，合肥：黄山書社，2005年。

⑦ 小柳司氣太：《白雲觀志》，第70頁。

⑧ 此文在後期的全真功課中有所提及。

⑨ 《清微宏範道門功課》，第10a頁（CK 23：10218）；《太上玄門功課經》，第13a頁（CK 23：10241）。

文。

此外值得注意的是,《初真戒律》中只有少數幾處涉及三壇大戒,其餘部分與《道藏》中的經文相同,而後者同全真教及全真認同毫無關係。大部分的此類經文來自早期的天師道科戒文。[①]

在《初真戒律》中,我們發現受三壇大戒者須守的戒規數目不一樣:

> 領受初真十戒、三戒、五戒、八戒、九真妙戒者,身着初真信衣,計二百四十條,三台十褶,雲帶二拽,净巾、芒鞋。行千二百善,持《清静經》、《大通經》、《洞古經》,得真人戒果。
>
> 行持具足,受中極净戒,或持身戒,或智慧戒,或觀身戒,或妙林戒,俱着輕塵净衣,或用淺藍單布爲之,或用純帛爲之,亦三台、雲帶、净巾、芒鞋。行二千四百善,持玉帝大法,得地仙戒果。
>
> 行持具足,當受天仙大德妙戒,行一百八十細行密戒,或三百大戒。行三千六百善,參《道德真經》。身着天仙霞衣,領用直開,袖不合縫,霞帶雲邊。戴五嶽真形冠,着五雲輕履。行持具足,得天仙戒果。[②]

雖然同三壇大戒有關的戒規數目及選項不同,但晚清主要的受戒體系還是依照嘉慶舊版《道藏輯要》中收録的三篇戒文標準化了受戒程式:三皈,五戒,十戒(《初真戒》);三百戒(《中極戒》;十戒(《天仙大戒》)。

**1. 初真戒之三皈、五戒及十戒**

在《初真戒律》中,初真戒須守之戒包括:

(1)皈依道、經、師之三皈依("三皈依戒",《初真戒律》,第34a~b頁)。

這一規定複製了八世紀初張萬福著正一受戒文《三洞衆戒文》(DZ 178,2a~b)中的皈依部分,但增加了短注。有趣的是,這些注釋(引録於下文中括弧

---

① 在描述初真戒的部分之外(見下文"三皈五戒及初真十戒"),《玄門持戒威儀》章(47a-57a)含有早期作品如《正一威儀經》(DZ 791)及《玄門十事威儀》(DZ 792)所收録的戒條。《弟子奉師科戒》章(54a-55b)録有《三洞衆戒文》(DZ 178,2b-4b)中的三十六條戒規(只有少數異文,但此處誤爲三十九條)及張萬福《三洞法服科戒文》(DZ 788,7b-9b)中的《戒衣四十六條》。DZ,*Zhengtong daozang*(正統道藏,*Taoist Canon of Zhengtong Era*), According to K. M. Schipper, *Concordance du Tao-tsang*. Paris: École Française d'Extrême-Orient,1995.

② 《初真戒律》"三衣格"章。此三衣之含義在本文後面部分有介紹。雖然前兩階段中衣的名字是"信衣"和"净衣"(第一階段"初真信衣"和第二階段"輕塵净衣"),但最後階段則出現了不同的名字:天仙霞衣。

内)也見於清代同蔣予蒲扶鸞壇有關的來自舊版《道藏輯要》的經文。[1]在皈依前,申請受戒者須發誓遵從都天糾察王天君;都天糾察王天君又稱王靈官,是同神霄雷法有關的法力强大的驅邪神,後成爲道教宫觀的護法神。[2]《初真戒律》中介紹三皈依戒的文字如下:

> 凡初入太上正宗法門,不問道俗,必先遵依太上金科玉律,三洞戒文,供養大道尊像,表通都天糾察王天君,請祈盟證,受三皈依戒。
>
> 第一皈　身太上無極大道(永脱輪迴,故曰道寶),
>
> 第二皈　神三十六部尊經(得聞正法,故曰經寶),
>
> 第三皈　命玄中大法師(不落邪見,故曰師寶)。

(2)名爲"太上老君所命積功歸根五戒"(《初真戒律》,第34b~35a頁)之授予。

此戒包含五居士戒(一者不得殺生,二者不得葷酒,三者不得口是心非,四者不得偷盗,五者不得邪淫),最初來自佛教,後被道教吸收。[3]據《初真戒律》,申請受戒者在受此五戒之後,須每日清晨和傍晚念誦特定的經典,包括《太上三元賜福赦罪解厄消災延生保命妙經》(DZ 1442)及十二世紀時頗爲流行的自省類善書《太上感應篇》:

> 既受太上老君所命積功歸根五戒,每日早晨焚香誦《太上三元三品三官大帝護國佑民延生保命真經》,接念《太上感應篇》。逐日演誦,校正自己身心有無所犯。每誦經篇一句,則反思曰:我能受得否,我能行否?

在持守三皈五戒一百日後,受戒者即可免除邪念,獲得内心的清净。之後他將受初真十戒:

> 如此勇往精進,言行不苟,三皈不犯,五戒無虞,鍛煉百日,惡念盡消,器皿已净。方許受虚皇天尊所命初真十戒。

---

① 《先天斗帝敕演無上玄功靈妙真經疏解》(斗1,CK 7:2867-2879);《懺法大觀》卷三(柳1-6,CK 21:9219~9499);《清微宏範道門功課》(張1,CK 23:10213-10235)。在《重刊道藏輯要》附經《太上三元賜福赦罪解厄消災延生保命妙經》中也有。

② 《道法會元》卷二百四十一至二百四十三。有關王靈官的簡介,參閲 Paul Katz 的文章,載 Fabrizio Pregadio 編:《道教百科全書》(*The Taoist Encyclopedia*)第二卷,London: Routledge, 2008。

③ 參閲《齋戒籙》(DZ 464)及《太上老君戒經》(DZ 784, 6a-15a)。

(3)“虚皇天尊所命初真十戒”(《初真戒律》,第35a~36a頁)之授予。

此戒包含十種戒律,來自靈寶經《虚皇天尊初真十戒文》(DZ 180),但没有注釋。[1] 雖然有更多“不得”類禁語,但它將禁律和以“當”開頭的規約結合了起來:

> 第一戒者:不得不忠不孝,不仁不信。當盡節君親,推誠萬物。
> 第二戒者:不得陰賊潛謀,害物利己。當行陰德,廣濟群生。
> 第三戒者:不得殺害含生,以充滋味。當行慈惠,以及昆蟲。
> 第四戒者:不得淫邪敗真,穢慢靈炁。當守真操,使無缺犯。
> 第五戒者:不得敗人成功,離人骨肉。當以道助物,令九族雍和。
> 第六戒者:不得讒毀賢良,露才揚己。當稱人之美善,不自伐其功能。
> 第七戒者:不得飲酒食肉,犯律違禁。當調和氣性,專務清虚。[2]
> 第八戒者:不得貪求無厭,積財不散。當行節儉,惠恤貧窮。
> 第九戒者:不得交遊非賢,居處雜穢。當慕勝己,棲集清虚。
> 第十戒者:不得輕忽言笑,舉動非真。當持重寡辭,以道德爲務。

在中世紀早期的道教中,那些剛出家的道士須先受這些戒,這是最初的階段,之後是第二階段的戒律,即中極三百戒:

> 既受初真十戒,以證真人之果。更猛勇精進持守,言行毫無過犯,方許再受太上老君所命中極三百大戒。

**2. 中極三百戒**

在舊版《道藏輯要》中,《初真戒律》之後有一篇未署作者名字的名爲《中極戒》的經文,此經源自六世紀的《上清洞真智慧觀身大戒文》(DZ 1364,1a~b)。事實上,同DZ 1364一樣,《中極戒》也是以天啓類的語句開篇的:“流景散漫,映焕太虚。”在三千餘劫之後,元始天王獲得了這些妙經,並傳給太上高聖道君。這些經文在洞真之堂被解釋、念誦,最後傳給了太微天帝和太極高仙天王。天帝得到這些經文後,在三百戒前撰寫了一篇介紹性的頌文,稱“智慧頌”,共三節。此

---

① 也見於舊版《道藏輯要》。

② 同《虚皇天尊初真十戒文》(DZ 180, 5b)相比,《初真戒律》的第七戒更爲嚴格。參閱尹志華:《清代全真道傳戒初探》。

頌常出現在中世紀道教受戒儀式上須念誦的經文中。①

三百戒的總體内容源自 DZ 1364，雖然順序有所不同（尤其是頭一百八十戒）。特別值得注意的是，《中極戒》删掉了那些勸他人不要犯同樣錯誤的戒條，即“道學不得教人做什麽”。例如，其中一條規定：“第一戒者不得殺……”但與 DZ 1364 不同，它没有説：“道學不得教人殺……”同 DZ 1364 的三元分類相對應，這些戒條也分爲三種類型，包括：

(1)以“不得”開頭的 180 條禁止類戒規。此爲下元戒品。

(2)三十六戒，包括 4 條禁止類戒規（181 ~ 184）和 32 條約束類戒規（教人如何正確行事，185 ~ 216），如“與人同行當讓人以前”（185）。此爲中元戒品。

(3)84 條“念想性”戒規（217 ~ 300），此類戒規以修念爲基礎，有衆多修定用的題目，均以“當念”開頭。此類戒規爲實踐性的建議，用意良好，如堅持素食（217：當念菜食爲常，一志清儉）或先救人後救己（218：當念先度人，後度己身）。第 267 條至第 300 條涉及上清的遊身太虚及拜訪各路神仙。此爲上元戒品。

這些戒規尤其是第一批中（7，12 ~ 13，20，27，35 ~ 36，38，40，52 ~ 53，56 ~ 57，60，64，70，72 等），有一些變文和新造的戒規，一半以上也見於“老君一百八十戒”（載《太上老君經律》，DZ 786，4a ~ 12b；《要修科儀戒律鈔》，DZ 463，5.14a ~ 19a；《雲笈七籤》，DZ 1032，39.1a ~ 14b 等）。剩下的 120 條戒規除少數幾條外均對應於 DZ 1364 中的戒規。②

DZ 1364 的最後部分（17b ~ 24b）不見於《中極戒》。但《中極戒》中含有五條秘咒：(1)中極衣咒，“戒衣絳服”；(2)玉簡咒，指“碧笏玉簡”；(3)鞋規咒，“戒規黄壇”；(4)巾冠咒，“玄巾星冠爲首元服”；(5)歸單咒，“陞五明座爲真法王”。

受戒者在念誦這些咒語之後，須以其新名稱“太上門下妙德真人”發誓持戒。經文最後是寫給諸大神王、威神力士、官將吏兵的祈禱詞，目的是“護持保成戒行”。

### 3. 授天仙戒的神話色彩

有關最後階段的天仙戒，《初真戒律》中只有少數幾處提及須守的戒規數量：180 或 300。《初真戒律》並説只有在受中極戒三年後方可持天仙戒，而只有受天

① 《太上靈寶智慧觀身經》（DZ 350，1b－2a），《無上秘要》（DZ 1138，35.5a－b，48），《洞玄靈寶三洞奉道科戒營始》（DZ 1125，6.10b），《要修科儀戒律鈔》（DZ 463，5.23b－24a），《靈寶領教濟度金書》（DZ 466，10.6b）。另請參閲 Kohn：《體系與群體》，第 202 ~ 204 頁。

② 這些例外見於 Kohn：《體系與群體》，第 212 ~ 219 頁，有少量錯誤。

仙戒者纔能以律師身份開壇傳戒。①在一百天的入臘中,修行者主要是背誦《道德經》和静坐内觀。② 正如前引《初真戒律》中的段落所言,申請受天仙戒者會領到一襲特定的道衣,而此衣在《初真戒律》不同的章節中有兩個不同的名字。

因爲託名王常月所作的作品中缺少對授天仙戒的指示,後人覺得有必要通過扶鸞降筆的方式新作一篇經文以達此目的。於是,託名柳守元(同蔣予蒲扶鸞壇有關的神仙)所作的《三壇圓滿天仙大戒略説》出現了。

## 天仙大戒的至高階段:十戒之授予

森由利亞研究過天仙戒的戒文《天仙大戒》。③他研究的主要目的之一就是揭示此經所謂的作者身份是如何同前期同編纂《吕祖全書》有關的扶鸞群體發生關係的,以及一個新的身份是如何在蔣予蒲的扶鸞壇内被闡發的。柳守元被視做天仙派的二祖。柳自認是吕洞賓一脈,而非王常月一脈。然而,按照森由利亞的説法,此經的作者認定吕洞賓的天仙派是全真南北宗的源頭,但他們是清楚同全真的脈系關係的。森由利亞强調説,雖然此經是吕洞賓扶鸞降筆的產物,而不是王常月的作品,其産生的目的却是成就王常月的全真三壇大戒。事實上,根據森由利亞的研究,三壇大戒最初就是由王常月引入全真道教的。

接下來我將概述此經的結構和内容,而不是通過吕洞賓所謂的同全真教的譜系關係將此經同全真教聯繫起來,或將天仙戒視做王常月天仙大戒的成就者。我將不去理會森由利亞强調的所謂此經同全真教或天仙派的關係,而是將重點放在對我而言此經的核心内容上。④

首先,非常重要的是,此經複製了傳統靈寶經文的結構。經文開頭,應無戒

---

① 經文對此等律師的詳細描述是:"傳戒本師乃太上繼宗演教接化大德之師。不受天仙戒者,不得傳戒。每於正月十五、七月十五、十月十五日,會集四衆,開壇傳戒。戒後,行持演鉢一百日。"(《初真戒律》,第 40a ~ b 頁,CK 24:10476)

② 詳細内容爲:"入臘領受天仙戒者,持《道德經》一百日。每於寅刻,信禮十方,共十拜,子午二時静坐内觀,不關人事,致三業清静。"(《初真戒律》,第 38a ~ b 頁, CK 24:10475)。

③ 森由利亞:《清朝全真教の伝戒と吕祖扶乩信仰:天仙戒の成立をめぐって》,載《福井文雅博士古稀紀念論集》,東京:春秋社, 2005 年, 第 441 ~461 頁。

④ 在其文章(《清朝全真教の伝戒》,第 457 ~458 頁)中,森由利亞認爲天仙派在其最高的授戒儀式即天仙大戒中並没有忽視全真傳戒及龍門祖師王常月這一人物,但又並未將其自身納入傳承之中。然而,在後來一篇有關全真功課的文章中,森由利亞發表了不同的意見。在《蔣予蒲の吕祖扶乩信仰と全真教》(載堀池信夫、砂山稔編:《道教研究の最先端》,東京:大川書房,2006 年)一文的第 100 頁,森由利亞説蔣予蒲及其扶鸞壇的同伴想加入全真教。看來,他認爲蔣予蒲的作品表達了他們想被全真教認可的意願。

真人的要求，元始天尊説道：

> 元始天尊説天仙無極大戒曰：爾時元始天尊在寶華林中九蓮座上，與諸天尊、諸天聖衆及諸天龍鬼神説無始妙道時，座中有一真人，名曰無戒，從座中起，眺顒作禮執簡，長跪上白天尊曰：自開化以來，未曾聞此妙道。今聆慈音，肺腑清涼，大生解悟。但學道之士，戒行修持，初真、中極皆有可聞，獨於天仙大戒曾未聞説。

正如元始天尊所宣稱的，同之前的戒律（初真戒和中極戒）不同，此經包含從未傳諸世間的至高戒律（天仙大戒），雖然事實上此經看上去就是依據同靈寶有關的《道藏》中的道經編輯而成的。（DZ 4，DZ 336，DZ 18，DZ 336，DZ 332，DZ 182，DZ 1410 – 1411，DZ 334，DZ 10，DZ 1440，DZ 178，DZ 179）除了照搬靈寶經典《太上洞玄靈寶三元無量壽經》（DZ 323）之外，另外幾段經文來自《道藏》，而受戒程式則來自收於嘉慶版《道藏輯要》中的清代道經。事實上，《天仙大戒》的核心内容是十戒儀式，而十戒源自據稱是玉光普照天尊（玉皇大帝的化身）演説的《碧玉真宫大戒》：

> 今即玉光普照天尊《碧玉真宫大戒》問於汝等。諸法子聽受戒規，端在立志，志在精勤，一真不懈，志在堅確，萬有難惑。

受戒者在受十戒後（每一戒對應於特定的思想狀態）須集體念誦以下套語："盡形壽命，常持此心，依教奉行。"[①]正如《天仙大戒》中所描述的，十戒儀式的過程是這樣的：

> 上帝云：受戒者，不殺微命，是教爾等發慈憫心。千戒萬戒，無非圓滿這個慈憫心。諸法子何以具有此心？須要自今以始，迄無量劫。世界有盡，我此慈憫心量無盡。此無量心，能持否？衆白：盡形壽命，常持此心，依教奉行。
>
> 上帝云：受戒者，不起淫意，是教爾等發潔白心。千戒萬戒，無非圓滿這個潔白心。諸法子何以具有此心？須要自今以始，迄無量劫。世界有盡，我此潔白心量無盡。此無量心，能持否？衆白：盡形壽命，常持此心，依教奉

① 此套語也見於後來閻永和編輯的受戒文《玄都律壇傳戒引禮規則》"迎師説天仙戒"章，第57a ~ b頁。

行。

上帝云:受戒者,不生諍念,是教爾等發忍辱心。千戒萬戒,無非圓滿這個忍辱心。諸法子何以具有此心?須要自今以始,迄無量劫。世界有盡,我此忍辱心量無盡。此無量心,能持否?衆白:盡形壽命,常持此心,依教奉行。

上帝云:受戒者,不盗一芥,是教爾等發明净心。千戒萬戒,無非圓滿這個真實心。諸法子何以具有此心?須要自今以始,迄無量劫。世界有盡,我此明净心量無盡。此無量心,能持否?衆白:盡形壽命,常持此心,依教奉行。

上帝云:受戒者,不欺一愚,是教爾等發真實心。千戒萬戒,無非圓滿這個明净心。諸法子何以具有此心?須要自今以始,迄無量劫。世界有盡,我此真實心量無盡。此無量心,能持否?衆白:盡形壽命,常持此心,依教奉行。

上帝云:受戒者,敦行盡力,是教爾等發報本心。千戒萬戒,無非圓滿這個報本心。諸法子何以具有此心?須要自今以始,迄無量劫。世界有盡,我此報本心量無盡。此無量心,能持否?衆白:盡形壽命,常持此心,依教奉行。

上帝云:受戒者,語言無妄,是教爾等發誠一心。千戒萬戒,無非圓滿這個誠一心。諸法子何以具有此心?須要自今以始,迄無量劫。世界有盡,我此誠一心量無盡。此無量心,能持否?衆白:盡形壽命,常持此心,依教奉行。

上帝云:受戒者,千魔不轉,是教爾等發堅固心。千戒萬戒,無非圓滿這個堅固心。諸法子何以具有此心?須要自今以始,迄無量劫。世界有盡,我此堅固心量無盡。此無量心,能持否?衆白:盡形壽命,常持此心,依教奉行。

上帝云:受戒者,宏發願力,是教爾等發廣大心。千戒萬戒,無非圓滿這個廣大心。諸法子何以具有此心?須要自今以始,迄無量劫。世界有盡,我此廣大心量無盡。此無量心,能持否?衆白:盡形壽命,常持此心,依教奉行。

上帝云:受戒者,事聖不倦,是教爾等發精進心。千戒萬戒,無非圓滿這個精進心。諸法子何以具有此心?須要自今以始,迄無量劫。世界有盡,我此精進心量無盡。此無量心,能持否?衆白:盡形壽命,常持此心,依教奉行。

十戒之授戒儀式對江南玉光普照天尊扶鸞壇至爲關鍵,這一扶鸞壇的成員同蘇州正一派玄妙觀關係密切。與《初真戒律》相比,十戒的申請者無須"行一百八十細行密戒,或三百大戒",而只須行上述的十戒。

同《初真戒律》一樣,《天仙大戒》是中世紀早期道教經典的彙編。我們在上文曾提到,此經在篇首複製了傳統靈寶經文的天啓式結構,經文看不出有什麽全真特徵。雖然前面兩篇戒文即《初真戒律》和《中極戒》仍然同道教典制有關,但《天仙大戒》則是取法由居士的扶鸞壇設計的儀式。天仙大戒的最高儀式,即授予住持和"律師"(唯一有資格在全真十方叢林主持授戒儀式的方丈)頭銜,事實上來自扶鸞壇居士的開度儀式,而這些居士多屬正一派,同全真派並無關係。

最後,蔣予蒲在其經集中將此經置於《初真戒律》和《中極戒》之前,也並不奇怪。在蔣看來,複製扶鸞壇精英成員的開度儀式代表了最高等級的精神受戒,恰如佛教禪宗的菩薩戒。儘管有所謂的古代受戒程式的傳統,後期的全真典制却採納了扶鸞壇的開度程式(可能是無意識地),目的是確保其方丈有資格在全真十方叢林主持"全真授戒儀式"。

## 結　論

我不想在此時給出我的結論,而是想提出一些問題以同參加山東全真道教研討會的同仁進行討論。依據我準備的託名王常月所作的資料:

1. 從前及當代的學者都認爲王常月是三壇大戒的創立者,對此我們是否一定要同意?是否應該將他視做三篇戒文的作者,並認爲他於 1656 年最早編輯了這些戒文?

2. 我們是否一定要將三壇大戒視做封建時代晚期纔創立的道教儀式?或者説這一儀式是更古老的道教授戒儀式的延續?有没有充分的證據表明這一儀式同全真教及全真祖師丘處機有關係?

3. 我們應該如何解讀最後階段的天仙大戒?

# 元代武昌的道教名觀

## ——武當萬壽崇寧宮考略

□劉　迅

**摘要**:本文運用正史、文集和宫觀碑文等原始史料,追述並重構了武漢全真道教叢林名觀在宋元兩季的發展和變遷的複雜軌迹。位於武昌蛇山西南山麓的武當宫,前身爲宋徽宗崇寧初詔令天下州郡所建之崇寧觀,進入南宋理宗端平年間,該觀早已式微。也正因如此,端平間那些爲了躲避蒙宋在荆襄地域戰事而寄居武昌的流民纔得以在此觀建立沖霄壇,祭祀他們心中的保護神真武大帝。與此同時,出身棗陽的南宋名將孟珙也曾在指揮江漢地域抗擊蒙軍之際,於此壇致祭祈禱真武助戰。在他取得著名的齊安大捷之後,孟珙特地改沖霄壇爲觀,恢復了崇寧觀的舊名,以誌齊安大捷。而蒙古在混一天下之後,也開始於此觀隆奉真武,並將其納入元朝爲天子和皇室祈壽的國醮道場,從政治和象徵意義兩個方面對這座原來南宋孟珙爲紀念抗元報捷而重修的道教宫觀進行了重新整合。

此外,本文還着重探討了武昌武當萬壽崇寧觀在元代國醮祝延和真武崇祀道場網絡中的角色和地位,同時也勾勒出它作爲元末明初江漢地域文人與道士交往唱和的重要場所所反映出的元代道教宫觀與地方文人的緊密聯繫。

**關鍵詞**:玄天上帝　國醮道場　宫觀網絡　祝禧　齊安大捷　孟珙　唐洞雲

**作者簡介**:劉迅,美國南加州大學歷史學博士,先後在哈佛大學費正清東亞研究中心(2002～2003)和加州大學伯克利校區東亞研究所中國研究中心(2005～2006)擔任博士後研究員,現爲美國新澤西州立羅格斯大學歷史系副教授。主要從事元明清及民國時期道教社會史和文化史方面的研究,著有《摩登道:民國時期上海道教内丹的創新、俗衆修煉和社團》(哈佛亞洲學中心—哈佛大學出版社,2009),合編有《永恒與現代之間:二十世紀的道教》(加州大學出版社,2011)。當前的研究注重道教與國家和地方社會的互動關係,已發表一系列相關論文:《顯真映聖:晚清京師白雲觀的道教繪畫、宫廷眷顧、命婦修煉和宫觀擴張》(*Harvard Journal of Asiatic Studies*《哈佛亞洲學刊》,2004),《張將軍瘞埋枯骨:清初南陽重建與全真道教的合作》(*Late Imperial China*《清史研究》,2006),《神仙與祖師:一個晚清滿洲朝臣家族的道教信仰世界》(*Asia Major*《亞州學刊》,2006),《護城保國:咸同年間清剿太平軍時期的南陽玄妙觀》(*T' oung Pao*《通報》,2009)。目前正撰寫一部明清時期河南南陽地區全真道宫觀與地方社會關係歷史的專著。

## 引　言

原址處於武昌蛇山南麓黄鶴樓下的武當宫,是元代鄂漢一帶非常著名的道教宫觀。它在當時的全名爲武當萬壽崇寧宫,明清以來的地方志書和武昌本地人都習慣簡稱其爲武當宫。它連同武昌大東門外的長春觀、漢陽西大街的玄妙觀和漢口利濟路的大道觀都曾經是晚清至民初武漢三鎮全真道教最著名的四大叢林。儘管武昌武當宫的建立時間略晚於漢陽的玄妙觀,但從現存的文獻資料上看,元代時期的武當宫不論在建築規模、名望和地位方面顯然超過同一時期的漢陽玄妙觀和武昌長春觀。①

---

① 漢陽玄妙觀原建在漢陽縣治東,宋真宗大中祥符三年(1010)賜名"天慶觀"。元仁宗皇慶元年(1312)改名爲玄妙觀。元末兵燹不存,洪武初漢陽縣令趙廷蘭移建城西。洪武十六年(1383)楚昭王因病癒而大修漢陽境内廟觀,玄妙觀由時任縣道會司副都紀的道士王智明主持修葺完善。正德末,玄妙觀逐漸敗落。此後,於嘉靖、萬曆、崇禎和清代順治各朝都有修葺。咸豐時,毁於洪楊之亂,後又重爲募建一新。詳見《湖北通志》卷十五《輿地志》十五。

武昌府城在北宋大中祥符年間是否在本州治所也建有天慶觀,目前所有明清以來志書都無提及。值得注意的是,漢陽軍曾於北宋熙寧四年(1071)撤軍成縣而隸屬鄂州,時間長達十五年。直到北宋元祐初(1086)纔又重置軍而劃歸荆湖北路管轄。因此,這期間漢陽的天慶觀應該是鄂州治内的主要道教宫觀,或許同時還是鄂州道正司的治所。而這十五年也正好大約是廬山通玄府道士羅貴凝和高徒授紫衣萬道沖來鄂州活動的時期,而萬道士似乎還曾經擔任處於鄂州治下的漢陽天慶觀的觀主。

萬道沖(? ~1101),字若虚,廬山人。他死後幾位弟子爲他豎立的碑銘記載説:"師幼而超慧,角立秀出,鶴骨松貌,直不容私。七歲(1035)辭親求師。視冠冕如脱桎梏。遂事通玄府羅貴凝爲師。"後來,萬道士又跟隨師父羅貴凝從廬山的通玄府遷移到武昌。再後來,萬道士又雲遊四方,參玄訪道,於當時正一靈寶派的閤皂山受籙。由於他"持正法以救人"而名聞宇内。棲居宋朝皇都汴梁時期,因爲皇宫内道場作法,萬道士的名籍被報聞朝廷,而得以授賜紫衣。之後,他復居江夏。他"持科戒愈嚴,宣經典愈精。昇堂者比迹,及門者成群,故所謂芝蘭所處,難覆馨香"。由於廣受道衆尊敬和信任,他又被舉爲天慶觀主。後來還擔任過鄂州道正。他任職期間曾爲天慶觀從朝廷謀得特許受籙的金牌,使得當時的天慶觀得以在鄂漢一帶頒發度牒,廣度玄門弟子。詳見李譬《宋故廬山紫衣萬道士碑銘》,載李理安編撰《長春觀志》,《中國道觀志叢刊》第8册,南京:江蘇古籍出版社,2000年。

另外,值得我們注意的是,清代乾隆年間的《武昌縣志》記載,南宋淳熙十一年(1184)前,武昌縣城東(即現在鄂州)曾有一座"崇真道院",其名在淳熙十一年(1184)改爲"仙雲觀"。到了嘉定十五年(1222),這座仙雲觀又改名爲"天慶觀"。但這座當時武昌縣城的天慶觀的位置不僅離萬道士的墓碑發現處更遠,而且其更名爲"天慶觀"的時間是在南宋,遠晚於萬道士在武昌一帶活動的北宋時期。因此它不太可能是萬道士曾經擔任觀主的那座天慶觀。詳見邵遐齡、談有典:《武昌縣志》卷二《建置志·寺觀附》,重印版,載《中國地方志集成·湖北府縣志輯》第33册,南京:江蘇古籍出版社,2001年,第47頁。此外,許有壬也曾爲一位武昌(鄂州)玄妙觀名叫談自然的道士作讚,稱頌其道行。見許有壬《至正集》卷六十七。

元代的鄂州,即武昌,乃是元朝中央統領整個長江中游地域的湖廣等處行中書省的治所。湖廣等處行中書省下轄三十路、十州、十三府、三安撫司、十五軍、三屬府、三屬州、十七屬縣和另外管理少數民族的一百五十個番民總管。因此,鄂州可謂元朝統治地處長江中游廣袤中南地域之最高行政中心。

武昌之所以在元代國家疆域版圖具有如此重要的中心地位,其緣由與元朝建國的早期歷史密不可分。元憲宗當朝末年(1259),忽必烈率兵南征,於黄州陽羅江面架設鐵鎖浮橋,在武昌附近的白鹿磯成功渡江,圍困武昌城達數月之久。此次忽必烈南伐雖然因元憲宗蒙哥在上都和林駕崩繼而發生的汗位之争,除了得到南宋若干歲貢之外,可以説是無功而返。不過此次南伐爲日後在江漢地區與南宋的戰争積纍了諸多經驗。更重要的是忽必烈此次北歸在上都問鼎成功,於大都建元登基,建立了蒙古在中原地區繼承大統的元朝中央政府。至元十一年(1274),忽必烈命丞相伯顏(1236~1295)再次南征江漢。伯顏選擇的南渡地點同樣也是在陽羅。這次元兵渡江後,在鄂州守城的南宋官員張晏然首先開城降附元朝。此後,湖北的各地州縣也相繼歸附。鄂州作爲忽必烈的親征地和最先歸附元廷的南宋疆土,元朝歷届朝廷相當重視。元成宗就特别於大德五年(1301)將鄂州陞格爲武昌路,下轄録事司和江夏、咸寧、嘉魚、蒲圻、崇陽、通城和武昌七縣。按照至元二十七年(1290)的記録,當時武昌路下共領十一萬四千六百三十二户,人口總數爲六十一萬七千一百一十八。(《元史》卷六十三《地理志》)

此外,從忽必烈當朝時起,鄂州還是元朝皇室親王的外封藩鎮之一。至元甲申(1284)六月,忽必烈封其九子脱歡爲鎮南王,領軍駐鎮鄂州,其原因也正是因爲此處爲世祖伐宋之初征地,同時又是維繫江淮流域之戰略要衝。後來,由於脱歡兩次遠征交趾都無功而返,世祖罰以永不相見,並將脱歡移鎮揚州。由於武昌十分重要的戰略地位,元廷於泰定三年(1326),封脱歡之子寬徹不花爲威順王,藩鎮武昌。泰定帝還爲寬徹不花撥派五百名怯薛宿衛即親兵歸其指揮,後來又讓他自募親兵五百,將其轄下的怯薛增加到總數一千名,用以駐防武昌。同時,元廷又設立王傅官,命湖廣行省爲威順王的藩鎮歲供年支米三十萬石和錢三萬二千錠,並日給王子諸妃飲膳。另外,順帝至元元年(1335),忽必烈孫、鎮南王脱歡第四子帖木兒不花因爲主動禮讓其揚州的鎮南王位和藩鎮與其姪兒,而獲元廷嘉賞，被封爲宣讓王，賜金印，並移鎮武昌下游的廬州即九江。[①]元代此三王藩鎮也構成了其整個江淮和鄂漢一帶的軍事防衛體系。[②]

可見，儘管武昌路人口不多，治所城池也不大，但作爲元初世祖首次南征之地，又同時是湖廣行省衙門的治所和蒙古威順王藩鎮宿衛駐地，再加上這裏自古以來就是東望江淮、西接荆漢襄、南連三湘和北繫汴洛的戰略重鎮，因而也順理成章地成爲元朝控制整個江淮和漢水流域的政治、行政和軍事中心。

在宗教方面，元朝除了祭祀先農、宣聖、嶽鎮海瀆、三皇等神祇以外，還在每年的春秋遣使齎香到其特定的宫觀道場建國醮爲帝室和國家祈福禱壽、禳灾祛邪。[③] 儘管明人所編輯的《元史・祭祀志》對此類的國醮和祭祀活動鮮有提及(《元史》卷七十二至七十八《祭祀志》)，但從元人的文集和道教宫觀碑銘來看，元代歷朝其實相當熱衷於真武祭祀，以圖聖壽無疆和國泰民安。許多元朝皇帝還對真武纍加封號，每年都會於三月三日的神誕前日，照例遣使齎香到其主要宫觀築建國醮，祈望真武降福垂佑，延壽續祚。也正是這個原因，武昌武當萬壽崇寧宫作爲元代長江和漢水流域主要舉行國醮和祭祀玄天上帝的道場和道流的叢林，在整個國家的道教宫觀體系中佔有相當重要的地位，也對於元代道教的發展起過重要作用和影響。

本文通過梳理和分析宋元兩朝正史、道教宫觀碑刻和文集中的相關史料，重新勾畫了武昌武當宫在南宋以來，尤其是元代的歷史和發展狀況的輪廓，還有該宫觀與元朝天禧祝延和玄帝崇祀道場和宫觀網絡之關係，以圖加深我們對於元代武昌武當宫歷史地位和影響的理解。

## 武當宫元前的創建和歷史：從宋元爭鋒時的沖霄壇到齊安大捷後的崇寧觀

武昌武當宫元前的歷史記述較少。根據明代《寰宇通志》的記述，武當宫位於黄鶴樓東，最初建於北宋徽宗崇寧(1102～1106)年間。[④] 然而，對於這座初建

---

① 有關鎮南、威順及宣讓諸王事，見《元史》卷十三《世祖紀十》、卷十四《世祖紀十一》、和卷一百十七《列傳四》内載《寬徹普化傳》和《帖木兒不花傳》。

② 關於元分封諸王鎮守江淮地區的詳情，參見李治安：《關於元代鎮戍江淮蒙古諸王》，載氏著《元代分封制度研究》，北京：中華書局，2007 年，第 340～353 頁。

③ 元朝爲皇帝聖壽祝延法事有具體的典章制度，每年都會於皇帝聖壽前期一月遣使到各地寺觀啓建道場，率各地官員、紳民、軍公及僧道人等爲皇帝和國家致祭天神，祈禱聖壽萬安。見《大元聖政國朝典章》上《禮部》卷一《禮制・朝賀》，臺北：文海出版社，1964 年，第 421 頁。

④ 詳見陳循等：《寰宇通志》卷五十，臺北："國立中央圖書館"據明景泰間内府刊初印本重印本。

於徽宗崇寧間的道觀的歷史，我們也不太清楚。

所以，如果我們依據元代七朝重臣許有壬（字可用，1286～1364）的記述①，就知道武昌武當宮作爲一座重要道觀的興起和歷史，是同南宋、金、元三朝在江漢流域的戰争密不可分的。在他撰寫的《武昌路武當萬壽崇寧宫碑銘》中，許有壬記述了武昌武當宫創建的源流始末。

南宋晚期，南宋與蒙古暗修盟約，聯軍攻伐當時雙方在中原的共同夙敵金朝。紹定六年（1233），金哀宗在北方蒙軍的猛烈攻擊下，棄汴梁逃亡到汝南鎮南軍轄下的蔡州苟延殘喘，以圖東山再起，捲土重來。② 與此同時，金朝也開始在蔡州西面南陽的鄧州聚集重兵進逼南宋在襄陽和光化的版圖，造成均襄兩地的民衆極度恐慌，紛紛出逃。南宋隨即派遣名將孟珙（1195～1246）馳援救危。孟珙迅速帶兵北進，幾個月之内就先後擊敗剿滅了進犯襄陽一帶的各路金兵。此役也使孟珙官拜鄂州江陵府副統制，成爲掌管南宋在荆漢地域兵馬的最高軍事統帥。次年，即端平元年（1234）正月，孟珙奉命聯合蒙軍圍攻固守於蔡州的金朝政權。五月，孟珙率領的宋軍和蒙軍同時攻入蔡州，消滅了負隅頑抗的金朝政權，爲趙宋一雪靖康之耻。③ 然而，事後由於宋蒙雙方疆域歸屬糾紛，南宋開始進攻中原，以圖收復原來爲金朝統治而現在爲蒙古佔領的華北和中原失土。蒙宋因此失和，隨即在江淮漢水流域一帶展開了拉鋸式的相互征伐。

端平三年（1236）二月，蒙古的幾路軍隊從其管控的鄧州和均州地域出發，開始征討南宋。首戰就圍攻南宋在漢水上游經營多年的屏障和重鎮襄陽。是年三月由於南宋守城的主將作亂降蒙，使襄陽城内四萬多官民、三十萬財粟還有二十四庫的軍器、金銀和鹽、鈔一併爲蒙古軍隊獲得。襄陽降蒙後，漢水以降幾乎無險可守，整個漢水流域一直到武昌的西、北兩個方嚮完全暴露在蒙古鐵騎面前。隨後不久，蒙軍又攻佔隨州，武昌形勢岌岌可危。漢水流域的幾個重鎮連續陷落，使得襄均一帶的民衆人心摇動，惶惶不可終日。武當山附近均州的許多居民爲了躲避戰禍，紛紛離鄉背井，沿漢水漂流而下，湧入當時仍然由南宋軍隊統帥孟珙掌控的鄂城（即武昌城），以求一時之安全。與此同時，另一部分南下的蒙古軍隊也推進到枝江和監利一帶的長江邊上，徵集船夫，伐木結筏，準備渡江。長江中游的另一重鎮江陵府的情勢也可謂十萬火急。此時駐節黄州的孟珙再次

---

① 許有壬生平事迹，詳見《元史》卷一百八十二《列傳六十九》。

② 蒙古於1231年圍陷金南京汴梁經過細節，可參閲《金史》卷十七《本紀第十八：哀宗下》。另外可參考南京陷落親歷者劉祁之記述，見氏著《歸潛志》卷十一。

③ 有關蒙宋聯軍在蔡州破城滅金的經過，可參見《金史》卷十七《本紀第十八：哀宗下》。

臨危受命,來到武昌城指揮和部署整個江漢地區的南宋軍隊抗擊這些蒙軍。

此時的武昌城不僅是南宋抵禦蒙軍的政治和軍事指揮及協調中心,城内黄鶴山西南麓新建的一座神壇也成爲許多避難流民和軍士的精神寄託之所。武昌城裏來自均州的流民,因爲長期信奉武當山神,感戴其護佑平安之功,因而就在稟明武昌官府後,於城内建築了一個名爲“沖霄壇”的神壇,用以供奉他們心中無比敬畏而且受宋朝多次詔封的武當山神。這座神壇的具體位置,抑或就在徽宗崇寧間修建的那座崇寧觀舊址。他們祈望真武神靈能再次庇護他們渡過眼前的這場危難。此時,不僅均州之普通流民,就連南宋軍隊的統帥孟珙也來到武昌城内的沖霄壇,虔誠祈禱真武神靈的佑護。孟珙本人出生於棗陽,少壯之時便隨父親生活和征伐於襄、均、隨、棗一帶,所以對於這一疆域廣爲流行之真武信仰,應該是耳濡目染。也許正因爲如此,許有壬記述説,當時武昌面臨危急,到城内的沖霄壇求助真武庇護的不僅有那些先前來自均州的流民,而且還有當時擔任南宋在江漢地域最高軍事統帥的孟珙:

> 武當均州山,先名太和。道流謂其峻極秀絶,非玄武神不足當,故更名武當。勝國端平甲午,兵摇襄漢,均民走鄂。深神德不能忘,鳴於官,行武當祠於鄂爲沖霄壇。制使孟珙禱於神,有齊安之捷,易壇爲觀,蓋復崇寧額也。①

事實上,從北宋真宗以降,歷朝都十分崇敬真武。真宗本人於天禧二年(1018)七月七日下詔爲真武加號,封武當山神爲“鎮天真武靈應佑聖真君”。到了嘉祐四年(1059)正月上元日,宋仁宗趙禎更是爲其加封“太上紫皇天一真君玉虚師相玄天上帝”,將真武神格從“真君”提陞到“帝”,同時還册封龜、蛇爲玄帝手下之水、火左右兩大將軍。即使在靖康之難後,南遷到臨安和杭州的宋廷依然隆奉真武。嘉泰二年(1202)十一月十二日,宋寧宗還專門爲真武加封崇奉之號,期望這位天神能够繼續佑護趙宋享有的天祚。②

在端平三年(1236)的這次危急中,孟珙因而也在領軍上陣之前,親自來到武昌城内的沖霄壇向真武禱告,期盼他能續降神庥,協助戰勝自己所面臨的蒙古大

---

① 許有壬:《武昌路武當萬壽崇寧宫碑銘》,載氏著《至正集》卷六十三。

② 詳見明版《大嶽太和山志》卷二《歷代御製》,美國國會圖書館館藏東方善本部,第51a～52b頁。不過,元代的道教經文稱,爲玄武册封玄天上帝的並不是宋仁宗,而是天神昊天上帝在宋仁宗朝嘉祐四年正月初一將真武册封爲玄天上帝。其事可參閲《太上説玄天大聖真武本傳神咒妙經》卷一,載《道藏》第17册,北京:文物出版社、上海:上海書店、天津:天津古籍出版社,1988年,第91頁。應當指出,目前學界對於宋仁宗是否曾經爲真武加封帝號爲“玄天上帝”仍然存有分歧意見。

軍。另外,值得注意的是,孟珙本人也篤信佛道,元人脱脱編撰的《宋史》列傳對孟珙的品行和宗教信仰曾有如下的論述:

> 名位雖重,惟建鼓旗、臨將吏而色凜然,無敢涕唾者。退則焚香掃地,隱几危坐,若蕭然事外。遠貨色,絶滋味。其學邃於《易》,六十四卦各繫四句,名《警心易贊》。亦通佛學,自號無庵居士。

孟珙的這種佛道情懷使他在戰争最殘酷的殺戮中依然恪守對於平民生命的尊重。端平元年(1234)正月,宋蒙聯軍在蔡州的圍城之戰進行到最慘烈的後期巷戰階段,當孟珙麾下的宋軍以雲梯登城後向城内金朝的内廷土門發起攻擊時,決意死戰的金兵使出了慘絶人寰的手段,向進攻的宋軍發射用城内老人和幼兒屍體熬煉的所謂"人油炮",企圖扭轉敗局:

> 進逼土門,金人驅其老稚熬爲油,號"人油炮",人不堪其楚,珙遣道士説止之。①

《宋史》的這段記載不僅道出孟珙對城内老幼生命的憐憫,同時還不經意地透露了當時道士作爲中立使者,受孟珙之託説服金兵放棄這種慘無人道的戰争手段的事實。如果我們瞭解孟珙的這種虔誠的佛道情節,就不難理解許有壬記述他曾於臨戰之前到武昌沖霄壇祈禱真武助戰的事情。

事實上,孟珙在虔誠地祈禱真武助戰的同時,也積極地部署和經營荆漢兩地的防衛。端平三年(1236)春,他就到武昌東北面的黄州收集軍情,視察防務。由於適值蒙古進攻的高峰,當時每日都有數以千計的邊民來歸。孟珙於是出資建三萬間屋以居之,並放賑救濟這些流民。與此同時,他又擔心軍民雜處,有礙防務。於是就在黄州城的高阜構築兩坐砦堡,一曰齊安,一曰鎮淮,作爲黄州守軍的防衛堡壘。在後來的黄州保衛戰中,南宋守軍正是依託這兩座固若金湯的砦堡,打退了蒙古軍隊的一次又一次的進攻,贏得了這場有名的齊安大捷。②

然而在許有壬看來,當時的民衆都認爲齊安之捷與孟珙在武昌沖霄壇前的虔誠祈禱密不可分。正是孟珙的誠禱感動了真武天神降庥助戰,因而也暫時扭轉了南宋在荆、漢、襄、鄂一帶所面臨的危急和頹勢。同時,這場遠在黄州的齊安

---

① 《宋史》卷四百一十二《列傳一百七十一》。

② 端平三年蒙古掠襄漢和孟珙齊安之捷的前後詳情均載於《宋史》的《理宗本紀》和《孟珙傳》。又參見黄寬重:《孟珙年譜》,載氏著《南宋史研究集》,臺北:新文豐出版公司,1985 年,第 58 ~60 頁。

大捷也成爲武昌沖霄壇崛起的契機。爲了酬謝玄天上帝之庥佑,孟珙於齊安大捷之後將武昌城内的沖霄壇改制陞格爲觀,"蓋復崇寧額也"。

我們應當注意許有壬在這裏的説法:即孟珙當時是爲武昌沖霄壇恢復崇寧觀額。他爲何如是説呢?原來北宋徽宗趙佶的確在崇寧二年(1103)十月詔天下州郡建置崇寧觀。按照宋人王暐的説法,崇寧觀之設實得力於徽宗朝的權相蔡京的提議,還有其門客、時任御史中丞的石豫之居間斡旋和干預。據稱蔡京於徽宗改元崇寧拜相後,即提議天下州縣皆建佛刹並額崇寧。石豫門人陳確得知此事後,隨即夜訪石豫,並不無慫恿性地探問石豫是否會坐視不管此項提議。石豫囑咐陳確静觀數日再看是否可行。果不其然,幾日後,石豫召陳確並告知,他已將此議納入劄子上奏,而且見到徽宗甚喜此議,於是乞徽宗下詔天下州郡設建崇寧觀。①

因此參照前述明代《寰宇通志》的記載,武昌武當宫的前身就是北宋徽宗崇寧二年所置的崇寧觀。如此以來,那麼孟珙在齊安大捷後將武昌城内的沖霄壇復名爲崇寧觀的事實似乎也説明了兩點:一是初建於宋徽宗崇寧年間的武昌崇寧觀到了時隔一百三十多年後的南宋理宗端平年間,可能早已損毁,名存實亡。可能正因如此,端平年間那些湧入武昌的均州流民纔得以在稟官之後於崇寧舊址重新建築沖霄壇來供奉真武。二是孟珙在齊安大捷後,陞壇爲觀,實際上是又接續了崇寧觀在北宋末年的舊制和名稱。② 至於孟珙此舉是否具有任何政治象徵意義,我們就不得而知了。

另外還有一事值得一提。進入元朝以後,孟珙這位信奉真武而百戰不殆的南宋猛將竟然被元人演繹成爲玄天上帝麾下清微雷部的一員神將。元人甚至在均州武當山上還專門爲其建築祠堂,供人祭祀。元人羅霆震(號雲麓樵翁)在其所撰《武當紀勝集》中對於在武當山上雷堂中所供奉的孟珙神像有如下讚頌:

雷司孟帥堂

當年壯志在中原,破蔡亡金正爲元。

天恐雷霆無糾察,三天借重溥天恩。③

---

① 詳見王暐:《道山清話》。崇寧間福建各州郡建崇寧觀的情形,可見《淳熙三山志》卷三和卷三十八。

② 端平年間,除了恢復武昌城内的崇寧觀外,孟珙還在武昌城東門外的大洪山麓將原址在随州大洪山的唐代佛教名刹"幽濟禪院"移建於此,並奏請賜改額爲"崇寧萬壽寺"。詳見元人黄溍《武昌大洪山崇寧萬壽寺記》,收入張仲炘《湖北金石志》卷十四,載《石刻史料新編》第1輯,第16册,臺北:新文豐出版公司,第12223~12224頁。

③ 羅霆震:《武當紀勝集》,載《道藏》第19册,第670~671頁。

在羅霆震看來,孟珙生前破蔡州、滅金廷、爲趙宋一雪靖康之耻的神勇事迹却是爲了元朝。這種不顧事實的演繹,反襯出元朝在發起自己的玄天上帝崇祀過程中,對於南宋孟珙祈禱真武而獲齊安大捷事實的重新政治梳理和整合。但恐怕即使被元朝奉爲雷神的孟珙都難以接受這樣的歷史重構。

## 武當宫在元代的發展:祝延國醮與真武崇祀的道場

進入元代以後,武昌作爲漢襄地域的主要藩鎮和政治、經濟及行政中心的地位依然如前,同時它的中心地位和重要性在元朝的祭祀體系和道教宫觀網絡方面也有體現。由於地處江漢的交匯口,由於舟楫之便,武昌同長江中下游、漢水流域,尤其是上游的漢襄各地,除了政治、行政、商旅的往來以外,還形成了宗教方面的天然溝通網絡。正是由於這些多元性的聯繫,武昌的武當萬壽崇寧宫也與地處漢水上游均襄之地的武當山、江陵的玄妙觀、紫府真應宫①和九江廬山太平宫形成了一個江漢地域的道教宫觀網絡。而聯繫這個道教宫觀網絡的其中一個重要因素就是元朝的天禧國醮儀式。如同中國古代的其他朝廷,元朝在每年的春秋除了在大都舉行其標準的郊祀祭拜天地、宗廟和社稷神靈以及五嶽海瀆以求國泰民安外②,還會在天壽聖節之時專門遣使到天下各大名觀齎御香、建國醮,祈福禳邪,以期神靈保佑聖壽無疆、皇圖永固、萬民安樂和五穀豐登。

歷史上,各朝舉行祝延國醮的宫觀道場都有其獨特的歷史成因。例如,唐開元辛未年(731),玄宗夢遇天神九天採訪使者。他面囑玄宗於舒州潛山、四川青城山和江州廬山各地興建齋祠作爲上天神靈專門巡查和決斷人間罪福的九天採訪總司的治所,同時還許諾玄宗會因建祠得神降"五百年福及生靈"。玄宗夢覺後,便旨詔於三地建祠。江州刺使獨孤正和縣令魏昌在得旨後即於廬山之陰創

---

① 有關江陵這座紫府真應宫的歷史,我們所知甚少。但從宋代輯録的一篇降神青詞來看,在宋代的荆南府,即後來元代的江陵府,的確有一座名爲"紫府觀"的道教宫觀,或許就是後來元代紫府真應宫的前身。這篇降神青詞就是專門爲在江陵的這座紫府觀和潭州的南嶽真君觀開設的宋朝皇帝本命道場而撰寫的。如果宋代荆南府的紫府觀就是元代紫府真應宫的前身,那麽元代似乎還延續了宋代傳統,繼續將此道觀作爲皇家祝延的道場。見《荆南府紫府觀並潭州南嶽真君觀開啓皇帝本命道場青詞八月二十六日》,載歐陽修,周必大輯:《文忠集》卷八十三。

② 元代祭祀嶽瀆海河的國家禮儀通常也遣派高道主祭。具體情形可參閲虞集:《送趙虚一奉祠南海序》,見氏著《虞文靖公道園學古録全集》卷三十八,第 6b ~ 8a 頁,臺北:華文書局,1968 年,第四集,第 2164 ~ 2165頁。

建了九天使者祠。唐玄宗賜“九天使者之殿”,以示隆奉。因此,從唐代開元末期,廬山和舒州的潛山以及蜀郡青城山的九天使者祠就形成唐朝每年遣使齋香建醮爲皇帝和國家祈福禳邪的一個道場網絡。①

到了宋代,這個在江淮地域專爲國家和皇室祈福的道場體系又發生了若干變化。首先,宋朝皇室隆奉九天使者。除了迭加封號外,更是常常在廬山的這座宫觀舉行國醮,從而使廬山原祠的規制和名稱發生轉變,使其在地位和影響方面遠遠超出其他兩祠。南唐昇元三年(939),廬山的九天使者祠被改名爲通元府。②到了北宋太平興國二年(977),宋太宗又改府爲太平興國觀。宣和六年(1124),宋徽宗又陞觀爲宫。宋代國醮祝延的道場網絡也不同於唐代,其組成宫觀除了具有中心宫觀地位的廬山太平興國宫以外,還有廬山的壽聖廣福觀和大中祥符觀。③

元代江淮和荆漢一帶的天禧國醮道場網絡組成和體制又有變化。自從南宋端平三年(1236)的齊安大捷更名後,武昌城裏的崇寧觀一直保存這個觀名。到了忽必烈當權的至元二十七年(1290),該觀又被提陞爲宫,全名爲“武昌路武當萬壽崇寧宫”。關於這次由觀陞宫的緣由,雖然尚未看到任何直接的應證史料,但從崇寧觀被賦予“武當萬壽宫”這一事實來看,我們可以推斷至元二十七年的這次陞觀爲宫極有可能於元代當時各地興起的如火如荼的真武崇祀,還有每年爲元朝皇帝祝延的國醮儀式有密切關聯。

作爲武昌崇寧觀前身的沖霄壇之一舉成名,正是由於蒙宋戰爭時期曾有真武在此顯靈,並爲孟珙統領的南宋軍隊助戰得勝。因此可以想見,這座宫觀對於已經建極登基的忽必烈和他的朝臣來説,應該是個相當令其窘困的現實,但同時它也爲征服了南宋的元朝提供了在輿論和象徵領域爲自身製造合法性的機會。忽必烈和他的朝臣似乎也敏鋭地覺察到了這種機會。畢竟,元朝新立不久就在至元十六年(1279)用武力征服了南宋,“混一”了天下。這一事實,不僅需要在道

---

① 詳見《廬山太平興國宫採訪真君事實》卷一《分真創始類》,載《藏外道書》第 18 册,成都:巴蜀書社,1992 年,第 356 ~ 361 頁。

② 此處“通元府”應該是“通玄府”。此處改“玄”爲“元”,應該是《廬山太平興國宫採訪真君事實》的清代再版者爲了避清帝玄燁之諱而作,另外,此書還稱唐玄宗爲“元宗”。儘管是書原作於南宋紹興二十四年(1154),但後來到了明代似乎又有許多增補,記述元代諸事。相反,宋人李辔刻於徽宗建中靖國元年(1101)的碑銘却没有規避宋真宗所認趙宋帝室的人皇祖先趙玄朗之諱。事實上,廬山通玄府在北宋初就與漢陽的天慶觀有往來。通玄府的高道羅貴凝曾攜其徒萬道沖從廬州遷移到鄂州即武昌。而萬道士後來由道衆推舉而擔任天慶觀主和道正。詳見李辔《宋故廬山紫衣萬道士碑銘》,載李理安《長春觀志》。

③ 詳見《廬山太平興國宫採訪真君事實》卷二和卷三《宋朝崇奉類》,載《藏外道書》第 18 册,第 362 ~ 377頁。

德和象徵意義方面的重新調整,況且南宋舊域新附,江漢流域各路“南人”之民心也必須籠絡。元朝的天下需要政治穩定,因此也決定它必須對前朝南宋的真武崇祀加以吸納和整合。

正是在這樣的政治需要和王朝象徵意義重新整合的大背景下,元朝早在忽必烈建極之初的大都和各地開始了崇奉真武的熱潮。至元六年(1269)隆冬之際,大都城内忽然聞報在城西的高粱河之南相繼有龜蛇出現,消息一出,不脛而走,整個京城爲之聳動。人們皆以爲吉兆。而最初將此消息奏入朝廷的是太府監玉牒尺不花。元廷得知此消息後,皇后便徵議於掌管祭祀典禮諸臣。這些朝臣更以龜蛇别屬陰陽,象天樞,法地軸,其二者於隆冬更迭出現在新建之大都,顯示了忽必烈統元建極已得真武天神之神庥,乃天經地義之事。内廷也因此廣輸内帑,命尺不花就在顯現吉兆的高粱河南岸築昭應宫,以酬真武降祚。①

至元初崇奉真武,爲新立的元朝提供了君權神授的依據。此後的元朝皇帝也繼而仿效,或建廟築祠,或加封崇號,延續忽必烈朝對真武的崇奉。大德八年(1304)三月元成宗就詔封真武爲“玄天元聖仁威上帝”。到了仁宗延祐元年(1314),又爲真武父母加封聖號爲“靈父聖母”。

同時,元代國家的隆奉真武也似乎影響到了元代的讀書人。一時間,真武神成爲許多元代畫家筆下的丹青主題,同時也成爲文人所詠誦和評議的對象。元代的名儒虞集(字伯生,號道園,1272~1348)就生動地記述了著名的書法和繪畫大家趙孟頫(字子昂,1254~1322)繪製一幅玄帝畫像的經過。虞集筆下的趙子昂這位宋室後裔也十分信奉玄天上帝。正是他的虔誠侍奉而受到玄帝的眷顧。一次當他神明氣清静處貞獨之時,夢見玄帝“被髮跣足,玄衣寶劍,坐臨崖谷”。玄帝面囑子昂道:“念昔敬事,存思莊肅。晉階接對,光耀心目。如聞教言,知子誠篤。若善繪事,追步顧、陸。凡吾真儀,子善記録。審而傳之,下土瞻矚。”子昂從夢中覺醒後,急忙取燭,按照自己夢中所遇繪寫神像,凡三十幅,而且對於真武形象的把握,毫分不爽,栩栩如生。②

正是在這樣舉國隆奉的氛圍下,元代的中央政府每歲都於三月三日前依例專門遣使齎香前往武當山和天下主要宫觀祀奉這位神靈。吴善在《徐州吕梁鎮

① 見徐世隆《元建昭應宫碑記》和王盤同名碑銘,均載陳垣編纂:《道家金石略》,北京:文物出版社,1988年,第1101~1102頁。

② 參見虞集:《元帝畫像讚有序》,載氏著《虞文靖公道園學古録全集》卷三十二,第17b~18a頁,第四集,第1936~1937頁。

慶真觀玄武□□□□》碑銘中有如下記述：

> 欽惟我世祖皇帝嗣大曆服□昭應宫□玄武神於京師之和義門外，以龜蛇嘗見其地□統元居極，殆有徵也。成宗迓續，以元聖仁威，登崇□號。太子文學元公作杭□玄武殿碑，悉著其事。又道書相傳，其神三月三日降均之武當山，天子萬壽節以其同，故歲遣祠官致祭。①

可以想見，就是在這樣隆奉真武的背景下，因禱神抗元而出名的南宋猛將孟珙被重新奉祀爲元朝效命的真武麾下雷帥之一，而武昌城中真武一度顯靈的崇寧觀纔被賦予了"武當萬壽崇寧宫"這個新名。改名後的武當宫隨着當時真武崇拜的影響，成爲元代在江漢一帶爲元帝室祈福延壽的有名道場。我們從許有壬對這座宫觀位置和規制的描述中，可以感受到其發達昌盛的形貌和影響。許有壬以相當羡慕的筆觸描畫了至元二十七年（1290）陞格後武當萬壽崇寧宫華麗和壯觀的氣象：

> 我元至元庚寅陞武當萬壽崇寧宫，地據雄峻，鶴山亘其後，大江朝其前。雲關扃深，石磴梯危，大殿高堂，傑閣危亭，長廊縈帶，通樓環匝。百神胥宇，羽流棲息，壇壝鼓鐘，學館庖廥，轇轕錯布。仰觀樓閣玲瓏，在五雲中絶頂；俯瞰萬閭鱗集，煙靄蔽虧，若洞庭觀波濤，目爲之眩。而山川形勝闤闠盛麗，金碧丹雘，高下相輝。玉京十二樓不得而見之，此亦人境之洞天也。②

此時的武當宫背依黄鶴山，面臨長江，其地勢雄偉峻峭。宫内的殿宇、樓閣和環廊則富麗堂皇，高聳入雲。作爲當時道教羽流棲息修真之地，武當宫内常常是香煙不斷、經誦不絶、鐘鼓齊鳴，一派叢林的景象。難怪連許有壬這位見多識廣的元代七朝重臣都不禁發出了"人境之洞天"之嘆。

陞格爲宫後的武當萬壽崇寧宫成爲元代江漢一帶道教宫觀網絡的中心之一，也是元朝祠官每歲遣使齎香，舉行國醮祈求玄天上帝降庥垂福的致祭之所。元代以文章著名天下的吴澄（字幼清，1249～1333），在其晚年廣交玄門高道，並

---

① 碑文載陳垣編纂：《道家金石略》，第 1150～1151 頁。

② 許有壬：《武昌路武當萬壽崇寧宫碑銘》，載氏著《至正集》卷六十三。

遍遊宇内名觀。[1] 他曾在《御香賚江陵路玄妙觀記》中詳細描述了元大都總攝道教所掌書記的高道唐洞雲如何奉朝廷之命多次在江陵路和武當山一帶主要宫觀爲朝廷建醮祝禧的經過。[2] 在他筆下,武昌的武當萬壽崇寧宫乃是除了均州武當山以外,與長江中游和漢水流域一帶的江陵玄妙觀、紫府真應宫和廬山太平宫齊名的元朝舉行國醮和祭祀真武的主要道場,也是唐洞雲這位元朝中期的玄門領袖闡發玄風、宏揚道教的重要活動場所。

事實上,元代大約於仁宗朝起,就開始在武當山的幾大宫觀先後建立了正式皇家祝延道場,其中最著名就是五龍萬壽宫、紫霄萬壽宫和真慶萬壽宫。而這些武當山上的道教宫觀作爲元朝祝禧國醮的核心道場,匯同各地其他的著名道教宫觀如武昌武當萬壽宫和江陵玄妙觀等等一同構成了元朝祝禧國醮的中心道場。

而武當山上的天一真慶萬壽宫大約是最早開始爲元朝皇室建醮祝延的道場。至大三年(1310),元廷開始於此建金籙醮祝延。按照元代名士程鉅夫的説法,元朝於此建國醮,一則由於仁宗天壽與玄天上帝神誕相同,二則因爲武當山的名道士張守清於皇慶元年(1312)春三月至二年(1313)夏間數次爲京師禱雨而靈驗所致。張守清當時道名卓著,他從至元末到至大三年(1310)的二十多年間,跟隨其師魯大宥和汪真常歷盡艱辛在武當山上修復了衆多道教宫觀。當時尚在潛邸的元仁宗與其母親皇太后在得知其道行後,特於至大三年遣使至真慶宫建金籙醮,並賜宫額爲"天一真慶萬壽宫",賜守清號爲"體玄妙應太和真人"。後來皇太后又於延祐元年(1314)春二月特賜張守清乘馹驛還歸武當山以奉香致祭。是年冬十月,又准集賢大學士程顥所請,爲該宫額加賜"大天一真慶萬壽宫"。[3] 同年,元廷又因爲真武神誕同於仁宗天壽節,加賜五龍靈應宫額爲"大五龍靈應萬壽宫",同時建金籙醮祝禧。按照元朝名臣揭傒斯(1274～1344)的記述,此後歷朝歲遇天壽,無一不遣使齎香在武當山的大五龍靈應萬壽宫和大天一真慶萬壽宫建醮祝禧。由此也形成了元代每年於皇帝天壽節遣使至武當山及天下各名

---

① 吴澄生平事迹,見《元史》卷一百七十二《列傳五十八》。又參見虞集:《先生吴公行狀》和《祭吴先生文》,載氏著《虞文靖公道園學古録全集》卷三十七《行狀》,第3a～17b、17a～18b頁。

② 唐洞雲在元代肆揚玄風的生平事迹可另外參見歐陽玄《中興路創建九老仙都宫記》、吴善《徐州吕梁鎮慶真觀玄武□□□□》,載陳垣編纂:《道家金石略》,第958～959、1150～1151頁。

③ 詳見程鉅夫《均州武當山萬壽宫碑》,載氏著《雪樓集》卷五。程鉅夫碑文也收入《道藏》,只是其碑題與碑文與《雪樓集》所收碑題和碑文都略有不同。程鉅夫《武當山大天一真慶萬壽宫碑》收入《玄天上帝啓聖靈異録》,載《道藏》第19册,第643～644頁。

觀道場建金籙醮祝禧的規制。①

根據吴澄的記載,皇慶二年(1313),時在大都總攝道教所掌書記職並深得元仁宗朝廷信任的高道唐洞雲應欽命授“誠明中正玄静法師”的尊號,同時領江陵路玄妙觀住持提點,兼紫府真應宫住持。不久,他又被委以重任,兼領整個江陵路諸宫觀事。但由於京師總攝道教所十分賞識唐洞雲的才幹和能力,所以就要他留在京師總攝所遥領江陵路的各項職務,而没有遣派他到江陵路玄妙觀的治所赴任。

唐洞雲是宋代名臣唐質肅的後人,世居湖北江陵,也就是元代的中興路。②洞雲生長於元朝,當時政府早已荒廢科舉,主要從胥吏拔官。大部分讀書人都進取無門。洞雲的父母大約因此而遣他事老氏之學,初師江陵佑聖堂的李雲庵道人,隨後又成爲紫府觀高道駱遜齋的法嗣。因此,江陵的這兩座道觀應當都是他入道時的祖廟(home temples)。正是在紫府觀駱道長的指點下,唐洞雲在學道的同時,又遍讀儒典。每當完成道教齋儀後,他都勤奮讀書以至手不釋卷,數年後遂通大義。他不僅精通儒典,其詩章也頗爲士大夫所稱道。同時,作爲道士的唐洞雲還以孝名聞著於世。父親病重,洞雲割股煮粥以進;母亡,雖空乏,尤竭力資薦。正是有了這樣的人品,大德初(1298)他入京時,受到玄教大宗師開府張留孫的賞識,並受命董理崇真萬壽宫的修建工作。完成後,洞雲遂選任新設的荆襄道教都提點所的掌書記,後來又以提點陞爲總攝。到了至大初(1308),洞雲乘傳從宗師特進吴公全節,奉御香醮江南各大名山。延祐中(約1317),唐洞雲除了原先欽授的諸職以外,又被改授“宣命師”號,奉詔於每年天壽,即皇帝的生日,乘傳函香,築醮襄陽武當山,爲皇帝和國家祝延。③

唐洞雲顯然在元朝祝禧規制形成之初就參與了爲元朝皇帝齎香致祭的活動,並對於元代天壽節祝延道場體系的形成作出了自己的貢獻。延祐六年(1319)冬,唐洞雲奉旨齎香到武當山和江陵玄妙觀兩個道場舉行國醮致祭天神,以祝皇上萬壽無疆、皇圖永固和國泰民安。然而祝禧法會將行之時,恰逢元朝國家面臨危難之急,使得當年的致祭未果。兩年後,也就是元英宗即位的至治元年(1321)冬,唐洞雲再次奉旨齎香。這次他除了先到武當山和江陵玄妙觀致祭,又

① 見無名氏《臣下碑》和揭傒斯《大五龍靈應萬壽宫碑》(1336),分别收入張仲炘輯:《湖北金石志》卷十四,載《石刻史料新編》第1輯,第16册,第12217、12217~12218頁。

② 有關唐質肅生平事迹,見劉摯:《唐質肅公神道碑》,收入張仲炘輯:《湖北金石志》卷九,載《石刻史料新編》第1輯,第16册,第12115~12118頁。

③ 詳見歐陽玄:《中興路創建九老仙都宫記》,載編纂:《道家金石略》,第958~959頁。

奉命分别到江陵紫府真應宫、武昌武當宫和廬山太平宫齎香致祭建醮。次年(1322)春,唐洞雲再奉英宗旨先到武當山、次至江陵玄妙觀建大齋醮以殫報上之誠。這次在江陵玄妙觀建醮致祭後,他又奉旨續往紫府真應宫、武昌武當宫和廬山太平宫建醮致祭。他在圓滿完成這幾場國醮後纔返回大都的總掌教所。①

吴澄在他的記述中,繪聲繪色地描述了唐洞雲於至治二年(1322)奉旨齎香回到老家江陵玄妙觀設齋醮祀奉玄天上帝的情形:

> 二年(1322)春,馳驛至武當山,次至玄妙觀,建大齋醮以殫報上之誠。宿德馮提點主齋醮事,提舉胡道隆、副觀胡道安、都監任惟杞暨遠邇徒衆莫不肅恭就列。宣、廉二司軍民諸官咸集,對揚於齋壇,俛伏稽首,如侍清光之側,同與齋宴,以侈恩榮,一時歡聲和氣充塞上下。②

儘管這裏所描畫的是唐洞雲在江陵玄妙觀所舉行的祝禧法會,但此情此景又何嘗不也在武昌的武當宫重演呢?事實上,吴澄的記述説明當時元代祭祀真武已經形成一種規制,並形成了作爲祭祀道場的固定宫觀網絡。除却武當山這個最爲重要的中心道場外,江漢一帶的祭祀宫觀網絡還包括了江陵的玄妙觀、紫府真應宫、鄂州武昌的武當崇寧宫和廬山的太平宫。也正是因爲如此,纔會有唐洞雲這位備受元廷信寵的高道如此頻繁地到武昌武當宫來爲元朝的皇上舉行祝延法會並致祭玄天上帝。

從延祐四年(1317)至天曆二年(1329)的十二年間,作爲元廷的宣命師和御位下承應法師的唐洞雲曾四度到武當山和漢襄一帶包括武昌武當宫的祝延道場爲皇帝祈壽,按照元朝名臣歐陽玄的話來説,這種每年的祝延祭祀法會已經"率以爲常"。這期間,除了漢襄地域的中心道觀外,唐洞雲還曾經到當時正一派的本山道場,如龍虎山、三茅山和閣皂山建醮致祭。到了天曆二年(1329),元廷鑒於唐洞雲多年忠心爲皇帝和朝廷建醮祝延,被宣賜"中貞明教玄静真人"的封號。這一年的天壽節期間,唐洞雲似乎將漢襄一帶包括武昌武當宫在内的祝延宫觀

---

① 詳見吴澄:《御香賫來江陵路玄妙觀記》,載氏著《吴文正集》卷四十七。應當指出的是,廬山的太平興國宫在大德年間就已經被改名爲"九天採訪應元保運妙化助順真君殿",見姚燧:《江州廬山太平興國宫改爲九天採訪應元保運妙化助順真君殿碑》,見氏著《牧庵集》卷十一,載陳垣編纂:《道家金石略》,第1136~1138頁。但是,很顯然元代的士人如吴澄依然習慣使用其舊稱。

② 吴澄:《御香賫江陵路玄妙觀記》,載氏著《吴文正集》卷四十七。此處的"宣、廉二司"指的是江陵路宣慰司和江陵府的廉訪司,都是元朝湖廣行省屬下的地方最高行政機構,分别負責路和府一級的治理、歲賦、刑獄和緝捕。

網絡繼續擴大。在武當山致祭後,唐洞雲又奉命分别在荆門的玉泉觀、江陵的玄妙觀和崇福宫、常德的桃川萬壽宫建醮祝延。完成了這一年的醮事後,唐洞雲功成身退,回到自己的祖籍中興路江陵府頤養天年。然而在家賦閑的唐洞雲似乎並没有真正一無所事,他回家後即與當地官、民合作,在江陵府興建了一座祭祀真武的九老仙都觀,而建設宫觀的事迹則被他的朋友同時也是元代大儒的歐陽玄記録下來。①

也許正是有了唐洞雲隱退之前的大力眷顧和頻繁致祭,作爲元朝天禧祝延道場之一的武昌武當宫在泰定甲子(1324)這一年似乎又添輝煌。那年,武當宫内改建而增加了一座玉皇閣,高、長、寬各約十二丈,可以想見這是當時武昌城内黄鶴山西南麓一座相當宏偉的建築。

但此後,武當宫顯赫榮耀的命運遭遇了前所未有的坎坷。至正四年(1344)五月,這座歷時一百多年的宏偉宫觀在一場大火中焚毁了。這次大火的具體起因史料未作説明,但是武當宫地處蛇山南麓,面臨開闊的東流之長江,平日都有江風勁吹。武漢盛暑時,只要火焰一起,藉此江風一鼓,必然大作而勢不可控。許有壬用平和的筆調記述武當宫這段先榮後毁的經歷:

> 泰定甲子又改作玉皇閣。高凡十二丈,深廣相若。由甲午迄至正甲申一百一十一年,壇而觀,觀而宫。若葺故,若建新,幾人幾日,幾工幾木,而甲申之五月戊午掃於一炬。②

不過至正甲申的這場祝融之災並不是武昌武當宫的終結。相反,它似乎更加激勵了當時宫内的道侶重建的決心。而帶領道衆着手重建的就是時任武當宫提點並兼領武昌路諸觀事的高道羅大震。甲申五月的那場大火發生時,羅大震已兢兢業業在武當宫任事達四十餘年,頗得道侶和朝廷的賞識,獲封"洞真明道沖妙真人"的尊號。按常理,羅大震已經年邁體衰,可以鬆肩弛擔,將重建之事託付來人。但他没有這麽行事,而是在灾難發生後,率自己的徒弟曹大坤等人匯集各自貲財,合力復建武當宫。羅大震和他徒衆的赤誠之心似乎感動了當時被册

---

① 詳見歐陽玄:《中興路創建九老仙都宫記》,載編纂:《道家金石略》,第958~959頁。

② 許有壬:《武昌路武當萬壽崇寧宫碑銘》,載氏著《至正集》卷六十三。值得注意的是此處許有壬關於武當宫"又改作玉皇閣"的措詞。他在下文又稱威順王曾於"昔閣之成,嘗屬予記"的事實。從上下文看,這裏提到的"昔閣"只能是泰定甲子改作的玉皇閣。據此,我認爲對於許有壬前面的"又改作玉皇閣"的行文我們應該理解爲當時武當宫是將其中某座宫殿改作或則改建爲玉皇閣,而非將整個武當宫改作或改名爲玉皇閣。因此許有壬纔會在後面提及將泰定甲子年的"改作"行文時,有"昔閣之成"的説法。

封在鄂州武昌的蒙古威順王寬徹不花。這位世祖忽必烈的王孫即刻發帑修復武當宫。從至正甲申(1344)到丁亥(1347)前後三年間,先後修復重建了宫内的兩廡、甲子樓、雲房、三清殿和玄天上帝殿,重塑新繪所有殿堂内的神像,還配置了新的供器。除此,還在重建的武當宫内修築了亭礱石,以誌玄天上帝降庥之地。許有壬詳細地記述了武當宫復建的過程:

> 洞真明道沖妙真人住持提點兼領諸宫觀事羅君大震職宫事餘四十年,勞瘁已至,時當弛擔。而彼所謂劫運乃丁,其會常情,體解氣沮。方偕其徒曹大坤等以己貲率衆力任其復。而威順王時鎮是邦,主贊尤恪。重起兩廡、甲子樓三十一間,以其下内半爲雲房。歲丁亥,三清殿成,深廣十尋,高九尺,如舊制三之一。又建玄天上帝殿,聖像、侍從、供器靡不僝功。而又作亭礱石,以紀綸綍。運機爲藏,以待襘禳,餘凡締構,日以就緒矣。①

許有壬在紀念重建的碑文中特别稱讚威順王寬徹不花,説他藩鎮鄂漢,主贊尤恪,應該是位相當信奉神靈,尤其是藏傳佛教的藩王。就在火災發生的前一年,即至正三年(1343),這位貴爲元朝帝胄的威順王寬徹不花就曾在離武當宫不遠的蛇山上修建過一座莊嚴的勝象佛塔用以供奉佛祖舍利和藏傳佛教的法物。②而威順王這次出帑修復武當宫,一方面折射出元朝國家一貫重視真武崇祀和道場的傳統,另一方面也説明了武昌武當宫全真道仍然與鄂漢地方蒙古貴族和政權保持着的密切關係。③

事實上,武昌武當宫的重建也一直受到元朝總攝江淮玄教大宗師吴全節的特别關注。吴全節(字成季,號閑閑,1269～1346),饒州安仁人,十三歲到龍虎山學道。至元二十四年(1287)從大宗師張留孫至大都覲見元世祖忽必烈。三十一年(1294),全節應元成宗召見於朔方,並受賜古雕玉璠璃環。同時,成宗還特敕他每歲到行幸之地隨侍在側,可見其見寵之深。大德十年(1306),元廷制授全節淮荆襄等處道教都提點。十一年(1307),隨着武宗自北方歸來承繼大統,又授全節玄教嗣師總攝江淮荆襄等處道教都提點和“宏道玄德真人”號,並受賜銀印,視正二品。英宗至治元年(1321)其師張留孫卒。二年(1322),全節制授上卿玄教

---

① 許有壬:《武昌路武當萬壽崇寧宫碑銘》,載氏著《至正集》卷六十三。

② 此塔猶存,現位於武昌蛇山的黄鶴樓下方。由於該佛塔外形酷似燈籠,加上本地歷來都有諸葛亮曾於此地放飛天燈以導引關羽水戰的傳説,所以許多武漢當地人都習慣地稱呼此塔爲“孔明燈”。

③ 有關元代各藩王與全真道教之關係,可見張廣保:《金元全真教史新研究》,香港:青松出版社,2008年,第395～430頁;此外,還可參閲鄭素春:《全真教與大蒙古國帝室》,臺北:臺灣學生書局,1987年。

大宗師,並封“崇文宏道玄德真人”玄教大宗師,總攝江淮荆襄等處道教,知集賢院道教事,還被授玉印一枚和銀印二枚。由於其總攝江淮道教的職位,吴全節嘗多次代表元廷到嶽瀆海鎮建醮致祭。① 因此可以想見他是知道至正四年(1344)的那場大火是如何燒毁武昌名觀武當萬壽崇寧宫的。全節才文並茂,與元朝的名士文人交遊甚廣,更與許有壬和吴澄兩位大儒爲摯友。在他辭世前,吴全節對於武當宫修復之事仍舊耿耿於懷,曾經屢屢囑託他的儒教朋友許有壬一定要爲復建的武當宫作序爲記。但從泰定甲子(1324)起到至正初年的二十多年間,元廷内訌迭起,外患蜂湧。許有壬厠身中樞,深爲其累。② 直到至正九年(1349)八月,許有壬纔終於得閑爲修復後的武昌武當萬壽崇寧宫撰寫了紀念碑記,並留下了這篇銘文。文中記述了武昌武當宫從灰飛煙滅到火中復生,重新成爲鄂漢地域的一座畫棟雕梁、廟宇輝煌的國醮道場和玄門叢林的神奇過程:

岷江東涘,鄂城西壁。疊巘嶟嶟,崇宫屹屹。
天闕失守,灰飛瞬息。剥胤碩果,復根定力。
嘘蜃倏樓,琢璿俄室。三華屹崒,九光赫奕。
雕梁龍矯,文瓦鱗集。棟吻雄鼇,闌腰雌霓。
疎欞綺結,飛簷翠濕。碧霞騰虚,流雲洞闢。
屏翳擁幢,豐隆列戟。桂漿釃素,蕙肴蒸碧。
靈霜清厲,廣樂翕繹。瑶草肥露,玉華酣日。
紫芝已甲,蟠桃行實。祥鸞朝朝,瑞麟夕夕。
玄龜左顧,靈蛇右翼。山川開朗,神人愉懌。
物具阜康,世允寧謐。丕冒神休,永奠人極。

吴全節之所以重視武昌武當宫的修復,也充分説明他作爲元朝掌管道教的大宗師十分明白武當宫在元朝祝延國醮體系和真武崇拜宫觀網絡中的地位,以及它對於時下道教的影響。因此,他纔在辭世前一再囑咐他的文學摯友許有壬一定要在重建完工後以隆文銘記當時道教界的這一盛事。

除了作爲祝延國醮和真武崇祀道場外,武當宫同時也是元代文人在江漢一帶經常遊歷和詠唱的對象。許有壬本人就留下過題爲《武當宫》的詩句:

---

① 有關吴全節生平和事迹,可參閲虞集:《河圖仙壇之碑》、《送吴真人序》、《著存閣記》和《吴宗師畫像讚》,分别載氏著《虞文靖公道園學古録全集》卷二十二,第6a~16b頁;卷三十八,第6b~8a頁;卷三十九,第8b~9b頁;卷四十,第13a頁。第三集,第1469~1490頁;第四集,第2159~62、2186~2188、2357頁。

② 許有壬於此間的多次廷争和彈劾諸事,詳載其傳,見《元史》卷一百八十二《列傳六十九》。

絳節搖山引翠幢，誰開琳宇對清江。
雲霄路近在丹竈，松檜影寒空碧窗。
方外洞天今有幾，人間國士自無雙。
蓬萊弱水知何處，且繼昌黎賦下瀧。①

另一位元末明初著名的詩人丁鶴年（1335～1424）也曾應邀遊訪過武昌武當宮。丁鶴年出生於一個來自西域色目巨賈之家，其曾祖曾捐巨貲助忽必烈南征，因而得到元廷世封。曾祖阿老丁和祖父都做過元廷在地方的主官，即達魯花赤。不過，入元後，鶴年的色目祖先也開始接受了漢地儒家文化的浸淫和影響，到了父親馬禄丁這一代連家姓都改爲漢姓丁。鶴年出生在父親擔任達魯花赤的武昌，因而也自識爲武昌人。他在家排行老五，幾位兄長也都在元廷各地政府做官。他從小就熟讀詩書，十七歲就在武昌南湖書院以《詩》、《書》而聞名鄉里。

元末各地義軍蜂起，徐壽輝領導的一支於至正十二年（1352）攻下武昌。城陷後，丁鶴年生母死，但鶴年來不及厚葬，就不得不奉其嫡母倉皇出逃，開始了長達十六年顛沛流離的亡命生涯，先棲鎮江，後客浙西，再入浙東。由於浙東當時受制於新附元朝但又痛恨色目人的義軍領袖方國珍，鶴年畏其加害，又舉家遷往定海海邊，額其居爲“海巢”，以其誌驚弓之鳥客居他鄉之狀。

朱明建元後，各地商旅要道逐漸恢復通暢，鶴年纔得以在明初從定海返回闊別多年的故鄉武昌，爲其父母收骨重葬。他還在父親的墓旁構築墓廬，並於此隱居。當時，他忠義節孝的名聲早已傳遍武昌和江漢各地。當地鄂漢地域的名士都争相與其交遊唱和，其中不乏佛道兩教的友人。② 大約就是在明初鶴年隱居武昌的這個時節，他曾經在一年夏季六月應文友舒庵之邀造訪武當宮，並在宮内客居。做客期間，鶴年爲了奉謝舒庵的詩贈而賦詩，詩中寫出了當時他做客武當宮這座人間仙境時，受到文友和道士款待，席終筵散後，於夜半習静，聆聽笙鶴，而備覺神清氣爽、遠離塵囂的仙逸脱俗之感：

**假館武當宮承舒庵贈詩次韻奉謝二首**

一歸琳館即逍遥，無復驅馳混市囂。
載酒每承文士過，鬥茶頻赴羽人邀。

① 許有壬：《至正集》卷十五。

② 有關丁鶴年涉及道教的詩文和他與道士的交遊，見張澤洪：《元代回族詩人與道教》，載《回族研究》2003 第 3 期。

三清風露從天下，五色雲霞匝地飄。
匡坐不眠神益正，静聽笙鶴度中宵。

去天尺五去人遥，地位清高隔世囂。
秘閣校書多考索，初筵設醴重招邀。
每看賦雪才無敵，便覺淩雲氣欲飄。
枉騎敢煩臨暑夕，拏舟或可候寒宵。①

鶴年的這兩首七絶也給我們透露出當時武當宫的若干情形。鶴年在這兩首詩結尾時説明客居武當宫是應"公(即舒庵)約來就宿時六月"。這似乎説明，元末和明初時的武昌武當宫與其他著名道觀和寺廟一樣都常常是文人雅士相約攜遊、詩酒唱和的公共筵宴場所。此外這些文人在武當宫的雅集也有道士羽流參乎其間。鶴年詩中的兩句"載酒每承文士過，鬥茶頻赴羽人邀"正是這種儒士與道侣混同交遊的寫照。另外，鶴年詩中"秘閣校書多考索"一句似乎也顯示出武當宫不僅僅是道流經懺道場，同時其秘閣經館還收藏了各種典籍圖書，引得當時如丁鶴年這樣的名士也留居宫内以閲覽考索爲樂。由此可見，元末和明初的武昌武當宫由於其風景秀麗和藏書豐富而成爲一座對文人和道士都有相當吸引力的道觀。

必須指出的是，儘管金元時期全真道教早已盛行於華北江淮一帶。但單從其身世、師門和道名來判斷，我們尚無法確證元代武當宫著名道士領袖的教派身份。不論是早期將武當宫納入元朝天禧道場的大德唐洞雲，還是後來帶領徒衆修復武當宫的高道羅大震，都是如此。那位似乎終身清苦守廟的羅大震與其徒曹大坤合力修廟的事也的確很像金元時期北方全真道士清苦修行的風範，而且宋、金、元三季也不乏名爲"大□"的全真教徒，如元代武當山的著名道士魯大宥(？ ~1285)等②，但這些都還不足以幫助我們確定他們是否屬於全真教道派。因此武昌武當宫具體何時最初成爲全真道教的叢林宫觀，還是個未解之謎。③

---

① 丁鶴年:《鶴年詩集》卷二。另外，鶴年與舒庵交遊深厚，還留下其他唱和，如《題長溪獨釣圖爲舒庵作》和《次舒庵見訪韻》，分别見鶴年前引詩集卷一和卷二。

② 魯大宥曾於蒙古混一中原之際，赴陝西修行全真教。但此前他已經是一位有正一法嗣的道士。他後來還有一位正一法嗣的弟子張守清，可見他並不是專一的全真道士身份。見程鉅夫:《大天一真慶萬壽宫碑》，載陳垣編纂:《道家金石略》，第743 ~744 頁。另見全真道士唐大淳的事迹於《全真觀記》，載前引書，第1110 頁。

③ 地方志書載武當宫從乾隆末就由全真龍門派道士住持並擔任道會，詳見本文清代部分論述。

## 武昌武當宫元代以後的發展和變遷

現存的歷史資料對於武昌武當宫元代以後,尤其是明代的發展鮮有涉及。從現存史料上看,明清以來的武昌地方志書雖然對武當宫仍有記述,但内容相當簡略。這在一方面或許顯示出武當宫作爲皇家天禧和真武崇祀中心道場逐漸淡出了元代以後國家的祭祀系統,但更多顯示的可能是儒教編志者對於道教缺乏興趣和瞭解,而不注重記述道教宫觀的歷史變遷。

清初康熙二十六年(1687)的《武昌府志》的《府城圖考》清晰地繪出武昌府城的著名建築如蛇山北麓漢陽門附近的黄鶴樓、城外的觀音閣和位於蛇山南麓的府城隍廟等等,却完全略去了位於按察使司西側的武當宫(見附圖一),只是在其《壇祀志》内簡略提及武當宫位於府城平湖門内而已。[①] 此外,這部清初志書的《藝文志》所收録的明清兩季官僚和文人遊歷武昌府城及四郊風景名勝的詠唱中也没有提到武昌城内的武當宫,其主要的詠誦對象爲城西黄鶴山之麓的黄鶴樓、府城東郊洪山的寶通禪寺,甚至還有位於平湖門外以北的觀音閣。這種情況與元代文人所對於武當宫的各種記述形成鮮明對照,似乎也體現出了明代和清初的武當宫逐漸淡出了當時文人的視野和想象。[②]

但令人困惑的是,明代從成祖起就建立了以武當山爲中心的全國性祭祀網絡,而武當宫作爲元代祭祀真武和舉行國醮的道教中心叢林,又地處九省通衢的要衝地帶,難道會不在這個隆奉真武達到登峰造極地步的國家和民間祭祀體系中起到任何作用? 這實在是令人難以想象的事情。然而,明代有關武當宫史料的缺乏使我們難以完整地重構武當宫當時的歷史狀況和發展。

但我們不應當據此而輕率地認爲武當宫在明清時期已經完全衰敗。雖然武當宫或許已經淡出明清士人的眼界,但這並不能説明它對於武昌地區道教和地方社會不再重要。我們仍然可以從明清史籍的少量記述中,依稀窺見武當宫在元代後期發展的若干蛛絲馬迹。明代的《寰宇通志》記載:武當宫就分别於洪武初年(1368)和正統十一年(1446)曾經得到重修。[③] 另外,現已佚失的《重修武當宫碑記》也記録了武當宫在康熙十二年(1673)還曾經重修過一次,同年還專門鑄

① 詳見裴天錫、羅人龍纂修《武昌府志》卷一《圖考志》内武昌府城圖和卷三《壇祀志》,重印版,載《中國地方志集成·湖北府縣志輯》第 2 册,第 44、126 頁。

② 詳見上引《武昌府志》卷十《藝文志》,第 461 ~ 531 頁。

③ 見《寰宇通志》卷五十。

造了武當宮鐘。[①]

根據《湖廣通志》的記載，武當宮在明清兩季都内置道紀司。康熙二十六年(1687)的《武昌府志》在描述武昌府的官署建置時特别提到，武昌府的道紀司治所就安設在平湖門内的武當宮。[②] 由於江夏縣與武昌府的治所同城，明清兩季的道會司和道紀司可能都設於武當宮。從現存的清末地方志資料來看，從大約乾隆末(1783)到道光初(1823)的四十年間，江夏縣的道會司先後共有八位全真龍門派的道士擔任道會。[③] 毫無疑問，這樣的設置遵循了明代以來的制度和做法，但同時也反映出武當宮在明清兩季作爲管理和監督武昌府治以内道教事務的官方機構的重要地位。而這種重要地位也恰恰襯托出武當宮在元代時期作爲天禧道場的特殊傳統。另外，清同治年間編輯的《江夏縣志》的《城圖考》倒是清楚地顯示了武當宮位於平湖門内的具體位置(詳見附圖二和三)。

根據佚失的《重修武當宮碑記》記載，明代和清初時期的武當宮山門外左右門牆上分别書有"龍"、"虎"兩個大字。進入山門的右側爲古天鵝池，上有石橋相結。宮内殿宇依黄鶴山而建，分爲三進，其第一進爲供奉真武大帝的玉清殿，第二進是雷祖殿，第三進是斗姆閣。沿着中軸的三進殿兩側還有其他如四皇殿、官廳和三清殿等其他宮殿。據稱，在其鼎盛時期，武當宮内棲居的道士達數百人之多。

清末時期的咸同年間，由於太平軍圍攻武昌，武當宮在武昌城破之後與當時的其他許多城内的道教宮觀一樣，都遭遇廟毁人散的厄運。同治中興後修復的武當宮在光緒年間又發生了變故。張之洞督鄂時，於光緒十二年(1886)决定將武當宮與當時的武昌府城隍廟對换位置。這樣，武當宮就被遷移到位於其東邊的府城隍廟，而武昌府城隍廟則搬遷到其西邊靠近平湖門的武當宮觀址。搬遷後的武當宮的格局依然是北枕黄鶴山，南面大成路，但無論從規制和道侣人數上都大不如前。

直到進入晚清和民國後，隨着"廟産興學"新政之推行、宗教改革和五四運動的展開，武當宮也同中國各地其他許多道教宮觀一樣受到衝擊而逐漸走向衰落。

---

① 見王庭禎修，彭崧毓纂：《江夏縣志》，《中國方志叢書》第341號，臺北：成文出版社，1975年，第1091頁。《江夏金石志》，載《石刻史料新編》第3輯，第13册，第237頁。

② 詳見上引《武昌府志》卷一《建置志》，第51頁。

③ 這八位道會分别是：吕合明、張本懷、黄永學、王元(圓)齡、劉教元、吴至萬、雲理望、李理熙。根據他們的法名，儘管無法完全排除他們屬於全真其他派别的可能性，但他們大都應該屬於全真龍門派的道士。詳見前引《江夏縣志》，第229～235頁。

民國二十年(1931)後,武當宫無論從規模和觀産方面都不副其以往之盛名,也無法與同城的其他名觀如長春觀、大道觀和玄妙觀齊肩同比了。

到 1949 年,武當宫的道人幾乎散盡,常駐道士只有一兩個,宫觀經濟狀況更是每況愈下。剩下的住觀道士不得不靠在武當宫周圍的街道鄰里給人送水維持生計。與此同時,宫内的殿堂、神像長期無人照看,早已破敗不堪。1949 年解放後,當中國共産黨中原局組織部的城市工作科對武昌各地段的民衆生活狀況和宗教機構進行調查統計時,也都在其調查報告中將武昌大成路旁的武當宫描述爲"窮廟",其衰敗之悲慘狀況,由此可見一斑。① 到了 1954 年以後,由於宫内長期無人居住,以至殿宇坍塌、神像剥損。當地武昌區政府有關部門將其拆毁,並將其可用建築材料移作他用。至此,武當宫這座元代曾經輝煌一時的道教叢林也終於從武昌城裏消失,留下的只是若干記憶模糊而又支離破碎的佚事舊聞,還有與我們漸行漸遠的遺憾和惆悵。

(作者特别感謝美國學術聯合會〔American Council of Learned Societies〕的"2010～2011 年度中國人文研究奬助金〔American Humanities in China Research Fellowship〕"和美國新澤西羅格斯大學文理學院歷史系爲本文的研究和撰寫提供的資助。華中師範大學近代史研究所及朱英教授也爲本文的研究和撰寫提供了方便。此外,華中師範大學梅莉教授和羅格斯大學哲學和宗教系趙昕毅教授爲本文修改提供了有益建言,山東師範大學趙衛東教授也對本文予以細心的編輯和校對。作者在此向他們幾位特别鳴謝。)

① 中原局組織部城工科:《武漢調查》, 武漢:中原新華書店,1949 年,第 138～139 頁。

附圖一：

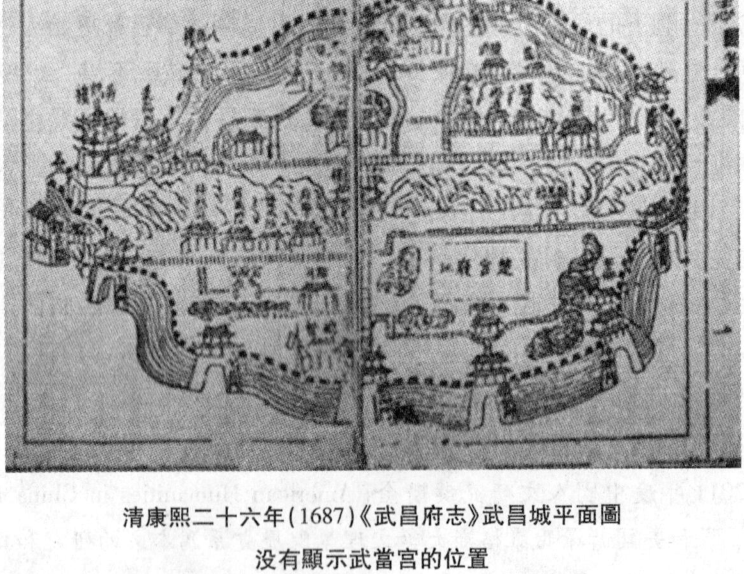

清康熙二十六年(1687)《武昌府志》武昌城平面圖

沒有顯示武當宮的位置

附圖二：

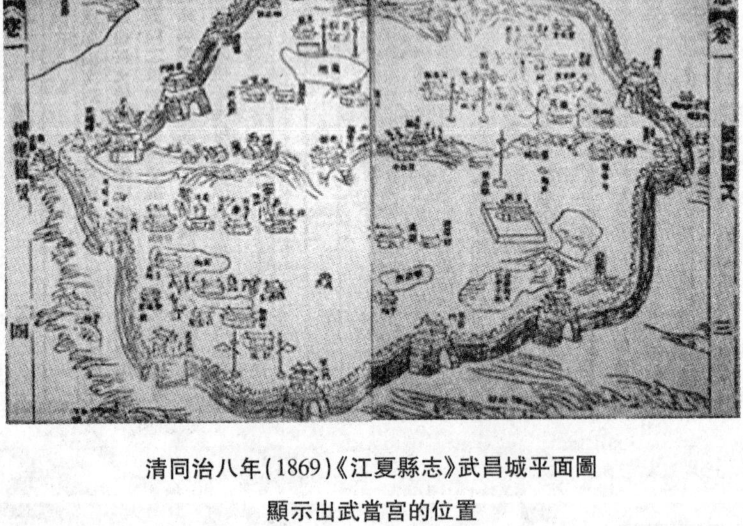

清同治八年(1869)《江夏縣志》武昌城平面圖

顯示出武當宮的位置

附圖三：

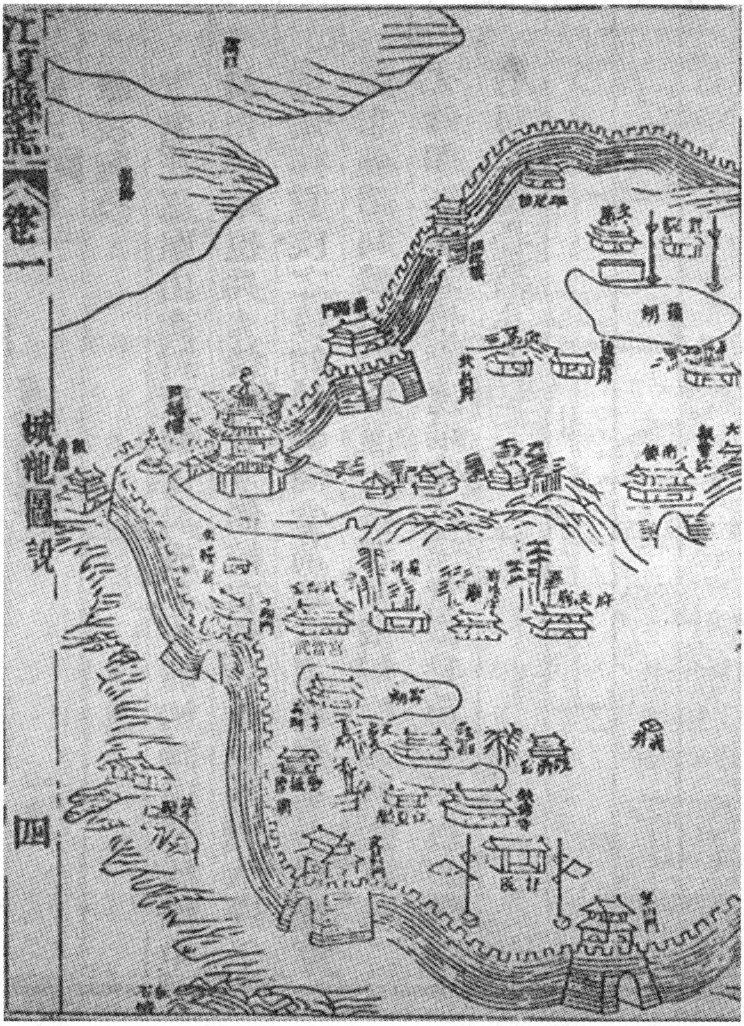


清同治八年(1869)《江夏縣志》武昌城平面圖截圖(放大版)
所顯示的平湖門内武當宮的位置

# 陝西留壩張良廟十方叢林志

□樊光春

**摘要**:陝西留壩張良廟爲祭祀張良的道觀,創建於清初,清末成爲西北地區影響最大的十方叢林。在龍門派傳人任永真及其後繼者的努力下,張良廟數度傳戒,其戒子廣佈於陝甘兩省。任永真編集的《三乘集要》成爲近現代全真道士的必讀書之一。歷任監院妥善處理與官方、信衆和農民的關係,創建起强大的道觀經濟,並興辦教育,促進了地方經濟和文化事業的發展。跨行政區域收編外縣道觀爲下院,爲道教文化的傳承和道觀的規範管理作出了示範。

**關鍵詞**:張良廟　十方叢林　道觀經濟

**作者簡介**:樊光春,男,1952 年生,陝西紫陽人。陝西省社會科學院宗教研究所研究員,專業方嚮爲道教,著有《長安·終南山道教史略》、《陝西道教兩千年》、《長安道教與道觀》、《西北道教史》等。

陝西留壩張良廟在秦嶺西南麓的紫柏山柴關嶺下,本名留侯祠,張良廟是它的習稱。在陝西省境,它是興起最晚的一座大型道觀,但在清代中期迅速崛起爲十方叢林,一度成爲陝西西南地區道教活動的中心,民國年間甚至成爲一個大型經濟實體,其影響力還向西輻射到隴南地區。

## 一、張良廟周邊道教歷史地理概説

張良廟位於陝西省西南部臨近隴南的山區,歷史上曾長期爲羌、氐等民族所佔據,與其鄰近的寧强縣即由寧羌改名,鄰縣略陽爲氐族世居之地。在張魯五斗米道割據漢中時,羌、氐等民族構成其重要的信衆成分。

氐族於東漢末年定居今隴南的西和縣,三國時曾聯合馬超抗曹。因戰敗,主力投奔蜀漢,餘部被曹操遷徙關中。晉文帝時,氐人楊飛龍受西晉封號,以假征西將軍名義,率一部分部落"還居略陽"。前漢光初三年(320),留居關中的"巴氐盡叛,推巴歸善王句渠知爲主,四山羌、氐、巴、羯應之者三十餘萬,關中大亂,城門晝閉"(《晉書》卷一〇三《劉曜》)。劉曜採納光禄大夫游子遠建議,對反叛氐、羌實行安撫,氐、羌降者10餘萬。不久,上郡氐、羌20餘萬人也徙入長安,關中成爲多民族聚居之地,多個少數民族政權定都長安。元康六年(296),楊飛龍的養子楊茂搜自號輔國將軍、右賢王,建前仇池國,其轄地有武都、陰平二郡,即今隴南市轄境。前秦建元七年(371),苻堅遣將攻克仇池,將氐族再次遷徙到關中,前仇池國滅亡。此後,關中一地的少數部族分佈繁衍遂至極盛。據《資治通鑑》卷一〇四記載,僅氐族就有15萬户,合75萬人口。前秦滅亡後,苻堅女婿、氐人楊定率部衆返回隴右,大安元年(385)自稱龍驤將軍、仇池公,招納氐、漢民自立。4年後佔領天水、略陽、隴城、翼城等地,自號隴西王,恢復仇池國。其繼位者楊盛將國土擴張至漢中。宋元嘉二十年(443),後仇池國爲北魏所滅。按《留壩廳志》卷二《紀事・沿革表》,清乾隆三十年(1765),分鳳縣、褒城(今屬漢中市)二縣地置留壩廳,其地東漢屬武都郡,分屬沮、故道、河池三縣。仇池國時期,留壩地屬仇池縣。

陝西關中地區今存大量北朝造像碑。據初步統計有發願文或供養人名的北朝造像總計79件,其中佛道合一的24件,單獨爲道教内容的55件。這些有道教内容的造像碑,大部分爲氐、羌二族之作。可見在北朝時期,陝西關中地區的氐族仍保留着道教信仰的傳統。

氐族的一支名爲賨人,世居巴西宕渠(今四川省渠縣),其地在巴山,故號巴人;後遷略陽臨渭[①]。賨人以李姓爲首。"漢末,張魯居漢中,以鬼道教百姓,賨人敬信。值天下大亂,自巴西之宕渠移入漢中。魏武定漢中,(李特曾)祖父虎與杜濩、朴胡、袁約、楊車、李黑等移於略陽,北土復號爲'巴人'。"[②]又稱"巴氐"。晉末,"有劉化者,道術士也,言關隴民皆當南移。李氏子中,惟仲儁天資奇異,終爲人主"。仲儁即李雄,後稱帝於成都。《晉書》卷一二〇《李特》:"元康中,氐齊萬年反,關西擾亂,頻歲大饑,百姓乃流移就穀,相與入漢川者數萬家。特隨流人將入於蜀。"這就是建立具有道教背景的成漢國的李特、李雄父子的歷史。

上述事項説明,留壩具有悠久的道教傳播歷史,近世傳説在紫柏山上曾建有張魯天師堂,顯然符合當地氐族的宗教信仰情況。

就地理環境而言,張良廟周邊的紫柏山區有衆多天然石窟,其中爲數不少可

---

① 晉略陽郡,轄今甘肅秦安、清水、通渭等縣。臨渭縣治在今秦安縣東南。

② 劉琳:《華陽國志校注》卷九《李特、雄、期、壽、勢志》,成都:巴蜀書社,1984年。

供人居,最大的可容千人,爲道士穴居修道提供了良好的場所。據《留壩廳志》紫柏山圖記載,全山共有68處有名稱的石窟,其中16處以道教術語命名:天星、太白、龍王、黄龍、烏龍、淩霄、雷神、飛仙、會仙、赤松、存真、四皓、紫陽、玄女、不老、丹竈。由於不少石窟可供人居,故世代流傳有關於張良辟穀和其他仙真修道隱居的傳説:

**朝陽洞** 内如夏屋,外有石壁如屏。相傳留侯坐静處,石墩猶存。

**雲罩洞** 傳留侯藏書處。

**五雲洞** 有留侯遺像,傳爲辟穀處。又名經版洞,以唐僧曾刻經於此也。洞高三丈,闊倍之,深十餘丈。中有殿二層,道寮、客舍俱備。傍有玉皇池注靈湫,池畔有石如鴨。

**存真洞** 門高一丈,闊僅尺許,側身入,可容十餘人。石床卧一屍,如柴,飾以金。指爪長八寸餘,不知何時人。俗傳即留侯,其謬亦甚。

**丹竈洞** 有石龍神像,旱禱輙應。石鍋、石竈各一。相傳孫真人煉丹拯疫,飛昇於此。

**紫陽洞** 有石墩光如鏡。人傳紫陽真人坐禪於此,遺鐵杖九尺五寸,插石隙中。

**飛仙洞** 容一人入。内如宅,風雨不浸。雲南妙覺居士王虚明坐禪於此,有遇之於華山者。歸訪之,見兀坐洞中,撫之已僵,不知何時飛昇也。

**肉身洞** 有女神坐盤龍石龕上。相傳肉身號神姑。昔以大樹作橋,攀援可入。今樹枯徑絶。

**觀音洞** 爲山中第一大洞,與各洞多通。有廟祀神甚多,昔時香火特甚。嘉慶中賊蹂躪後,道人不居洞中,祀者遂少。

從這些零星傳聞可以看出,歷史上紫柏山區道教活動十分興盛;而清嘉慶年間白蓮教案之後,活動規模明顯縮小。

## 二、留侯祠建置考辨

關於留侯祠即張良廟的來歷,據傳因紀念張良辟穀於此而建。有關張良廟的出版物,有言其"始建於漢,以後歷代都有重修和擴建,而以隋、唐、宋各代規模最盛"(清同治十年《紫柏山志》)的説法,經考證没有文獻和實物的根據。

首先,關於張良辟穀,確有其事,但地點不明。《史記》在記述張良事迹時指出,張良多病,因此劉邦没有給他安排重要職務,而是跟隨他出謀劃策。在漢中時,他曾向劉邦建議燒絶棧道以麻痹項羽。因今張良廟地處長安通往漢中要道,張良曾經此道,故有將此地與張良相聯繫的説法。西漢立國後,劉邦曾意圖廢黜太子,遭重臣反對而不悟。張良策劃"商山四皓"出山,伴太子左右,使劉邦誤以爲太子羽翼已豐,打消廢太子念頭。此後,張良"乃學辟穀,導引輕身",但兩年後又應吕后之請中止辟穀,最後老死長安。《漢書》亦載:

> 良從上擊代,出奇計下馬邑,及立蕭相國,所與從容言天下事甚衆,非天下所以存亡,故不著。良乃稱曰:"家世相韓,及韓滅,不愛萬金之資,爲韓報仇强秦,天下震動。今以三寸舌爲帝者師,封萬户,位列侯,此布衣之極,於良足矣。願棄人間事,欲從赤松子遊耳。"乃學道,欲輕舉。高帝崩,吕后德良,乃强食之,曰"人生一世,如白駒之過隙,何自苦如此!"良不得已,强聽食。

這兩處記載,都説張良接受吕后勸告,結束辟穀,看來張良並未遠離長安,雖學道辟穀,尚在朝廷的掌控之中。

但各地方志中,有好幾處"張良辟穀處"的記載,均屬傳説。在長安周邊地區,除留壩紫柏山外,今屬漢中市轄的洋縣和安康市轄的旬陽縣等地,都有此類傳説。《昭明文選》中有所謂漢代修建留侯祠的記載,亦未詳何地。

由於"張良辟穀處"的説法缺少文獻依據,《續修陝西通志稿》在記述"留侯張子房辟穀處"時考證説:

> 《水經注》、《寰宇記》皆好奇,往往皆神仙事,而於此山均不云留侯曾居者。此乃起自近代也。
>
> ……
>
> 洋縣子房山與此留侯廟皆漢天師堂之遺迹,後人不得其有廟之故,遂鑿爲辟穀之説,訛以傳訛,無人是正,故辟辨之。

這一記載明確認爲張良廟(留侯祠)的興建"起自近代"——即明清時——是很有見地的。同時提出,此處應爲漢天師堂遺迹,但缺乏相應根據。張良廟所在的留壩縣原屬鳳縣所轄,明代置柴關嶺巡檢司,清乾隆十五年(1750)移漢中府水利通判於今留壩縣城。三十年(1765)分鳳縣、褒城二縣地設劉壩廳,因境内有留侯祠,後改名留壩。民國二年(1913)廢廳改縣。縣名與廟名的相合,進一步加强了對張良廟來歷的誤傳。

如果説張良廟之建與張良没有絲毫瓜葛,似乎也難以成立。

東漢末,張魯在漢中建立政教合一的地方割據政權達30年之久,天師堂的設置遍及漢水上游地區。秦嶺南麓的柴關嶺一帶即在其活動範圍之内,於此設天師堂是可能的。所以,嘉慶《漢中府志》在記述紫柏山時指出:"山頂及山椒有留侯祠。相傳子房辟穀於此,中有七十二洞,峻險人不可到。其山狀如龍形,一名'龍如山'。常産鹿壽草,服之可以延年。"張良廟(留侯祠)在紫柏山下河谷中,而山頂有祠,鄉人謂之"張良老廟",很可能是張魯天師堂之遺迹。府志因未作考證,因而忽略了張魯天師堂這一重要歷史事項。張魯及其祖張陵,均聲稱爲張良後裔,爲自己的傳教活動編制了一個可靠的傳承體系。一千多年後,人們又替他們從另一角度作了焊接,編造出張良辟穀之地的傳説,實在是歷史的巧合。據景邦憲編《紫柏山志》(清同治十年),此一傳説最早載入道光《留壩廳志》之中。道士曾明一認爲:

> 竊謂留侯辟穀之説,載在史册。聞留侯成道,未開道派之事。雖天師派稱爲留侯後裔,亦未言留侯道派也。況天師派乃科門火壇行道,非清静全真玄門。現在全真多係龍門正派,蓋五祖七真之各派,而龍門獨盛。今因道光年間修留壩志書,邑有周先生在邑教書。自係在俗之人,不知留侯、天師相異緣由,著篇載入《留壩志》内,遂謂留侯辟穀於紫柏山,渾著立天師堂行教法乘之説,故將兩家合而爲一,此道派所以不明也。(清同治十年《紫柏山志敍》)

連住祠道士都不願將天師堂遺迹與張良辟穀混爲一談,足見此傳説之大謬。賀仲瑊在《留壩廳志》中則認爲:

> 天師之名自(張)陵起,陵既以鬼道惑人,而託諸留侯,傳至其孫,必率奉道之人,祀其先祖,而立留侯主於天師堂中,亦自然之事也。(洋縣)子房山、(徽縣)留侯洞,與此山之留侯廟,蓋皆漢代天師堂之遺迹,後人不得其有廟之故,遂鑿爲辟穀之説,訛以傳訛,無人是正。道書又言巴、漢間天師堂數百所,是時凡奉道之地,皆立天師堂,其存於今者,唯此三處耳。

此文將留侯之祀遠溯至天師堂之時,並以此作爲"張良辟穀處"之説的淵源,言之成理。雖然仍缺乏必要的文獻佐證,亦不失一家可信之言。

渭南人姚化晴於民國三十四年(1945)撰有《柴關嶺留侯祠名勝考》一文(石印本),據有關文獻和張良廟石刻所記,認定張良廟建築之興,始於明隆慶五年(1571)。至於"此柴關之阿,在明代之前,僅爲遁世不見而不悔習辟穀煉丹鼎者卜居之所。清以劉壩設廳,因其地與留侯廟近,遂轉寫劉壩爲留壩,而取其雅訓。自後,乃使不知者,以爲留壩與留侯居地似有關聯矣。然其地,初無與於子房也。故歷漢、隋、唐,而其迹不著"。

姚化晴認定留侯祠創建於隆慶五年的依據是,這一年趙貞吉(1508～1576)由都察院辭職返歸故里蜀中内江,道經嵩山、華山、終南,訪遊道教勝迹。至柴關嶺時,見其地山水清奇,寫作了《懷山詞》一首,後人刻之於石:

紫柏山前車馬道,
道上紅塵滅飛鳥。
塵裏行人不知老,
渴來幾度懷山好。
年少懷山心不了,
年老懷山悔不早。
君不見京洛紅塵多更深,
英雄著地皆平沉。

從這首詞中,流露出他的道家思想傾嚮。所以,後來在留侯祠内保存有《黄石公素書》石刻,人稱係趙貞吉"萬曆戊子秋"旋蜀時所校。據姚化晴考證,戊子年爲趙貞吉去世之後12年,"若謂係由其弟子龔御史懋賢,承其師之遺言而刻石,尚可取信於君子"。龔懋賢,亦爲四川内江人,萬曆十年(1582)任陜西巡撫,後改任河南,萬曆十六年戊子(1588)辭歸故里。在陜任上,曾規劃將西安鐘樓由城西移往今址,由咸寧、長安二縣知縣實施。歸鄉之時,於柴關嶺趙貞吉題詞處停留,可能《素書》石刻即龔所校。

按姚化晴的推測,張良廟的最初建築,當爲趙貞吉居留柴關嶺時的山館,但没有任何依據。道光《留壩廳志》記述縣名和留侯祠來歷時,有如下説法:

留壩之名始見於明一統志,未知何所釋名。本名劉壩,不知何時易今名。豈因留侯辟穀之紫柏山在兹而名歟!然不可考矣。(卷四《土地志》引《府志》)

明世宗嘉靖中監察御史趙貞吉清查留侯廟地畝。(卷二《紀事·沿革

表》引《廟碑》)

懷宗崇禎元年,知縣楊茂齡蠲免留侯廟雜徭。(《紀事·沿革表》)

按此,則留侯祠建置當始於明嘉靖年間。但查閲《留壩廳志》附《足徵録》卷二《詩徵》,録有明代5人詠紫柏山詩,無一首詩提及留侯祠;而清代有20人的詩作直接題名《謁留侯祠》。那麽,"趙貞吉清查留侯廟地畝"和"知縣楊茂齡蠲免留侯廟雜徭"兩件事又作何解釋呢?這需要從廟碑中尋找答案。這通碑石題名《紫柏山免糧記》,文載《留壩廳志》中,作者爲吏部考功司郎中李一鼇,時間爲崇禎元年。碑文如下:

> 紫柏峙在千峰之巔,嶔屹壁劘,分前後翼,林木蓊鬱,怪石人立,神葱竿竹,參雜匝布,硐鼓礲鐘扣之成聲,蜒遞百里。洞凡七十有二,天井甘泉,翔雲翻雨,雨禱輒應,非猿攀不可躋。異人出没其間,隋唐來古廟碁列,名與五臺蓬峨並崇。盛於宋,極於明。頭陀蝟集,鐸誦四聞,縉紳遊士過必登,登必覽遍,數日徘徊不忍去,雲棧奇概,此稱絶勝。先是僧人於石隙刀耕火種,亦不過麵麥稗粒,聊佐餐供。然岫高風湍,菁蔭雨露,約十歲中荒有八九,糧不可徵,亦不能徵。萬曆乙酉,令鳳者以逋欠無出,妄派山糧三石有奇。初時,化緣並鬻樂器以完,尋且勾攝夜呼,殘膚徹骨,僧盡裹足以去,舊之隙耕仍鞠茂草。官未收糧之利,而僧已受徵之害矣。迄今莊嚴上刹成虎豹穴,隋唐勝蹟爲林莽墟。僅存藏經一樓,半飄風雨,過其下者靡不遥望而欷歔。崇禎元年,禩德僧相乾從京師至,慨名山之荒蕪,憫古廟之傾圮,勵志募緣,欲接隋唐來如綫之緒。徒衆畏糧,却步乍舌以去。鼇覲回,擕父老商之邑令楊公。楊公,神君也,召父也,邑人頌德如歌,五袴久逋者争獻納數十年之積負,一旦完六七分以供。固不需此山糧,即需之而亦不可得。遂慨然下蠲免之令。僧始集,闢萊浴像,翻貝鳴鐘者日益衆,即不能驟復舊迹,亦復之漸也。而猶慮及將來之復徵。嗟嗟八百里雲棧,毓秀産奇,結構此頂,且無問登眺搜奇,爲數十代大觀,禱雨雨應,禱晴晴應,亦庇我生靈。實多一毒,之後豈容再毒,永免糧石,以集其徒而恢其制,當不俟詞之畢者。鼇謹記者,銘楊公之德不朽,寧第日復千載名山之舊。

按此碑文,所述免糧對象,並非後來的留侯祠,而是佛寺。《留壩廳志·紀事·沿革表》的作者顯然没有細讀碑文,以致將佛寺事張冠李戴給張良廟。

關於這座佛寺與留侯祠的關係,《留壩廳志》卷七《祠祀志》有一段比較清楚的梳理：

紫柏山山頂及山椒均有留侯祠，相傳子房辟穀於此（府志）。按，李一鼇《紫柏山免糧記》云："隋唐時古廟碁列，名與五臺蓬峨並崇。盛於宋，極於明。"則山之有祠多且久矣。然當時多在山頂，而留侯廟之有無亦不可考。惟山麓有碑亭寺，不知何時某立碣於寺前，曰"漢留侯張子房先生辟穀處"。今此碑乃道光元年程春海侍郎書，非原碑也。康熙二十二年，漢中太守滕天綬因建祠祀侯與黄石公、赤松子。……厥後觀察使豐紳、太守嚴如熤相繼修理。道人陳松石復兼併碑亭寺基址，增修祠宇客舍，築亭鑿池，培以花木，往來行人必遊覽焉。

按此記載，"張良辟穀處"之碑久已存在，原立在碑亭寺前。至清康熙年間，碑亭寺似已荒廢，以至於留侯祠創建數十年之後，住持道士陳松石將碑亭寺基址兼併，擴建道院。

滕天綬[①]於康熙三十二年(1693)所撰《留侯廟記》一文（載《留壩廳志》），詳細記録了他本人創建留侯祠的經過：

庚午、辛未、壬申[②]荒旱，奉督撫命督運漢米入西安以濟兵餉。北出雲棧，過紫柏山，山麓石碑上書曰"漢留侯張子房先生辟穀處"。余望山拜，遂假寐山中。夢三人皆黄冠野服，儀貌奇古。余迎而揖之，坐問其姓名，皆曰："名者實之賓，君當問其實。""其實云何？"一人曰："無欲而與造物同遊，能從風雨上下。"一人曰："肥遁終身，而姓字不留人間。"一人不言。其二人曰："此即功成身退四字，君當諦思。"余乃下拜，三人忽不見，余亦夢覺，但見紫柏嵯峨、白雲繚繞而已。余坐憶夢，其一人爲子房無疑，其二人倘所謂黄石公、赤松子非耶？夫子房受書黄石，從遊赤松，人皆知之。其一生立身行事，自布衣爲帝者師，復爲布衣，隱見變化，道合老子，人所不知也。……夫予生平景仰子房之品，並企慕赤松、黄石之高風。今乃夢寐見之，故建廟以祀三先生，而概論其道書之。

滕天綬在這裏給人們講述了一個離奇的夢話，但其本意實在於他本人對張

① 滕天綬，奉天遼陽人，康熙中官漢中知府。諳練精敏，雅意修復建留侯祠，祀留侯、黄石公、赤松子。詳見雍正《陝西通志》。

② 庚午、辛未、壬申，即康熙二十九、三十、三十一年。

良的崇敬，並爲其身爲一方大臣修廟建祠制造一點理由。從文中可以證明兩點：其一，在清初以前，已有“張良辟穀”於此的傳説，與前述《素書》石刻相佐證。其二，留侯祠之建，實在康熙三十一年壬申(1692)。《陝西通志》説滕天綬“修復建留侯祠”，其文自相抵牾。按古漢語習慣，建指初創，修指復建和維修，二者自不能並列，當以《留壩廳志》所録滕天綬本人的説法爲是。其三，滕天綬初過紫柏山時，已不復見碑亭寺，否則他不會“假寐山中”而不入寺歇息。值得注意的是，畸道人《紫柏山志敘》對於康熙年間始建留侯祠也予以肯定：

> 紫柏山留侯廟，爲棧中第一名區。奇峰聳秀，仙洞羅列，高人異士，多出隱其間。古爲鳳州境，今屬留壩。廟之起，由來已久，盛於唐，大著於宋，元明而降，興廢不一。兹之建則始於康熙二十二年，其時之伺香火初來住此者，爲全真潘一良。

## 三、張良廟創建之初的廟産糾紛

張良廟建成不久，就歷經劫難。據《紫柏山志》載：

> 自我朝康熙年間，于大人名成龍奉旨出京，路過紫柏山，留侯祠有大殿一座，有住持道人看守香火。後回京亦復過此廟，見留侯聖像改成釋迦佛像，住持道人换成僧人。訪其故，知係僧人强横，將道人逐出，霸佔變更。于公甚怒，立將僧人逐革，重修大殿，再整金身，募全真道人潘一良看守香火。自是，一良徒子法孫世代相傳。

按，于成龍(1638~1700)，字振甲，康熙初年由蔭生授直隸樂亭知縣，後歷任知府、直隸巡撫、河道總督、兵部尚書等職。康熙三十八年(1699)奉旨出京路過紫柏山時，於張良廟題書《相國神仙》匾額，至今尚存。而道人潘一良，有墓志存廟中：

**龍門正宗第十一代羽化恩師諱一良潘老仙靈之墓**

生身河南西入秦，秦山紫柏樂天真。

真履實踐行將滿，滿院雲朋話長生。

生前默會萬緣假，假裏尋真入聖庭。

庭遊八十撒手去，去來無礙見天心。

心死神活歸真土，土養靈根接太清。
青天雲散家家月，月明斗轉處處春。
春生萬物無中有，有無同觀始現靈。
靈觀縱横常獨露，獨露真如少知音。

道友雲山子題。

徒：祁信、徐陽明、李慧、黄教榮。

孫：袁來義、魯來儀、胡來泰、陳來長、劉永昌、陳永寧、韓永福。

玄孫：劉元松、劉元柏。

嘉慶十五年八月浣吉旦同十方大衆敬立。

此墓志没有明確記述潘一良的生卒年份，但是記録了他的傳承情况。這方墓志存在一個重大的疑點：立碑時間是否就是死葬時間？其可疑之處在於：按龍門派字派，潘一良的徒弟爲"陽"字輩，墓志中録名的4人有一人明確爲"陽"字輩，其餘3人當爲俗名；而徒孫輩派字應爲"來"，墓志中録了4人爲"來"字輩，同列在徒孫輩接下來的3人却是"永"字輩，間隔4輩。可見，刻碑者没有弄清楚龍門派的傳承譜系，造成了如此混亂。由此證明，此碑並非潘一良死葬之時刻製，而是"永"、"元(圓)"兩輩傳人依據雲山子寫的墓志文於嘉慶十五年(1810)刻製的。那麽，潘一良的生卒年份就不能用嘉慶十五年前推。由於録名中缺少4輩人名，故潘一良卒年當在其徒孫時。從其徒孫"來"字輩至刻石時的"永"字輩，共歷5代，按西北地區龍門派平均傳續年份每代13.7年①計算，至"來"字輩共計68年，按此推算潘一良去世的時間約爲乾隆七年(1742)，生年約爲康熙元年(1662)。張良廟初建成時潘一良31歲，此時住持張良廟應當合於事理。在潘一良住持期間，張良廟做了一件很有意義的事情。據《留壩縣志》(2002)②大事記記載，乾隆二年(1737)留侯祠設立留河書院，道光五年(1825)設立廟臺子義學，"留侯廟歲捐京都租30石"。

嘉慶年間，留侯祠二次遇到危機。

嚴如熤於嘉慶二十五年(1820)所撰《留侯廟記》(載《留壩廳志》)，詳細記録了留侯祠創建107年後的一次地産糾紛：

① 參見拙文：《明清時期西北地區全真道主要宗派梳理》，載《全真道研究》第1輯，濟南：齊魯書社，2011年，第223頁。

② 《留壩縣志》，西安：陝西人民出版社，2002年。

紫柏山之麓廟臺子舊有留侯張文成公祠屋,不知創自何年。康熙、乾隆間,太守滕君天綬、觀察使豐公紳相繼修理。歲月既深,棟宇傾圮,垣墉頹塌,瞻拜者傷之。祠中香火地爲僑寓棚民佔種,道士饘粥不給。嘉慶己巳,道人陳松石訴於官。余爲按趙文肅公捐免祠地雜徭舊碑清理界址,勒各棚民認佃於祠。丙子,陳道人請於余曰:"自祠地復歸,奉香火無缺,道人節蓄歲入稍有贏,願以新祠,顧力尚未足。"乃捐資倡助。道人採良材於山,煉石成灰,埴土作坤,飯匠以玉黍雜糧,口瘁手瘏者四年,規模初具,祠宇、饗堂、客舍、道寮煥然一新。

此案的起因在"棚民"。元末至明初,荆襄一帶流民,爲土地兼併、租税徭役與災荒所迫而逃往陝、豫、鄂邊境地帶,集結者踰150萬。他們千百爲群,開墾荒地,伐木架棚,流徙不定,故稱棚民。明初實行"禁山"法令,不許流民入山。然三省邊界地區多曠土,居民稀少。正統二年(1437)災荒,數十萬流民進入山中。後數次起事,甚至自立國號,攻掠襄、鄧,屢敗官軍。成化七年(1471),流民起事被平息,但衆多流民繼續屯聚在三省邊境山區,開荒墾耕,艱苦度日。朝廷爲防事態擴大,派都御史原傑撫治荆襄流民。同時增設府、衛、州、縣,統計流民人口,遣歸故土16000户,繼續留在山中各縣96000户,許各自佔曠土,令開墾爲永業,以供賦役。流民附籍後,墾闢老林,從事農作,開發藥材、竹木、鐵、煤炭等資源,這一地區逐漸民户稠密、商旅不絶。直到清代中期,由陝南至鄂西北的秦嶺—大巴山區成爲東部移民聚居之區,也成爲白蓮教活動的重要區域。在這股移民浪潮中,留侯祠的田産受到侵佔,道士生計艱難。嘉慶十四年(1809),住持道士陳松石告於留壩廳並轉漢中府。知府嚴如熤下令清查該廟地界,要求各佔地棚民與留侯祠成爲佃種關係,按時完租。嘉慶二十一年(1816),嚴如熤又帶頭捐資,幫助陳松石對留侯祠進行了一次整修。

道光三年(1823),嚴如熤又撰寫了一篇碑文,題目是《清理留侯廟地界碑》,刻立在留侯祠。文中有這樣的記述:

廟常住地始於漢,原以供香火也,乃年遠多蕪。至明萬曆間,住持苦催徵而逃。蒙趙文肅公奏免祠糧、雜瑶,道衆始集。復被老民佔種,僅得雜租四十石有奇。鉢飯尚難飽矣,何暇及於補修。嘉慶己巳,住持陳松石以情訴於憲,案移本道查辦。因會同地方官,按趙文肅公碑勘界址。

《留侯廟記》和《清理留侯廟地界碑》給我們提供了三個方面的信息:其一,嘉慶十四年(1809)至道光三年(1823),留侯祠的住持道人是陳松石,碑文中陳松石爲俗名,故無從知其道號及法派,而潘一良墓志中有徒孫名陳永寧,道光年間爲住持[①],或許即陳松石。其二,知府嚴如熤清查留侯祠土地界址的依據是明代《紫柏山免糧記》碑刻,而這通碑石所述免糧的對象是佛教碑亭寺,當時還沒有留侯祠。由此可知,留侯祠建成後,不僅住祠道士認爲碑亭寺是留侯祠前身,就是官府也這樣認爲,甚至把明碑中的"僧衆"也修改爲"道衆"。移民侵佔的本是佛教地產,與道教無關,但顯然他們拗不過官府,或許他們也是佛道不分。其三,張良廟擁有大量田産,經過清理地界後與留侯祠建立佃種關係的農民達到360餘户,人口大約超過2000人。

## 四、張良廟十方叢林的興起

道光年間,留侯祠的佃户們再次喧賓奪主,自稱會長,不再交納地租。住持道士陳永寧、易元棉無奈,赴西安八仙庵求援,聲稱願將廟産交八仙庵,自爲下院。八仙庵時由龍門律宗第18代方丈丁永惠住持,因不願招惹是非,不敢接收。知客任永真聽説後,自告奮勇,獨自前往,接管了留侯祠。時在道光十九年(1839)。

記録任永真生平事迹的文獻主要是《任永真墓碑》,標題爲《贈紫柏山永真煉師生傳》,載陳顯遠編《漢中碑石》[②];另一篇爲同治六年(1867)《贈留侯祠開山道人方丈任圓真生傳》,第三篇爲《留侯廟開山源流》,第四篇爲同治八年(1869)《留侯廟開十方叢林並修造碑記》(簡稱《十方叢林碑》),後三篇都載於《三乘集要》[③]中。其中《任永真墓碑》在張良廟墓地,保存完好。清同治六年(1867)刻石,碑陽正中爲"太上正宗全真道教演戒傳法老律師信陽任真人之墓",右側上款"香山華山派義真受律職永真字起美開創十方叢林",左側下款"京都白雲觀繼龍門玄都律壇接法一十九代上圓下真　己卯年三月十二日吉時登真　監院同衆執事十方道衆敬立"。碑文在碑陰:

**贈紫柏山永真煉師生傳**

師法派永真,字起美,號信陽,誕生於遼東鐵嶺。少具慧性,貌極清奇,

---

① 見曾明一《紫柏山志敘》:"道光年間,住持陳永寧、易元棉復爲本地佃客所欺,自稱會長,抗租不納,將廟内古碑盡行損毀,以滅其迹,致令廟内債食兩逼。"

② 陳顯遠:《漢中碑石》,西安:三秦出版社,1996年,第305頁。

③ 任永真著、姚永貴等校印:《三乘集要》,民國丙子(1936)石印本。

語通玄妙。始訪道於京都南極宫仁貴師,繼投白雲觀教智師,持行數載,學益深,道益進。中年涉歷四海,遍謁名山洞府,後棲蹤於關中之八仙庵。足迹滿天下,聲望四著,景慕者愈衆。陜省之南有紫柏山,漢留侯辟穀處也。舊有留侯廟,主持乏人。道裔聞師名,詣請居之。師素聞其地爲長安名勝最,如所請,欣然至。至則山川如舊,而殿宇荒圮,廟内香火地亦多爲俗人所侵佔。師念山川之勝,不可無以興之;香火之資,不可無以復之。乃遂不避嫌怨,躬自清釐,呈請於當道,辨數處,訟數載,而案始定,業始復。由是出所餘雲遊資,鳩工庀材,竭力修造,有不給則募金濟之。一時,名公巨卿多願爲之助。凡自神殿,以至客堂,旁及於橋亭古迹,無不焕然一新。遊斯地者覩今思昔,幾莫能辨。師之佈置周矣,師之精力亦瘁矣。師爲人和藹,博洽道氣,接人眉宇,而又地當孔道,過往名人無不下車覽勝,與師接,輒流連忘去。余以丙寅歲識師於此,初見即訂方外交,嗣後數過此,道途僕僕,甫入廟即覺塵煩盡滌,蕭然有仙凡之别。每與師盤桓晨夕,仰視三清、東華、觀音、娘娘諸殿,則金碧莊嚴,觀瞻肅也。時而登鐘鼓、授書兩樓,則諸峰歷歷在目,雙眸豁也。有時評茶於園堂、齋堂、客堂暨雲水山堂,則窗明几净,神氣爲之清也。周視寮房、迎賓、官廳、當家院所,則執事井然,内外分明也。山門外,進履有橋,八卦有亭,傑閣巍然,散步其間,則古迹俱存,仙境招人,不啻作赤松遊也。至若齋供有厨,則精膳珍饈,香積厨不是過也。十數載以前幾成廢址,十數年之内竟成叢林,非師之經營建造,勞盡心力,曷能大觀如此。此余之所以一遇再遇,往復流連而不忍與師倉猝别也。夫仙凡雖各有異,而作爲要自在人,高言修煉而居棲之所,乃至僻陋草萊,不能爲山川點綴名勝,是以猶俗世之家,堂構弗承,不足爲先人光也。余既慕師之爲人,而尤服師之能事,不揣固陋,仿古人生傳之例,謹綴數語,俟異日壽之貞珉,後之過是者,苟有感於余言,則知勝迹之所由復新,而感嘆師功之不朽矣。後之守是叢林者,苟能承其先志,世世相傳,則知勝地之不可復湮,而並見師澤之無窮矣。是爲傳。

欽差大臣陜甘爵督部堂營務處辦理陜西田賦採用漢中白水江軍米陞用直隸知州留甘補用知縣利州梁嘉麟敬撰。

這篇碑文是甘肅候補知縣梁嘉麟於任永真去世前12年撰寫的。碑文詳細記述了任永真的生平和對張良廟建成十方叢林的貢獻。甘肅兩當縣知縣熊其光也撰寫了一篇任永真生傳,所述任永真形迹與梁碑基本一致。不同之處有兩點:

一是熊碑和《十方叢林碑》對任永真來陝之前在北京修道的經歷敘述頗詳，指出任永真先師從北京崇文門外南極宫道士李仁貴，道光六年（1826）皈依白雲觀張教智。而梁碑未記二人姓氏，此二碑可補其缺。熊碑還指出，任永真在北京期間，就已經"縱覽道藏群經，凡玄都法籙、天罡正訣，以及丁甲之術，靡不精通。於是，道人之名盛傳諸山。道人厭之，遂以芒鞋竹杖，飄然雲遊，東觀滄海，西矚崑崙，九曲黄流，尋源章委，五嶽碧峙，造極登峰，自是胸襟卓越，吞吐大荒，而眼界愈高，心法愈細矣"。二是記述任永真到達張良廟後，創建起十方叢林，至同治初年，"髮逆百萬蔓延褒斜，道人披鶴氅、持拂麈，談笑却之，莫不望座下拜，誓欽殺戒。是何神通，乃至於斯"！沈心陽《紫柏山志》弁言亦載："昔年，髮逆寇留，民廬蕩析，而獨廟貌如故，又足徵師誠之能感格矣。"（清同治十年《紫柏山志》）

熊碑所記，是太平軍西征軍陳得才部攻掠陝西的史實。同治二年（1863），因太平天國天京被清軍圍困，扶王陳得才率軍經河南西征陝西，企圖招募更多的兵源。進逼西安之後，爲解廬州圍奉命撤回。次年再度西征，沿漢水攻佔漢中，準備沿褒斜道進取關中。再度因天京危急，奉命回援，還没進入安徽，天京就被清軍攻剋。任永真阻攔太平軍前進的説法，很可能是陳得才主動撤離的結果。但這次太平軍進攻漢中，雖未對張良廟造成毁壞，但還是妨礙了擴建工程。《十方叢林碑》記載：自道光二十三年（1843）開始，任永真將歷年積攢的300兩黄金盡數拿出，帶領道衆，相繼修建客舍、寮房、茅庵、圜堂、魚池、河堤、水磨、遊軒、鐘鼓樓、拜石亭、遇仙橋，還購買廟外街房100餘間出租赢利。道光二十七年（1847）增建了三清、東華二殿，三十年（1850）增建授書、傑閣二樓。"同治二年，髮捻入境，蒙神呵護，本無傷毁。"曾明一《紫柏山志敘》亦載："同治二年，賊匪竄境停工。"停工後的張良廟計有6大院，150餘間房舍，今丈量佔地面積達42萬平方米。二門樓楣刻"保安觀"3字，但始終未見此名通用。在張良廟擴建過程中，地方官員給予了巨額捐助，據曾明一《紫柏山志敘》統計：

> 陝安兵備道兆那蘇圖捐銀一百五十兩、錢一百串，領化漢中府屬文武衙門各捐銀二、三、四、五十兩不等，領化山西省會各衙門及士商各捐銀三、四、五十兩不等。
>
> 陝西候補道熊公捐銀一千兩，實收四百餘兩。
>
> 陝西兵備道白公捐銀一百兩。
>
> 四川候補知府張公捐銀一百兩、奕公爺捐銀五十兩、□公爺捐銀一百

兩、翰林大人徐公捐銀五十兩。

任永真到達張良廟後的第二年,即道光二十年(1840),就決計將張良廟建成十方叢林,在向各級官府申請索回地産時,就打出了這張牌,以求得官方的支持。任永真到達張良廟30年之後的同治七年(1868),接受了方丈法卷。據《贈留侯祠開山道人方丈任圓真生傳》:“丁卯冬,白雲觀遣使送信,去接法卷,道人拜而讀之。其略曰‘龍門十九代道裔任圓真珍藏’云。”這一記載又表明,張良廟的龍門派傳承是直接來自北京白雲觀。丁卯年爲同治六年(1867),撰此文的時間爲當年底。《紫柏山志敘》亦載:“同治七年,任師授方丈法卷。九年,開期傳戒,弟子五十九名。”也就是説,張良廟十方叢林的首次傳戒是在同治九年(1870),由任永真主持。《留侯廟開山源流》所記時間略有出入:“道衆勸往京都白雲觀,請來法卷,同治五年歲次丙寅十月至廟,戊辰秋期之吉,傳戒演鉢煉磨身心也。”接法卷爲同治五年(1866),開壇傳戒爲七年(1868)。當以《紫柏山志敘》爲是。陳明喆《任永真開創的張良廟道教叢林》一文記載:“現今仍有同治九年開期傳戒和受戒的文字記載匾額懸於二山門内,中刻‘玄都律壇’四個大字。上款‘知留壩廳同知王炳煜書,爲龍門正宗弘道演戒第十九代圓真任老律師’;下款‘同治九年九月穀旦,衆戒子敬立’。在其匾的中下方刻有王義培、陳本靈等五十二人的名字,以及八大師即監記、監戒、保舉、演禮、糾儀、提陞、登録、引詣共八師八人的道名,由此證明此爲任永真第一期開戒、受戒的典禮儀式之記載。”①

同治八年(1869)刻立《十方叢林碑》。碑文在敘述了任永真生平和張良廟道觀建築群修建過程之後指出:

> 師與道衆竭力重修,工成告竣,欲思静養,禁止塵情,内外無憂矣。特以此勒諸貞珉,惟冀後之道友,念開創之維艱,思守成之爲急,同加護持,勿輕墜棄,俾常住之永遠,斯不負煉師之苦心也。

咸豐五年(1855)任永真70大壽,監院郝本晏率全體道衆爲他獻匾一方:“恭祝大煉師信陽任老真人雁齡之慶。”匾文書寫了47人姓名,除天福宫王本壽是友鄰道觀代表外,其餘都是張良廟常住道士(其中一名老廟②值殿道士),其執事名

① 陳明喆:《任永真開創的張良廟道教叢林》,《中國道教》2003年第2期。按,核對牌匾,文中八大師稱謂依次爲:證盟、監戒、保舉、演禮、糾儀、提科、登籙、引請。

② 老廟,在張良廟後山上,爲張良廟的一部分。

目爲：監院、殿主、經主、静主、知客、帳房、庫頭、經師、巡寮、監修、公務、大點造、貼庫、鼓頭、大火頭、堂頭、門頭、公務堂、夜巡、行堂、房頭、堂主、養静、巡山、倉點、小點造、小火頭、火頭、知隨、主翰。大概這就是當時常住道士的全部。

第二次傳戒是在光緒元年(1875)，仍然是任永真主持。事見光緒二十八年(1902)《了還律師墓碑記》：

> 師姓柴氏，諱明玉，號了還，龍門第二十代法孫也。原籍山西曲沃，寄居甘肅洮州。同治間，回匪亂，師去家逃，偶遇有道煉師閻。閻訝曰"道中人也"。師遂冠巾入玄門。後詣紫柏山，謁信陽任律師。律師見其誠樸無華，有出塵之概。光緒初，開期放戒，持戒者百餘人，取師第一號。期會畢，即以法卷傳，命監院事。①

這次傳戒之後，當年冬，爲了慶祝任永真82壽辰，道衆們又爲他製做了一方牌匾，全文如下：

> 光緒元年歲次乙亥冬月望一日 穀旦
>
> 大律師任方丈諱永真字信陽號圓真芝顔千秋八旬有二慶賀志喜
>
> 名高青簡
>
> 道紀司王本福　道會司張智明　後東院張信□　天慶庵邢合真　雙龍寺朱禮罡　金山寺張義恒　沔邑蕭教墉　城隍廟陳禮崇　雞頭關魯通道
>
> 青山寺孟永照　萬壽宫王合有　火神廟邢明性　連雲寺何合靈　城隍廟李教隆　天齊宫　西寺張　商民福禮生
>
> 南褒沔留鳳合郡衆諸山後學仝稽首拜

這方牌匾提供給我們的信息，遠遠超出了祝壽本身。第一，署名中有5人是首次傳戒的戒子，此時他們分佈在留壩和沔縣各道觀，其中一人爲縣道會司；第二，任永真自道光十九年(1839)到張良廟後的36年間，其門下弟子已遍佈漢中府轄的南鄭、褒城、沔縣、留壩、鳳縣等5縣；第三，在這一區域内不少佛寺爲道士所佔據。5年後，任永真歸山，終年87歲。

光緒二十八年(1902)，張良廟相繼進行了兩次傳戒，見《法戒精嚴》牌匾：

---

① 《漢中碑石》，第364頁。

恭維　碧洞堂第二十二代上理下和笙嗜閻大律師傳戒志識

法戒精嚴

第一期

證盟葛至昌　監戒閻明青　保舉陳理慧　演禮武至德　糾儀嚴明真

提科楊志成　登籙吴明貴　迎請朱明罡　糾察羅至慧　道值廖宗發

引禮劉宗如　王宗修

第二期

登□[1]葛至昌　監戒閻明青　保舉傅宗湝　演禮廖宗發　糾儀彭宗源

提科楊志成　登籙劉宗如　迎請羅宗旺　糾察武至德　道值胡宗昌

引禮趙宗潤　吕宗江

（戒子）第一期

傅宗湝　羅復旺　彭教源　趙高潤　祝至誠　吕理江　胡明昌　李宗慶

譚必春　譚至林　李理賢　黄圓法　楊永儀　靳至珍　馬永祥

第二期

杜木元　黎合齡　李智青　蘇智遠　蘇理深　黄永和　楊明春　牟至誠

楊理誠　劉誠先　歐至德　張宇麒　朱祥德　趙教普　靖永□　蒲至人

張秦芝　謝宗□　董教□　劉本清　曹誠信　余至静　周兆瑞　龔誠心

孫教誠

光緒壬寅年季秋月中浣衆戒子敬立

這兩期傳戒的方丈並非張良廟道士，而是從成都二仙庵碧洞堂請來的閻理和。據《青羊宫二仙庵志》，二仙庵第二屆傳戒大律師爲閻永和，光緒十八年（1892）在二仙庵傳戒，光緒三十四年（1908）登真，應當就是閻理和；另外，繼承他法席的名叫王宗生，亦符合龍門派譜系。[2] 張良廟第一期傳戒的第一名戒子傅宗湝已是當時的監院，見《大宗師傅萊賓方丈墓志銘》：

師諱宗湝，道號萊賓，蜀之閬中人也。誕生於清咸豐丙辰歲正月十九日。……光緒戊申[3]，生母棄養，負笈雲遊，以遂素志。餐風味月，跋涉於層巒窮谷之間；訪道求師，奔走於通都大邑之地。幸而魔盡福來，值名山而雲

---

① 疑爲證盟之誤。

② 李合春、丁長春：《青羊宫二仙庵志》，川新内出（2006）102 號，第 97 頁。

③ 疑爲戊寅之誤。戊申爲光緒三十四年，其時其師傅萊賓已去世 6 年。

棲鶴停;緣遇神契,得名師以傳秘證真。蓋師至紫柏山,晤了還大師,遂了性命之道,而執弟子禮焉。夫紫柏山爲漢留侯祖師辟穀之所,了還大師是本祠之主教也。於是,潛心玩道,闡教宏宗。口授心傳,洞澈五千言之奧妙;明心見性,默還三清氣之根元。了還授師以大道,師即輔了還以明教也。未幾,了還羽化,師繼座焉。講經説法,揚道教於大千世界;臨閣飛宮,興建築於左右園庭。生徒滿堂,羽流盈室,蒔花種竹,雕牆峻宇,四方受教之士如雲臻,聞風而向善者若以蝟集,斯則師之護道設教之緯(偉)績。[①]

據《了還律師墓碑記》,傅宗湝之師柴明玉晚年赴四川化緣時羽化於成都二仙庵,傅繼任監院一職。民國二年(1913)閻宇青墓碑也提到光緒二十八年(1902)開壇傳戒之事,此碑存張良廟道士墓園,未著録。

**華山十五代閻老大師諱宇青號法天之墓**

大師山東武定府陽信縣人,生清之道光己巳年九月二十八日子時。父子出家學道。子從下江長棲上海。大師於同治十年在北京白雲觀受戒,繼遊南陽、長安,至紫柏山住居二十餘載。紫柏堂壬寅、辛亥放戒兩次均承認大師。[②] 民國元年壬子十一月十一日午時忽而羽化。報事同戒子等將大師之子雪筠奉水銀五十金,生作供養、死作葬祭,立碑刻石以志存殁,緣有因也。

從這篇碑文可知,張良廟第五次傳戒在宣統三年(1911),但没有其他材料透露詳情。據《大宗師傅萊賓方丈墓志銘》,傅宗湝去世於民國甲子年(1924),其後由弟子熊純九繼任方丈,十七年(1928)去世。[③] 因此,宣統三年的傳戒應當由傅宗湝主持。據傳民國年間張良廟仍有傳戒活動,但文獻記録不是很清楚。

## 五、張良廟十方叢林師承譜系

張良廟向爲龍門派傳續法裔。嘉慶十四年(1809)前,由龍門派第 11 代潘一良住持,其弟子有祁信、徐陽明、李慧、黄教榮,徒孫有袁來義、陳永寧等,玄孫有

① 《漢中碑石》,第 430 頁。

② 光緒二十八年(1902)傳戒第一期監戒閻明青,疑即閻宇青。

③ 熊至陽墓碑:"熊方丈純九,蜀之渠縣人。……民國二年,聞留侯祠傅萊賓宗師法席盛化,遂徑來參禮。……十三年宗師歸真,衆推管領叢林。十七年五月十四日羽化。"

劉元松等,其字派不够規範。[1] 教派傳承的不規範,反映出道觀管理的缺陷。

任永真到張良廟後,建立起十方叢林,此後有不少龍門派和華山派道士前往掛單,主要仍爲龍門派傳承。據各碑石、牌匾記録的道衆名單,按時間順序排列如下:

道光二十二年(1842)《留侯廟建立十方叢林碑記》:龍門派任圓(永)真、易元(圓)棉、闞合福。

咸豐五年(1855)《仁壽天寵》牌匾:龍門派郝本晏、蘇本善、黄本慶、王本齡、王本慧、劉本存、楊合成、陳合德、蕭合明、李合雲、楊合義、譚合清、王合興、李教祥、楊教正、鄧教興、王教隆、劉教明、苗教興、唐永林、秦永興、楊永春、胡永德、鄧永興、苟永貴、曾永林、汪圓法、劉圓亨、屈圓江、向圓恒、汪圓福、龍明誠、趙明中、李明祀、劉至順、鄭至春、楊至廣、劉理德、楊理成、鄭理才、唐理順、毛信福。

華山派楊義祥。

同治元年(1862)《保護武侯祠財産告示碑》:龍門派陳本禄、李永雲。

同治八年(1869)《留侯廟接管沔縣武侯祠墓碑》:龍門派李永雲、芮來星、熊合周。

同治九年(1870)《沔縣正堂嚴禁侵吞廟産碑》:龍門派魏教倫。

光緒十二年(1886)《修改武侯祠舊章示諭碑》:龍門派王一奎(乾隆年間)、熊合周、李明珠。

光緒二十八年(1902)《龍門第二十一代甘至寶之墓》:龍門派甘至寶。

光緒二十八年(1902)《了還律師墓碑記》:龍門派柴明玉、傅至湺。

光緒三十四年(1908)《龍門正宗第十八代楊永義之墓》:龍門派楊永義。

民國二年(1913)《龍門第二十代張明海碑記》:龍門派張明海、郭靖庵。

民國二年(1913)《龍門第二十三代譚宗海之墓》:龍門派譚宗海。

民國二年(1913)《華山十五代閻宇青之墓》:華山派閻宇青。

民國十三年(1924)《成能若谷》匾額[2]:龍門派譚永正、姚圓順、白明山、汪明川、楊至順、馮理復、向宗有、張信海、李崇林。

民國二十年(1931)《大宗師傅萊賓方丈墓志銘》:龍門派傅至湺、熊至陽(純九)、馬法舜(含真)。

從上列名單可以看出,張良廟的龍門派始自第 11 代"一"字輩,以後依

---

① 見《潘一良方丈墓碑》,《漢中碑石》,第 243 頁。

② 此匾額爲熊純九方丈羽化而獻,共録有 16 人姓名,其中 7 人無法辨識教派。

次爲:陽、來、(復)、本、合、教、永、圓、明至、理、宗、(誠)、信、崇;華山派僅有2人。

## 六、張良廟在漢中的下院

武侯祠在漢中沔縣城外漢江北岸,始建於三國時期,是全國建立最早的武侯祠。祠外漢江南岸的武侯墓是諸葛亮真墓,亦建有大殿和廂房建築群,向由道士看管。武侯祠西1公里處有馬超墓,墓外建馬公祠。在清代,武侯墓和馬公祠統歸武侯祠管理。嘉慶年間白蓮教案之後,又在馬公祠旁建韓公祠,紀念教案中死去的韓嘉業。因此,"武侯祠住持兼管馬公、韓公祠産業"①。

但是乾隆年以後,武侯祠、墓和馬公祠長期屬於張良廟的下院。對此,光緒十二年(1886)《修改武侯祠舊章示諭碑》有一段概括描述:

> 惟查光緒七年,本縣貢生胡丙煊等,酌議章程十二條,稟請前道憲張批准,立案勒石,以垂久遠。……第七條有祠内田地,足敷香火食用,與留侯祠無涉,所有田地出入之項,由道士秉公稽查,不准留侯祠道士攙越遥制。查乾隆年間,道士王一奎自留侯來沔住持,後又由縣諭令該處派人,由來已久,如果不守清規,自可由縣驅逐。其出息多寡,道士賢否,必欲由首士查看,殊不可解。至於出息,兵燹後,道士熊合同(周)重建馬公祠正殿三間,出當祠内及馬公祠旱地二十畝,首士於修祠餘剩項下,將錢二百千贖還當地,以租課作每年辦會演戲之用,則祠内地已少矣。馬公祠旱地五十四畝,前因該處首士欲奪,經本縣將帳據收存,所有租稞、積蓄錢文,已爲馬公祠築牆、修造頭門,則此項旱地又不歸祠内矣。出息已不敷用,祠内住道士六七人,又有朝山僧道來往掛單,更屬不能支持。且章程不准留侯祠經管,今之住持,好係留侯祠來此,故時有去志。本縣竊思與其招募毫無着落道人,不若現在住持之李明珠,清静謹慎,較爲可靠。本縣於去冬籌款錢二百千,諭交首士存息辦會,所有旱地二十畝,諭交該住持耕種,並擬將馬公祠旱地五十四畝,一併交給經管,不准當賣,俾專責成,以符向章。將來李明珠後遞傳其徒,充當住持,自與留侯祠無涉矣。②

---

① 同治九年《沔縣正堂嚴禁侵吞廟産碑》,《漢中碑石》,第310頁。

② 《漢中碑石》,第341頁。

這篇碑文是沔縣施知縣下達給武侯祠住持李明珠的諭帖。從碑文得知，武侯祠接受張良廟（留侯祠）管領始於乾隆年間。最早前來接管武侯祠的道士名叫王一奎，大約與張良廟住持潘一良爲同門師兄弟。但是，到光緒七年（1881），沔縣貢生胡丙煊等起草《武侯祠管理章程十二條》呈當局批准，不准張良廟再插手武侯祠事務。但此後的住持道士仍是從張良廟來的，受章程制約，不能安心。同時，武侯祠、墓及馬公祠三處道觀並無合適人選經營，而來自張良廟、時任武侯祠住持的李明珠口碑甚好。於是，施縣令決定對十二條章程中的第七條作出修改，暫時維持武侯祠與張良廟的關係，待李明珠傳徒繼任之後，方纔終結與張良廟的關係。宣統二年（1910）《保護沔縣武侯祠財産告示碑》①的立石者爲祝至誠，從字派看，當屬李明珠弟子。而該碑再不提張良廟與武侯祠的關係，顯然此時二者的聯營關係已告終結。

其實，從王一奎到李明珠中間，還有故事。咸豐年間，武侯祠住持陳本禄雙目失明，其徒柏合新侵吞廟資盡入私囊，“廟宇日漸傾頹，出息盡皆剥削”。知縣李毓麟獲悉後，將武侯祠管理權交給武侯墓道士閻嘉增、三元宫道士文清松。但不久，當地生員又舉報閻嘉增等人也“不安分”。於是，同治元年（1862）正月，沔縣知縣丁毓藻向張良廟發出特諭，請派道士李永雲前來武侯祠“開立常住，整肅清規，勤理課誦，香火焉能廢弛？隨傳查訊，諭令閻嘉增、文清松，各歸原廟，其餘不守清規之柏合新、李合瑞、魏教倫，一概不准進廟，以杜滋擾”②。同治八年（1869），在張良廟刻立了《留侯廟接管沔縣武侯祠墓碑》：

> 留侯廟接管沔縣邑武侯祠、墓並馬公祠廟宇田地，歸設十方常住叢會之林始末，謹志於後。咸豐十一年十一月十二日，留侯廟住持道人信陽接奉沔縣正堂丁公（毓藻）特諭：以沔邑武侯祠、墓，自漢至今，列諸祀典。現在廟宇荒凉，田地侵佔，住持不守清觀，香火無人供奉，先賢祠墓，亟應選派誠通道人，迅速來沔，經理廟事，兼管馬侯祠墓，一面清查田地，依照叢林清規補修，以崇祀典等因。信陽道即派道人李永雲等，前赴沔邑武侯祠，虔奉香火，經理廟事，設建十方常住，普結衆緣，由留侯廟寄銀，製買器具、法衣、香燈、鐘鼓等件，補修殿宇，重整花園、客舍，共用銀七百餘金。迨至同治二年，髮逆至漢，廟宇毁壞，香火寂然，道人李永雲病故，餘衆逃散。遲至三年正月，髮

① 《漢中碑石》，第378頁。

② 《漢中碑石》，第297頁。

逆下竄後,承丁、嚴二公寄諭重修武侯祠墓。彼時山内外烽火相望,人民流離,信陽勉請道衆至祠,見神像剥落,山門坍塌,匪人侵佔田地,萬難支持,不得已稟明漢中道、府兩憲。飭令妥爲經理,據稟立案。是時斗米三兩餘金,三處道衆十數人,日每清查田地,製備器具,除由留侯廟又付添補百兩餘金,復募十方善士,又蒙嚴公捐修,派令道人芮來星建立侯墓大殿五楹,四年九月工峻(竣)。連年派道友,至五年九月,留侯廟纍去銀添補七十餘兩,輪流經管,恪奉香火。十月,選派道人熊合周前往監院,兼理三處廟事,重修山門、牌樓,補葺各殿,創立客堂,祠内粗有規模。自咸豐十一年至同治八年,誠賴十方善士布施,各道衆苦力經守,俾得永爲常住。余因此勒諸貞珉,維冀後之道友,思念前人艱難,同加護持,永奉香火,是余之厚望焉。

大清同治八〔年〕己巳十月望日留侯廟監院任信陽仝執事立。①

這篇碑文不僅敘述了張良廟再度接管武侯祠墓的緣由,而且記述了太平天國戰争之後,張良廟投資修復武侯祠墓的史實——而這次修復工程是以終止張良廟擴建爲代價的。

## 七、張良廟經濟實體始末

民國初年,張良廟已成爲陝南及隴南地區最大的道觀,"生徒滿堂,羽流盈室","民國肇造,公家籌款日漸增加,雖祠廟亦不能免。約計歲入,支付懸殊"。在這種情況下,時任監院傅至湝"怒焉憂之,倡辦實業,集股開礦,活動經濟,維持教務。不得已而爲之,固非師之本心也。從此冶爐鑄鍋,增田廣地,税款不憂無來源,教務亦藉以發達"。②

留壩縣張良廟文管所的陳澤孝在多年田野調查的基礎上,撰寫了《留侯廟創辦鐵廠鍋廠始末》③,記述了張良廟創辦經濟實體的全過程。新編《留壩縣志》也在有關卷章中分别記述。

留壩縣境早有採礦、冶鐵、鑄造的傳統。明清時期,川楚移民大量湧入本境,人口增加,其鑄造業更爲發達,《留壩廳志》記載:"礦物製造百餘家。除冶煉毛鐵外銷外,還用其料鑄鍋、鏵等,其法爲當地礦物溶液模製,形式大小不一,年産鍋、

---

① 《漢中碑石》,第307頁。
② 《漢中碑石》,第430頁。
③ 《三秦道教》2002年第1期。

鏵萬件,行銷最廣。”任永真創建張良廟十方叢林之後,影響日益擴大,前來掛單的道士日漸增多,張良廟財政狀況陷入困境。爲了解决生存問題,大約從柴明玉擔任監院時開始,張良廟即藉助流民之力興辦鐵廠和鍋廠。據《留壩縣志》(2002)大事記:“光緒十四年(1888),廟臺子鐵鍋廠生産的鐵鍋、鐵鏵等由棗木欄、西江口各商行外銷四五十萬件;每歲運銷鳳翔府一萬三四千件;甘肅涼秦各府銷售十之四。”自傅至湛之後,規模進一步擴大。

張良廟的鐵鍋廠分爲三個區域:礦山,在距離張良廟約10公里的光華山;鐵廠,在山下的大巴溝鎮;鍋廠,在張良廟外廟臺子鎮。三個區域容納當地農民和陝甘川流民300人,從事燒炭、運輸、煉鐵、鑄鍋等工種,僅用於運輸燃料和礦石的騾子多達27頭,據統計每年用工達76000個勞動日,成爲當時留壩縣内容納勞動力最多的企業,地方工業的先驅。鍋廠月産量爲2000~3000口鍋,銷往西北、西南各省,産品名稱爲“留侯廟鐵鍋”,爲西北地區的一個名牌産品。鍋廠最盛時,連同道觀内的道士,工人總數由初創時的80人超過300人。《留壩縣志》(2002)亦記載:

> 民國15年(1926),留侯廟住持馬含真創辦高河鐵廠。民國18年(1929),張良廟投資擴建留侯廟鍋廠,由方丈馬含真主持,以開採當地鐵礦石,土法冶煉成鐵,鑄造民間鍋、鏵等,後更名爲留侯鐵廠,爲其主要經營業務。因産品上乘,故運銷本地及川、新、寧、甘、青等西北地方,並由新疆邊區轉口俄羅斯。民國25年(1936)12月25日,留侯鐵廠改爲西北兵工廠,一方面冶煉生鐵鑄鍋,一方面築爐煉鋼,爲山西兵工廠、廣元兵工廠及本廠生産軍火供應原料。數年後,該廠擁有數十萬元資産。民國32年(1943),該廠僅鑄造鐵鍋,年産量達8萬件,産值達52萬元。”(第十一編工業)

在川陝公路建成前,外銷的鐵鍋均由騾馬、駱駝運輸,外運時馱鐵鍋,返回時運青鹽、布匹和日用百貨。由張良廟將這些貨物批發、零售給當地商販,因此形成留壩縣運輸、商貿連鎖企業和以鍋廠、鐵廠爲中心的商業網點。張良廟將自己的房産大量出租給商户經營,將空餘的場地無償提供給投資者興建商業店鋪和旅館,經營者有困難的,道觀還給予補助和扶持,包括允許他們間伐林地中的雜木用於建房。廟臺子小鎮因之迅速擴大,成爲留壩縣境最大的集鎮,餐館、旅社、煙酒百貨店鋪、照相館、手工作坊一應俱全,“張良廟手杖”也銷往各地。

張良廟從事工商業經營後,經濟收入迅速增長,住觀道士也增加到120人。

巨額經營收入不僅解決了道衆的生計問題,積纍了道觀維修、山林維護的資金,還按時完納了政府下達的賦税。在此基礎上,又開辦起"留侯小學",後擴建爲私立留侯中學。《留壩縣志》:

> 民國31年(1942)9月24日(中秋節),民國政府監察院院長于右任由西安到漢中,途經留壩謁漢張留侯祠時,揮毫草書:"送秦一椎,辭漢萬户。"11月7日(秋末),張良廟方丈馬含真宣導設立留侯小學,動員邊遠山區貧寒家庭子弟入學,並實行免學費和學籍用品補助。(大事記)
>
> 中華民國33年(1944),由留侯廟方丈馬含真宣導,在私立留侯小學校内,設立留侯初級中學,招收第一期初中新生37名,修業期定爲3年。此爲全縣初級中學之始。留侯中學與留侯小學共承一個領導機構,實行校長負責制,校内分設小學部和中學部。學校的禮堂、圖書閱覽、操場等綜合教學設施共同使用。全校教職工16名,其中中學教師6名,小學教師4名,職員2名,校工4名。
>
> 私立留侯中學的教師工資及各項辦公經費,全由留侯廟租支付。民國36年(1947),全校教職工中,大專學歷6名,中專學歷4名,高中學歷6名,由校長從外地聘用。第一任校長任曼逸,男,時年44歲,河北清豐人,畢業於北平國立藝術學校;第一任教導主任高清華,男,時年39歲,北平人,畢業於北平政治大學。民國37年(1948)5月,高清華接任校長,至1950年10月25日被縣人民政府接收改建爲公辦學校。辦校8年,共招收五届初中生213名,畢業81人。其中男生74人,女生7人。每年招收本縣學生200名,不僅免收學雜費還向學生發放生活費。由於條件優越,一些外縣學生也前來就學。(第二十一編教育)

民國二十五年(1936)川陝公路建成後,留壩縣和廟臺子鎮成爲抗戰大後方重要的交通孔道,連接西安和重慶、成都的必經之道。戰略物資和人員川流不息,進一步促進了張良廟的經濟發展和旅遊觀光事業的興起。爲了做好接待工作,張良廟還組建了中國國際旅行社廟臺子仁園招待所,接待過往人員食宿。①

任永真接手張良廟管理時,收回廟産租額300石(折合300畝左右)、有佃户

---

① 《留壩縣志》(2002)大事記:民國30年(1941)1月15日,張良廟住持馬含真組建國際旅行社,德、美、日、英、法、俄諸國派旅遊團來張良廟遊覽觀光。

100 餘家。從 20 世紀 30 年代開始，張良廟購買了大量田產出租種糧，總面積達數千畝之多，分佈在今留壩、鳳縣兩個縣的 4 個鄉鎮。爲了便於收取租糧，設立 4 處莊(庫)房，派本觀道士擔任莊頭，兼管收租。每天都有專用騾馬到各莊房馱運租糧。由於張良廟成爲本縣的納糧大户，縣政府在廟内設立田賦管理處，專門徵收張良廟賦糧，年均 1 萬公斤。據調查，張良廟每年的糧食消費大約在 100 萬公斤，至 1949 年底人民政府接管時僅本觀庫房尚餘約 3 萬公斤，4 處莊房餘糧未計。粗略估算，張良廟各處田產每年糧食(水稻)總産量爲 120 萬公斤，按每畝平均産量 200 公斤計算，土地總面積爲 6000 畝；按陝南民國年間人均土地 1.5 畝計算，這些土地可承載 4000 人口。各莊房所産糧食除供應道觀和鐵廠、鍋廠之外，還實行吃“混元飯”制度：每月初一、十五兩天，凡是進廟人員，無論燒香與否，一律免費吃飯，包括乞丐、佃户、廟外商户、過往商販一視同仁，每人一碗米飯、一碗菜。每年年關，派人給附近窮人送米送肉，容留無家可歸者在廟中團年。民國二十年(1931)，衆佃户向方丈熊純九贈送一方牌匾：“仙蹤遥望”，以示對道觀的感激之情。

1952 年，張良廟廟産被政府接收，但仍住有道士。1954 年，留侯廟鍋廠改爲留壩縣鐵工廠，張良廟經濟實體宣告消亡。1984 年，住守張良廟的最後一名道士羽化，留侯祠遂中止道教香火，廟産由文管所保護，直至近年恢復道教活動。

## 八、任永真《三乘集要》對全真道教制的貢獻

任永真編集的《三乘集要》，始於道光二十三年(1843)，也就是他到達張良廟後的第 4 年。爲了建成十方叢林，有必要對道衆行爲予以規範。他在這一年撰寫的《自序》中説：

> 嘗聞叢林大厦，非一木能支，必得衆材相助，所謂得人而興，不得人而廢也。祖師設立清規，留於後世。余今照古辦理，一年之數，周而復始，上中下三乘，各執其事。不可紊亂規模，亦不得妄費財物。祖師曰：粒米文錢，乃農夫之血汗，豈無功而可受？皆不可過用，過則罪加己身。今之後學於規矩理(禮)儀等事，有知而不言者，有無知而言者。知而不言有壞於事，固不必言也。不知而言者，枝上生枝，致誤常住之事，誤事之後，必生怨謗，悔之其不晚哉？夫悔之於後，不若慎之於前。古人云：敏而好學，不耻下問。以爲問有益於己，有益之於常住事也。既問有益，且自以爲榮，何耻之有？余遊叢

林四十餘年,粗言大略,使執事知之,而便於遵行也。

任永真用一年之久編集的《三乘集要》,是他40餘年叢林修道的體會。所以,他精選了若干規定和經典,分爲上中下三卷,象徵上中下三乘或道教三洞。從正文可以得知,上卷的内容爲日常禮神、節慶、道場、作息、禮儀、各類執事職責等相關的制度性規定,包括:

敬神禮儀　齋堂排班座位式　雲集排班賀禮　經理事務定規　常住費用定規　宜安方丈監院執事定規　律壇執事行爲榜

中卷是與經堂、律壇相關的内容,主要包括:

律壇清規榜　開期付信　傳戒籙序　昇堂威儀　戒壇法座式　清規戒尺式　皇壇執事榜　供齋榜文①

但在這些規定性内容之外,還收録了《葛仙翁西江月詩》、《孫真人養生銘》、《長春邱祖傳》、《邱祖寄西州道友書》,以及《留侯廟開十方叢林並修造碑記》,其用意似在於使道衆明確全真道丹道修煉的師承傳統和本叢林的歷史源流。

下卷首列《邱祖訓文》和《行持威儀》,接着收録王重陽《五篇靈文》和《五厨經》、《赤文洞古經》、《太上老君日用經》、《大通經》、《玉皇胎息經》、《吕祖百字碑》。這些内容應當是任永真要求張良廟道衆日常誦持的主要經典。在中卷和下卷首頁標題下署明"省城東關八仙庵客堂",説明這些内容是抄録自八仙庵。最後,任永真自己寫了一篇《學道歌》:

勸學人執事聽,事隨理行禮感情。
理禮並無癡匪人,世無理禮事難成。
居叢林學理行,禮熟應酬人親敬。
若遇明人不行禮,離禮高人不相逢。
有緣得遇明師旨,知理行持更加工。
行功行磨煉性,受辱不怨纔算能。
煉性明命不明理,理禮不明道怎成。
煉心工順逆景,對景治心立功程。

① 全書目録與正文略有出入。

身不勞而功不大，事不廣而性不明。
出塵人不着禮，隱世内養無人情。
人情礙道誤修真，貪名着利道難成。
勸君學道自思之，心能出塵能不能。
煉至諸事全放下，一塵不染可稱能。
静中動動中静，這些道味説不清。
火藥相助自天然，學人入道真路程。
周天路河車行，直至還虚了大功。
性命雙修全真理，法門不二最上乘。
若問此歌何人做，信陽拙筆奉諸公。

《三乘集要》最初的刊印情況不明。至同治年間首次開期傳戒之時，有人向任永真請教什麽是"禮儀不齊"。任永真回答説："出家者多係鄉舍之廟，自曉農工，不知道教禮儀，如有願學投入叢林，至於規矩細行，難以知也，因此新增《三乘集要》清規，上中下三卷，内載祖經之訓，學始至終，從粗入妙。"其弟子追記説他"創修叢林，開期傳戒，捐資刻刷此書，備付雲朋霞友"（《留侯廟開山源流》）。由此可知，任永真早在道光時已經編集此書，直到 20 多年後傳戒大典前，纔刻板印刷。因此，我們現在看到的民國丙子年（1936）崆峒山道衆重印本，就是依據同治六年（1867）刻本。這個刻本除了任永真自己編集的内容外，又增加了兩篇記述他生平的《生傳》。民國本只加了一篇《重印後敘》。但是，在目録中有一行"樓觀臺刷印"的字樣，又透露出民國本之前還有樓觀臺刻本。

《三乘集要》的刊刻經過説明，近世以來，它已經成爲西北地區道教叢林的必備教科書。從筆者多年田野調查獲得的信息亦表明，在閔智亭大師《道教儀範》出版之前，這本《三乘集要》事實上不僅是西北道觀的教科書，也是整個全真道的教科書。全真道目前通用的宮觀管理體制和經壇、戒壇規矩，都沿用了《三乘集要》的規定，因此，它在近代全真道教義教制的建設方面可謂功勳卓著。

## 九、結語

追溯張良廟的歷史，可以從中窺探到清代至民國期間全真道生存狀態的許多真相。這裏提出幾點供討論：

**1. 張良與道教的關係**

道教尊張良爲自己的先祖,始於張道陵。當五斗米道在漢中活動 1000 多年後,當地民間和官方仍孜孜不倦地尋求張良修道遺迹,爲他修建紀念場所,並創建爲道教十方叢林。這種信仰上的認同説明,至遲到清代,社會公認的道教並非從五斗米道開始。

**2. 清代中期寺廟與民争地的矛盾和張良廟化解矛盾的良方**

張良廟的廟産糾紛,是清代中期整個中國土地佔有矛盾的一個縮影。流民與寺廟争地,政府不是支持流民,而是寺廟,這一個案有益於説明當時的法制觀念和宗教政策。

如何對待寺廟與民争利的矛盾,張良廟採取了發展經濟和扶貧等辦法,爲自身的和平發展創造了有利的社會環境,也增加了社會財富。

**3. 教團内部的問題與地方政府的干預**

張良廟長期跨越行政區域,收編武侯祠等道觀爲下院,根源在於道教内部的管理失序,教職人員素質低、損公肥私,招致社會各界不滿,最終由政府出面整治,邀請有規範管理能力的大廟代管。這也是一種行之有效的管理模式,曾經在許多地方出現,只是文獻記録闕如,而張良廟—武侯祠模式較完整地保存了下來。

(本文在寫作過程中,得到漢中青龍觀劉至堃道長大力協助,謹此致謝。)

# 沂山東鎮廟及其宗派傳承

□趙衛東

**摘要:**沂山號稱東泰山或東小泰山,自黄帝登臨以來,歷代帝王祭祀不輟,並留下大量碑刻。根據現存碑刻,既可以瞭解歷代帝王或官員祭祀東鎮沂山的情況,又可以看出東鎮廟道士的宗派傳承。通過對沂山東鎮廟現存碑刻中道士題名的分析可以發現,金元時期全真道士的命名並非隨意,而是有一定的規律,全真道第三代弟子的命名主要以"志"字爲主,其次是"道"字和"德"字,這種情況一直持續到元代中期。元中期以後,這種自覺意識越來越明顯,並漸漸形成了命名的固定排字,即志—道—德—童—玄等。因自明初開始統治者對全真道實行嚴格控制,所以嘉靖末年以前,東鎮廟道士的宗派歸屬不十分清晰。明嘉靖末年,華山派道士唐教玉做了東鎮廟住持,創立了邱祖又派。自此以後,一直到民國時期,邱祖又派與華山派弟子交替住持東鎮廟。

**關鍵詞:**沂山　東鎮廟　全真道　唐教玉　邱祖又派

**作者簡介:**趙衛東,男,1970 年生,山東壽光人。山東師範大學齊魯文化研究中心教授、全真道研究所所長。主要從事儒家與道家道教哲學研究,已出版《分判與融通——當代新儒家德性與知識關係研究》、《丘處機與全真道》、《譚處端學案》、《金元全真道教史論》等著作。

沂山在今山東省臨朐縣城南九十里,又稱東泰山、東小泰山。清光緒《臨朐縣志》①卷三云:"沂山,在縣治南九十里,一曰東泰山,一曰東小泰山。"沂山作爲五鎮之首,歷代帝王封祀不絶。清康熙《臨朐縣志》②卷一云:"山之東谷爲東鎮廟,規模宏麗,松柏皆數千年物,歷代石碣森立。自黄帝封東泰山,禪丸山,漢武設祀具祀之,後世修之不絶也。"東鎮廟現存較完整的重修、代祀、昭告、致祭、禱

① (清)姚延福修,(清)鄧嘉緝、蔣師轍纂:《臨朐縣志》,清光緒十年(1884)刻本。

② (清)屠壽徵修,(清)張印立、孫席慶纂:《臨朐縣志》,清康熙十一年(1672)刻本。

雨、墓志、題詩等各類碑刻84塊,其中元碑6塊,明碑53塊,清碑25塊,除此之外,還有漫漶碑與殘碑若干。今擬根據東鎮廟現存碑刻以及元于欽《齊乘》[①]、明嘉靖《臨朐縣志》[②]、明王居易《東鎮沂山志》[③]、明傅國《昌國艅艎》[④]、清康熙《臨朐縣志》、清張敦仁《臨朐編年録》[⑤]、清光緒《臨朐縣志》、清光緒《臨朐縣鄉土志》[⑥]、民國《臨朐續志》[⑦]等相關方志資料,對沂山東鎮廟及其宗派傳承加以研究,以求教於各位同道。

## 一、沂山與東鎮廟

據史書記載,嶽鎮海瀆的祭祀由來已久。《明史》卷四十九《志》第二十五云:"禮官言:'虞舜祭四嶽,《王制》始有五嶽之稱。《周官》:"兆四望於四郊。"《鄭注》以四望爲五嶽四鎮四瀆。《詩序》巡狩而禮四嶽河海,則又有四海之祭。蓋天子方望之事,無所不通。而嶽鎮海瀆,在諸侯封内,則各祀之。秦罷封建,嶽瀆皆領於祠官。漢復建諸侯,則侯國各祀其封内山川,天子無與。武帝時,諸侯或分或廢,五嶽皆在天子之邦。宣帝時,始有使者持節祠嶽瀆之禮。由魏及隋,嶽鎮海瀆,即其地立祠,有司致祭。唐、宋之制,有命本界刺史、縣令之祀,有因郊祀而望祭之祀,又有遣使之祀。元遣使祀嶽鎮海瀆,分東西南北中爲五道。今宜以嶽鎮海瀆及天下山川城隍諸地祇合爲一壇。與天神埒,春秋專祀。'"[⑧]以上介紹了嶽鎮海瀆的淵源以及明以前歷代祭祀嶽鎮海瀆的過程,其中自然也介紹了鎮山的祭祀,雖説不是十分詳細,也没有專論沂山,但以上説法與其他專論沂山的史料的記載基本一致。明傅國《昌國艅艎》卷四云:"自黄帝封東泰山,禪几山,舜肇州封山,歷夏及周,皆望秩沉埋有加禮。秦加車乘騮駒。漢公玉帶援黄帝故事,請武帝封東泰山。武帝親至其下,令禮官祀之。魏文帝瘞泥圭璋。隋開皇十四年,詔東鎮沂山就山立祠,取側近巫一人主灑掃,並多蒔松柏。唐貞觀十年,封東安公。宋真宗封元德東安王。洪武初,正神號,去封爵,止稱東鎮沂山之神。有

---

① (元)于欽:《齊乘》,清乾隆四十六年(1781)刻本。
② (明)王家士修,(明)嚴怡、馮惟敏纂:《臨朐縣志》,明嘉靖(1522~1565)年間刻本。
③ (明)王居易輯:《東鎮沂山志》,明萬曆十五年(1587)刻本。
④ (明)傅國撰,傅紹業、程士貴整理:《昌國艅艎》,濟南:濟南出版社,1996年。
⑤ (清)張敦仁編修:《臨朐編年録》,政協臨朐縣委員會編:《臨朐縣舊志續編》,2003年印刷。
⑥ (清)佚名纂:《臨朐縣鄉土志》,清光緒三十四年(1908)稿本。
⑦ (民國)周鈞英修,(民國)劉仞千纂:《臨朐續志》,民國二十四年(1935)刻本。
⑧ (清)張廷玉等:《明史》第5册,北京:中華書局,1974年,第1283~1284頁。

司春秋致祭。每新聖改元,則特遣廷臣一人告即位,或水旱大事,亦時遣重臣告祈。”明王居易《東鎮沂山志》卷一《廟制》亦有“虞夏有望秩之典,周有沉埋之祭,秦祀加車乘騂駒”云云,其説法與《昌國艅艎》一致。以上三種説法,基本概述了沂山之成爲鎮宗以及接受歷代帝王封祀的過程。

黄帝封東泰山之説出於《史記·封禪書》,其云:“公玊帶曰:‘黄帝時雖封泰山,然風后、封巨、岐伯令黄帝封東泰山,禪凡山,合符,然後不死焉。’”①“東泰山”即沂山。雖然公玊帶提到黄帝封東泰山的目的是爲了勸説漢武帝封禪沂山,但他的説法並非空穴來風。《史記·五帝本紀》云:“(黄帝)東至於海,登丸山,及岱宗。西至於空桐,登雞頭。南至於江,登熊、湘。北逐葷粥,合符釜山,而邑於涿鹿之阿。遷徙往來無常處,以師兵爲營衛。官名皆以雲命,爲雲師。置左右大監,監於萬國。萬國和,而鬼神山川封禪與爲多焉。”又《括地志》云:“丸山即丹山,在青州臨朐縣界朱虚故縣西北二十里,丹水出焉。”②丸山雖然今在臨朐縣,但並非沂山。元于欽《齊乘》卷一《山川》云:“凡山,臨朐東北三十里。《大紀》云:‘軒轅踐位,天下有不道者,從而征之,凡五十三征而奄有中區。東至於海,登凡山及岱宗。西至崆峒,登雞頭。南至於江,登熊、湘。北逐葷粥,合符釜山。’《竹書》云:‘堯放丹朱於丹水。朱虚縣有丹山,一名凡山,黄帝所禪,又名堯山,下帶長阪曰破車峴。東西二丹水出焉。’”《齊乘》認爲,丸山,又稱丹山、几山,即今臨朐堯山。然而,明傅國《昌國艅艎》卷二對此有不同看法。其云:“龍山之東南四十里爲几山,即丹山也。下帶長阪曰破車峴,白狼水出焉,即丹水也。《史記》:黄帝東巡至於海,登丸山。公玉帶曰:‘黄帝封東泰山,禪丸山。’漢武立祠祠之,即此。又名紀山。名紀者,即几也,山形似几,几字似丸。丸、凡、几、紀、丹,五名互異,一山也。《水經注》:‘丹山在朱虚西南,丹水所出,世謂之几山。丹、几字相類,音從字變’是也。”傅國認爲,黄帝所登之丸山,並不是堯山,而是今臨朐紀山。不管丸山爲堯山也好,還是爲紀山也好,皆非沂山。按照《史記·五帝本紀》的記載,黄帝曾“東至於海,登丸山,及岱宗”,既然丸山非沂山,那麽,以上説法只可以作爲黄帝有可能登上過丸山的證據,却不能證明他曾經登上過沂山,至於其曾“封東泰山”的説法,就更無法證實。公玊帶“黄帝封東泰山”的説法,很可能由黄帝“東至於海,登丸山,及岱宗”的傳説引申而來。

---

① (漢)司馬遷:《史記》第4册,北京:中華書局,1959年,第1403頁。

② (漢)司馬遷:《史記》第1册,第6頁。

“舜肇州封山”的説法出於《尚書·舜典》,其云:“肇十有二州,封十有二山,濬川。”孔穎達《正義》云:“史言舜既攝位,出行巡守,復分置州域,重慎刑罰。於禹治水後,始分置十有二州,每州以一大山爲鎮,殊大者十有二山。”①按照以上記載,舜之前天下分爲九州,“禹治水之後,舜分冀州爲幽州、并州,分青州爲營州,始置十二州”,“十有二州,謂冀、兖、青、徐、荆、揚、豫、梁、雍、并、幽、營也”。② 舜始分天下爲十二州,並以每州内最大山爲本州鎮山,這便是鎮山的來歷。而這十二州中就有青州,沂山則爲青州鎮山。《周禮·夏官·職方氏》云:“(舜)乃辨九州之國,便同貫利。……正東曰青州,其山鎮曰沂山,其澤藪曰望諸,其川淮泗,其浸沂沭,其利蒲魚,其民二男二女,其畜宜雞狗,其穀宜稻麥。”③以上對於沂山成爲鎮山原因的解釋,得到了普遍的認同,清康熙《臨朐縣志》卷四張印立撰《重修東鎮廟記》云:“粤稽古大禹,弼成五服,逮州九,逮帝舜氏攝位而後,更益之以三,計爲州十二。而州必表名山以爲之鎮。夫沂山爲五鎮之一,古所稱東泰山也。”沂山東鎮廟現存《清康熙三十三年李振裕奉命祭告東鎮神廟記碑》云:“沂之爲鎮,見《周官·職方氏》,其文云:正東曰青州,其山鎮曰沂山;河東曰兖州,其山鎮曰岱山。鄭康成:山鎮名山,安地德者也。夫岱爲五嶽長,而此均謂之鎮,且與岱山並列,各佔一州,豈沂之高大□與岱等埒耶?蓋青之域獨是山爲尊,遂爲一州之鎮耳。”正如上碑所説,沂山爲古青州境内最高大之山,這便是沂山成爲青州鎮山的最主要原因。

明王居易《東鎮沂山志》卷一有“周有沉埋之祭,秦祀加車乘騂駒”的説法,而且清張敦仁《臨朐編年録》卷二亦云:“埋沉之祭,載於祀典”,“始皇祀沂山,加車乘騮駒”,這説明以上説法流傳甚廣,但很難找到直接的證據。《尚書·周官》云:“六年,五服一朝。又六年,王乃時巡,考制度於四嶽。諸侯各朝於方嶽,大明黜陟。”④《史記·封禪書》云:“天子祭天下名山大川,五嶽視三公,四瀆視諸侯,諸侯祭其疆内名山大川。”⑤據以上記載,周天子祭天下名山,諸侯祭疆内名山,而沂山爲青州鎮山,極有可能在以上所祭之列。但因缺乏明確記載,所以“周有沉埋之祭”的説法難以確考。至於“秦祀加車乘騂駒”的説法,亦有其來源。《史記·

① (漢)孔安國傳,(唐)孔穎達疏:《尚書正義》,北京:北京大學出版社,1999年,第65~66頁。
② (漢)孔安國傳,(唐)孔穎達疏:《尚書正義》,第65頁。
③ (清)孫詒讓:《周禮正義》第10册,北京:中華書局,1987年,第2640~2661頁。
④ (漢)孔安國傳,(唐)孔穎達疏:《尚書正義》,第485~486頁。
⑤ (漢)司馬遷:《史記》第4册,第1357頁。

封禪書》云:“秦襄公攻戎救周,始列爲諸侯。秦襄公既侯,居西垂,自以爲主少皞之神,作西畤,祠白帝,其牲用駵駒黄牛羝羊各一云。”①又云:秦始皇時,“春夏用騂,秋冬用駵。畤駒四匹,木禺龍欒車一駟,木禺車馬一駟,各如其帝色。黄犢羔各四,珪幣各有數,皆生瘞埋,無俎豆之具”②。這説明“加車乘騮駒”是秦祀的傳統,自秦襄公時已經開始實行,秦統一以後,成爲定制。然而,以上兩條引文所説都與沂山無關。雖然秦祀“加車乘騮駒”是事實,但“始皇祀沂山”則未必。因此,《東鎮沂山志》“周有沉埋之祭,秦祀加車乘騵駒”的説法,很可能是根據以上文獻記載引申出來的,與沂山並無直接的關聯。

然而,漢武帝曾登沂山的説法,《史記·封禪書》有明確記載。其云:“公王帶曰:‘黄帝時雖封泰山,然風后、封巨、岐伯令黄帝封東泰山,禪凡山,合符,然後不死焉。’天子既令設祠具,至東泰山,〔東〕泰山卑小,不稱其聲,乃令祠官禮之,而不封禪焉。”③關於漢武帝認爲沂山卑小不稱其聲的原因,元于欽《齊乘》卷一《山川》曾有解釋,其云:“漢志謂卑小不稱其聲者,蓋沂山遠望之則高壓群山,緣坡麓曼衍八九十里,以漸而昇,逮至其顛,則失其峻極耳。”東鎮廟現存張印立撰《清康熙二年重修東鎮廟記碑》云:“昔漢泰初中,設祠具至東泰山,卑小不稱其聲,乃令祠官禮之而不封。夫沂爲鎮首,又號東岱,非極崇高,何以得名?而以爲卑小,何也?或曰:沂山遠望之則高壓群山,緣坡麓漫衍八九十里漸而昇,逮至其巔,則失其峻極耳。張子曰:余嘗登泰山,蓋亦嘗心疑其不副所聞云。吁!即此,而泰之所以爲泰,沂之所以爲沂,可知也已。即此,而泰之所以稱嶽宗,沂之所以稱鎮宗,可知也已。”以上兩種觀點,可謂各有千秋,《齊乘》解釋的是沂山何以“卑小”,而張印立解釋的是沂山何以“不稱其聲”,前者是客觀的分析,而後者則是主觀的感受。在張印立看來,漢武帝之所以覺得沂山卑小不稱其聲,原因並不在於沂山真正卑小,而在於其“聲聞過情”。漢武帝久聞沂山之名,公王帶又稱黄帝曾經登臨,這使其對沂山充滿了嚮往與好奇,同時也對沂山充滿了無限的期望。當他真正登上沂山時,却因《齊乘》所提到的原因,而感到真正的沂山與自己心目中

① (漢)司馬遷:《史記》第4册,第1358頁。

② (漢)司馬遷:《史記》第4册,第1376~1377頁。

③ (漢)司馬遷:《史記》第4册,第1403頁。據吉星田《東鎮廟碑目》記載,沂山原有“漢武帝祭告沂山碑”,漢太初三年(前102)立,若以上記載屬實,那麽,漢武帝曾經登上過沂山就有了更爲確鑿的證據。參見政協臨朐縣委員會編:《東鎮沂山》,内部資料,1991年,第8頁。吉星田《東鎮廟碑目》著録碑刻271通,時間從漢太初三年(前102)一直到民國二十九年(1940)。但令人遺憾的是,他並没有指出所依據資料的來源。

的沂山相距太遠,從而有了名不副實的感覺。然而,沂山仍然是沂山,它並不會因黄帝登臨而愈高,也不會因漢武卑小之論而愈低。

假若說黄帝封東泰山的傳說,引來了漢武帝的登封,那麽,漢武帝的登封則又成爲後世帝王争相效仿的榜樣。比如,魏文帝黄初二年(221)"六月庚子,初祀五嶽四瀆,咸秩群祀"①。清張敦仁《臨朐編年録》卷二云:"文帝黄初三年,瘞沉圭璋於沂山。"吉星田《東鎮廟碑目》著録了皇興二年(468)"李惠代祀沂山碑"和大統元年(535)"西魏文帝祭告碑"②。以上說明,魏晉南北朝時期,歷代帝王仍然對東鎮沂山祭祀不輟。但對於沂山來說,這一切都無法與隋開皇十四年(594)立祠沂山相比擬。《隋書》卷七《禮儀志》二云:"開皇十四年閏十月,詔東鎮沂山,南鎮會稽山,北鎮醫無閭山,冀州鎮霍山,並就山立祠。東海於會稽縣界,南海於南海鎮南,並近海立祠。"③隋開皇十四年所建廟祠,即是今沂山東鎮廟的前身,這對於沂山來說具有特别的意義。不管是黄帝也好,還是漢武帝也好,甚至是其後到過沂山的其他帝王也好,他們禮祀沂山都是臨時性的,而且没有固定的場所,當然也很難形成統一而規範的祀制。但自隋開皇十四年立祠後,後世帝王致祭沂山便有了固定的場所,這爲以後五鎮禮祀的常規化與制度化打下了基礎。吉星田《東鎮廟碑目》著録了隋文帝開皇十四年(594)"隋文帝詔東鎮沂山碑",上碑表明,東鎮祠建好之後,曾將隋文帝詔書刻碑以垂永久。又著録了隋煬帝大業七年(611)立"張須陀代祀碑",這說明隋煬帝也曾派人至沂山代祀。④

唐代可以說是沂山東鎮廟發展中的一個重要時期,這主要體現在以下兩個方面:(一)沂山被封爲東安公。明傅國《昌國艅艎》卷四《廟祠》云:"唐貞觀十年,封東安公。"明王居易《東鎮沂山志》卷一云:"唐貞觀十年正月二十三日封東安公。"又吉星田《東鎮廟碑目》著録唐太宗貞觀十年(636)歲次丙申正月二十三日立"唐太宗詔封沂山爲東安公碑"。根據以上資料,唐太宗貞觀十年(636),東鎮沂山曾經被册封爲東安公。這次册封對於沂山來說意義非凡,因爲這是它第一次真正得到帝王的册封,可以說是開帝王册封之先河,其後歷代帝王皆仿效於此,屢有加封。東鎮廟現存《明洪武三年明太祖詔定嶽鎮海瀆神號碑》云:"考諸祀典,知五嶽、五鎮、四海、四瀆之封起自唐世,崇名美號,歷代有加。"唐太宗之後

---

① (晉)陳壽:《三國志》第1册,北京:中華書局,1959年,第78頁。
② 《東鎮沂山》,第8頁。
③ (唐)魏徵等:《隋書》第1册,北京:中華書局,1973年,第140頁。
④ 《東鎮沂山》,第8頁。

的唐朝皇帝,或致祭,或重修,或册封,從未中斷。比如,嗣聖元年(684),唐中宗遣尹思貞代祀東鎮。① 長安四年(704),武則天遣使重修。② 唐玄宗天寶元年(742),沂山得以重修;③天寶十年(751),沂山被封爲東安公④,"太子率更令嗣道王煉祭沂山東安公"⑤。至德二年(757),唐肅宗遣鄧景山代祀東鎮。⑥ 以上武則天長安四年(704)與唐玄宗天寶元年(742)兩次重修之事,根據是趙明誠《金石録》卷五第八百三十六、卷六第一千二百著録的兩塊唐碑,兩碑現已不存。但東鎮廟現存《元至治二年東鎮沂山元德東安王廟神佑宫記碑》云:"祀奠禮畢,讀視天寶、大安等故碑之文,有曰:廟之右神佑宫者,乃知廟道士參禮之所也。廟之左館驛者,乃祭者宿齋之處也。"因此,通過該碑的記載可以確定,元至治二年(1322)時天寶碑仍然存在,至清末該碑已佚。至於該碑佚失的原因,清光緒《臨朐縣志》卷九《藝文》云:"按《東鎮神佑宫記》有'讀天寶舊碑'之文,知元時猶存矣。土人云:明成、弘間,祭告之使數歲一至,鐫刻之役日繁,沂山石質不中碑材,採自西山,頗疲民力,有司往往礱去舊刻以應。此碑之亡,必是時也。"(二)祀禮的常規化與制度化。《舊唐書》卷二十四《禮儀志》四云:"五嶽、四鎮、四海、四瀆,年别一祭,各以五郊迎氣日祭之。東嶽岱山,祭於兖州;東鎮沂山,祭於沂州;東海,於萊州;東瀆大淮,於唐州。南嶽衡山,於衡州;南鎮會稽,於越州;南海,於廣州;南瀆大江,於益州。中嶽嵩山,於洛州。西嶽華山,於華州;西鎮吴山,於隴州;西海、西瀆大河,於同州。北嶽恒山,於定州;北鎮醫無閭山,於營州;北海、北瀆大濟,於洛州。其牲皆用太牢,籩豆各四。祀官以當界都督刺史充。"⑦自此之

---

① 根據吉星田《東鎮廟碑目》所著録的唐中宗嗣聖元年(684)歲次甲申季春三月之望立"尹思貞代祀東鎮碑",參見《東鎮沂山》,第8頁。

② 趙明誠《金石録》卷五第八百三十六云:"周東鎮沂山碑,房晉撰,韓景陽八分書。長安四年五月。"參見趙明誠撰、金文明校證:《金石録校證》,南寧:廣西師範大學出版社,2005年,第78頁。又吉星田《東鎮廟碑目》著録長安四年(704)歲次甲辰五月立"武則天遣使重修東鎮沂山祠記"碑,參見《東鎮沂山》,第8~9頁。

③ 趙明誠《金石録》卷六第一千二百云:"唐修東鎮沂山記,范正則撰並八分書。天寶元年三月。"參見趙明誠撰、金文明校證:《金石録校正》,第110頁。又吉星田《東鎮廟碑目》著録唐玄宗天寶元年(742)歲次壬午三月立"修東鎮沂山記"碑,參見《東鎮沂山》,第9頁。

④ 吉星田《東鎮廟碑目》著録唐天寶十年(751)歲次辛卯立"唐玄宗加封沂山東安公碑",參見《東鎮沂山》,第9頁。

⑤ (後晉)劉昫等:《舊唐書》第3册,北京:中華書局,1975年,第934頁。

⑥ 吉星田《東鎮廟碑目》著録唐至德二年(757)歲次丁酉春正月立"鄧景山代祀東鎮碑",參見《東鎮沂山》,第9頁。

⑦ (後晉)劉昫等:《舊唐書》第3册,第910頁。

後,沂山東鎮廟的祭祀列入國家祀典,成爲常祭,每年一次,歷代帝王皆遣使致祭,其廟制與祀禮也進一步規範化與制度化。

唐宋之際,連年戰亂,嶽鎮海瀆例行的祭祀活動不能正常舉行,直到北宋太平興國年間,纔在秘書監李至的提請下恢復。《宋史》卷一百二《志》第五十五云:"太平興國八年……秘書監李至言:'按五郊迎氣之日,皆祭逐方嶽鎮、海瀆。自兵亂後,有不在封域者,遂闕其祭。國家克復四方,間雖奉詔特祭,未著常祀。望遵舊禮,就迎氣日各祭於所隸之州,長史以次爲獻官。'其後,立春日祀東嶽岱山於兖州,東鎮沂山於沂州,東海於萊州,淮瀆於唐州。立夏日祀南嶽衡山於衡州,南鎮會稽山於越州,南海於廣州,江瀆於成都府。立秋日祀西嶽華山於華州,西鎮吴山於隴州,西海、河瀆並於河中府,西海就河瀆廟望祭。立冬祀北嶽恒山、北鎮醫巫閭山並於定州,北鎮就北嶽廟望祭,北海、濟瀆並於孟州,北海就濟瀆廟望祭。土王日祀中嶽嵩山於河南府,中鎮霍山於晉州。"①然而,太平興國八年(983)以前,對東鎮廟的重修與致祭活動並没有停止,只是没有按照常例舉行而已。太平興國八年(983)以後,對嶽鎮海瀆的例行祭祀恢復,朝廷每年都遣使致祭。② 宋徽宗政和三年(1113),詔封五鎮爲王,沂山由東安公陞格爲東安王,其他四鎮依例得封。《宋史》卷一百二《志》第五十五云:"五鎮,沂山舊封東安公,政和三年封王;會稽舊封永興公,政和封永濟王;吴山舊封成德公,元豐八年封王;醫巫閭舊封廣寧公,政和封王;霍山舊封應聖公,政和封應靈王。"③唐太宗與唐玄宗封東鎮沂山爲"東安公",而宋徽宗則封其爲"東安王",從由"公"陞格爲"王"可以看出,與唐太宗、唐玄宗相比,宋徽宗對東鎮沂山更加重視。

按照現存文獻記載,北宋中期以前,歷代帝王對東鎮沂山的祭祀活動一般都是按照常例以固定的時間舉行,比如,上引《舊唐書》卷二十四《禮儀志》四云:"五嶽、四鎮、四海、四瀆,年別一祭,各以五郊迎氣日祭之。"《宋史》卷一百二

---

① (元)脱脱等:《宋史》第8册,北京:中華書局,1977年,第2485~2486頁。

② 吉星田《東鎮廟碑目》著録五代至南宋初年東鎮廟相關碑刻27通,除去11通詩碑、界碑、記遊碑外,有16通碑刻爲我們提供這一段時間東鎮廟重修、祭祀等相關情況,即後周廣順二年(952)"周太祖祭告東鎮碑",北宋建隆三年(962)"宋太祖詔重修東鎮廟碑"、乾德二年(964)"沂山東鎮廟落成記"碑、開寶元年(968)"劉熙古代祀碑"、開寶六年(973)"楊澈代祀東鎮碑"、乾興元年(1022)"曹瑋代祀沂山碑"、景祐二年(1035)"龐籍代祀東鎮碑"、景祐三年(1036)"宋仁宗祭告沂山碑"、慶曆二年(1042)"陳執中代祀碑"、慶曆六年(1046)張從訓撰"沂山設醮記"碑、治平二年(1065)"盧士宗代祀東鎮碑"、熙寧八年(1075)李邦直"沂山禱雨有應"詩碑與蘇軾"和李邦直沂山禱雨有應"詩碑、元祐五年(1090)"劉摯代祀碑"、政和三年(1113)"宋徽宗詔封沂山爲東安王碑",南宋靖康元年(1126)"曾孝序代祀沂山碑"等。以上請參見《東鎮沂山》,第9~11頁。

③ (元)脱脱等:《宋史》第8册,第2488頁。

《志》第五十五云:“立春日祀東嶽岱山於兖州,東鎮沂山於沂州,東海於萊州,淮瀆於唐州。”因東鎮沂山位於東方,所以一般與東嶽、東海、東瀆一起於立春日祭祀,祭祀形式和規格都有嚴格規定,除非遇到戰亂年代,少有改變。然而,自北宋中期開始,情況有所不同。不同主要在於以下兩個方面:第一,參祭者不再只是官員,道士開始參與祭祀活動。雖然因史料闕如,目前尚不能確定具體何時道士開始參與對東鎮沂山的祭祀活動,但根據現存文獻記載,道士吴太昭參與了北宋慶曆六年(1046)在東鎮沂山舉行的一次醮事。據清光緒《臨朐縣志》卷九記載,東鎮沂山曾經有一塊立於北宋慶曆六年(1046)的“沂山設醮記”碑,撰文者是張從訓,書丹者是道士吴太昭。① 按照吉星田《東鎮廟碑目》記載,東鎮廟北宋慶曆六年(1046)以前的碑刻多爲代祀碑、致祭碑、昭告碑和重修碑,而没有發現設醮碑。打醮是道教專有的祭祀形式,國家祭祀活動中若没有道士參與,一般不稱爲“設醮”,而北宋慶曆六年(1046)碑不僅稱爲“沂山設醮記”碑,而且明確記載道士吴太昭參與了這次醮事。以上説明,北宋慶曆六年(1046)時,東鎮廟或者已經有道士居住,或者道士開始參與其祭祀活動,這在東鎮廟的歷史上是具有變革性的。第二,打破了立春日祭祀東鎮沂山的慣例,開始出現因自然灾害而派官員舉行特祭的情況。據張敦仁《臨朐編年録》卷四記載,宋神宗熙寧八年(1075),東京提學李邦直曾至沂山東鎮廟祈雨,其云:“熙寧八年乙卯,二麥大旱。東京提舉李邦直禱雨沂山有應,密州守蘇軾作和詩。”蘇軾詩明傅國《昌國艅艎》卷九有收,詩名《和李邦直沂山祈雨有感》,其云:“高田生黄埃,下田生蒼耳。蒼耳亦已無,更問麥有幾? 蛟龍睡足亦解慚,二麥枯時雨如洗。不知雨從何處來,但聞吕梁百步聲如雷。試上城南望城北,際天菽粟青成堆。饑火燒腸作牛吼,不知待得秋成否? 半年不雨坐龍慵,共怨天公不怨龍。今朝一雨聊自贖,龍神社鬼各言功。無功日盗太倉穀,嗟我與龍同此責。勸農使者不汝容,因君作詩先自刻。”②因史料的缺乏,雖然不能確定慶曆六年(1046)爲何在沂山設醮,但可以肯定,三十年以後的這次醮事是因旱灾而專爲祈雨所設,主持者爲東京提舉張邦直。顯然,張邦直不是主管沂山的地方官員,這説明此次祈雨活動很可能是受皇帝指派舉行的,而且作爲地方官的蘇軾參與了這次活動,並在祈雨成功後作詩以記其事。根據

① 吉星田《東鎮廟碑目》也著録此碑,見《東鎮沂山》,第10頁。

② 明傅國《昌國艅艎》卷九還收有蘇轍《和李邦直學士沂山祈雨有應》詩一首,詩云:“宿雪雖盈尺,不救春夏旱。吁嗟遍野天不聞,歌舞通宵龍一戰。旋開雲霧佈旌旗,復遣雷霆助舒卷。雨聲一夜洗塵埃,流入溝河朝不見。但見青青黍與禾,老農起舞行人歌。汙邪滿車尚可許,供輸到骨期無它。水行天地有常數,歲歲出入均無頗。半年分口厭枯槁,及秋更恐憂滂沱。誰能且向蛟龍語,時佈甘澤無庸多。”

現存文獻記載,自從這次祈雨活動之後,除了例行的祭祀以外,遇到大的自然災害或重大事件,朝廷都遣使致祭,東鎮沂山神的社會功能也因此而發生了微小的變化,逐步變得更具體、更貼近民衆生活。

除此之外,對於東鎮廟來説,宋代還發生了一件事情值得一提。前文已述,隋文帝開皇十四年(594)始立祠於東鎮沂山,但當時所立之祠不在今址,而在沂山山脚,後來纔遷到今址。對於遷址重建的時間,《東鎮沂山志》没有説明,明傅國《昌國艅艎》卷四却有記載,其云:"廟故在山椒,距今廟三十里,宋始移此。"然而,《東鎮沂山志》卷一却提到了重建中的一段故事,其云:"父老相傳,廟之始建也,有司卜地於大關社南大道之側,棟梁既架,一夕,大風撮去,莫知所在。翼日,沿山蹊尋覓數十里始得之,即今建廟地也。衆咸嗟異,遂定於此。"

金代沿襲唐宋以來的禮制,以時致祭嶽鎮海瀆。《金史》卷三十四《志》第十五云:"大定四年,禮官言:'嶽鎮海瀆,當以五郊迎氣日祭之。'詔依典禮以四立、土王日就本廟致祭,其在他界者遥祀。立春,祭東嶽於泰安州、東鎮於益都府、東海於萊州、東瀆大淮於唐州。立夏,望祭南嶽衡山、南鎮會稽山於河南府,南海、南瀆大江於萊州。季夏土王日,祭中嶽於河南府、中鎮霍山於平陽府。立秋,祭西嶽華山於華州、西鎮吴山於隴州,望祭西海、西瀆於河中府。立冬,祭北嶽恒山於定州、北鎮醫巫閭山於廣寧府,望祭北海、北瀆大濟於孟州。"[①]金大定四年(1164),從禮官請,以五郊迎氣日祭五嶽、五鎮、四海、四瀆。東嶽泰山、東鎮沂山、東海、東瀆因在東方,而東方屬春,故於立春日祭之,其他嶽、鎮、海、瀆依例而行。金代不僅致祭沂山的例行時間没有變化,而且沂山的封號也没有改變。"明昌間,從沂山道士楊道全請,封沂山爲東安王,吴山爲成德王,霍山爲應靈王,會稽山爲永興王,醫巫閭山爲廣寧王,淮爲長源王,江爲會源王,河爲顯聖靈源王,濟爲清源王。"[②]沂山於宋徽宗政和三年(1113)已封爲東安王,顯然金章宗明昌年間這次封沂山,既没有陞格,也没有加封,而是重封,實際上是對宋徽宗册封的再次確認。據清光緒《臨朐縣志》卷九《藝文》記載,東鎮廟曾有金正隆四年立《東鎮修瓦殿記》碑,記載了金正隆四年(1159)修東鎮廟瓦殿之事,並附有參與其事的益都、沂水、臨朐等官員題名。又據吉星田《東鎮廟碑目》記載,東鎮廟還曾有金大定年間吴德彰"禱雨東鎮感應記"碑和金承安元年(1196)"聶朝散祭告東鎮碑"。[③] 又據明王居易《東鎮沂山志》卷四《東鎮廟神應記》記載,金章宗承安五

① (元)脱脱等:《金史》第3册,北京:中華書局,1975年,第810頁。
② (元)脱脱等:《金史》第3册,第810頁。
③ 參見《東鎮沂山》,第11~12頁。

年(1200),益都統軍僕散昭武按祀典於立春日祭祀沂山,並有獲鹿之應。碑云:"承安庚申青陽届候,天子詔有司按祀典以祀,册付益都統軍使僕散昭武,使行禮於東鎮東安王之祠,公命臨朐令蒲察昭武前夕省牲,公廼齋沐虔誠,質明即事,文武僚屬俯首就位,各執其職,罔敢少懈。酒肴清美,籩豆净嘉,三獻禮畢,東方未明。公少憩於客館,從者報有大小二鹿自東踰垣入館,公命左右勿殺,令揮去之。其鹿南趨屏山,須臾,大者復迴,如是者三。再至館門,爲御者得之,以獻於公。僚屬驚視,莫不嗟駭。山中耆老相與稱道,自國朝致祭以來,未嘗見此異事。"①吉星田《東鎮廟碑目》還著録金興定元年(1217)"張林祭沂山碑"②,説明直到金末戰亂時期,東鎮廟的祭祀活動仍然没有廢弛。

按照《元史》卷七十六《志》第二十七記載,元代嶽鎮海瀆的代祀從中統二年(1261)開始,其云:"嶽鎮海瀆代祀,自中統二年始。凡十有九處,分五道。"其中東鎮與東嶽、東海、北鎮爲東道。"既而,又以驛騎迂遠,復爲五道,道遣使二人,集賢院奏遣漢官,翰林院奏遣蒙古官,出璽書給驛以行。中統初,遣道士,或副以漢官。至元二十八年正月,帝謂中書省臣言曰:'五嶽四瀆祠事,朕宜親往,道遠不可。大臣如卿等又有國務,宜遣重臣代朕祠之,漢人選名儒及道士習祀事者。'"③以上説明,元代遣祭官的身份前後曾有三次變化,開始是以蒙古官爲代祀官,中統初年又以道士代祀,而以漢官副之,至元二十八年(1291)始選名儒及道士作爲代祀官。元大德二年(1298),增封東鎮沂山爲"元德東安王",東鎮廟現存《元大德二年增封東鎮元德東安王詔碑》刻蒙、漢兩文的增封詔書,其云:"上天眷命,皇帝聖旨,三代以降,九州島皆有鎮山,所以阜民生、安地德也。五嶽四瀆,先朝已嘗加封,惟五鎮之祀未舉,殆非敬恭明神之義。其加東鎮沂山爲'元德東安王',南鎮會稽山爲'昭德順應王',西鎮吴山爲'成德永靖王',北鎮醫巫閭山爲'貞德廣寧王',中鎮霍山爲'崇德應靈王'。仍敕有司歲時與嶽瀆同祀,着爲定式。故茲詔示,想宜知悉。"元代沿襲宋金遺制,仍然以時祭祀沂山。據清光緒《臨朐縣志》卷九《藝文》記載,東鎮廟曾有大德二年(1298)《御製封東安王碑》、大德二年(1298)馬驤撰《大元增封東鎮元德東安王感應之碑》、至大四年(1311)馬合麻記《東鎮廟祭春記》、皇慶二年(1313)脱歡撰《東鎮祭告碑》、延祐六年(1319)魏必復記《東鎮祭告碑》、至治二年(1322)桑居敬記《東鎮沂山元德東安

---

① 該碑已殘,現存東鎮廟。吉星田《東鎮廟碑目》亦有著録,參見《東鎮沂山》,第12頁。

② 參見《東鎮沂山》,第12頁。

③ (明)宋濂等:《元史》第6册,北京:中華書局,1976年,第1900頁。

王廟神佑宫記》、泰定元年(1324)尚毓德記《東鎮代祀記》、《劉瓚代祀詩》、至順三年(1332)《趙崇詩》、至元二年(1336)劉思誠撰《代祀沂山記》、至正八年(1348)《東鎮時享之記》、至正十三年(1353)徐嶽撰《東鎮代祀記》等元代碑刻,以上碑刻,雖然個别的已經殘損,但大部分尚存。除此之外,明王居易《東鎮沂山志》卷四還收録了元至元元年(1264)李嶼《東鎮代祀記》、延祐七年(1320)賈光德《代祀之記》、至正十年(1350)桑歌的斤《代祀東鎮記》等碑文。吉星田《東鎮廟碑目》共著録東鎮廟元代碑刻29通,除以上提到的之外,還有中統二年(1261)"王磐祭告東鎮碑"、中統年間"狄子英沂山禱雨碑"、至元二年(1265)"方塔剌赤代祀沂山記"、至元十三年(1276)"綦公直代祀沂山碑"、至大元年(1308)"必暗赤僧寶東鎮代祀記"碑、至大三年(1310)"東安王神應記"碑、泰定三年(1326)"買奴代祀東鎮沂山碑"、元統二年(1334)"譖都剌代祀東鎮碑"、後至元年間范元澤"再禱雨有應"碑等。① 這些碑刻詳細記載了元代致祭或重修東鎮廟的情況。東鎮廟現存《元至治二年東鎮沂山元德東安王廟神佑宫記碑》提到了東鎮廟提點的任命問題,其云:"是時,道録梅公,依奉御使臺官之命,選保到太虚宫提點,張德顯可知本廟事。於大德三年已亥二月内,掌教大宗師真人給降劄付張德顯,充東鎮沂山神佑宫提點句當,知元德東安王廟事。其人任内,建三門,復隱殿,補神像,又於廟右因其舊址重修神佑宫,以彰先輩之儀範,乃其誠也。無幾,德顯仙逝矣,太虚宫提點唐志遷攝管其事。在後,梅公道隱於至大二年己酉、延祐三年丙辰,兩經宣授圓明真静純德大師、本路都道録、東鎮太虚宫提點,經今積有其年。"以上説明,當時東鎮廟提點的任命,首先要有地方官員推薦,然後報請掌教大宗師批復,方可正式上任。上碑還提到梅道隱、張德顯、趙志遷等曾任東鎮廟提點,通過道官的轉换還可以看出太虚宫、東鎮宫以及神佑宫之間的關係。從碑中稱神佑宫爲"東鎮廟神佑宫"來看,神佑宫應附屬於東鎮廟,這正與碑中"廟之右神佑宫者,乃知廟道士參禮之所也"的説法相互印證。而且,太虚宫則與東鎮廟關係極爲密切,梅道隱、唐志遷都曾擔任過太虚宫提點。

與唐宋之際一樣,元明之際的朝代更替,使嶽鎮海瀆祀禮廢弛,但明初很快就得以恢復。據《明史》卷四十九《志》第二十五記載,明洪武二年(1369),對嶽鎮海瀆的祭祀尚至爲簡陋,只"以嶽瀆諸神合祭城南,未有專祀。又享祀之所,屋而不壇"。禮官以爲此非尊神之道,於是提請"以嶽鎮海瀆及天下山川城隍諸地祇合爲一壇。與天神埒,春秋專祀"。提請得到允許,"遂定祭日以清明、霜降。

① 參見《東鎮沂山》,第12~14頁。

前期一日,皇帝躬省牲。至日,服通天冠絳紗袍,詣嶽鎮海瀆前,行三獻禮。山川城隍,分獻官行禮”。當年,明太祖就舉行了大明朝第一次遣祭代祀活動:“命官十八人,祭天下嶽鎮海瀆之神。帝皮弁御奉天殿,躬署御名,以香祝授使者。百官公服,送至中書省,使者奉以行。黃金合貯香,黃綺幡二,白金二十五兩市祭物。”①在這次代祀活動中,沂山也在遣祭之列,東鎮廟現存《明洪武二年敕祀東鎮之記碑》詳細記載了金斗輔致祭沂山之事。碑云:

> 洪武二年春正月有四日,群臣來朝。皇帝若曰:朕自起義臨濠,率衆渡江,宅於人陵,每獲城池,必祭其境内山川,於今十有五年,罔敢或怠。邇者命將出師,中原底平,嶽瀆海鎮,悉在封域。朕託天地祖宗之靈,武功之成雖藉人力,然山川之神默實相予。況自古帝王之有天下,莫不祀秩尊崇,朕何敢違?於是親選敦樸廉潔之臣,賜以衣冠,俾齋沐端竦以俟。遂以正月十五日授祝幣而遣焉。臣斗輔承詔,將事惟謹。二月十二日祭於祠下,威靈歆格,祀事孔明,礱石鐫文,用垂悠久。惟神豐隆磅礴,静主東方,典禮既崇,綱維斯在。尚期保安境土而福澤生民,是我聖天子之所望於神明者,而亦神明祚我邦家之靈驗也。

但到了明太祖洪武三年(1370),朱元彰下詔去嶽鎮海瀆封號,只以山水本名稱其神。東鎮廟現存《明洪武三年明太祖詔定嶽鎮海瀆神號碑》云:“考諸祀典,知五嶽、五鎮、四海、四瀆之封起自唐世,崇名美號,歷代有加。在朕思之,則有不然。夫嶽鎮海瀆,皆高山廣水,自天地開闢以至於今,英靈之氣萃而爲神,必皆受命於上帝,幽微莫測。豈國家封號之所可加,瀆禮不經,莫此爲甚。至如忠臣烈士,雖可加以封號,亦惟當時爲宜。夫禮,所以明神人,正名分,不可以僭差。今命:依古定制,凡嶽鎮海瀆,並去其前代所封名號,止以山水本名稱其神。”依此詔書,除去沂山“元德東安王”封號,只稱“東鎮沂山之神”。然而,這不但没有影響明代祭祀沂山的活動,而且比以往任何朝代還要頻繁,不僅“有司春秋致祭”,而且“有事則遣廷臣祭告”。

據王居易《東鎮沂山志》卷二記載,明代朝廷歷次遣祭東鎮廟的情況如下:洪武三年(1370)典儀臣鄭玉琳,洪武十年(1377)吉安侯陸亨、道士王守静、豐繼宗,洪武十一年(1378)道士王守静、豐繼宗,洪武二十八年(1395)神樂觀道士諸不

① (清)張廷玉等:《明史》第5册,北京:中華書局,1974年,第1283~1284頁。

溪、國子監生王葆,洪武三十五年(1402)道士楊崇翊、熊啓南,永樂四年(1406)道士吴宗顯、監生張初,永樂五年(1407)道士楊壽山、監生李俊,洪熙元年(1425)工部侍郎許廓,宣德元年(1426)工部尚書兼詹事府詹事黄福,宣德十年(1435)臨朐縣知縣任榮,正統元年(1436)吏科給事中車遜,正統二年(1437)臨朐縣知縣任榮,正統九年(1444)翰林院編修楊鼎,景泰元年(1450)禮部左侍郎儀銘,景泰四年(1453)刑部尚書薛希璉,景泰四年(1453)翰林院編修戚潤,景泰五年(1454)太常寺少卿李宗周,景泰六年(1455)刑部尚書薛希璉,天順元年(1457)彭城伯張瑾,成化元年(1465)尚寶司司丞李木,成化四年(1468)巡撫山東都察院左副都御史原傑,成化六年(1470)掌太常寺事禮部尚書李希安,成化九年(1473)禮部左侍郎劉吉,成化十三年(1477)山東布政使司左布政使陳儼,成化二十年(1484)山東等處承宣布政使司左布政使戴珙,成化二十三年(1487)禮部左侍郎黄景,弘治元年(1488)大理寺右少卿李介,弘治四年(1491)通政使司左通政使元守直,弘治六年(1493)巡撫山東都察院左僉都御史王霽,弘治七年(1494)内官監太監李興、太子太保平江伯陳鋭、都御史劉大夏,弘治十年(1497)巡撫山東都察院右僉都御史熊翀,弘治十七年(1504)都察院右副都御史徐源,正德元年(1506)光禄寺少卿楊潭,正德六年(1511)山東等處承宣布政司左參議吴江,正德七年(1512)山東等處承宣布政司右參政黄繡,嘉靖元年(1522)尚寶司卿劉鋭,嘉靖十一年(1532)臨朐縣知縣褚寶,嘉靖十七年(1538)臨朐縣知縣陸昌,嘉靖三十二年(1553)巡撫山東地方都察院右副都御史沈應龍,嘉靖三十三年(1554)巡撫山東地方都察院右副都御史沈應龍,嘉靖四十年(1561)巡撫山東地方都察院右副都御史朱衡、巡撫山東都察院右副都御史謝東山,嘉靖四十三年(1564)巡撫山東等處地方兼理營田户部右侍郎兼都察院右僉都御史鮑象賢,嘉靖四十四年(1565)總理河道漕運工部尚書兼都察院右副都御史朱衡,嘉靖四十五年(1566)總理河道漕運工部尚書兼都察院右副都御史朱衡,隆慶元年(1567)大理寺右評事顧從義,隆慶三年(1569)巡撫山東地方都察院右副都御史姜廷頤,隆慶六年(1572)巡撫山東等處地方都察院右僉都御史傅希摯,萬曆元年(1573)前軍都督府管府事安鄉伯張鉉。①

除了皇帝遣人致祭之外,衆官也經常到東鎮廟舉行各種形式的祭祀活動。據明王居易《東鎮沂山志》記載,明代曾經祭祀東鎮沂山的官員主要有:弘治五年

① 明萬曆元年(1573)之後的遣祭活動《東鎮沂山志》未載,而吉星田《東鎮廟碑目》還著録了萬曆二十二年(1594)"盧龍雲祭告東鎮沂山碑"和萬曆三十三年(1605)"陳幕祭告東鎮沂山碑",這説明萬曆二十二年與三十三年朝廷也曾遣使致祭東鎮沂山。參見《東鎮沂山》,第 24 ~ 25 頁。

(1492)欽差巡察海道山東等處提刑按察司帶分巡海右道副使趙鶴齡,正德十一年(1516)青州知府朱鑑,嘉靖二年(1523)欽差巡撫山東等處地方都察院右副都御史陳鳳梧,嘉靖六年(1527)欽差巡撫山東等處地方都察院右僉都御史王堯封,嘉靖十二年(1533)四月青州知府胡湘,嘉靖十二年(1533)五月臨朐縣知縣褚寶,嘉靖十二年(1533)六月臨朐長吏褚寶,嘉靖三十二年(1553)欽差整飭青州等處兵備兼分巡海右道、山東按察司副使牟朝宗,嘉靖三十五年(1556)歷城縣儒學訓導程裔,嘉靖三十六年(1557)歷城縣儒學教諭張曉,嘉靖四十二年(1563)青州府推官署臨朐縣事劉建,隆慶三年(1569)青州府臨朐縣知縣張體乾、縣丞趙鳳、主簿張巍、典史張洪、儒學教諭李時春、訓導孫遇,隆慶五年(1571)青州府臨朐縣知縣李填,等等。

明代東鎮廟還曾多次重修,現存《明洪武九年敕修東鎮廟記碑》、《明成化三年重修東鎮廟記碑》、《明成化八年東鎮沂山寢廟成記碑》、《明嘉靖四十年重修東鎮廟題名記碑》、《明萬曆四十二年重修東鎮沂山廟記碑》等碑刻,明王居易《東鎮沂山志》所收劉珝《臨朐縣重修東鎮廟記》、楊諫《重修東鎮廟記》、遲鳳翔《臨朐縣重修東鎮廟記》等碑文,以及吉星田《東鎮廟碑目》所著録的趙秉忠撰"重修東鎮廟記"碑等[1],詳細記載了明代東鎮廟的重修和擴建過程。

清代明以後,沿襲歷代禮制,繼續祭祀嶽鎮海瀆,《清史稿》卷八十三《志》第五十八云:"順治初,定嶽鎮海瀆既配饗方澤,復建地祇壇,位天壇西,兼祀天下名山大川。"但遣使致祭開始於清順治三年(1646),"三年,定北鎮、北海合遣一人,東嶽、東鎮、東海一人,西嶽、西鎮、江瀆一人,中嶽、淮瀆、濟瀆一人,北嶽、中鎮、西海、河瀆一人,南鎮、南海一人,南嶽專遣一人,將行,先遣官致齋一日,二跪六拜,行三獻禮"[2]。然而,康熙繼位,遣使致祭嶽鎮海瀆廢除,直到康熙三十五年(1696)纔恢復。《清史稿》卷八十三《志》第五十八又云:"(康熙)三十五年正月,爲元元祈福,始遣大臣分行祭告,凡嶽五:曰東嶽泰山、南嶽衡山、中嶽嵩山、西嶽華山,北嶽恒山。鎮五:曰東鎮沂山、南鎮會稽山、中鎮霍山、西鎮吴山、北鎮醫巫閭山。海四:曰東海、南海、西海、北海。瀆四:曰江瀆、淮瀆、濟瀆、河瀆。"[3]對於清代祭祀東鎮沂山的情況,清光緒《臨朐縣志》卷十六《雜記》有詳細記載,其云:"國朝遣祭尤多重臣。順治八年,禮部右侍郎劉昌;十八年,翰林院侍講學士左敬祖。康熙六年,内秘書院學士劉芳躅;十五年,宗人府府丞馬汝驥;三十五年,内

---

① 參見《東鎮沂山》,第25頁。

② 趙爾巽等:《清史稿》第10册,北京:中華書局,1976年,第2521頁。

③ 趙爾巽等:《清史稿》第10册,第2522頁。

閣學士張榕端；四十二年，内閣侍讀學士趙世芳；五十二年，吏部左侍郎孫柱。雍正元年，宗人府府丞吴梁；十三年，翰林院侍講學士伊爾敦。乾隆十三年，登萊青道趙晃；十五年，内閣學士歸宣光；二十年，内閣侍讀龔學海；二十七年，吏部右侍郎恩丕；三十七年，吏部左侍郎曹秀先；四十一年，内閣學士汪廷嶼；四十五年，内閣學士達敏。嘉慶元年，青州副都統觀明；二十四年，刑部左侍郎廉善。道光九年，登州鎮成玉；二十五年，登州鎮德□；三十年，青州副都統常清。咸豐元年，青州副都統常清；咸豐十年，青州副都統恩夔。同治元年，青州副都統恩夔；同治四年，青州副都統恩夔。光緒元年，青州副都統春福。"根據沂山東鎮廟現存碑刻記載，清光緒《臨朐縣志》的以上説法大多可以得到證實，而且還可以糾正正史記載之誤。但其統計並不完備，多有遺漏。據吉星田《東鎮廟碑目》記載，還有以下遣祭活動光緒《臨朐縣志》未載：順治三年（1646）李蕊，順治十年（1653）李森先，康熙二十三年（1684）王曰温，康熙二十八年（1689）李振裕，康熙二十九年（1690）李振裕，康熙四十八年（1709）瓦爾大，康熙五十八年（1719）朱汝錩，乾隆二十一年（1756）陳大受，嘉慶五年（1800）賡音布，嘉慶十七年（1812）李文耕，咸豐十一年（1861）劉景叔，同治元年（1862）陳士傑，光緒五年（1879）張曜，光緒十年（1884）姚延福，宣統三年（1911）曾碩儒，等等。①

與明代一樣，清代除了皇帝遣使致祭外，地方官員也經常因故祭祀東鎮沂山。吉星田《東鎮廟碑目》著録了以下相關的碑刻：順治四年（1647）"張旭初祭告東鎮沂山碑"，康熙三十四年（1695）"陳霆萬祭告東鎮沂山碑"，乾隆五十九年（1794）"張梴祭告東鎮沂山碑"，嘉慶二十三年（1818）"傅代鐸祭告東鎮沂山碑"，咸豐七年（1857）"何庸祭告東鎮沂山碑"，同治五年（1866）"何維堃祭告東鎮沂山碑"，光緒二十年（1894）"吴若顥祭告東鎮沂山碑"，光緒二十六年（1900）"劉其緯祭告東鎮沂山碑"，等等。②

清代東鎮廟也多次重修，《清康熙二年重修東鎮廟記碑》、《清康熙四十年重修東鎮沂山廟記碑》、《清康熙四十一年重新東鎮神像記碑》、《清嘉慶五年重修東鎮廟落成詩記碑》、《清嘉慶十一年新建三元廟記碑》、《民國二十九年重修寢殿記碑》等東鎮廟現存碑刻③，詳細記載了每一次重修東鎮廟的過程。

① 除以上所列之外，吉星田《東鎮廟碑目》還著録東鎮廟曾有康熙五十三年（1714）"聖祖祭告東鎮沂山御碑"和乾隆二十年（1755）"高宗祭告東鎮沂山御碑"。參見《東鎮沂山》，第28頁。

② 《東鎮沂山》，第26~31頁。

③ 吉星田《東鎮廟碑目》還著録了一塊乾隆四年（1739）"重修關帝廟碑記"碑。參見《東鎮沂山》，第28頁。

## 二、元代全真道在東鎮廟的傳承

據以上所述,沂山建祠始於隋開皇十四年(594),但當時是否有道士居住,因史料闕如,不得而知。又據清光緒《臨朐縣志》卷九《藝文》記載,沂山東鎮廟曾有《沂山設醮記》碑,立於宋仁宗慶曆六年(1046),張從訓撰文,道士吴太昭書石。假若其中提到的吴太昭爲東鎮廟道士,那麽,至遲到宋仁宗時,東鎮廟已有道士居住,並主持或參加了慶曆六年的這次沂山修醮活動。吴太昭之後,第二個有明確歷史記載的沂山東鎮廟道士是楊道全。前面已經提到,《金史》記載,楊道全曾於金章宗明昌年間提請封沂山爲東安王。除了《金史》的以上記載之外,東鎮廟現存《元至治二年東鎮沂山元德東安王廟神佑宫記碑》也提到了楊道全的名字,其云:"祀奠禮畢,讀視天寶、大安等故碑之文,有曰:廟之右神佑宫者,乃知廟道士參禮之所也。廟之左館驛者,乃祭者宿齋之處也。又有賠廟之地四至:東至義道約三里,南至大嶺約三里,西至黄泥户洞約二里,北至鳳凰嶺分水流處爲界。知廟道士傳度師楊道全立石。"以上證明,金大安年間,楊道全爲東鎮廟知廟道士。至於楊道全是否爲全真道士,雖因史料闕如,難以定論,但根據以下文獻記載可知,金末全真道已經傳播到這一地區。

首先,金大定二十一年(1181),因"牒發"事,劉處玄由河南洛陽東歸山東萊州,第二年春,同樣因"牒發"事,馬鈺由陝西終南山東歸山東寧海,兩人都曾經過這一地區,並在此傳道。[1] 馬鈺《洞玄金玉集》中有《繼濰州耿公大師韻》(卷一)、《和淄州李先生韻》(卷二)等詩,這説明馬鈺在東歸路上,曾經在濰州、淄州等地傳道,而這兩地都與沂山臨近。

其次,金章宗明昌二年(1191),丘處機由陝西終南山東歸山東棲霞,也曾經過這一地區。東歸之後,丘處機在山東各地傳道,也經常在這一地區活動。丘處機《磻溪集》中有《赴濰州北海醮》、《八月十日自昌樂縣還濰州城北玉清觀作中秋詩》、《贈濰陽唐括姑》、《濰州城北千户新觀》等詩,就是最好的明證。按照《長春真人西遊記》卷上記載,丘處機在西行覲見成吉思汗的路上,曾經路過這一地區,並作短暫的逗留。其云:"如期騎至,與之俱行。由濰陽至青社,宣使已行矣。

① 參見趙衛東:《馬鈺東歸及其對山東全真道的影響》,《齊魯文化研究》第3輯,濟南:山東文藝出版社,2004年,第156~162頁。

問之,張林言:‘正月七日,有騎四百,軍於臨淄,青民大駭,宣使逆而止之,今未聞所在。’師尋過長山及鄒平。”①濰陽即今濰坊,青社即今青州,當時張林爲青州守將,此兩地皆距沂山不遠。按照元于欽《齊乘》卷四記載,西行途中,丘處機不僅到過益都,而且在益都建立了太虚宫,以作爲棲霞太虚宫之下院,其云:“太虚宫,普照寺南。初,金季有全真道士邱長春,自棲霞西入關,過益都,知府徐君館之,長春相其宅曰:‘此福地也。’徐即施與之,遂卜築焉。井鹵不食,使弟子詛荼投之,即成甘泉。”

再次,王處一曾在周圍傳道。金大定九年(1169),王重陽帶領丘、劉、譚、馬離開山東之後,全真七子中王處一主要在山東各地傳道。王處一《雲光集》中有《贈濰州觀主太夫人》、《贈益都統軍》、《贈濰州千户信道子》、《安丘陳縣君出家求教》、《贈安丘縣令》、《北青州船户張長者有問》、《答沂州趙知法問修行》、《贈北青州道衆》(卷一)、《莒州王哥索》、《題濰州石橋》、《贈莒州千户》、《密州千户請爲黄籙濟度師,醮罷贈之》、《密州官員市户舉請修完佑德觀》、《贈密州李都目》、《密州崔道常猛烈出家贈之》(卷二)等詩作,其中提到濰州、益都、安丘、青州、沂州、莒州、密州等地名,以上地方或在沂山附近,或距沂山不遠,這説明金末王處一的傳道範圍已經覆蓋了沂山及其周圍地區。

最後,金代沂山周圍多有全真高道活動。據《益都縣圖志》卷二十八《金石志》下記載,金末在青州一帶傳道的全真道士有王處一的弟子周慶安和丘處機的弟子李志清。《崇真大師靈祠記》云:“先生姓周,諱慶安,道號恬然子,濟南人也。其家富貴,軒冕束帶而立於朝者,代不乏人矣。公其宿有道骨仙風,穎悟生死。一遇玉陽仙師,頓開羅網,豁達靈明,眠雲卧月,咀芝嚼蘭,信其真物外人也。是時,門弟迨數百輩,先生立不教,坐不議,虚心而往,實服而歸。及其八十有五,欲遺物離人之際,故談笑示衆棄世頌畢,曲眠左肱,翛然返真,神遊八紘之外矣。”②而據《修真觀碑》記載,李志清於丘處機西行覲見路經青州時拜丘處機爲師。《修真觀碑》云:“有李公志清者,念父母鞠育之愛,惜兄弟友于之情,不忘其報。一旦……國師長春老仙應詔而來,士民仰戴,香火交迎,公灑然易衣而道……”③

以上説明,早在金中期以後,全真道在青州一帶就有廣泛的傳播,沂山東鎮廟作爲當時該地區著名的道教宫觀,有全真道士入住是合情合理的。因此,楊道

① 《道藏》第34册,第481頁。
② 趙衛東、莊明軍編:《山東道教碑刻集·青州、昌樂卷》,濟南:齊魯書社,2010年,第345~346頁。
③ 趙衛東、莊明軍編:《山東道教碑刻集·青州、昌樂卷》,第346頁。

全極有可能爲全真道士。假若以上推斷屬實的話，那麽，全真道傳入沂山東鎮廟的時間應該爲金世宗時期。

如上已述，雖然相關文獻中收録了十幾塊元代東鎮廟碑刻，但因收録者只收碑文而未收題名，所以對於瞭解元代全真道在東鎮廟的傳承，並没有太大的用處。因此，只能依靠東鎮廟現存元碑中提到的道士姓名來作一番考察。包括殘碑，東鎮廟現存 8 塊元碑，其中有 5 塊提到道士姓名，現羅列如下：

《元至大四年臨朐縣達魯花赤祭春記碑》提到"知廟道士時道信"。

《元皇慶二年脱歡、蔡文淵昭告碑》提到"宣授圓明真静純德大師東鎮提點梅道隱"。

《元延祐六年殘碑》也提到梅道隱。

《元至治二年東鎮沂山元德東安王廟神佑宫記碑》提到下列道士姓名：圓明純静大師本路都道録東鎮太虚宫提點梅道隱，東鎮沂山神佑宫提點知元德東安王廟事張德顯，安和明德通妙大師東鎮廟神佑宫住持提點王道融，玄門大師武君洞虚大師本宫提點曹志明，中玄大師本宫提點趙志元，闊然明素大師本宫提點杜道方，淵貞明静大師本宫提點張道珪，玄通大師□□□□路道録張道亨，中玄義妙大師本宫提點唐志遷，明貞大師知東鎮廟事本宫□張□，□□統德大師提舉魏道真，東鎮知觀劉道源，本宫副宫趙道義、田福堂，□□□□□□道□、林慶童，本宫知觀侯玄信，通□然素大師益都路道提點兼本宫提點□□范和童，明達大師本宫知宫宣道和、韓德童，淵静洞虚大師益都路道門提點王志樸，北磨知觀洪德廣、張雲童，本宫副宫孫道信，本廟知觀李道成，等等。除此之外，還有一些道士姓名因碑刻受損而無法辨認。

《元代殘碑》提到"提舉侯玄信，提領張德□"。

雖然東鎮廟現存碑刻中有道士題名的只有以上五塊，但若仔細分析這五塊碑中的道士題名，仍然可以發現一些規律性的東西。除去因受損而無法辨認和重複出現的道士題名，以上共提到 25 位道士姓名，現分析如下：其中排"志"字的有 4 位，即曹志明、趙志元、唐志遷、王志樸；排"道"字的有 12 位，即時道信、梅道隱、王道融、杜道方、張道珪、張道亨、魏道真、劉道源、趙道義、宣道和、孫道信、李道成；排"德"字的有 4 位，即張德顯、韓德童、洪德廣、張德□等①；排"童"字的有 4 位，即林慶童、范和童、韓德童、張雲童等；排"玄"字的只有 1 位，即侯玄信。其

① 沂山東鎮廟現存《明洪武二年敕祀東鎮廟記碑》中，也提到了兩位排"德"字的道士姓名，即"太虚宫守廟道士王德祚、鄒德明"。

中韓德童,既可以排在"德"字系列,又可以排在"童"字系列。除此之外,還有一位田福堂,不屬於以上任何一個系列。因爲以上道士題名的排列缺乏規則,很難從中看出他們之間的師承關係。但至少可以説明一點,即某一個字在道士姓名中的普遍出現,這並不是偶然,而是有意安排的結果。這種自覺的安排,並非元代纔有,早在王重陽爲其弟子命名時就已經有了。全真七子有四位名字中有"處"字,即譚處端、劉處玄、丘處機、王處一,而王重陽早年在陝西終南山所收的兩名弟子也以"處"字命名,即嚴處常、史處厚,這説明王重陽在爲其弟子命名時,已經有了自覺排字的意識。後來全真後學在給弟子命名時,也沿襲了這一傳統,使全真道第三、四、五、六代弟子的排名具有顯明的特徵。①

首先來看一下丘處機一系弟子的情況。

(一)金末跟隨丘處機西行的十八弟子,其中有 2 位排"道"字,即趙道堅、宋道安,有 2 位排"德"字,即宋德方、潘德沖,其餘 14 位都排"志"字。

(二)元中統二年(1261)李晉撰《龍陽觀玉真清妙真人本行記》提到丘處機女冠弟子李守正的 11 位門徒,其中排"守"字的 2 位,即李守真、杜守和;排"道"字的 1 位,即張道信;排"童"字的 4 位,即楊貴童、何春童、趙琴童和何興童;排"净"字的 4 位,即劉净元、張净淳、趙净寧、馮净常。②

(三)元至元二十五年(1288)文道廣撰《玄靖達觀大師劉公墓志銘》提到丘處機弟子劉志厚的門徒 24 位,其中排"志"字的 12 位,排"道"字的 6 位,排"童"字的 5 位,還有 1 位是邢德童,既可以算在排"德"字之列,又可以算在排"童"字之列。③

(四)元至元二十七年(1290)《重建昊天宫碑》④提到且能辨認清楚的道士姓名有袁道珪、袁道方、魏道寂、馬道静、范道豐、楊道寧、魏道明、馬道寬、王道用、李守正、孟道和、林道實、翟志中、方道元、孫道元、趙志和、臧金童、王志堅、馬道清、劉慧方、盧妙元、陰守元、陳德平、王道昭、成志希、梅道隱、韓道茂、宋志道等 28 位,其中排"守"字的 2 位,排"志"字的 5 位,排"道"字的 17 位,排"德"字的 1 位,排"童"字的 1 位,排"慧"字的 1 位,排"妙"字的 1 位。

---

① 對於這一點張廣保《明代全真教的宗系分化與派字譜的形成》與樊光春《明清時期西北地區全真道宗派梳理》兩文(以上兩文見《全真道研究》第 1 輯,濟南:齊魯書社,2011 年)已經指出,但因文章主題問題,以上兩文皆未就此進行詳細的考察,今擬在以上兩文的基礎上,結合沂山東鎮廟現存元碑所列道士題名,對該問題進行更進一步的探究。

② 陳垣編纂:《道家金石略》,北京:文物出版社,1988 年,第 542 頁。

③ 陳垣編纂:《道家金石略》,第 661 頁。

④ 趙衛東、莊明軍編:《山東道教碑刻集·青州、昌樂卷》,第 3 ~ 5、347 ~ 350 頁。

（五）元大德六年（1302）《降御香之記碑》[①]提到且能辨認清楚的道士姓名有：梅道隱、王道悟、翟道□、金道堅、張惠通、王道真、宋道堅、王道擴、丁道陽、袁道珪、袁道方、馬道静、張道明、趙志和、馬道堅、孟道和、林道茂、卞道用、劉志堇、張道和、李道明、劉道炬、馬道寬、史道清、魏道明、李守正、翟志中、孫道元、王志堅、宋志道、蔣道勤、王志真、尚道元、蔣道法、張志順、張道寬、陰守元、陳守法、鮑守智、李妙玄、盧妙元等41位，其中梅道隱、袁道珪、袁道方、孟道和、魏道明、王志堅、翟志中、宋志道、陰守元、盧妙元、孫道元、馬道静、馬道寬、李守正、趙志和等15位已出現於至元二十七年（1290）《重建昊天宫碑》中，剩餘的26位，排“志”字的有3位，排“道”字的有19位，排“守”字的有2位，排“妙”字的有1位，排“惠”字的有1位。[②]

（六）元皇慶二年（1313）司馬德義撰《彰德路湯陰縣鹿樓村創修隆興觀碑銘》提到丘處機弟子李志常一系在隆興觀的傳承情况，其中共列35位道士，除去5位只稱某某先生之外，其餘30位，排“志”字的16位，排“道”字的6位，排“童”字的8位。而且，在李志常弟子何志安的門徒中，一傳弟子6位，其中排“志”字的3位，排“道”字的2位，另1位只稱黄先生；二傳弟子10位，其中排“志”字的4位，排“道”字的2位，排“童”字的3位，還有1位是孫先生；三傳弟子4位，其中排“志”字的1位，排“童”字的3位。[③]

（七）元泰定二年（1325）《朝元洞碑陰仙源圖》列丘處機四傳弟子31名，其中排“志”字的有18位，排“道”字的有9位，排“德”字的有2位，此外還有趙悟真

---

① 趙衛東、莊明軍編：《山東道教碑刻集·青州、昌樂卷》，第350～351頁。

② 《重建昊天宫碑》與《降御香之記碑》在山東青州駝山昊天宫，按照《重建昊天宫碑》的記載，駝山道場由安然子李守正創立，李守正二十七歲拜濟南陽丘紫微宫弘陽郭真人爲師，後至青州駝山創建昊天宫，並授徒傳道。該碑撰者爲婁敬洞道士楊志運，而楊自稱“謁鄙紫微婁敬洞”，可見紫微宫即是婁敬洞，駝山昊天宫應該與婁敬洞同一法脈，也正是有此一淵源，所以至元二十七年（1290）李守正弟子孟道和至婁敬洞請楊志運撰寫碑文。婁敬洞在今山東省濟南市長清區張夏鎮蓮臺山，此道場由丘處機再傳弟子曹志沖開創，屬丘處機一系傳承，對此，元杜仁傑撰《婁敬洞洞虚觀碑記》可以證明，其云：“有洞號婁敬者，蓋耳之熟矣，獨以不到爲恨。先無居民室於其間，是以人罕至焉。壬辰後，有道士曹志沖自燕薊來，直抵所謂婁敬洞者，至則以日爲歲，朝畚暮鍤，芟夷除剪，經營不出者餘三十年。其徒稍稍來集，於是有殿有廡，有厨有齋，有庫有厩。志沖蓋嘗師事掌教李真常，得以額請，因揭爲洞虚觀。”（參見王宗昱編：《金元全真教石刻新編》，北京：北京大學出版社，2005年，第24頁）李守正來自婁敬洞，他所開創的駝山昊天宫道場自然也應該屬於丘處機一系。而且，楊志運所撰《重建昊天宫碑》云：“玉京金闕迥處尊，罡風浩炁藏天閽，轟雷掣電驅層雲，長春仙苗俄高奔，奚能俯仰函乾坤，昊天聖德降威神，駝山殿象宋皇君，以時登嶠信香焚，人間象外沾洪恩，積善衮衮興兒孫，李翟玄徒葺有勳，崎嶇上下仝殷勤，千載應化銘長存。”（參見趙衛東、莊明軍編：《山東道教碑刻集·青州、昌樂卷》，第4頁）從“長春仙苗俄高奔”一句也可以看出青州駝山昊天宫道士的宗派傳承屬於丘處機一系。

③ 陳垣編纂：《道家金石略》，第739頁。

和李惟誠;五傳弟子68位,其中排“志”字的18位,排“道”字的17位,排“德”字的32位,排“童”字的1位;六代弟子38位,其中排“志”字的7位,排“道”字的6位,排“德”字的13位,排“童”字的9位,此外還有丁善淵和2位因碑刻受損而情況不明者;女冠29位,其中排“守”字的11位,排“妙”字的11位,排“慧”(惠)字的6位,排“道”字的1位。①

(八)元泰定三年(1326)《玉清萬壽宫記》碑陰宗派之圖列丘處機一系弟子41位,其中排“正”字的2位,排“德”字的9位,排“善”字的5位,排“元”字的4位,排“道”字的13位,排“童”、“志”字的各1位,還有6位因碑刻殘損而排字情況不明。②

(九)元後至元二年(1336)《增修集仙宫記碑》列丘處機親傳弟子1位,即王志演;二傳弟子14位,其中排“志”字的有10位,排“童”字的1位,不明者3位;三傳弟子15位,其中排“志”字的6位,排“道”字的5位,排“德”字的1位,排“童”字的1位,不明者2位;四傳弟子18位,其中排“志”字的2位,排“道”字的10位,排“德”字的2位,排“童”字的2位,排“玄”字的1位,還有1位是周從道;五傳弟子28位,其中排“志”字的5位,排“道”字的10位,排“德”字的4位,排“童”字的9位,排“玄”字的1位,其中韓德童兩算;六傳弟子9位,皆排“童”字。③

以上對於丘處機一系弟子的統計,正好可以與樊光春先生《西北道教史》一書相印證。在該書中,樊先生對丘處機親傳弟子以及再傳弟子進行了統計,就其統計的情況來看,丘處機親傳弟子中大部分排“志”字,只有少數排“道”字或“德”字。在丘處機三傳弟子中,雖然仍然以排“志”的居多,但排“道”或“德”字的數量明顯增加,而且還出現了排“守”字和“童”字的現象,而女冠則多排“妙”字或“慧”字。④

除以上之外,還有一些不能確定是否爲丘處機一系的道士題名,也表現出了同樣的情況。比如:

(一)蒙古定宗后元年(1249)《重修天壇碑銘》後附107位紫微宫道士題名,其中排“志”字的87位,排“道”字的1位,排“德”字的3位,排“童”字的12位,排“守”字的2位,排“源”字的2位,其中李德童、李志童兩算,此外還有張保真和丁仲堅不在以上之列。⑤

① 陳垣編纂:《道家金石略》,第771頁。
② 陳垣編纂:《道家金石略》,第774頁。
③ 陳垣編纂:《道家金石略》,第784頁。
④ 樊光春:《西北道教史》,北京:商務印書館,2010年,第404~416頁。
⑤ 陳垣編纂:《道家金石略》,第506頁。

（二）元至元二十一年（1284）李道謙撰《樓觀大宗聖宮重修説經臺記》提到宗聖宮26位全真道士姓名，其中排“志”字的7位，排“道”字的17位，排“德”字的2位。①

（三）元至元二十一年（1284）李道謙撰《終南山大重陽萬壽宮真元會題名記》收録大量道士題名，共分七欄：第一欄有20位道士，其中排“志”字的16位，排“道”字的3位，排“德”字的1位，另有排“德”字的居士4位；第二欄有11位道士，其中排“志”字的8位，排“道”字的3位，另有排“德”字的居士6位；第三欄有20位道士，其中排“志”字的14位，排“德”字的4位，排“道”字的2位；第四欄有18位道士，其中排“道”字的10位，排“志”字的4位，排“德”字的4位；第五欄有12位道士，其中排“志”字的8位，排“道”字的2位，排“德”字的2位；第六欄、第七欄主要是女冠，其中排“守”字的最多，其次是“妙”字，再次是“慧”字。②

（四）元大德三年（1299）《重修天慶延壽宮碑》列本宮35位道衆姓名，其中排“志”字的2位，排“道”字的7位，排“德”字的9位，排“童”字的17位。③

（五）元延祐四年（1317）《永樂宮聖旨碑》提到女冠之外的62位道士姓名，其中排“志”字的3位，排“道”字的36位，排“德”字的2位，排“童”字的21位。④

（六）《棲元真人門衆碑》列上百位道士題名，其中排“志”字的人數最多，其次是排“童”字的，再次是排“道”字的。另外，女冠排字主要有“守”、“妙”、“慧”等。⑤

通過以上分析可以發現，沂山東鎮廟五塊元碑中的道士題名所提供的信息具有普遍性，並非一種偶然現象。其表明，金元時期全真道士的命名並非隨意，而是有一定的規律性。全真道第三代弟子的命名主要以“志”字爲主，其次是“道”字和“德”字，這種情況一直持續到元代中期。⑥ 金末元初全真弟子的命名，雖然有了一定的自覺意識，但是在輩分上並不明晰，有時師徒幾代共用一字的情況較爲普遍，單純從排字很難分辨出其屬於幾代弟子。這説明當時雖然有了排

---

① 陳垣編纂：《道家金石略》，第644頁。

② 王宗昱編：《金元全真教石刻新編》，第75～77頁。

③ 王宗昱編：《金元全真教石刻新編》，第188頁。

④ 陳垣編纂：《道家金石略》，第727～728頁。

⑤ 王宗昱編：《金元全真教石刻新編》，第172～175頁。

⑥ 金末元初，全真道士命名雖然已經有了自覺的排字意識，但排字尚無一定之規。比如，蒙古定宗三年（1248）《戊申歲紀海衆信士姓氏之圖》碑記載了劉處玄弟子崔道演一系的傳承情況，其中提到崔道演的一傳弟子8人，皆排“志”字，而提到二傳弟子14人，却排“源”字，而不排“德”字或“童”字。（陳垣編纂：《道家金石略》，第500頁）

字的觀念,但仍然缺乏輩分意識。這種情況從元代中期開始發生改變,全真道士在命名中逐步有了輩分的意識,並自覺開始通過排字來區分輩分。因爲元代中期纔剛剛有了這種意識,所以執行起來還不十分嚴格,有的分支自覺意識較强,有的分支却概念模糊,命名相對較爲隨意,意外時時發生。元中期以後,這種自覺意識越來越明顯,並漸漸形成了命名的固定排字,即志—道—德—童—玄等。若把以上排字和全真道龍門派排字作一對比,就會發現一些有意思的問題。全真道龍門派前二十字排字爲"道德通玄静,真常守太清,一陽來復本,合教永圓明"[①]。而以上"志"、"道"、"德"、"童"("通")、"玄"五個排字中,有四個與龍門派前五個排字一致,表面上看起來,這似乎是一種巧合,但從對以上各元碑道士題名的分析來看,這並非完全是一種巧合,其中有一種必然性的因素存在。這種必然性的因素,便是元中期以後全真道士命名中的自覺排字意識。

然而,若因此而斷定元代中期以後全真道龍門派系譜已經形成,尚爲時過早。因爲以上排字的使用,並不限於丘處機一系弟子,在其他系弟子中也出現了類似的情況。蒙古定宗元年(1246)張寧遠撰《天壇尊師周仙靈異之碑》[②]碑陰"宗枝之圖"列舉了劉處玄一系若干弟子,其中劉處玄親傳弟子5位,除1位姓名缺損外,其餘4位爲:于道顯、李尊師、周頤真、宋德方,有1位排"道"字,1位排"德"字;再傳弟子中姓名較完整者共25位,其中排"志"字的20位,排"德"字的4位,排"道"字的1位;三傳弟子中姓名完整者64位,其中排"志"(或"智")字的38位,排"道"字的3位,排"德"字的3位,排"童"字的19位,還有1位是"冀若水"。元至治二年(1322)歐陽志真撰《重建修真觀記》[③]所列王處一8位二傳弟子中,有7位排"志"字,有1位排"德"字;9位三傳弟子中,5位排"志"字,3位排"道"字,1位排"德"字;17位四傳弟子中,10位排"道"字,4位排"德"字,2位排"童"字,1位排"玄"字;16位五傳弟子中,3位排"道"字,13位排"童"字。元至元二十三年(1286)王之綱撰《玉清觀碑》提到,河南衛州玉清觀屬南京(今河南開封)朝元宫之别院,一直由郝大通—王志謹一系弟子住持,碑陰提到包括王志謹弟子陳志昂在内的本觀或本宗道士題名29位,其中排"志"字的12位,排"道"字的13位,排"德"字的没有,排"童"字的3位,還有1位是魏守一。[④] 因此,揭示這一規律或現象的價值,並不在於找到全真道龍門派二十字系譜出現的時間,而

① 李養正:《新編北京白雲觀志》,北京:宗教文化出版社,2003年,第438頁。
② 陳垣編纂:《道家金石略》,第490頁。
③ 陳垣編纂:《道家金石略》,第761頁。
④ 陳垣編纂:《道家金石略》,第654~655頁。

在於其證明了龍門派系譜的出現並非偶然,不是某個人突發奇想創造出來的,而是在很長時間的自覺意識中逐步形成的,是對自元代以來全真道士命名規律的總結。或者説,它的價值在於爲全真道龍門派,甚至是其他支派系譜的出現,找到了某種歷史淵源。

## 三、唐教玉與邱祖又派的創立

明初對佛、道教實行嚴格的控制政策,洪武六年(1373),朱元璋下令歸併寺觀,"府州縣止存大寺觀一所,併其徒而處之,擇有戒行者領其事"(《明太祖實録》卷八十六)。二十四年(1391),又下令"自今天下僧道,凡各府州縣寺觀雖多,但存其寬大可容衆者一所,併而居之,毋雜處於外,與民相混"(《明太祖實録》卷二〇九)。二十七年(1394),又"命禮部榜示天下僧寺道觀,凡歸併大寺,設砧基道人一人以主差税。每大觀道士,編成班次,每班一年,高者率之。僧道俱不許奔走於外及交構有司,以書稱爲題疏,强求人財。其一二人於崇山深谷修禪及學全真者聽,三四人勿許。仍毋得創庵堂"(《明太祖實録》卷二三一)。朱元璋對宫觀數量和道士人數的嚴格限制,使道教的發展深受影響。[1] 沂山東鎮廟作爲國家祭祀的一部分,明代祭祀頻繁,朱元璋在位的時候也曾多次遣使臣致祭沂山東鎮廟。因頻繁的致祭,東鎮廟留下了大量的碑刻,雖經多次毁壞,但至今仍有近60塊保存了下來,這些碑刻提供了有關東鎮廟道士的信息。

爲了便於分析,現將明隆慶以前東鎮廟現存碑刻所提到的道士姓名羅列如下:

《明洪武二年敕祀東鎮廟記碑》:"太虚宫守廟道士王德祚、鄒德明"。

《明正統元年車遜致祭殘碑》:"道會司道士王道延","守廟道士李壽真、李元真"。

《明正統二年任榮祭告殘碑》:"道會司道士蔣□深,守廟道士李壽真"。

《明景泰四年戚瀾代祀碑》:"道會司道會劉得芳"。

《明天順年間殘碑》:"道士姜志先"。

《明成化元年李木代祀碑》:"神佑宫住持崔守誠、道士趙志安,道會司道會鞠得芳"。

---

① 關於明初的宗教政策,請參看趙軼峰:《明代國家宗教管理制度與政策研究》,北京:中國社會科學出版社,2008年,第40~45頁。

《明成化三年重修東鎮廟記碑》:"守廟道士李原真","本廟住持王志琮","道士趙志安、趙志雄、姜志海","化緣道士李喜延"。

《明成化六年李希安代祀碑》:"本廟住持崔守□"。

《明成化十三年陳儼代祀碑》:"住持張永惠"。

《明成化二十三年黄景代祀碑》:"住持道士孟喜昇"。

《明弘治七年李興致祭碑》:"住持宋喜文,道士成喜通"。

《明正德五年喬宇代祀碑》:"住持郭崇增"。

《明嘉靖三十二年沈應龍致祭碑》:"本廟住持劉成"。

《明嘉靖四十年重修東鎮廟題名記碑》:"住持崔崇佑","道士陳崇進,募緣住持唐教玉,助緣杜教用、郇一林、王教洪、李教允、孟道勝、申道貴"。

《明嘉靖四十三年鮑象賢致祭碑》:"本廟住持唐教玉"。

《明隆慶三年張體乾頌東鎮詩碑》:"本廟住持崔崇佑"。

以上東鎮廟現存16塊碑刻中僅提到了36位道士姓名,除去李壽真、趙志安、崔崇佑、唐教玉4個名字出現了兩次,實際上只提到了32位道士。其中還有王道延、蔣□深、劉得芳、鞠得芳4人屬於道會司道士,王德祚、鄒德明屬於太虚宫道士,他們是不是東鎮廟道士尚難確定。若除去以上6位,真正可以確定爲東鎮廟道士的只有26位。這與元代東鎮廟碑刻的道士題名相比,數量明顯減少,這可能與朱元璋限定每所道觀道士的人數有關。不僅如此,因以上碑刻缺乏時間上的連貫性,而且每一塊碑刻提到的道士姓名太少,通過這些姓名很難尋找到有規律性的排字方式。以上32位道士姓名,排字就有六個,即"德"、"真"、"志"、"喜"、"崇"、"教",這很難確定他們的宗派歸屬。比如,《明成化三年重修東鎮廟記碑》提到了6位東鎮廟道士姓名,排字有"真"、"志"、"喜"三個,但因不知他們之間有無師徒傳承關係,所以不能確定其是否爲一派。又如,《明嘉靖四十年重修東鎮廟題名記碑》提到了9位東鎮廟道士姓名,排字有"崇"、"教"、"一"、"道"四個,相對較爲集中,查《諸真宗派總簿》,華山派系譜前十字"至一無上道,崇教演全真"①中有此四字,若以上9位真有師承關係,極有可能是華山派。但這只是一種推測,尚無確鑿的證據可以證明這一點。明嘉靖末年以前,東鎮廟道士的姓名排字之所以這麽混亂與明初朱元璋歸併道觀有關。在歸併道觀的政策下,原來分屬於不同道觀、不同宗派的道士被迫居住於同一所道觀,這導致靠道士姓名排字來確定他們的宗派歸屬幾乎不可能。

① 李養正:《新編北京白雲觀志》,第440頁。

自明憲宗開始,宗教政策開始鬆動,逐步放寬了對佛、道教的控制,這一點從東鎮廟現存碑刻提到的道士題名中也可以體現出來。上引《明成化元年李木代祀碑》、《明成化三年重修東鎮廟記碑》道士題名比以前明顯增多。但接下來的明孝宗、明武宗,有鑒於明憲宗放鬆宗教政策所帶來的弊病,又開始收縮政策,加强了對佛、道教的控制,所以,《明弘治七年李興致祭碑》與《明正德五年喬宇代祀碑》中的道士題名又急劇減少。明嘉靖年間,因明世宗崇信道士邵元節、陶仲文,致使明代宗教政策再次鬆動,道教開始復蘇。[①] 至明神宗萬曆年間,情況發生了根本變化,不僅東鎮廟道士的數量明顯增多,而且傳承清晰、宗派明確,而東鎮廟狀況的這一改變與上面提到的道士唐教玉有極大的關係。

按照東鎮廟現存《明萬曆十四年唐教玉墓碑》記載,唐教玉生於明正德二年(1507)二月十二日,"天師門下拜授上清三洞五雷經籙兼三五都功太平輔化仙卿"。明嘉靖三十七年(1558)至四十年(1561),唐教玉曾主持重修東鎮廟,現存《明嘉靖四十年重修東鎮廟題名記碑》云:"東鎮廟宇,近年以來,風雨摧殘,神像暴露,本廟住持唐教玉等,具呈到縣,轉申本府兵備道,給印信,□□緣募四方錢糧。臨朐、沂水二縣,夫役督工,修理寢殿五楹,俱用琉璃瓦獸,兩廡十楹,靈星門一座。自嘉靖三十七年起工,至四十年落成。"當時東鎮廟的住持是崔崇佑,唐教玉只是這次重修活動的募緣住持。可能因爲他在這次重修東鎮廟的過程中表現出了過人的才能,作出了突出的貢獻,按照《明嘉靖四十三年鮑象賢致祭碑》記載,到明嘉靖四十三年(1564)的時候,他便成爲東鎮廟住持,並參與了鮑象賢致祭東鎮廟的活動。明萬曆十四年(1586),唐教玉仙逝於東鎮廟,享年八十歲。

以上是目前所知關於唐教玉的所有信息,但根據以上信息,仍然無法確定以下兩個問題:第一,唐教玉是否爲全真道士?第二,他應該屬於哪一個宗派?對於第一個問題,從他的墓碑上稱他爲"天師門下拜授上清三洞五雷經籙兼三五都功太平輔化仙卿"來看,他似乎更有可能是一個正一派道士,而非全真道士。但若結合明代的實際狀況來看,在有更爲確鑿的證據之前,下這樣的判斷有些武斷。因爲自元代開始,正一與全真之間的界限開始變得模糊,很多全真道士接受了正一派的法術,也有一些正一派道士修習全真道丹道。到了明代,在朱元璋歸併宫觀的政策下,正一道士與全真道士混住,這種情況可能更爲普遍。因此,不能以此來判定唐教玉爲正一道士。相反,從唐教玉的弟子爲全真道士這一點來看,他極有可能爲全真道士,對於這一點下面還將作專門的探討,在此不再贅述。

① 關於明代宗教政策的變化,請參看趙軼峰《明代國家宗教管理制度與政策研究》一書。

對於第二個問題,可以結合以上所引碑刻略作探討。在以上所引碑刻中,與唐教玉關係比較密切的一個道士是崔崇佑,他曾在唐教玉以前和以後做過東鎮廟的住持,而且曾與唐教玉同時出現於《明嘉靖四十年重修東鎮廟題名記碑》,但因爲碑刻中没有作出説明,所以無法確定他們之間是否有師徒關係。即使他們之間有師徒關係的話,其實也不能確定他們屬於哪一個宗派。因爲在《諸真宗派總簿》中,出現過"崇"、"教"的有三個派别,即遇山派、華山派和鶴山派。① 而其中"崇"、"教"屬於遇山派第四十一、四十二代,顯然在時間上不存在這種可能;鶴山派由嶗山道士徐復陽創立,但對於徐復陽創立鶴山派的時間,目前有元明之際和明成化至嘉靖間兩種説法②,假若認同前者,唐教玉還有是鶴山派道士的可能,假若是後者,則絶無可能。在這三個派别中,最有可能的是華山派,前面已經提到過,《明嘉靖四十年重修東鎮廟題名記碑》中所提到的 9 位道士姓名的排字與華山派最爲接近,而且"教"字輩在華山派中爲第七代,在時間上也比較合理。但以上只是一種推測,若想最終證實,還有待於新證據的發現。

非常難得的是,東鎮廟的現存碑刻提供了關於唐教玉弟子較爲詳細的信息,這使我們可以通過其弟子來推知唐教玉的相關情況。現將自明萬曆年間至清康熙十六年(1677)東鎮廟碑刻中所提到的道士題名分列如下:

《明萬曆十四年唐教玉墓碑》:"度遺徒子:徒孟道勝、雪道之、申道貴、吕道朐、姚道江、俗徒子侯道夫,徒孫杜守仁、方守田、申守政、付守智、楊守仁、徐守衫、田守倖、楊守□,既重孫牛悟性、于悟賢、于悟清,玄孫申玄機。"

《明萬曆四十二年重修東鎮沂山廟記碑》:"住持道士吕玄陽、張演隨,宋全科。""本廟道人:王道蓬、王道真、申玄機、張真緒、邵守清、徐守衫、楊悟清、崔演器、杜惟宦、張守存、馬全守、李教花、夏全釗、張悟全、聶全傅、班演化、尹演儒、高真和、曹真惟、崔惟訓、吕演文、孫真寧、趙演爵、朱演賢、白全德、田惟臣、户演香、周守明、趙守身、張守文、王顔沖、朱真先、王奉沖。"

《清康熙二年重修東鎮廟記碑》:"住持道人朱全周,督催道人趙守身、倪微教、顧清然、段和典、李沖喜、苑静雲、祖悟讃、馬静讀立石。"

《清康熙十六年道士趙守身墓碑》:"度徒子祖悟讃、孔悟界,暨孫馬玄舉、馬玄□、李玄和,曾孫許微笈、周微篇、柴微篆、王微簪,玄孫程清芬仝立。"

因爲以上四塊碑刻在提到道士題名的同時,明確地指出了他們之間的師承

---

① 遇山派、華山派、鶴山派字譜,請參見李養正:《新編北京白雲觀志》,第 440、450 頁。

② 參見趙衛東:《金元全真道教史論》,濟南:齊魯書社,2010 年,第 351 頁。

關係，而且中間没有缺環，這使我們可以清晰而完整地排出唐教玉一系弟子的排字，即道—守—悟—玄—微—清—静……查《諸真宗派總簿》後發現，以上排字屬於邱祖又派，其完整的字譜爲："道守悟玄微，清静本希夷，無爲自然妙，又繼龍門裔。真常德正止，重開鳳唱奇，功成超紫府，丹詔赴瑶池。"①這樣一來，就可以確定，唐教玉一系弟子屬於邱祖又派。按照《明萬曆十四年唐教玉墓碑》的記載，"道"字輩的孟道勝、雪道之、申道貴、吕道朐、姚道江等爲唐教玉的徒弟，而同時他們也屬於邱祖又派第一代弟子。很顯然，唐教玉並不屬於邱祖又派，而是邱祖又派的祖師，即邱祖又派應該由他所創立。

從《明萬曆四十二年重修東鎮沂山廟記碑》中可以看出，在明萬曆四十二年(1641)時，東鎮廟所住道士並非全屬於邱祖又派，而是同時有其他派别存在。這塊碑共提到東鎮廟36位道士姓名，而有"玄"、"演"、"全"、"道"、"真"、"守"、"悟"、"惟(微)"、"教"、"沖"等排字，在以上排字中，"玄"、"道"、"守"、"惟(微)"四字顯然屬於邱祖又派，而"演"、"全"、"真"、"教"、"沖"則屬於其他派别。查《諸真宗派總簿》知，正好符合華山派系譜，其前二十字爲："至一無上道，崇教演全真，沖和德正本，仁義禮智信。"②這説明，當時華山派弟子與邱祖又派弟子同住東鎮廟。而且不僅如此，東鎮廟現存清康熙十六年(1677)以後的碑刻證明，邱祖又派與華山派混住東鎮廟的這種情况持續了很長時間，一直到民國二十九年(1940)還是如此。以上可以從下面的道士題名中看出：

《仁壽鄉盤羊社修醮殘碑》："玄門弟子苑静雲"。

《清康熙二十二年渠丘泊里莊記碑》："本廟住持李德仁，領醮弟子于得江"。

《清康熙二十七年李振裕致祭碑》："住持馮希魁"。

《清康熙四十年重修東鎮沂山廟記碑》："住持王正位"。

《清康熙四十一年重新東鎮神像記碑》："道人徐和風，道人劉無祥"，"書字道人王得□"。

《清康熙四十八年瓦爾大致祭碑》："住持石希照"。

《清康熙五十八年朱汝錩致祭碑》："住持道人劉禎祥"。

《民國二十九年重修寢殿記碑》："主持道人張禮修、侯智深"。

以上道士題名中，苑静雲顯然屬於邱祖又派，因爲前面提到過的《清康熙二年重修東鎮廟記碑》中有他的名字。馮希魁、石希照、劉無祥，也應該是邱祖又派

① 李養正：《新編北京白雲觀志》，第452～453頁。

② 李養正：《新編北京白雲觀志》，第440頁。

弟子。而李德仁、于得(德)江、王正位、徐和風、王得(德)□、劉禎(真)祥、張禮修、侯智深則屬於華山派弟子。由此還可以看出,從清康熙年間一直到民國時期,邱祖又派與華山派弟子交替住持東鎮廟。

在邱祖又派弟子中,較爲著名的是二代弟子趙守身。據東鎮廟現存《清康熙十六年道士趙守身墓碑》記載,趙守身,號稱仰沂道人,生於明萬曆二十四年(1596)五月十七日申時,仙逝於清康熙十五年(1676)十二月初七日子時,享年八十一歲。明萬曆四十二年(1614),曾參與重修東鎮沂山廟;清康熙二年(1663),又參與重修東鎮廟,並擔任督催道人。其所度徒弟有祖悟讚、孔悟界等,徒孫有馬玄舉、馬玄□、李玄和等,曾孫有許微笈、周微篇、柴微篆、王微簪,玄孫有程清芬等。此外,據傳稱,他還曾經著有《東鎮述遺紀剳》①一書。

邱祖又派屬於全真道一個支派,此派既然由唐教玉所創,那麽,唐教玉自然也應該屬於全真道士。尤其是根據邱祖又派與華山派長時間共居東鎮廟這一事實,加上前面我們關於唐教玉所屬宗派的推想,唐教玉很可能屬於華山派道士。其可能的情況是:明嘉靖年間,唐教玉與其他華山派弟子共同居住於東鎮廟,從其排字爲“教”字來看,他屬於華山派第七代弟子。然而,明嘉靖末或萬曆初,唐教玉從華山派中分離了出來,自己創立了邱祖又派,並在東鎮廟不斷傳承。而其他華山派弟子則一直保持着本派的特色,並代代傳承下來。這樣就造成了邱祖又派與華山派長時間共處東鎮廟的現象。

(本文爲國家社科基金項目“山東道教碑刻收集、整理與研究”階段性成果,項目批准號:08CZJ007。)

---

① 趙守身著《東鎮述遺紀剳》一書,臨朐縣政協文史委委員吉星田自稱擁有該書,並多次引用,上引《東鎮沂山》一書中的《東鎮廟碑目》極有可能就來源於該書。吉星田去世後,該書現由他的女兒濰坊電影公司職工吉華静收藏。筆者雖想盡辦法,但未能見到該書。據臨朐縣博物館副館長宫德傑稱,臨朐縣政協文史委委員劉鎮宗曾經親眼見過該書,説明該書確實存在。

# 明清以來湖北武漢木蘭山真武信仰

□梅　莉

**摘要：**位於今湖北武漢市區東北郊的木蘭山，唐宋時期已建有大量宗教建築，明清時期，隨着真武信仰達到鼎盛，木蘭山原有宗教建築格局大爲改觀，除出現多座主祀真武神的道觀外，原本供祀各類道教神仙的宫觀幾乎都成了“真武大帝”的祭壇，有些佛教寺廟也設殿供祀真武神像，整個木蘭山儼然成了真武道場。山上道觀原爲正一派天師道士的天下，元初全真道傳入後，逐漸佔據了主導地位，正一道士漸漸融入全真道。到晚清民國年間，木蘭山道士已是清一色的全真龍門派。木蘭山的廟會繁多，其中以農曆八月初一開山門時的“亮子會”最盛大。我們以爲木蘭山開山門的儀式以及“亮子會”的起源，當與信衆祭祀木蘭將軍有關，其起源相當久遠。隨着明代真武宫觀的修建與各廟真武神像的崇祀，道教中人將此種風俗與真武崇信相結合，並大力宣傳，使之逐漸爲民衆所認同，並一直流傳下來。

**關鍵詞：**木蘭山　木蘭祠　明清　真武信仰　全真派　亮子會

**作者簡介：**梅莉，女，湖南常德人，復旦大學學士，武漢大學碩士、博士，華中師範大學道家道教研究中心教授，主要從事歷史文化地理、道教史研究，出版有《明清時期武當山朝山進香研究》等專著，在《歷史研究》、《世界宗教研究》、《宗教學研究》等刊物上發表有關明清時期的真武信仰、武當山朝山進香及其他道教史論文多篇，目前致力於湖北道教史、近代道教史相關課題的研究。

## 一、木蘭山的歷史源流

### 1. 木蘭縣與木蘭山

木蘭山位於今湖北武漢市區東北郊 58 公里處，距黄陂區 27 公里，最高峰祈嗣頂海拔 582.1 米，是大别山南麓的高峰之一，有“木蘭聳翠”之美譽。木蘭山呈南北走嚮，南北約長 6.2 公里，東西約寬 2.5 公里，北高南低，東以木蘭川爲界，西以灄水河爲沿，北靠長塔公路，南抵研梳公路，面積 15.5 平方公里。群峰攢簇、山勢峭拔、奇石嶙崗、松柏疊翠、寺廟林立的木蘭山，是歷代佛教、道教薈萃之勝地，明清以來一直是黄陂及周邊地區遊人觀賞、香客朝覲、文人墨客賞玩的勝境佳地。

木蘭山自古屬黄陂縣地。在今黄陂縣境又曾設木蘭縣。《隋書・地理志》："梁曰梁安，置梁安郡。又有永安、義陽二郡。後齊置湘州，後改爲北江州。開皇初别置廉城縣，尋州及二郡相次並廢。十八年改縣曰木蘭。"今按，《南齊書・州郡志》有木蘭縣，屬安蠻左郡。是木蘭縣始置於南齊，梁改稱梁安縣，《魏書・地形志》則寫作"梁興"。永安、義陽二郡未詳何時置。廉城當是鹿城之誤。總之，南北朝時期黄陂境内郡縣名目繁多，有的徒具空名。隋統一後，對郡縣進行歸併整改，到隋開皇十八年(598)，就只剩下黄陂、木蘭二縣，連同黄岡、麻城，俱屬永安郡。唐武德三年(620)，改永安郡爲黄州，置總管府，管黄、蘄、亭、南司四州。黄州領黄岡、木蘭、麻城、黄陂四縣，州治已移至黄岡。同年，省木蘭縣入黄岡縣。於黄陂縣置南司州。七年，廢南司州，黄陂縣歸屬黄州。宋初將木蘭縣舊地劃歸黄陂，端平三年(1236)，黄陂縣寄治鄂州青山磯(今湖北武漢武昌北)，元初即復舊治。明嘉靖四十二年(1563)，分黄岡、麻城、黄陂三縣立黄安縣，黄陂北境割屬之。清雍正七年(1729)，湖廣總督邁柱奏稱："查湖北黄州府屬之黄陂縣，當南北孔道，去黄州陸路二百四十里，水路三百餘里，遠涉大江，有風濤之險。其去漢陽府僅九十里。今據黄州府詳稱確訪輿情，咸以陂邑改轄漢郡實爲官民兩便，並稱陂邑係水陸衝衢，東南孔道，在黄爲邊陲之地，統轄難周；屬漢稱附近之區，管理甚易。"[①]於是將黄陂縣改屬漢陽府。1949 年新中國成立後，黄陂縣隸屬孝感專區，1983 年劃歸武漢市，1998 年 9 月 15 日，國務院同意撤銷黄陂縣，設立武漢市黄陂區，區人民政府駐前川鎮。

木蘭縣因木蘭山而得名一般没有異議。[②] 而關於木蘭山得名的由來，宋以前史籍無載，總結明清以來的説法，大致有因人名山與因植物名山兩種。

因人物而得名。《大明一統志》以爲木蘭山因木蘭將軍塚而得名："木蘭山，在黄陂縣北七十里，有木蘭將軍塚，故名，隋以此山名縣。"[③]明弘治《黄州府志》卷二《山川・木蘭山》亦載："木蘭山，在治北七十里，有木蘭將軍墓在此山，故

① 道光《黄陂縣志稿》卷一《沿革》，民國十二年(1923)排印本。

② 《太平寰宇記》、《大清一統志》等皆持此説。

③ (明)李賢等編:《大明一統志》(下册)卷六十一《黄州府・山川》，西安:三秦出版社，1990 年，第 935 頁。

名。”清代《黄陂縣志》、《黄州府志》均肯定此説。此説不僅得到地方學者的力證,也有後世文人的讚同,如同治《黄陂縣志》卷十五《藝文志》引明代詩人徐承頤詩云:“未有木蘭先有山,山名偏藉木蘭補。木蘭與山名俱在,山並木蘭争萬古。”

以植物木蘭爲名。明嘉靖《黄陂縣志》卷上云:“木蘭山,在縣北七十里……傳嘗産木蘭,隋以此山名木蘭縣,故有木蘭將軍亦因此名。其墓即在此山以後。”此後《湖北通志》等志書便以爲“山産木蘭,故名”。80年代,爲修黄陂志書而先行編輯的《黄陂縣情要覽》稱木蘭山最早名爲“牛頭山”。傳説古時王洪、羅匡二位好漢號稱“牛頭大王”在此聚衆起事,因而得名。後因北峰突兀,南嶺逶迤,山腰平坦,宛如抖毛逞威引頸長嘯的雄獅,故又名“青獅嶺”,亦稱“建明山”。南齊時(約480),因山多木蘭樹,故謂之木蘭山。嗣後,曾襲用山名置木蘭縣。一代女傑木蘭將軍亦因此山而取名。[①] 據《辭海》“木蘭”詞條,木蘭屬木蘭科植物,落葉小喬木或灌木。早春先葉開花,花大,外面紫色,内面近白色,微香。果實似玉蘭,産於我國中部,久經栽培,供觀賞。中醫學上以乾燥的花蕾(稱“辛夷”)入藥。湖北爲木蘭花原産地之一。千百年前木蘭山是否存在大量木蘭花今已不可考,今木蘭山及其周邊僅見零星種植。

惜這兩種説法目前尚未發現有明確的史料印證。但從一些旁證來看,我們更傾嚮於山因木蘭此種植物而得名。弘治《黄州府志》卷二《山川·木蘭川》:“在治北六十里,其川多産木蘭,故名。”山下的木蘭川因植物而得名。正如當地學者陳梅塵先生所言:“山名當與川名有關聯,正如福建莆田的木蘭山是因爲山下有木蘭溪而因溪名山,而木蘭溪又因盛産木蘭而因花名溪。”[②]又湖北蒲圻縣亦有一座木蘭山,志書明確記載道:“木蘭山距縣三十里,在祥雲山前。《舊志》:山産木蘭,故名。”[③]另外,潯陽江中的木蘭洲,也以盛産木蘭得名。在我國地名的來源中,物産地名是很重要的一項。《太平御覽》卷五七《地部二二·林》:“盛弘之《荆州記》:江陵縣東一百里有緑林山,茂林蓊鬱,襄陽大路經由其西,所謂當陽之緑林也。”同書卷六〇五《文部二一·墨》:“盛弘之《荆州記》:築陽縣有墨山,山石悉如墨。”同書卷九八二《香部二·都梁》:“盛弘之《荆州記》曰:都梁縣有小山,山水清淺,其中生蘭草,俗謂蘭爲都梁,即以號縣。”《太平寰宇記》卷一四六《荆門軍長林縣》:“盛弘之《荆州記》云:當陽東有櫟林長阪,昔時武寧至樂鄉八

---

① 黄陂縣情要覽編纂委員會編:《黄陂縣情要覽》,内部資料,第150頁。

② 陳梅塵主編:《木蘭山志·山史沿革》,未刊油印本,1988年,第2頁。

③ 同治《蒲圻縣志》卷一《疆域·山川》,見《中國地方志集成·湖北府縣志輯》第32册,南京,江蘇古籍出版社,2001年,第348頁。

十里中，拱樹修竹，隱天蔽日，長林蓋取名於此。”

而木蘭縣的設置時間在南齊(480～502)時期，縣以山名，山又由人來命名的話，也就是説，木蘭的傳説在南齊以前流傳已相當廣泛，且已演化成一種民族精神的象徵，可爲統治者所用，故以其名設縣追念褒揚之，以激賞來者。但事實上，最早記述木蘭民歌的是《木蘭辭》。《木蘭辭》最早見於南朝陳代(557～589)僧人智匠的《古今樂録》。不論是否真有木蘭其人，從時間上看也是不太可能的。故乾隆《漢陽府志》卷九《山川・木蘭山》條下：“考之傳籍，一無所據。《隋書・地理志》開皇十八年置木蘭縣，則木蘭自是山名，蓋因山名縣，而非因人名山也。則以木蘭爲黄人者，大率因山而傅會耳，且指爲貞觀時人，亦無可考。”在黄陂的民間也有木蘭因木蘭樹而得名的傳説①，亦可印證此説。

綜上所敘，因植物名山的説法更有説服力。

木蘭縣雖得名於木蘭山，但木蘭山在唐以前寂寂無名。我國現存第一部全國地理總志——《元和郡縣圖志》(《圖》後來散失，故又稱《元和郡縣志》)就没有木蘭山的記載，五代時人修《舊唐書》，其《地理志》仍無木蘭山，宋人歐陽修主纂的《新唐書・地理志》已有之，不過不是繫於黄陂縣下，而是在木蘭縣下：“黄岡，上。武德三年省木蘭縣入焉，又析置堡城縣，七年省，有木蘭山。”北宋所修《元豐九域志》無木蘭山，《新定九域志》及《太平寰宇記》則有之。由此可見，木蘭山聞名全國，是唐宋之際的事。② 迄至明清，木蘭山名聲乃得大振，成爲一方勝境。《嘉慶重修一統志》卷三三八《湖北統部・漢陽府一・山川・木蘭山》引舊《志》云：“(木蘭山)在今縣北七十里。山勢嵯峨，群峰攢簇；有危崖邃壑，扳援難主。上有白雲洞，下有黄石洞；左挹蓮湖，右倚玉屏山。流泉怪石，爲縣之勝。”“木蘭擁翠”(亦稱“木蘭聳翠”)爲黄陂縣“十景”之一，明任山詩云：“翠巘勢嵬峨，晴空手可摩。煙篁常翥鳳，鮮石若堆螺。一段清光好，四時生意多。蜿蜒無斷續，古刹峙中阿。”③清人陳天策《遊木蘭山記》對木蘭山景致有更細緻的描繪：

> 鬱拔嵯峨，帶長川而礪群岫，誠有如將軍雄峙萬夫中。山靈咸辟易然者，緇衣羽士，各寄焚修於其間，在將軍正如安插投誠佈列召募。或遥峙爲

---

① 涂文學、陳麗芳：《木蘭故里史迹考略》，見蔣紅瑶主編：《木蘭文化新論》，武漢：湖北人民出版社，2007年，第42～43頁。

② 古樂府《木蘭辭》寫木蘭代父從軍事，論者或以爲漢代事。但詩中有“昨夜見軍帖，可汗大點兵”，“可汗問所欲，木蘭不用尚書郎”句。“可汗”、“尚書郎”均非漢代稱呼，則此詩爲晉唐人所作無疑。又，北魏酈道元作《水經注》，遍記全國大小山川古迹，却無木蘭山之名，亦可證明這一點。

③ 弘治《黄州府志》卷九《藝文志》，明弘治十三年(1500)刻本。

犄角,或散給爲連營,合全勢以壯陂之門鎖鑰,誠巖巖名勝哉。①

可見,木蘭山不僅以雄渾而秀麗的身姿,更是以動人的傳説、金碧輝煌的廟宇令人神往。

**2. 木蘭山宗教建築沿革**

木蘭山宗教究竟興起於何時,史無記載。佛教流傳始於隋,興於唐,爲禪宗派臨濟宗,活動中心就是木蘭山。今天所能查到的最早的廟宇是建於唐貞觀(627~649)年間的上古寺與下古寺。據康熙《黄陂縣志》記載:"上古寺,在縣東北六十里,在木蘭山上,唐貞觀中建。下古寺,在縣東北六十里,在木蘭山下,唐貞觀中建。"②

至於非佛非道的木蘭廟修建於何時尚不可考,但至遲在初唐時已存在。木蘭廟是祭祀木蘭的廟宇。"木蘭"的名字最早見於民歌《木蘭辭》③(大致成型於北朝,最終定型於隋唐),關於有無其人的問題,歷來並存着兩種截然相反的觀點。由於木蘭的事迹正史闕載,歷代遺留下來的與她有關的記敘見於方志、稗史、詩歌、散文、小説、戲曲及民間傳説等。除黄陂外,河南虞城、陝西延安、安徽亳州、山東任城等地都争認爲是木蘭的故里。無論木蘭是否確有其人,也不論她的故里是不是在黄陂,可以肯定的是,唐代在木蘭山已爲木蘭建有祠廟,它顯示出木蘭文化在黄陂已然爲民衆認同,在民衆的精神生活中影響深遠,並開始具有教化的功能。宋代地理總志《太平寰宇記》不僅明確記載了黄陂木蘭廟,而且指出河南的木蘭廟是從黄陂移植過去的。其卷一百三十一"黄岡縣"條下説:"木蘭山,縣西一百二十里……今有廟,在木蘭鄉。舊志在今縣北七十里。"同書卷一百二十七"光州"、"光山縣"條下云:"木蘭女廟,在縣南二里。唐武德六年(623),州人盧祖尚曾任弋陽太守,從黄州移於此。"由此可看到既是"木蘭廟",又加"女"字,應是《木蘭辭》中的木蘭無疑,這是歷史文獻中最早明確提到木蘭廟的記載。唐代光州,今屬河南信陽。黄州,州治在黄岡,轄有今黄陂縣地。《太平寰宇記》傳遞出這樣的信息:早在唐初(最遲在623年)黄陂就建有木蘭廟,且史料來

---

① 同治《黄陂縣志》卷七下《木蘭志》,見《中國地方志集成·湖北府縣志輯》第8册,第201頁。

② 康熙《黄陂縣志》卷一《輿地志·寺觀》,見《故宫珍本叢刊·湖北府縣志》第132册,海口,海南出版社,2001年。

③ 《木蘭辭》又稱爲《木蘭詩》、《木蘭歌》,自趙宋以爲"唐人木蘭詩"肇始,關於《木蘭詩》的成詩年代、作者、木蘭故里等問題,聚訟紛紜,莫衷一是。參見曹道衡、羅宗强、徐公持:《分期、評價及其相關問題——魏晉南北朝文學研究三人談(之二)》,《文學遺産》1999年第2期;王文倩、聶永華:《木蘭詩成詩年代、作者及木蘭故里百年研究回顧》,《商丘師範學院學報》2007年第1期等。

源於“舊志”。至於光州人盧祖尚爲何要將木蘭廟從黄州移於河南,合理的解釋當是黄陂的木蘭廟具有類似宗教祖庭的地位,從此移植的木蘭廟具有“合法性和合理性”①,能爲當地民衆所接受。《太平寰宇記》始修於北宋初太平興國年間,後有修補,以採摭繁富、考證精賅而著稱。它所聲稱的“舊志”或爲宋以前的地理圖志。結合中唐詩人杜牧的《題木蘭廟》詩“彎弓征戰作男兒,夢裏曾經與畫眉。幾度思歸還把酒,指雲堆上祝明妃”②來看,木蘭廟已是當地較爲有名的祠廟,如此纔能吸引詩人前去遊覽。

此後,歷南宋、元、明、清,在地理總志和地方志中均有木蘭廟的記載。如王象之《輿地紀勝》卷四十九《淮南西路・黄州・景物下》中提到木蘭山“在州(按,黄州)西一百二十里,舊廢縣取此山以爲名。《寰宇記》(按,《太平寰宇記》)云:今有廟並木蘭鄉,其神名木蘭將軍。《唐志》云:廟在黄岡”③。這裏的《唐志》當爲《太平寰宇記》中的《舊志》。在同卷《黄州・古迹》有“木蘭廟”,“在黄陂縣北七十里,即古樂府所載女子詐爲男夫代父征行者也”④。

由於原山志已毁,宋元時期木蘭山廟宇的情況已不太清楚,大致宋代初年重修了毁於唐末五代戰火中的大佛殿(原大雄寶殿)、華嚴閣(原方丈室)、關聖殿(原齋堂)、福慧庵(原觀音殿)、雷祖殿(原天王殿)、準提閣(原準提殿)、圖書府(原藏經閣)等,又新修了玉皇閣等建築。道教在元代修建三元宫、朝天宫、斗姥宫、回光殿,擴建了祈嗣頂,並將非佛非道的木蘭廟納入道教系統,從而擴大了木蘭山道教的影響。明朝萬曆年間,又增修報恩殿、帝主宫、三清殿、威靈觀、迎恩宫、南天門、二天門等,擴建了三元宫、朝天宫、斗姥宫、回光殿。明末清初時木蘭山廟宇定型爲“七宫八觀三十六殿”。“七宫八觀三十六殿”實指哪51座廟宇,其原廟名已無法考證。據清人所刻《木蘭山仙山萬古常新勝境全圖》中載有:靈官殿、仙關口、下大佛殿、觀音閣、紫微殿、鄂南宫、竹林寺、準提閣、下古寺、玄嶽殿、上古寺、圖書府、華嚴閣、關聖殿、上大佛殿、文昌閣、藥師殿、福慧庵、大士閣、黑虎殿、磨針澗、六星宫、雷祖殿、上準提閣、覺華庵、回光殿、迎恩宫、無量殿、將軍

---

① 易德生:《花木蘭故里到底在哪里》,《中國地方志》2007年第5期。

② 杜牧是唐會昌二年(842)到黄州任刺史的。當時的黄州管轄黄岡、黄陂、麻城三縣。杜牧生於唐貞元十九年(803),死於大中六年(852),著名文史專家繆鉞認爲,《題木蘭廟》是杜牧任黄州刺史(將近任職三年),觀賞木蘭山時所作,時間大致是會昌二年到四年(842~844)之時。見繆鉞:《杜牧年譜》,北京:人民文學出版社,1980年,第60~61頁。

③ (宋)王象之:《輿地紀勝》(第3册)卷四十九《淮南西路・黄州・景物下》,北京:中華書局,1992年影印道光二十九年(1849)刻本,第1968頁。

④ (宋)王象之:《輿地紀勝》(第3册)卷四十九《淮南西路・黄州・古迹》,第1973頁。

祠、斗母宫、净樂宫、朝天宫、清微宫、九皇宫、土主宫、三元宫、老娘娘殿、元和觀、三清殿、威烈觀、關王殿、文昌宫、太和宫、小靈官殿、金殿(即金頂)、玉閣(即玉皇閣)、娘娘殿等47座廟宇,加上東泉庵、南泉宫、西泉觀、北泉寺正合51之數。此圖製版時間距形成"七宫八觀三十六殿"時間不遠,廟宇毁建變易不大,只是廟名或有更新。此後,木蘭山廟宇既有新建,舊廟也有毁棄,直至建國前後,尚存有:靈官殿、仙關口、鄂南宫、準提閣、下大佛殿、玄嶽殿、川心靈官殿、圖書府、華嚴閣、關聖殿、上大佛殿、福慧庵、半山寺、財神殿(疑即黑虎殿)、磨針澗、送子庵、雷祖殿、净室、回光殿、迎恩宫、木蘭殿、斗母宫、朝天宫、古金頂、報恩殿、東嶽府、土主宫、觀音樓、三元宫、三清殿、老娘娘殿、威靈觀、關王殿、小靈官殿、金頂、聖父母殿、玉皇閣、娘娘殿、百子堂、小財神殿、東泉庵、南泉宫、北泉寺、福寧庵、握珠閣、將軍廟、新寺、大羅殿、八仙殿、關岳殿、承歡祠51座廟宇,又巧合了原數①。

"文革"期間,木蘭山慘遭浩劫,各寺廟宫觀所供奉的大大小小近400尊神像全被摧毁,寺廟建築除玉皇閣供奉玉皇大帝的石殿外,其餘的全部被毁,山上已保存千百年的大量佛道經典、文獻及所有珍貴的宗教文物、供器無存,記敘木蘭山歷史沿革的《木蘭山志》12册也遭毁壞,致使木蘭山佛道沿革的資料從此失傳。古老的木蘭山一片瓦礫殘垣。除少數愛山愛教如命者結茅留山外,絶大多數僧道皆被迫四散流落。

自1981年落實宗教政策以後,有關方面集中財力、物力、人力相繼興復香火最盛的古金頂、玉皇閣、木蘭殿、報恩殿、帝主宫、三清殿6座道觀;新雕塑大小神像19尊(主像5尊,從像14尊)。這樣既從香火道場中開闢了財源,又積纍了重建工程的經驗。隨即從1984年至1987年的4年中進行了第二階段的興復工程,計先後復建了金頂、斗姆宫、川心靈官殿、古娘娘廟、兩儀殿、磨針澗,同時奉安了大小共100餘尊神像。1987年9月17日第二階段復建工程完工之日,在金頂舉行了盛大的落成典禮。爲了紀念木蘭山道場的重建,還特地從四川青城山請回一部清版《道藏輯要》。隨後,龍門道士李智義又私人捐資重建了三清殿,並改祀太清(太上老君)、吕祖和藥王(孫思邈)的神像。除金頂、古金頂、報恩殿依然獨祀真武大帝神像外,其他各宫觀皆道教神仙與佛教菩薩一堂共祀。

---

① 陳梅塵主編:《木蘭山志·宗教廟宇》,第7~8頁;樂全運主編:《黄陂史話》,武漢:武漢出版社,2004年,第152~153頁;武漢市園林局編:《武漢風景名勝集》所附清代木刻木蘭山圖,武漢:武漢大學出版社,1993年,第391頁。

## 二、真武信仰與木蘭山佛寺道觀的變化

### 1. 真武信仰與木蘭山寺觀

道教信奉的真武大帝,來源於中國古代宗教中的玄武崇拜。早在戰國以前,作爲四方四靈之一的北方玄武已經逐漸爲人們所重視和崇尚,並影響到世俗生活的許多方面。道教産生後,玄武隨着"四象"崇拜進入道教神系,充任四方守護神中的北方之神。自周代後,文獻顯示玄武已受到官方祭祀。不過其身份的顯著改變及傳記的出現則是在宋代。宋代因避諱的原因,玄武改稱真武。自宋真宗封真武爲靈應真君後,真武神格逐漸提高,成爲官方及民間極爲尊崇的道教大神。玄武的形象也由龜蛇一變而爲道服羽流、仗劍披髮的人格神。到了元代,真武被晉陞爲元仁威玄天上帝,成爲北方最高神。但真武信仰達到鼎盛,還是在明朝。由於明成祖由北方入繼大統,登上帝位,於是大肆宣揚和神化真武的"神庇"功能,有明一代,上自天子,下及庶人,莫不頂禮膜拜,真武信仰迅速遍及全國,香火極盛。真武也因之成爲明朝的"護國家神",在道教信仰中也成爲僅次於三清、玉皇的大神。

真武受到士庶廣泛崇信的表現之一,就是真武廟的大量修建。由於明代官方的推動,"上而京畿,下而州郡,靡不建祠崇祀"①,真武廟很快就成爲全國最有影響的神祠之一,"普天之下,率土之濱,莫不建廟而祀之"②。明沈德符《萬曆野獲編》卷三十云:"今祠廟之盛,無過玄帝及關公,且遍天下。"

"真武熱"很快影響到木蘭山的寺廟格局,其中明萬曆三十六年(1608)時任都察院右都御史和遼東巡撫的張濤對木蘭山大規模的復修和擴建,奠定了後來木蘭山的基本格局。張濤在所上《題建木蘭山將軍廟奏疏》中寫道:

> 湖廣省黄州府黄陂縣木蘭山,乃真武修煉之所,唐節度使朱異家於其下,其女代父出征,功封木蘭將軍,啓建祠宇於其上,並立真武廟貌。世遠年湮,香火頹廢。臣叨生茲土,感將軍之貞烈,沐真武之威靈,意欲捐貲,未敢擅便。伏乞陛下念真武功在國本,將軍勳立唐朝,臣得以重修鼎建,一以勳

---

① 萬曆《巨野縣志》卷十《藝文志》明薛來朝《玄帝廟記》,國家圖書館地方志和家譜文獻中心編:《明代孤本方志選》第11册,北京:中華全國圖書館文獻縮微複製中心,2000年,第605頁。

② (明)劉效祖:《重修真武廟碑記》,見北京圖書館金石組編:《北京圖書館藏中國歷代石刻拓本彙編》第57册,鄭州,中州古籍出版社,1989年,第83頁。

神人護國之念，一以啓士民忠孝之心。臣誠惶誠恐。謹奏。萬曆三十七年張公濤奉敕重建。①

從此奏可以看出，此時的木蘭山不僅僅與木蘭有關，而且是"真武修煉"之地，在此前早建有真武廟。張濤不僅重建了毁於戰火、衰敗不堪的舊廟宇，而且仿武當山道教建築群增建報恩殿、帝主宫、三清殿、威靈觀、迎恩宫、南天門、二天門等，擴建了三元宫、朝天宫、斗姥宫、回光殿②，並對整個木蘭山廟宇的格局進行了調整。經過此前此後一系列的變動，明代木蘭山原本供祀各類道教神仙的宫觀幾乎都成了"真武大帝"的祭壇，除少數宫觀仍供祀原祀神像外，大多宫觀廟宇都增祀真武及其從屬的各類神像。木蘭山有些佛教寺廟也設殿供祀真武神像，如準提閣設置玄嶽殿以供真武；東泉庵既奉如來佛祖，也奉真武大帝。明代由於朝廷對於真武神的崇信極盛，佛寺中修建真武殿以免被毁的事例很多，如北京西直門北三里的香山鄉，正德（1506～1521）中太監張雄建有大佛寺。嘉靖（1522～1566）中，太監麥福於其左增修佑聖觀，後山蓋真武祠，"時世宗好道，寺藉此以存"③。木蘭山原有的南天門改建到了山下古寨入口處，新建南天門上建有佛寺回光殿，因道教規定南天門内不能有佛寺，佛道便協商將南天門内的回光殿（佛教）與南天門外的雷祖殿實行换遷。於是下遷雷祖殿的和尚們便在雷祖殿前殿供奉雷祖，後殿供祀如來。而上遷回光殿的道士則在樓下供奉真武神像，樓上供祀回光佛像④。木蘭山廟宇除附供真武神像外，另有金頂、古金頂、報恩殿供奉的主神是真武大帝。

金頂位於東峰之巔海拔545米處，原名帝庭，始建於宋代，因殿頂嵌有三片金瓦而得名金頂。明代改建時仿武當山金殿建築格局，其周邊建一道城垣，稱紫金城。城垛數爲五百，象徵五百護法神。城門立有一石坊，俗稱"金頂坊"，位於金頂正殿前，爲紫金城門樓之脊，坊高6米，寬5米，拱門垂直高2米，寬1.5米，深3米，三層四翹，正面鐫有"金頂"二字，背面鐫有"帝庭"二字。正殿爲太和殿，即真武殿，俗稱祖師殿，内供"鎮天真武靈應祐聖帝君"神像，配以周公、桃花以及護法諸神像。傳説中的木蘭山"乃真武修煉之所"，山上先是立有真武銅像，明代

① 同治《黄陂縣志》卷七下《木蘭志》，見《中國地方志集成·湖北府縣志輯》第8册，第197頁。

② 黄陂縣縣志編纂委員會編：《黄陂縣志》，武漢：武漢出版社，1992年，第498頁。

③ （清）吴長元輯：《宸垣識略》卷十四《郊坰三》，北京：北京古籍出版社，1982年，第281頁。宋真宗時曾封真武爲"鎮天真武靈應佑聖真君"，因此，有的真武廟，尤其是宋元時代所修真武廟又稱"佑聖觀"。不過，需要指出的是，並非所有稱"佑聖觀"者都是真武廟。

④ 湖北省地方志編纂委員會編：《湖北省宗教志·道教》，武漢：湖北人民出版社，1997年，第88頁。

始建真武殿。清舉人張鵬在《木蘭山真武殿碑記》中有記載:“安(按,指齊安縣,即今之黄陂)之山有木蘭,真武祖師發祥處,昔人製有金像,更歷數百祀,而靈光赫濯,感應如響,距江州四百里許,自明季來,某某等不惜重繭,投謁者頻。”①後殿爲兩儀殿,即聖父母殿,供奉真武父母像。金頂幾經變遷,最早的三片金瓦,明代被换成銅瓦,民國九年(1920)被换成鐵瓦,民國十九年(1930)又被换成布瓦,“文革”中片瓦不存。現存金殿,是1986年3月動工重建,1987年5月竣工,殿頂全部蓋上了金光奪目的金黄色琉璃瓦。②

古金頂原爲九皇宫,供奉北斗九皇大道君,後改奉真武。待金頂建成後,因其供奉真武早於金頂,而改廟名爲古金頂。

報恩殿原爲九皇宫之偏殿,九皇宫改奉真武後,偏殿中亦塑真武神像,稱報恩祖師,殿亦稱爲報恩殿,爲真武報父母恩之意。

明代是木蘭山廟宇最盛的時期,據傳有一百多座,“然其間爲寺爲院爲古刹爲新建,所在多有”③,大部分道觀與寺廟或主祀真武,或是塑神像祀奉,整個木蘭山儼然成了真武道場。

真武信仰對木蘭山道士的影響是深遠的,在我們多次上木蘭山調查過程中,相當部分道士(包括山上的全真與正一派道士)認爲道教祖師爲真武,甚至居家的火居道士也如此認爲。④

**2. 木蘭山道教派别的變化:正一派→正一、全真共處→全真佔據主導地位**

木蘭山所在的黄陂是著名的道士之鄉,正一派道士活動極爲活躍。⑤ 木蘭山上的道教向無統一的管理定制,皆由各宫觀住持各行其是。南宋末元代初年,全真道由武當山逐漸向湖北各地傳播。因全真道在湖北日漸興盛,原在湖北與全真道同源異流、亦以内煉修仙爲宗旨的金丹派南宗道徒,便紛紛合流於全真門下。元初全真派傳入木蘭山,全真道徒與天師道徒共居宫觀,並按照全真道觀的特有形式,營建了三清殿與帝主宫等道觀。特别是木蘭山道教宫觀大致從元代

① 同治《黄陂縣志》卷十五《藝文志》,見《中國地方志集成·湖北府縣志輯》第8册,第439頁。

② 陳梅塵主編:《木蘭山志·宗教廟宇》,第13頁;口述史料,2007年7月7日中午12點,金頂道士,採訪人:梅莉。

③ 同治《黄陂縣志》卷七下《木蘭志》屠達《登木蘭山記》,見《中國地方志集成·湖北府縣志輯》第8册,第202頁。

④ 2007年7月7日、2011年7月18日木蘭山宫觀道士(玉皇閣、報恩殿)訪談,7月19日木蘭湖李姓火居道士訪談,訪談人:梅莉。

⑤ 黄陂一直以來以出産道士著稱。正如民國年間胡樸安所指出的:“邑中道士多,和尚少。道士則娶妻生子,與居人等;道人則蓄髮,與僧等。”(胡樸安編:《中華全國風俗志》下編卷六《湖北“黄陂信仰談”》,上海:上海科學技術出版社,2008年,第574頁)

起便開始了佛道共處，道宫既奉三清、真武，也奉佛祖、羅漢，人們認爲這是全真道主張“三教合一”、“三教圓融”的一個實際體現。[①]

明末清初以後，木蘭山正一派日顯衰微，全真龍門派大興，尤其是“全真中興”之祖的王常月曾於康熙初年在武當山玉虚宫立壇傳戒[②]，使武當山繼元初之後再次成爲全真派傳播的中心，給湖北全真龍門派注入了活力。原來全真龍門派活躍的木蘭山更爲活躍，山上的正一派道士基本融合到全真龍門派；全山的道觀基本成爲龍門派的天下，大部分爲子孫廟，少部分爲半子孫半叢林性質。晚清民國時期木蘭山更是成了清一色的全真派，而全真派道士中只有玉皇閣道士一人自稱全真派，其餘各宫觀道士皆自稱龍門派，正一道士已無一人。[③] 時木蘭山以祈嗣頂道士人數最多。祈嗣頂爲木蘭山南峰，也是木蘭山脈的最高峰，舊名道明山，後誤爲建明山，相傳木蘭之父祈嗣於此而生木蘭，故改作今名。峰上建有承歡祠及道教宫觀4座。[④] 其廟宇居於峰巔，祈嗣靈驗，加之住觀道士多精於岐黄之術，因此極受香客青睞，信衆衆多。民國十四年（1925）武漢長春觀舉行傳戒儀式，木蘭山有10名龍門派道士參加受戒，其中5名來自祈嗣頂（見下表）。

| 戒子考戒名次 | 派别 | 姓名 | 年齡 | 籍貫 | 出家宫觀 | 師祖 | 度師 |
|---|---|---|---|---|---|---|---|
| 海字六十五號 | 龍門 | 彭雲埜 | 53 | 黄陂縣 | 木蘭山古金頂 | 蔡超文 | 莊昇全 |
| 陶字九十五號 | 龍門 | 孫至安 | 60 | 黄陂縣 | 木蘭山祈嗣頂 | 甘圓太 | 管明星 |
| 白字百三十二號 | 龍門 | 陳會中 | 44 | 黄陂縣 | 木蘭山古金頂 | 莊昇全 | 彭雲堃 |
| 賴字百四十一號 | 龍門 | 胡理成 | 42 | 阜陽縣 | 木蘭山祈嗣頂 | 管明星 | 胡至緣 |
| 五字百五十一號 | 龍門 | 郭理静 | 47 | 黄陂縣 | 木蘭山祈嗣頂 | 管明星 | 簡至禮 |
| 養字百五十六號 | 龍門 | 彭宗來 | 26 | 光山縣 | 木蘭山祈嗣頂 | 簡至禮 | 李理清 |

---

① 湖北省地方志編纂委員會編：《湖北省宗教志·道教》，第76、78頁。

② 《藏外道書》載龍起潛於康熙十三年（1674）所撰《初真戒律序》云：“今朝謁武當，幸遇師傳戒於玉虚宫中，遂發心皈命，而受戒律。”（見《藏外道書》第12册，成都：巴蜀書社，1992年，第14頁）關於清代全真道傳戒的情况，參見尹志華：《清代全真道傳戒初探》，見《全真道研究》第1輯，濟南：齊魯書社，2011年，第237～283頁。

③ 湖北省地方志編纂委員會編：《湖北省宗教志·道教》，第141～142頁。

④ 同治《黄陂縣志》卷七下《木蘭志》張安慶《承歡祠記》，見《中國地方志集成·湖北府縣志輯》第8册，第205～206頁。

（續表）

| 戒子考戒名次 | 派别 | 姓名 | 年齡 | 籍貫 | 出家宫觀 | 師祖 | 度師 |
|---|---|---|---|---|---|---|---|
| 念字二百○六號 | 龍門 | 劉理忠 | 23 | 黄岡縣 | 木蘭山祈嗣頂 | 管明星 | 簡至禮 |
| 璧字二百三十四號 | 龍門 | 黄嗣清 | 60 | 黄陂縣 | 木蘭山磨針洞 | 方崇高 | 應高清 |
| 無字三百○二號 | 龍門 | 萬蓮心 | 27 | 黄陂縣 | 木蘭山玉皇閣 | 楊虎青 | 黄交運 |
| 竟字三百○三號 | 龍門 | 沈妙真 | 39 | 應山縣 | 木蘭山朝天宫 | 劉登静 | 陳太玄 |

資料來源:《湖北省長春觀乙丑壇登真籙》

曾任北京白雲觀第二十三代方丈的謝宗信大師民國十六年(1927)就在祈嗣頂出家,禮祈嗣頂住持李理清道長爲師,在外參學一年之後繼任住持,修繕了頽敗多年的殿宇,後又至漢口礄口,主持祈嗣頂的下院國瑞庵。[①]

鼎盛時期,木蘭山佛道兩教徒衆達千餘人,僅大佛殿就有僧人 500 人。[②] 入清以後逐漸減少,至解放前夕,尚存 200 來人。1950 年 3 月,木蘭山道教開始在黄陂縣人民政府領導下革舊制立新規,使佛教村、道教村成爲區、鄉人民政府轄下的行政村。佛教的僧、尼和道教的道士、道姑都在土地改革中與農民一樣分得土地,參加農業生産,自食其力,勞動之餘從事宗教活動。在 1954 年黄陂縣的農業合作化運動中,佛道兩村先是各自成立互助組,隨後便聯合組成"新蘭農業生産合作社",由玉皇閣住持萬昭虛道長任社主任。以後又由合作社改稱木蘭鄉新蘭生産大隊,仍由萬昭虛任大隊長,於是木蘭山佛道兩教信徒 106 人皆變成了農業集體勞動者。此後,山上佛道教人員逐漸減少,至 1956 年統計時,有乾道 31 人,坤道 11 人,尼衆 10 人。在這 52 個僧道中,完全喪失勞動力者 14 人,半勞動力 27 人,其餘爲全勞動力,基本上以老弱病殘爲主。在所剩 22 所道觀和寺廟中,多係民房形式,能維持現狀的房屋只有祈嗣頂、玉皇閣、金頂、雷祖殿、木蘭殿等處,其他都因年久失修,業已風化,有的倒塌或即將倒塌了。[③]

六七十年代,山上廟宇一無所存,宗教人員被遣散。1981 年以後,山上的廟宇逐漸修復,"文革"中被迫散落各地的道教徒 25 人重回宫觀,另有非定員道士 2

① 參見鄭信谷撰、吴誠真編:《長春觀高道傳》,武漢長春觀道教文化培訓中心印,第 31 ~ 33 頁。

② 黎世炎、劉建新:《"木蘭廟會"》,《黄陂文史》第四輯,黄陂縣政協文史資料委員會,第 159 頁。

③ 湖北省檔案館藏:《湖北省黄陂木蘭山佛道教情況之專題報告》,SZ57(全宗號)－2(目録)－97(卷號)。

人,坤道2人。[①] 2007年我們上山採訪時,從玉皇閣當家喻道長及黄陂縣道教協會瞭解到,當時山上有全真道士32人,正一道士6人,又恢復了木蘭山全真、正一共處的狀況;有15所公廟,10所爲子孫廟,5所屬半叢林半子孫,其中木蘭殿、回光殿、娘娘殿、磨針澗(位於朝山古道上,現在没有公開活動)爲坤道院,金頂、報恩殿、玉皇閣、三元宫等爲乾道院。

在木蘭山金頂左、右景區(建於1985年)棋盤石北面尚存有明代季道人墳及龍門派道士之墓,如離季道人墳不遠處有龍門派第二十九代吴法明(1918~2001)、田法清(1938~1999)之墓。

## 三、真武信仰與木蘭山廟會

### 1. 木蘭山:湖北真武信仰地方中心之一

毛澤東主席1955年12月在《〈中國農村的社會主義高潮〉的序言》中説:“有些人説,在農村合作化的問題上,幾年以來,似乎可以看出這樣一條規律,即在冬季是提倡發展的,一到春季就有人反冒進。……他們説:‘叫辦也是你們,叫散也是你們。’叫散,富裕中農高興,貧農發愁。湖北的貧農聽了停或散的消息,感到‘冷了半截’,有些中農則説,‘等於朝了一次木蘭山’(湖北黄陂縣有一個木蘭山,山上有一個農民高興去朝拜的木蘭廟)。”[②]毛主席没有上過木蘭山,但知道黄陂有個木蘭山,可見木蘭山的聲名。

自修建宗教建築之後,木蘭山朝山進香活動就開始了。到明清時期木蘭山已是遠近聞名的進香聖地,每年農曆八月至次年二月底都是香客、信士朝拜木蘭山、集中進香的時間,或祈求風調雨順,弭灾免禍,或是求子、求財、求福、求壽、許

---

① 湖北省地方志編纂委員會編:《湖北省宗教志・道教》,第186頁。

② 毛澤東:《〈中國農村的社會主義高潮〉的序言》,見《毛澤東選集》第五卷,北京:人民出版社,1977年,第218~219頁。對於此事,張怡如先生有回憶。事情還得從1955年全國開展農業合作化運動談起。1955年7月31日,毛主席在中共中央召開的省、市、自治區黨委書記會議上作的《關於農業合作化問題》的報告,推動了全國農業合作化運動的高潮。時任中共湖北省委常委、省委秘書長兼農村工作部部長的王良同志給張(時任中共黄陂縣委農村工作部部長)佈置了對黄陂3個鄉不同階級人員對合作化態度進行調查的任務。張組織了3個調查組,對木蘭山下的長嶺區長嶺鄉、横店區大墩鄉、黄陂中部羅漢區的邱陂鄉進行調查。調查表明,貧下中農對辦合作化社熱情高,中農持觀望態度,富裕中農則有抵觸情緒。當時長嶺鄉的一户姓朱的富裕中農對調查人員説:“只要你們説入社自願,准我不入社,等於我朝拜了木蘭山。”9月9日張當面向來湖北視察農業合作化情況的毛主席作了生動的彙報。不久,毛主席用他敏鋭的筆鋒,將張的調查材料歸納進了《中國農村的社會主義高潮》的“序言一”中去了。參見:張怡如:《毛主席把我的調查材料寫進了〈中國農村的社會主義高潮〉》,《武漢文史資料》2003年第12期。

願還願,等等。史載民國二十四至二十六年間(1935～1937),每年有10萬之衆朝山進香,高峰期,一天就有2萬人。解放後直到60年代初仍較興盛,1960年香客仍達6萬人。[①] 香客來自黄陂縣者不多,主要來自鄰縣或鄰省,其中鄰縣以新洲、黄岡、麻城、紅安、大悟、孝感、雲夢、應城、漢川、漢陽等縣爲最多,鄰省以河南、安徽、江西、湖南、四川等省爲最多,影響所及,遠達上海、廣州,甚至海外,怪不得當地流傳下來一句有趣的俗語"木蘭山的菩薩應遠不應近"[②]。

民國時人胡樸安對黄陂進香木蘭山的香客有詳細描述:"邑人之迷信,與五臺、九華並重。農事畢,即舉行朝山禮。每社香頭四人,四人中有一領袖焉。其社於某日上山,住某宫,皆有定期。未上山之前,先期齋戒,祭在如在,無敢做一戲語者。起行之日,沿途鳴鑼稱佛號。其稱佛號,先一人曰'南無阿彌陀佛',群應之曰'無量壽福'。遠者百餘里,近者數十里,必一路呼號至山,方昭誠敬。其香客以農人爲多,前清時冠染麻紅纓,涼帽草履,天青布單套,其形似沐猿而冠,令人可笑。朝山畢,必攜山上所售木喇叭、木刀、木槍、筷子、湯勺之類,饋贈親友。"[③]

山上各個廟觀均有固定的香客群衆。每年農曆七月中元後,各廟觀道人下山請客,同香頭(當地人稱頭人)商定上山的日期、人數、飲食等事宜。七月底,由頭人發起,聯繫香客做好準備工作。上山前戒齋三日,以艾蒿薰身,换上新鞋新襪。上山時列隊而行。由於木蘭山地勢逼窄,各香會朝山都有定期,若有改變也要由頭人提前來山聯繫,以便山上有所準備。

各地香會駐足的廟宇相對穩定,香客不得亂投,各店不得擅留。駐足香客有"半宫"與"滿宫"之分。當日往返,或頭天來次日走,只在山上吃兩餐飯的稱"半宫";第一天上山吃晚飯,第二天活動一整天,第三天吃早飯下山的稱"滿宫"。[④]

滿宫香會有"三茶四飯一靈官"之説。"三茶"指到山時有一次"洗脚茶",次日早香回來有一次"會功茶"(請頭人),離山時有一次"起身茶"。"四飯"就是來山當日晚及次日一整天共四頓正餐,皆素食。"一靈官"就是所謂"回靈官",即朝覲完畢,最後回到靈官殿,大魚大肉地吃一頓,表示功成圓滿,從此結束齋戒期。[⑤]

香會每年參加朝覲的人數並不固定,偶然遇到同落一座廟宇的幾處香會人數同時大增時,必然住不下,這種情況稱"炸宫";有時香會頭人有意炸宫。因爲

① 黄陂縣縣志編纂委員會編:《黄陂縣志》,第498頁。
② 樂全運主編:《黄陂史話》,第29頁。
③ 胡樸安編著:《中華全國風俗志》下編卷六《湖北·黄陂信仰談》,第574～575頁。
④ 陳梅塵主編:《木蘭山志·宗教廟宇》,第20頁。
⑤ 陳梅塵主編:《木蘭山志·宗教廟宇》,第20頁。

炸宫可顯示出其號召力大,該會信徒多。同時按規定凡被炸宫的廟宇必須備辦鑼鼓響器一套送給炸宫的香會,使其熱熱鬧鬧地敲打下山,以示光采。廟上也歡迎炸宫,炸宫次數越多,説明該廟善緣越大,同樣光采,而且羊毛出在羊身上,香客多了,功德錢自然也多了,多出的錢何止一套響器的錢! 炸宫時,該廟住持必須設法安排超員香客的住處,由住持按照一定的規矩和手續向香客少的廟宇藉住,稱"藉宫"。①

木蘭山由於佛道共處,廟會活動特别多,如正月初九玉皇會,二月、六月、冬月十九觀音會,三月初三祖師會,四月、臘月初八如來會,四月八日木蘭生辰,四月二十八日藥王會,五月十三關帝會,五月十八日天佛會,五月二十二財神會,六月初六楊泗會,六月十四雷祖會,七月十五盂蘭會,七月十八娘娘會,七月三十地藏會,農曆初八亮子會,九月初九斗姆會,冬月初三太陽會,臘月二十九華嚴會,等等,但明清以來,以祖師會和亮子會影響最大,吸引的香客信衆最多。木蘭山與襄陽龜山、遠安鳴鳳山、荆州太暉觀、蕲州横岡山成爲湖北真武信仰的地方中心。②

木蘭山的真武殿"方闊數十丈"③,比較狹隘,但名氣不小,不僅當地人絡繹前來,還吸引了周邊如安陸、德安、漢陽等府的人朝拜。如雲夢(今湖北雲夢),三月三真武誕日,"道家作真武會,居民醵金錢,或詣近庵廟,或遠至木蘭山,慶神祈福"④;天門(今湖北天門)"朝山多至數十人,會衆起程,沿途經聲佛號,或至均州武當、黄陂木蘭,近則京山勝境"⑤。以至府縣志及全國性的地方總志在介紹木蘭山時,總是與真武崇拜相聯繫,如:"(黄陂)木蘭山,在縣北六十里,高不計丈,上有玉皇、真武殿,四方之人頂香禮拜者甚衆,多靈驗。木蘭將軍生於此,爲十景之一。"⑥據 1934 年至 1936 年的不完全統計,前來木蘭山的香客多達 10 餘萬人次。香火收入最多的是供祀真武大帝的金頂,其收入由三元宫、玉皇閣、雷祖

---

① 陳梅塵主編:《木蘭山志·宗教廟宇》,第 20 頁。

② 詳細討論參見拙著:《明清時期的真武信仰與武當山朝山進香》,武漢:湖北人民出版社,2006 年,第 148 ~150 頁。

③ 同治《黄陂縣志》卷七《木蘭志》聞政《遊木蘭山記》,見《中國地方志集成·湖北府縣志輯》第 8 册,第 203 頁。

④ 康熙《雲夢縣志》卷八《風俗志》,國家圖書館分館編:《清代孤本方志選》第 2 輯,第 22 册,北京:綫裝書局,2001 年,第 378 頁。

⑤ 乾隆《天門縣志》卷一《地理考·風俗》,見《中國地方志集成·湖北府縣志輯》第 44 册,第 384 頁。

⑥ (清)陳夢雷等:《古今圖書集成·方輿彙編·職方典》(第 15 册)卷一一七四《黄州府部二·黄州府山川考二》,北京:中華書局、成都:巴蜀書社,1987 年,第 18336 頁。

殿、斗姆宮、六星宮、九皇宮(古金頂)、土主宮、關岳殿、娘娘殿、聖母殿分別享用①。

對此,時人很有感慨,陳天策就説木蘭廟"顧廟貌咫接古坊,曾不能中庭旋馬,且又並寸題尺,而堵塵之地偪窄,而人喧嘩,以視焚修諸勝之宏敞莊嚴不啻天壤。夫山以木蘭名,千百年於兹矣,顧名以思,似應有憫然心。目者何?是鄉縉紳先生騷人墨士竟與愚夫愚婦同懵懵,曩今如一轍耶"②?他覺得狹窄、喧鬧的木蘭廟遠不及其他佛道教宮觀宏敞,與大將軍之名號不符。聞政也説:"祠(按,木蘭將軍祠)宇狹隘,旁爲行貨者所居。嗟夫,山以木蘭名,則木蘭其主也,而其他梵宮道觀宏敞高大擬於王者,而兹亘古奇傑之人,乃落落塵封,半爲客椽,殊可怪異。"③在一般人眼中,木蘭山是與木蘭聯繫在一起的,木蘭廟應該是該山的主角,却不料其規制遠不如其他道觀,香火也要遜色得多。

**2. "亮子"與"亮子會"**

木蘭山上的廟會名目繁多,其中以"開山門"時的"亮子會"最盛大、最熱鬧。每年農曆八月初一,山上都要舉行一次盛會,稱做"開山門"。開山門的具體時間是午夜子時(八月初一零時),香期長達一個月。此時正處於農閑時節,穀物待熟,又秋高氣爽,是冶遊佳期,各地信徒雲集木蘭山。參加盛會的香客,有"清香"、"會香"之分。"清香"是指無組織的自由朝覲,"會香"則是由各地亮子會組織的集體朝覲。"亮子會"是各地香客朝覲組織的統稱,因地而異有着各不相同的名稱,或稱某某堂,或稱某某會。一般的亮子會就以地方會廟標名。黄陂縣有阮基寺會、皈信庵會等。没有會廟的地方,則以當地名山、大鎮爲名,組成亮子會。④

亮子會有大有小。除以人數來區别外(500 人以上的稱"大亮子會",500 人以下的稱"小亮子會")外,其最顯著的區别是:"大的亮子會,由數人擡舉一鎏金祖師像;神像尺許的五百護法靈官由衆香客分别擎舉。小的亮子會,用銅箔貼成尺許的祖師爺像,其四周環置五百個寸許的靈官像,由頭人們輪番捧舉上山。大

① 湖北省地方志編纂委員會編:《湖北省宗教志·道教》,第 104 頁。2007 年 7 月 7 日我們在木蘭山作調查時,道教協會的負責人告訴我們香火最盛的仍是金頂。

② 同治《黄陂縣志》卷七下《木蘭志》陳天策《遊木蘭山記》,見《中國地方志集成·湖北府縣志輯》第 8 册,第 201 頁。

③ 同治《黄陂縣志》卷七《木蘭志》聞政《遊木蘭山記》,見《中國地方志集成·湖北府縣志輯》第 8 册,第 202 頁。

④ 陳梅塵主編:《木蘭山志·宗教廟宇》,第 3 頁;黎世炎、劉建新:《"木蘭廟會"》,《黄陂文史》第 4 輯,第 157 ~ 158 頁。

的亮子會常有千餘人,小的亮子會則百人左右。”[①]亮子會朝拜“亮子菩薩”——永樂太子(按,即真武大帝)及其率領的500名御林軍(按,即靈官)。[②]

考諸道教史籍及全國其他地區道教的流俗,並無“亮子”一詞,這是木蘭山道教對菩薩的一種獨特稱謂。[③]

“亮子”一詞之來源,其説不一。一説以爲“亮子”爲“娘子”的音變,實際這每年一度的盛大廟會最早是爲紀念木蘭將軍的。古時稱女子爲“娘子”,河南虞城最早的木蘭廟就叫“小娘子廟”,所以“亮子菩薩”實指木蘭將軍。從明代起,一些道士便利用香客們的迷信無知,張冠李戴地擡出他們極端尊奉的真武大帝替代民間崇信的(朱)木蘭將軍。[④] 另一説以爲是亮子會有“三亮”之故。所謂“三亮”,即:第一,各地亮子會在結隊朝山途中的鑼鼓聲、鞭炮聲、嗩吶聲、土銃聲以及一唱衆和的誦佛聲,聲聲響亮;第二,隊伍中高舉着黄綾大蓋傘,飄着彩色旌帶和五顔六色旗幡,相映如畫、壯觀漂亮;第三,黄綾大蓋傘上鑲嵌的各色珠粒,和祖師爺及五百羅漢金身神像在日光下熠熠閃亮。[⑤]

而木蘭山道士則有另一種解釋。玉皇殿的當家余法騰説:亮子會本是紀念玄天上帝成道昇天的。當年玄帝本來就是太子,却一心捨國修道,他的父母在思念多年後,派了馬、温、趙、王四大家將去追回太子。追到山邊,眼看追上,觀音老母幫了太子的忙,手一指,起一條洶湧的大河横在家將跟前。四大家將與太子隔河相望而不得過,商量來商量去,追不到太子,違了王命,回去也是個死,不如就此跳進波濤完事。於是他們便跳進了大河。後邊跟着的五百御林軍看主帥投河,也跟着一起縱身下水。此時,水中起一道金光,一座龍舟將衆人托起,上層是太子,中層是四大家將也就是後來的四大元帥,再下一層是五百御林軍。人們爲了紀念這一事件,便做成近五尺長的龍舟,分成四層,自下至上,底層是五百御林軍,稍上是四大元帥,再上是核心人物玄天上帝,而因爲玄帝之上還有至尊玉皇大帝,所以他出現時總是頭頂至尊,這樣,在龍舟最上層便安排了玉帝神像。民間本來年年循例舉辦亮子會,但在改革開放前因爲衆所周知的原因停頓了。近十多年來纔恢復木蘭山朝山的習俗,可是那漂亮的龍舟已無人能做,老百姓於是想出一種簡便的辦法,像做變形金剛那樣做出小小的神像,綴在神牌上,以象徵

① 黎世炎、劉建新:《“木蘭廟會”》,《黄陂文史》第4輯,第157~158頁。

② 黄陂縣志編纂委員會編:《黄陂縣志》,第498頁。

③ 陳梅塵主編:《木蘭山志·宗教廟宇》,第3頁。

④ 湖北省地方志編纂委員會編:《湖北省宗教志·道教》,第103頁。

⑤ 黎世炎、劉建新:《“木蘭廟會”》,《黄陂文史》第4輯,第158頁。

龍舟。至於爲何稱做亮子,余説:"當時觀音老母在水中起一道金光,纔將大家托起。所以民間出會,必有大批燈火跟隨擁護,那便是亮子呀!"①

由於唯一一部山志被毁,因此亮子會的具體起源時間已不可考。新編《黄陂縣志》以爲:

> 明清以來,木蘭山道教的亮子會影響深遠。亮子會朝拜"亮子菩薩"——永樂太子(即真武大帝)及其率領的500名御林軍(即靈官)。道家按照皇城的格局擴建古金頂,仿效當年永樂太子農曆八月入武當山修道的宗教儀式,舉辦一年一度的大型廟會。②

我們以爲木蘭山開山門的儀式以及亮子會的起源,當與信衆祭祀木蘭將軍有關。至遲在唐代木蘭山就建有紀念木蘭將軍的祠廟,民衆的信仰活動就已開始。由於年代久遠,史料的闕載,唐宋民衆的祭祀情況今已無法瞭解,但從明清時人追憶的情形來看,這種風俗的流傳應當相當久遠了:"今蘭(按,木蘭山)麓遺塚猶存。國初閒盜竊發,風雷衛止。塚旁有祠,鄉人歲秩祀,以志不忘。予童蒙時,聞諸母訓,敬而信之。自後歷歷考據,頗得其實。景行淑節,特立傳以闡幽云。"③"山中孺嫗往往譚將軍逸事……將軍之英,如水行地,無所不之若。"④"今古墓儼然,山麓里人歲操壺酒豚蹄以奠。"⑤隨着明代真武宫觀的修建與各廟真武神像的崇祀,道教中人將此種風俗與真武信仰相結合,並大力宣傳,使之逐漸爲民衆所認同,並一直流傳下來。

明清以來,亮子會組織遍佈民間,如在舊時的武漢,朝木蘭山、奉真武的亮子會就比較有影響。⑥80年代恢復廟會後,各地亮子會相繼重建,其盛況不亞於昔年,只是多爲乘車往返,但也有少數堂會依然保持結隊步行、沿途跪拜、高聲頌佛的習慣。各堂會的紅色或黄色標有堂會名稱的兜衣、堂會的旗幡,以及鑼鼓響器和喇叭嗩吶等也都恢復了,只是没有"亮子菩薩"及遮掩菩薩的黄羅大蓋傘。"滿

① 劉仲宇:《湖北黄陂木蘭山上的兩項奇特風俗》,《世界宗教文化》2003年第4期。

② 黄陂縣志編纂委員會編:《黄陂縣志》,第498頁。

③ 同治《黄陂縣志》卷七下《木蘭志》王霽《木蘭將軍傳》,見《中國地方志集成·湖北府縣志輯》第8册,第200頁。

④ 同治《黄陂縣志》卷七下《木蘭志》張希良《木蘭將軍傳》,見《中國地方志集成·湖北府縣志輯》第8册,第198~199頁。

⑤ 同治《黄陂縣志》卷七下《木蘭志》陳天策:《遊木蘭山記》,見《中國地方志集成·湖北府縣志輯》第8册,第201頁。

⑥ 馮桂林主編:《中國名城漢俗大觀》,昆明:雲南人民出版社,1998年,第572頁。

宫”與“炸宫”等現象不存在了，一是乘車往返的多，二是各廟都未恢復客舍，以住旅社爲主。廟會盛期常是每床共睡四五人，各殿堂、各樓房上下走廊都緊挨着坐滿人。“三茶四飯一靈官”的習慣也没有了，多在公私餐館及宗教食堂中就餐，葷素聽便。[1] 據20世纪90年代初的調查，不僅黄陂縣城鄉各地，省内天門、沔陽、孝感、大悟、應山、應城、新洲、紅安、麻城、隨縣、棗陽、漢川等24個縣市有亮子會組織，而且四川、浙江、安徽、江西、湖南、河南、山西、上海等省市亦有亮子會。[2] 其中新洲、孝感、黄岡的亮子會規模尤爲宏大，僅新洲的亮子會，每年朝山的香客不下10萬人次。[3] 可見，木蘭山對周邊地區的吸引力之大。

從現有記載來看，佛教寺廟和民間祠廟首先進入木蘭山，道教宫觀的興建則稍晚，但自元代將木蘭祠廟納入道教管理系統之後，道教逐漸加强了自身在木蘭山及周邊的影響力，特别是明代藉助真武信仰的熱潮，憑藉統治力量的支持，道教力量改變了木蘭山寺廟的傳統格局，使自身勢力逐漸在木蘭山佔據主導地位，這種格局一直影響至今。這種格局的改變，還與木蘭山道派的變化有關。木蘭山道觀原爲正一天師派的天下，自元初全真派由武當山傳入後，全真與正一共處，在宫觀的佈局、道教思想等方面，全真都在木蘭山打上了自己深深的烙印。此後，全真勢力在木蘭山發展迅速，並很快佔據了更爲重要的位置。清初武當山全真龍門派向木蘭山傳播，至晚清民國時山上道觀均由龍門派管理。由於木蘭山全真派的來源與武當山有關，因此木蘭山之所以能成爲真武信仰的中心地之一也就不難理解了。

（國家社科基金項目“湖北道教史”，項目編號:10BZJ020；中央高校基本科研業務專項資金“近代全真宫觀與地方社會——以白雲觀、長春觀、玄妙觀爲中心”，120002040350。）

① 陳梅塵主編:《木蘭山志·宗教廟宇》，第27頁。

② 黄陂縣志編纂委員會編:《黄陂縣志》，第498頁。

③ 邱昌運、黎世炎:《西陵最勝木蘭山》，《湖北文史資料》2007年第3輯；黎世炎:《今昔木蘭廟會》，《武漢春秋》2001年第1期。

# 全真道與鄉土社會融合模式初探
## ——以山東博山岳陽山玉皇廟爲中心的考察

□秦國帥

**摘要**:明清時期,道教的地域化和民俗化傾嚮逐漸加强。通過對明清以來岳陽山留存碑刻的考察,全真道的地域化和民俗化傾嚮得到進一步的印證。更爲重要的是,通過對全真道碑刻材料的分析,全真道與鄉土社會的融合模式得以初步顯現。神靈結構的改變,對鄉土民衆在人神關係上福報心理和功利心態的功能性調適,鄉土社會主導思想體系和主流社會勢力的契合,這些應世策略上的改變無疑加速了全真道與鄉土社會的融合。在不喪失自身宗教性的前提下,立足於鄉土社會共同的信仰心態和獨特的教化環境,這是全真道融入鄉土社會所留下的重要啓示。

**關鍵詞**:全真道　鄉土社會　融合模式

**作者簡介**:秦國帥,男,1985年生,山東昌樂人。中國人民大學佛教與宗教學理論研究所2009級博士生,主要研究方嚮爲道教與中國民間宗教。

明清時期,道教的地域化和民俗化傾嚮明顯加强,這一方面與政府對道教的嚴格管理和控制有關①,另一方面,更爲重要的原因是道教自其産生之初就具有

---

① 楊啓樵和楊海英認爲,較之金元,明清時期皇室對道教的推崇和利用並未減弱。見楊啓樵:《明清皇室與方術》,上海:上海書店,2004年;楊海英:《清前期的道教與宫廷》,載陳鼓應主編《道家文化研究》第23輯,北京:生活·讀書·新知三聯書店,2008年,第365~410頁。但與此同時,明清時期皇室對道教的推崇和利用重點在於其祈禳、煉丹、長生等術,主要是爲其個人目的服務。另一方面,在國家管理政策方面道教受到了嚴格的管制,全真道實際上也不復金元時期的輝煌。見正德朝《明會典》、乾隆朝《欽定大清會典》及《欽定大清會典則例》中"禮部"相關條例,載《景印文淵閣四庫全書》第617~625册,臺北:商務印書館,1986年。

十分濃重的民間性①。對於此一時期道教所表現出來的這樣一種傾嚮，學術界已經給予了廣泛的關注，如盧國龍、汪桂平認爲，“明清以來，道教在上層社會的地位趨弱，但在民間的影響却逐漸加强，通過對民間信仰、民間神靈、民間禮俗的整合，道教逐漸走向世俗化和民間化”②。並以道教的齋醮儀式爲例，探討了道教與民間社會的融合。除此種以道教科儀爲切入點對道教與民間社會的融合關係進行的研究之外，另有諸多學者或從道教與民俗的關係③，或從道教與民間信仰的關係④，或從道教作爲一種宗教本身所具有的功能⑤等角度，從方法論意義上爲研究此一課題提供了指導和藉鑒。此外，劉迅則以河南南陽玄妙觀爲例，從不同角度和側面展示了清代及民國時期全真道與地方社會的密切合作關係⑥。這樣一種個案研究，無疑更加真實地還原了全真道與民間社會的互動關係。

因而，就學術研究來説，明清以來全真道與地方社會互動關係的研究仍存有很大的留白與空間。正基於以上考慮，本文在田野考察與文獻分析的基礎上，以山東省淄博市博山區岳陽山爲例，具體探討明清以來全真道與民間鄉土社會的融合模式。與這一核心問題相呼應，民間信仰神靈、民衆信仰心態以及地方主導社會將成爲本文處理全真道與鄉土社會互動關係時所要仔細考察的三個不同面嚮。

---

① Rolf A. Stein, "Religious Taoism and Popular Religion from the Second to Seventh Centuries", in Holmes Welch and Anna Seidel, eds., *Facets of Taoism: Essays in Chinese religion*, New Haven and London: Yale University Press, pp. 53－81. 不僅如此，六朝時期的道教改革恰恰反映了道教本身所具有的濃重的民間色彩，見 Lai Chi-tim(黎志添), "The Opposition of Celestial-Master Taoism to Popular Cults during the Six Dynasties", *Asia Major*, 3rd series, vol. 11, part1, 1998, pp. 1－20；施舟人(Kristofer Schipper)：《道教的清約》，載《法國漢學》第7輯，北京：中華書局，2002年，第149～167頁；葛兆光：《屈服史及其他：六朝隋唐道教的思想史研究》，北京：生活·讀書·新知三聯書店，2003年。

② 盧國龍、汪桂平：《道教科儀研究》，北京：方志出版社，2009年，第243頁。

③ 參見韓秉方：《道教與民俗》，臺北：文津出版社，1997年；劉仲宇：《儒釋道與中國民俗》，瀋陽：遼寧教育出版社，1993年；趙世瑜：《狂歡與日常——明清以來的廟會與民間社會》，北京：生活·讀書·新知三聯書店，2002年。

④ 參見劉仲宇：《中國民間信仰與道教》，臺北：東大圖書公司，2003年。

⑤ 參見 Yang Ch'ing-k'un(楊慶堃), *Religion in Chinese Society: A Study of Contemporary Social Functions of Religion and Some of Their Historical Factors*, Berkeley and Los Angeles: University of California Press, 1961；劉滌凡：《道教入世轉向與儒學世俗神學化的關係》，臺北：臺灣學生書局，2006年。

⑥ 劉迅：《張將軍瘞埋枯骨：清初南陽重建中全真道與清廷之合作》，載陳鼓應《道家文化研究》第23輯，第330～364頁；Liu Xun, "In Defense of the City and the Polity: The Xuanmiao Monastery and the Qing Anti-Taiping Campaigns in Mid-Nineteenth Century Nanyang", *T'oung Pao*, No. 95, 2009, pp. 287－333。

## 一、岳陽山及其道士派别的甄定

岳陽山，位於山東省淄博市博山區崮山鎮境内，北緯 36°26.748′，東經 117°59.914′，主峰海拔 811 米，地理位置偏僻，山下有北崮山村、南崮山村等一系列村莊。經實地考察，岳陽山主峰現有廟宇一所，有玉皇宫、皇姑殿、四海龍王殿、八仙殿、碧霞元君殿、鴻鈞老祖殿、后土皇帝殿、關公殿、包公殿、觀音殿、三星殿以及毛主席紀念館等殿堂，並保存碑刻 25 通，時間跨度從明成化十九年（1483）到民國二十五年（1936）。

明隆慶元年（1567）《題名記碑》載"建修弟子郭一鳳，徒弟王陽□、劉陽雲、李陽霓、王全周"。

清康熙八年（1669）《題名記碑》載"僧人壽□"。

清康熙四十六年（1707）《重修記碑》載"住持道人谷和順"。

清康熙年間《施財題名記碑》載"住持道人谷和順，□徒楊得智"。

清雍正十三年（1735）《壽光進香記碑》載"住持道人楊正秀"。

清乾隆八年（1743）《萬古晉名記碑》載"住持道人楊正秀"。

清乾隆九年（1744）《岳陽山新建玉皇閣記碑》載"住持道人于正空、楊正秀、卜正元，徒姪馬本遂、孟本順、□□□，徒弟王本根，□蘇本生、□□□"。

清乾隆三十一年（1766）《壽光進香記碑》載"住持道人楊正秀"。

清乾隆年間殘碑載"住持道人楊正秀"。

清道光二十四年（1844）《重修岳陽山北閣記碑》載"住持孫永茂，暨徒董元廣，徒孫王明珠、王明玖"。

清道光二十四年（1844）《題名記碑》載"住持道人孫永茂，暨徒董元廣，徒孫王明珠、王明玖"。

清同治五年（1866）《萬古流芳記碑》及清同治十三年（1874）《重修玉皇閣記碑》俱載"住持董元廣、王元序，暨徒王明珠、王明玖，徒孫李至訓、李至詔"。

清光緒十六年（1890）《永垂不朽記碑》載"住持王明玖，徒李至詔、陳至論，姪李至訓，徒孫鄭理鴻、姜理濱、趙理溏，姪孫□理澄、樂理清，曾孫竇宗道"。

民國十一年(1922)《重修南海大士閣記碑》載“住持欒理清”。

民國二十五年(1936)《重修岳陽山記碑》載“住持趙明珍,徒孫宗昌、宗逵”。①

通過對以上岳陽山住持變動情況的引述,我們可以發現以下兩個特點:第一,佛教與道教都曾入主過岳陽山,且在絶大多數時間内,道教佔據絶對優勢,這種佛道交替的情況也爲我們理解岳陽山現存觀音菩薩、文殊菩薩、普賢菩薩、滴水觀音、白衣觀音、送子觀音等諸多佛教塑像和神主提供了一條綫索;第二,據《諸真宗派系譜》②,可以推定住持岳陽山的道教派别先後爲全真道龍門派(隆慶年間)——華山派③(1707~1766)——龍門派(1844~1936)。

對於岳陽山佛、道以及全真道内部不同支派之間交替住持原因的考察,並非本文所關注的重點。通過對岳陽山現存碑刻内容的檢索及其地理位置的考察,我們發現,此一地區的全真道在政治上並未受到特殊的照顧或護持,而是扎根於本地區的民間鄉土社會,在近三百年的歷史進程中,斷斷續續地延續着自己的法脈,與普通民衆的鄉土生活聯繫在了一起。全真道這樣一種生存狀況和樣態,無疑爲研究其與鄉土社會的融合提供了極具特色的個案。因而,全真道融入鄉土社會的方法和模式將是本文所要闡述的重点。

## 二、神靈結構的世俗性轉换:對官方祀典神靈和民俗信仰神靈④的接納

目前,除道教外,岳陽山保存有大量佛教、民間信仰以及其他類型的神靈塑

① 碑文現存山東省淄博市博山區崮山鎮岳陽山,以後所引碑文資料,俱存於此山,只標明時間和名稱,不再單列出處。

② 李養正:《新編北京白雲觀志》,北京:宗教文化出版社,2003年,第436~456頁。

③ 據《諸真宗派系譜》,系譜排輩次序與“和、得、正、本”相符的共有三支,分别是:第十二華山派、第七十二濟南五峰山龍門華山派和第七十四湖北武當山郝祖岔派,俱屬全真道派無疑。見李養正:《新編北京白雲觀志》,第440、452、453頁。但對於此一全真道派的具體歸屬,則不是本文所關注的焦點,因而不加詳述。

④ 對於廣大的普通民衆來説,信仰神靈的宗派歸屬並不在他們的考慮範圍之内,而是更爲關注這些神靈的應驗與否。“中國老百姓不甚追求宗教義理的索解,不在乎各種宗教之間本來存在的歧異,也弄不清楚他們崇拜的神佛屬於何教何門。存在於老百姓信仰領域裏的天神地祇仙佛人魂以及各種鄉土精靈,共同組成了一個‘解灾救難’的超人間實體。”見程歗:《晚清鄉土意識》,北京:中國人民大學出版社,1990年,第212頁。也正是在這種意義上,可以稱民衆所信仰的神靈爲民俗信仰神靈,而忽略這些神靈的教派歸屬色彩。

像和神主。通對這些神靈的分類及其意義的考察，我們可以從結構和功能上對其進行重新的整理和爬梳，從而展示出這些神靈的存在對全真道融入鄉土社會具有什麽樣的作用。

表一：碑刻材料中所見神靈

| 所見神靈 | | 住持道人 | 來源出處 |
|---|---|---|---|
| 道教 | 其他 | | |
| | 三皇、后土 | 谷和順 | 清康熙四十六年《重修記碑》 |
| | 后土 | 楊正秀 | 清雍正十三年《壽光進香記碑》 |
| 玉皇 | | 楊正秀 | 清乾隆八年《萬古晉名記碑》 |
| 玉皇 | | 于正空、楊正秀、卜正元 | 清乾隆九年《岳陽山新建玉皇閣記碑》 |
| | 后土真君 | 楊正秀 | 清乾隆三十一年《壽光進香記碑》 |
| | 后土、三星 | 董元廣、王元序 | 清同治五年《萬古流芳記碑》 |
| | 后土 | | 清同治十二年《南崮山同心社善信題名記碑》 |
| 玉皇 | | 董元廣、王元序 | 清同治十三年《重修玉皇閣記碑》 |
| | 南海大士 | 欒理清 | 民國十一年《重修南海大士閣記碑》 |
| 純陽祖師 | 白衣大士、文昌 | 趙明珍 | 民國二十五年《重修岳陽山記碑》 |
| 玉皇 | 后土元君 | | 《重修玉皇閣、后土元君兩大殿記碑》 |

從表一所列神靈可以看出，除玉皇、純陽祖師外，三皇、后土、文昌等官方祀典的神靈以及觀音菩薩等佛教神靈是得到供奉和香火最多的神靈，並且其廟宇得到的重修次數也最爲頻繁。這一情況與下表田野調查中所見的神靈種類及所佔比例頗爲相似，即以玉皇殿而言，除玉皇大帝、許天師、火德真君、張天師、太乙真人、水德真君等爲數不多的道教神靈外，還包含了佛教的四大天王以及民間信仰中的文、武財神等衆多其他神靈。

**表二:田野調查中所見神靈**

| 神靈分類<br>神像位置 | 道教 | 佛教 | 民間信仰 | 其他 |
|---|---|---|---|---|
| 皇姑殿 | | 白衣觀音 | 三皇姑 | 空中老母 |
| 龍王殿 | | | 東海龍王敖廣、西海龍王敖閏、南海龍王敖欽、北海龍王敖順 | |
| 八仙殿 | 鐵拐李、漢鍾離、張果老、藍采和、何仙姑、吕洞賓、韓湘子、曹國舅 | | | |
| 玉皇殿 | 玉皇大帝、許天師、北極星君、順風耳、右天蓬、火德真君、太白金星、張天師、太乙真人、千里眼、左天蓬、水德真君 | 增長天王、多聞天王、持國天王、廣目天王 | 瘟神老爺、趙公明、李天王、楊二郎、武曲星、文曲星 | |
| 碧霞元君殿 | | | 碧霞元君、送子娘娘、眼光奶奶 | |
| 鴻鈞老祖殿 | 鴻鈞老祖① | | | |
| 后土皇帝殿 | 后土真君 | 滴水觀音 | 泰山奶奶 | 無生老母 |
| 關公殿 | | | 關公 | |
| 包公殿 | | | 包公 | |
| 觀音殿 | | 觀音菩薩、文殊菩薩、普賢菩薩、送子觀音② | 眼光奶奶 | |
| 三星殿 | | | 福星、禄星、壽星 | |

説明:對於道教神靈的確認,牽涉道教的主體性及其神靈的純化問題,主要標準在於神靈的起源和出處,即源出於道教信仰體系内部的神靈歸之於道教神靈。所以,儘管碧霞元君、關公等神靈在道教中産生了巨大影響,仍將之歸爲民間信仰。另外,關於道教神靈與民間信仰神靈之間的重合和疊加,可參見范恩君:《道教神仙》,北京:宗教文化出版社,2007 年。

---

① 鴻鈞老祖,亦稱鴻鈞道人,爲太上老君、元始天尊、通天教主三人之師,見許仲琳:《封神演義》第八十四回《子牙兵取臨潼關》,北京:人民文學出版社,1980 年。

② 送子觀音的形象並非觀音菩薩的三十三種變相之一,而觀音之所以具有了送子的功能,純粹是民衆出於自身需求而對觀音菩薩功能的追加和影射,但由於其仍是藉用觀音的名號,故暫歸之於佛教。

那麽,爲什麽在由全真道士住持的道觀裏出現了諸多官方祀典以及佛教和民間信仰中的神靈呢？歸結起來,主要有以下三方面原因：

第一,神靈的地位和性質不同。明清政府實行嚴格的道教管理政策,在國家政策方面對道教進行了有意的抑制。其政策實施的實際效果及對道教產生的實際影響估且不論[①],但至少從名義上來説,道教在法律上並未獲得政府的支持。與此不同,五土、五穀等民間信仰神靈不但獲得了政府的支持,而且以法令的形式對祭儀和祝文予以了確認:"維洪武年月日某府某州某縣某鄉某里某人等,謹致祭於五土之神、五穀之神,曰:惟神參贊造化,發育萬物,凡我庶民,悉賴生植,時維仲春,東作方興/秋,歲事有成,謹具牲醴,恭伸祈告/報祭,伏願雨暘時若,五穀豐登,官賦足供,民食充裕,神其鑒知。尚享!"[②]這標誌着五土、五穀等神成爲明清時期合法的祭祀神靈。[③] 在表一所列玉皇廟 11 次重修中,三皇、后土、文昌等官方祀典中的神靈佔 7 次之多,其名號的反復提及和出現,與明清時期這些神靈的地位和性質不無關係。

第二,神靈的回應和靈驗。除后土神的官方地位和性質外,在所有的 7 次重修碑文中,均提及了后土神的靈驗,即對民衆需求的回應和滿足:其中既包括個體性的需求,如清乾隆八年《萬古晉名記碑》所載鄉民許林成祈求神靈治療其母疾病;也包括集體性的需求,如清雍正十三年《壽光進香記碑》所載壽光縣祈雨靈驗之事。

不僅如此,衆多佛教神靈的出現亦與其靈驗有關。表一中的南海大士即觀音菩薩,白衣大士是觀音菩薩的三十三種變相之一,亦稱白衣觀音。[④] 關於觀音菩薩的無邊法力,《千手千眼觀世音陀羅尼經》載:"我有大悲陀羅尼咒,今當欲

---

① 關於明清時期道教的總體狀況,學術界並無定論。任繼愈、卿希泰認爲明清道教總體上呈現衰落趨勢,見任繼愈主編:《中國道教史》,上海:上海人民出版社,1990 年,第 579 頁;卿希泰主編:《中國道教史》第三卷,成都:四川人民出版社,1993 年,第 385 頁。與此不同,外國學者則多從社會影響的角度出發,認爲明清時期恰恰是道教影響不斷社會化和擴大化的時期,見 Pierre-Henry Debruyn,"Daoism in the Ming (1368 - 1644)",in Livia Kohn,ed.,*Daoism Handbook*,Leiden and Boston:Brill,2000,p.594。

② 徐溥等奉敕撰,李東陽等重修:《明會典》,載《景印文淵閣四庫全書》第 617 册,第 820 頁。

③ 不僅如此,明清時期,五土、五穀神甚至擁有確定的祭祀單位和組織:社。社作爲國家最基本的行政單位,同時亦是最基本的祭祀單位,同時肩負着行政和祭祀的雙重功能。這樣一來,社作爲基本的行政和祭祀單位,不僅可以保證民間祭祀活動正常進行,而且還可以對非法的民間祭祀活動起到監視和控制作用。見 Daniel L. Overmyer,*Local Religion in North China in the Twentieth Century:The Structure and Organization of Community Rituals and Beliefs*,Leiden and Boston:Brill,2009,pp.43 - 44。

④ 關於觀音菩薩的三十三種變相,見鳩摩羅什譯:《妙法蓮華經・觀世音菩薩普門品經》,載《乾隆大藏經》第 32 册,北京:中國書店,2007 年,第 661 ~ 668 頁。

説，爲諸衆生而安樂故，除一切病故，得壽命故，增長一切白法諸功德故，成就一切善根故，遠離一切諸怖畏故，速能滿足一切諸希求故。”[①]“滿足一切諸希求”恰恰成爲觀音菩薩對民衆産生巨大影響力的關鍵所在。與觀音菩薩的無邊法力相對應，表二所列民間信仰神靈中的碧霞元君亦無所不能。碧霞元君，亦稱泰山娘娘或泰山老奶奶，與送子娘娘以及眼光奶奶是最爲通常的一組神靈組合：碧霞元君爲主，送子娘娘和眼光奶奶陪侍；碧霞元君職掌生育，送子娘娘與其職能相似，眼光奶奶則以治療目疾爲職。至明嘉靖、萬曆年間，碧霞元君已由單一的生育神發展成爲無所不能的神靈[②]，萬曆二十一年（1593）王錫爵《東嶽碧霞宫碑》記云：“齊魯道中，頂齋戒彌陀聲聞數千里，策敝足藺而猶不休。問之，曰：‘有事於碧霞。’問故，曰：‘元君能爲衆生造福如其願。貧者願富，疾者願安，耕者願歲，賈者願息，祈生者願年，未子者願嗣，子爲親願，弟爲兄願，親戚相厚，靡不交相願。而神亦靡誠弗應。’”[③]

通過對佛教以及民間信仰神靈及其現實職能的陳述，我們可以發現，一方面，不同類型的神靈，其職能之間往往存在着重複和疊加，如觀音菩薩和碧霞元君同樣都發揮着救苦救難的作用；另一方面，即使是同一個神靈，隨着時間的推移，其職能範圍也慢慢擴大，如碧霞元君由最初單一的生育神發展成爲後來無所不能的神。這些具有不同職能的神靈出現在同一個廟宇當中，進而被納入到同一個信仰結構中去，這同時也就意味着衆多神靈對鄉土生活的全景覆蓋。在這樣一種結構中，民衆生活裏所遇到的每一個問題都會有相應的神靈來予以滿足或解答，而即使没有專門的神靈與之對應，也可以由其他的神靈來代勞，因爲神靈的職能是無所不包和可以不斷追加的，而這樣一種開放性的信仰結構無疑對民衆具有很强的吸引力，深受民衆的供奉。

第三，廟宇的管理權與所有權之間的不同。從明末至民國時期，岳陽山玉皇廟雖絶大多數時間由全真道士住持，但其職責僅限於廟宇日常的維護和管理，即廟産的租賃耕種、廟宇的日常維護等。而真正出資進行廟宇重建和維修的是岳陽山地方村社的會首和善衆，换言之，他們實際上擁有岳陽山玉皇廟的所有權，這一點從岳陽山玉皇廟的歷次修葺工作中即可以看出。作爲廟宇的實際擁有者，他們不僅可以自由地選擇供奉最爲靈驗的神靈，而且可以自由地選擇僧人或

① 釋弘學：《〈千手千眼觀世音陀羅尼經〉疏注》，成都：巴蜀書社，2006年，第29頁。

② 葉濤：《碧霞元君信仰與華北鄉村社會——明清時期泰山香社考論》，載《文史哲》2009年第2期。

③ 王錫爵：《東嶽碧霞宫碑》，載《中國地方志集成·山東府縣志輯》第64册，葛延瑛修、孟昭章等纂：《重修泰安縣志》，南京：鳳凰出版社，2004年，第688頁。

道士作爲住持對廟宇進行管理。[1] 在這樣一種情況下,毫無疑問,優先得到供奉和香火的神靈恰恰就是在民衆中最爲靈驗、影響最爲巨大的神靈。這樣一種神靈存在模式和信仰結構,雖與傳統全真道的信仰結構相去甚遠,却反映了鄉土社會中全真道的真實生存樣態。

與全真道初創時期的神靈結構相比[2],明清以來,岳陽山玉皇廟的神靈結構表現出一種更加世俗性的特點:廣泛地接納官方祀典以及民俗信仰神靈,從而使其結構更加開放和泛化,更加接近民衆的生活,進而表現出一種世俗化特徵。

明清時期,岳陽山地區全真道士所接納的恰恰是這樣一種開放的、世俗的神靈結構。神靈結構的開放性和世俗化暗含着信仰模式的轉换,全真道士傳統信仰的神真,如"五祖"、"七真"等,甚至在這種開放性的神靈結構中並未佔據一席之地[3]。或許全真道士並無自覺的意識去推動這種信仰模式的轉换,但毫無疑問,信仰模式的轉换反過來促使其迅速地融入鄉土社會。所以,可以這樣説,神靈結構的轉换意味着神靈數目的增加,神靈數目的增加則意味着神職功能的擴大,神職功能的擴大則能够吸引更多的民衆參與到全真道的宗教活動中來。這一方面增强了全真道在民衆心目中的影響和地位,使之没有阻礙地進入民衆的鄉土生活中去;另一方面,神靈功能的廣泛性又爲岳陽山帶來了更多的信衆,能够保證全真道士獲得維持道觀所必須的經濟來源,甚至在某種程度上能够爲全真道的發展獲得有利的外部保障,可以自如地應付由於社會結構的變動而帶來的衝擊。

## 三、人神關係的功能性調適:對民衆福報心理和現實需求的滿足

在中國民間社會中,民衆對於神靈的現世需求往往大於信仰需要。供奉神靈的寺廟到處可見,祭祀神靈的廟會活動也經常舉行,但民衆的宗教情懷並不突出,反而是福報心理和功利需求在民衆的生産和生活中表現得十分明顯。這一

① 關於地方廟宇與常駐住持之間的關係,見 Vincent Goossaert,"Resident Specialists and Temple Managers in Late Imperial China",*Min-su Ch'ü-yi*,No. 153,2006,pp. 25–68。

② 傳統上全真道的信仰神靈爲"五祖"、"七真",並逐漸成爲一種固定的信仰結構,見張廣保:《金元全真教史新研究》,香港:青松出版社,2008 年,第 173~205 頁。而對於這種信仰結構的特徵,蜂屋邦夫則將其定義爲"是以排他性的一神格爲中心"。見蜂屋邦夫:《全真教草創期的信仰對象》,張澤洪譯,載《宗教學研究》2000 年第 4 期。

③ "五祖"信仰僅在民國二十五年《岳陽山重修記碑》中提及"純陽祖師","七真"信仰則一次也没有出現。

點也可以通過上述民衆對觀音送子職能的追加而得以顯現,他們更加希望從神靈那裏獲得現實需求的滿足。對於中國民衆的這樣一種心態,明清時期來華的傳教士有着深刻的體驗。"全中國各地偶像的數目赫然之多簡直没法置信。這種偶像不僅在廟裏供奉,一座廟裏可能就有幾千尊偶像,而且幾乎家家户户都有。……但是可以十分肯定,這個民族並没有多少人對偶像崇拜這種做作的、可惡的虚構有什麽信仰。他們在這上面之所以相信,惟一的根據便是他們外表上崇奉偶像即使無益,至少也不會有害。"①神靈和神像幾乎存在於中國社會的角角落落,然而,"無論是在正式的國家祭祀中,還是在道教的轉化中,中國人的信仰都不能産生尋求以宗教爲指南的類似清教那樣的個人生活方法論的足够强大的動機。"②"無害有益"表明中國民衆對於所供奉的神靈的功利主義態度,信仰取向上的功利原則規定了崇拜對象的廣泛性,就此而言,中國社會中雖存在衆多的神靈、廟會,但其所承擔的社會功能遠遠大於其自身的宗教功能。"普通的中國人在宗教方面如同其他方面一樣,追求實用,認爲菩薩是世界上獲取利益的源泉。他們從菩薩那裏,尋求恢復健康、好收成、科舉考試成功、經商獲利和仕途順利。"③滿足民衆的福報心理和功利需求是民俗神靈信仰的典型特點和突出特色。

究其原因,這與古代社會中民衆生産和生活所處的環境密切相關。中國古代社會是一個典型的農業社會,"從基層上看去,中國社會是鄉土性的"④。土地是農業生産中的重要資源,鄉里關係是社會交往的主要通道,鄉里關係、土地耕種都與民衆的生存和生活息息相關,也正因爲此,"扎根土地的務實性,在社會生産和日常生活過程中形成的裙帶感……鑄造了中國民衆面向現實的態度和經磨耐劫的性格——對艱苦條件的適應性,對天灾人禍的忍耐力,對謀生手段的積極尋求。"⑤由"扎根土地的務實性"而來的現世需求和生存迫切感,對置身於鄉土社會的民衆來説,並不能通過純粹的精神皈依而獲得滿足和緩解,因而他們將自身的種種需求訴諸神靈,由此,也形成了人神關係上的一種功利性結構。因而,對於民衆福報心理以及各種各樣現實需求的滿足,對於人神關係上功利性結構的調適,也就成爲任何一種宗教想要扎根於鄉土社會所必須要面臨的問題。

---

① 利瑪竇、金尼閣:《利瑪竇中國劄記》,何高濟、王遵仲、李申譯,北京:中華書局,1983 年,第 113 頁。
② 馬克思·韋伯:《儒教與道教》,王容芬譯,北京:商務印書館,1995 年,第 256 ~ 257 頁。
③ E. A. 羅斯:《變化中的中國人》,公茂虹、張皓譯,北京:時事出版社,1998 年,第 229 頁。
④ 費孝通:《鄉土中國》,北京:生活·讀書·新知三聯書店,1985 年,第 1 頁。
⑤ 程歗:《晚清鄉土意識》,第 41 頁。

據民國《續修博山縣志·大事記》載，博山地區自明嘉靖十七年(1538)至民國二十三年(1934)，發生"灾異"事件81起，自明萬曆十三年(1585)至民國二十四年(1935)，發生"水旱"事件55起，自清同治二年(1863)至民國二十三年(1934)，發生"刀兵"事件32起，自明永樂十三年(1415)至民國二十二年(1933)，發生"匪患"事件33起。① 當這些事件發生時，或者四民不安，或者灾疫横行，打亂了民衆的正常生活秩序，給他們的現實生活帶來灾難的同時，也誘發了他們精神上的不安與恐慌。在這種情况下，民俗信仰的神靈成爲撫慰心靈、祈求生活回歸秩序的重要依靠和保障。"事實上，在賑灾體系極不完備、政府干預能力有限且吏治腐敗的鄉土社會中，灾難誘發的社會恐慌和普遍緊張，往往伴隨着不同形式、不同規模、不同程度的求神拜佛行爲，如打醮念經、遊神賽會等等，人們試圖藉助於這種方式以消灾彌難，並由此獲得一種必要的精神心理方面的救援。"②當然，面對各種灾害，民衆可以自發組織安善團體和會社予以抵禦，求得現實生活的安定，但由於明清時期民間宗教勃興及其對政權的潛在威脅，引起了政府的極度警惕和注意，因而明清政府對於民間結社和集會活動的控制極爲嚴格。③ 官方對自發性民間結社的這種提防態度和控制措施，無疑爲本地區全真道提供了生存空間，使之可以憑藉其自身的合法性地位而爲民衆提供滿足他們需求的宗教服務。

除方志所載對民衆生活産生嚴重影響的事件外，在日常生活中，民衆也會遇到一些具體問題，如疾病、灾荒、雨暘不時等。通過對岳陽山現存碑刻的調查，我們發現，不論是對地域性的事件還是個體性的需求，岳陽山全真道士都作出了積極的回應：

1. 清康熙四十六年(1707)《重修記碑》載："凡我黎庶祈雨祈年，無不應驗。時有領袖，舉意重修□其舊規□□□□餘爲巍峨高聳，若孤崇□□峙立，爰有□廟之瞻焉，金面聖體。"

---

① 王蔭柱等修，張新曾纂：《續修博山縣志》，載《中國方志叢書》第14號，臺北：成文出版社，1968年，第91～132頁。

② 梁景之：《清代民間宗教與鄉土社會》，北京：社會科學文獻出版社，2004年，第274頁。

③ 有明一代，里社是地方行政管理制度的基本單位，清承明制，並無多大改動。詳見下文。《大明律》載："若軍民裝扮神像、鳴鑼擊鼓、迎神賽會者，杖一百，罪坐爲首之人，里長知而不首者各笞四十。"見劉惟謙：《大明律》，懷效鋒點校本，北京：法律出版社，1999年，第89頁；亦見沈之奇：《大清律輯注》，懷效鋒、李俊點校，北京：法律出版社，2000年，第390頁。明清政府通過里社長官負責制而對於民衆的集會活動實行嚴格控制。

2. 清雍正十三年(1735)《壽光進香記碑》載:"后土之神,尊無上矣。……而其爲靈,則無遠弗畜,有感必通,庇一隅以及多方,覆吾邑以及遐陬,如青郡壽光縣,乃博山縣之鄰邑也,而祈雨祈年,無不應驗,降吉降祥,罔不蒙休,以故人人興如在之思,個個稟有赫之懼,矢□□力,共當聖會,年年進香,未敢少懈。"

3. 清乾隆八年(1743)《萬古晉名記碑》載:"蓋自岳陽山之建立廟宇,諸神之有靈應也,由來舊矣。大莊□有□許氏諱林成者,其母有疾,因登山禱祝,祈神保佑,既而歸家,其疾□不日而瘉,神之靈應也,何其速歟!是以母子終日乾乾,答報無由,適玉皇閣前建立配殿,因捐錢二十□,以成善事。自兹以往,吾知被神之德而食神之力者,愈無疆矣。"

4. 清乾隆三十一年(1766)《壽光進香記碑》載:"嘗謂坤母之神,原與乾父而並壽者也,維天職覆,固丕冒而無遺,維地職載,亦無遠而弗(下殘)……后土真君之效靈也,不但及於一方,即我壽邑之遥,凡課時問雨,祈穀禱年,無求不應,衆人(下殘)……道,謹具寶馬蔬獻,以答神休,非敢云報也,聊以表忱衷也云爾。"

5. 清道光二十四年(1844)《重修岳陽山北閣記碑》載:"吾鄉附近之山,莫高於岳陽,對峙禹峰,伏臨淄水,蒼蔚靈秀之氣,蜿蜒扶輿,鍾於諸村,是以吾家先人與吾鄉諸前輩及各社諸前輩建廟其上,凡以期佑一方而庇生民也。"

6. 清同治五年(1866)《萬古流芳記碑》載:"岳陽之后土殿、三星閣,滲漏傾圮已久,固宜早爲重修也,但捻匪迭起,衆社皆有志而未逮,幸僧王督隊前來剿滅殆盡,而吾鄉一帶,群匪之終未入境者,雖曰人力,豈非神惠哉?越乙丑春,諸父老遂斂財鳩工,爲之重修。"

7. 民國十一年(1922)《重修南海大士閣記碑》載:"神莫慈於佛,佛之以慈悲著名者,尤莫如南海大士。故凡大士所在,一方人民所恃以爲庇佑者也。然人受其庇而莫名其恩,四方善士皆奉以爲宗而敬禮之。"

在上述所引7則碑文中,3則與"課時問雨,祈穀禱年"相關,標號分别爲1、2、4;2則無特殊内容,僅爲重修廟宇,祈求神靈保佑,標號分别爲5、7;1則與祈神治病相關,標號爲3;1則與同治年間的捻軍起義相關,標號爲6。

當然,這7則碑文遠不能反映這一地區明清以來全真道與鄉土社會的全景,但碑文中所體現的内容則頗具有代表性。民衆對於神靈的態度是求得神靈的保佑與庇護,"凡以期佑一方而庇生民也"、"一方人民所恃以爲庇佑者也",即便是對於人爲原因所引起的地域性事件,如捻軍起義,"吾鄉一帶,群匪之終未入境者,雖曰人力,豈非神惠哉",人們首先想到的也是感謝神靈的佑護,而對於民衆日常生活中遇到的問題,如祈雨、治病,神靈也相當靈驗,"祈雨祈年,無不靈驗,降吉降祥,罔不蒙休","母有疾,因登山禱祝,祈神保佑,既而歸家,其疾□不日而瘉,神之靈應也,何其速歟"。也正是因爲神靈如此靈驗,在經濟條件允許的情況下,鄉民又自發修葺廟宇,報答神靈,並祈求神靈繼續保佑。其邏輯結構爲:修葺廟宇,祈求神靈保佑→個體性需求的滿足→重修廟宇,報答神靈,並祈求神靈繼續保佑。其中,核心因素是神靈對民衆個體性需求的滿足,或者説神靈的靈驗。對鄉土民衆來説,基於其自身的福報心理和功利需求,這一邏輯結構是普遍有效的,若神靈能够不斷地滿足民衆的個體性需求,那麼廟宇就可以延續香火不斷,否則,廟宇難逃被遺忘的命運。這也是岳陽山廟宇延續450多年給我們的重要啓示。因而,可以這樣説,民俗信仰神靈的靈驗,即對民衆現實需求的滿足,是神靈存在並發揮作用的前提條件。

對於鄉土民衆在人神關係上所採取的功利態度,全真道士並未採取强烈的抵觸措施,而是予以承認。上述所列7則碑文中,均有全真道士的參與,從側面表明了他們對民衆信仰心態的認同。全真道士對人神關係所作的功能性調適,使之快速地融入鄉土社會中,並産生了重大的影響:首先,全真道對民衆信仰心態的接納可以使兩者産生一種天然的親近感,因而,可以使民衆更加容易地從心理上接受全真道。其次,由於信仰心態的趨同,民衆更加積極地參與到全真道的活動中,擴大了全真道的影響。以民國二十五年(1936)《重修岳陽山記碑》爲例,該碑記載,此次修葺活動由全真龍門派道士趙明珍及其徒弟孫宗昌、孫宗逵主持,參與活動的計有53個村莊,民衆5000多人,可以想見此次修葺活動的盛況。再次,民衆出於還願等目的參與到全真道的活動中,一方面促進了全真道宫觀的修葺和建置規模的擴大,如民國二十五年的修葺活動,"建修純陽祖師殿、白衣大士、文昌閣、奎星樓、會仙亭、準提廟以及東屋、南屋各一所,二門上鐘樓一座,是山難於水,又築蓄水池於崖上,餘所製桌椅几案等件,另載匾額";另一方面,民衆參與活動所布施的香火錢等,給全真道提供了源源不斷的經濟來源,保證其有能力維持更多全真弟子的日常生活,促使全真道香火不斷,法脈綿長。清乾隆八年(1743),由於信衆許林成的布施,全真道士楊正秀甚至有足够的經濟能力買到本地居民的土地六段作爲自己的廟産,這足以表明民衆布施對全真道自身發展的重大作用。在這種意義上，可以說，全真道脈在岳陽山香火不斷與民衆的供養與支持是緊密聯繫在一起的。

## 四、政教關係的適應性張弛：與鄉土主流社會和意識形態的配合

在中國傳統社會中，任何一種宗教的發展都不可避免地與政治發生某種關聯，甚至可以説，“制度性宗教只有獲得政府的支持並由其加以組織，方能得到大規模的發展，一旦失去政治上的支持，隨之而來的便是迫害和組織力量的削弱”①。因而，宗教只有融入主導社會及其思想體系當中，纔能獲得生存和發展的機會，而這樣一條基本原則，對於處身於鄉土社會中的宗教的發展來説亦不例外。儘管由於岳陽山地理位置偏僻，遠離政治權力的核心，政治因素對岳陽山地區全真道的發展並未產生重大影響，但在與鄉土主導社會及其思想體系的融合上，岳陽山地區的全真道與其他宗教並無二致。

明清時期，政府對傳統的佛道二教及民間宗教實行了嚴格的控制和管理政策②，正德朝《明會典》載：“凡師巫假降邪神，收符呪水，扶鸞禱聖，自號端公、太保、師婆，及妄稱彌勒佛、白蓮社、明尊教、白雲宗等會，一應左道亂政之術，或隱藏圖像、燒香集衆、夜聚曉散，佯修善事，扇惑人民，爲首者絞，爲從者各杖一百，流三千里。”③清朝政府完全繼承了明朝對於民間宗教的這一政策④，由此可見明清政府對民間宗教的控制相當嚴格，對其領袖及參與者的懲處措施也極爲嚴厲。對於佛道二教，由於其長久以來的制度化存在形式，不可能將其完全禁絶，故明清統治者對它們的合法性地位予以承認，“朕觀釋道二教，各有二徒。僧有禪有教，道有正一有全真。”⑤但與此同時，却對二教的齋醮儀式進行了限制。洪武三

---

① 楊慶堃：《中國社會中的宗教——宗教的現代社會功能與其歷史因素之研究》，范麗珠等譯，上海：上海人民出版社，2007 年，第 196 頁。

② 雖然這些管理政策的實際執行效果與其制定的初衷往往事與願違，但代表了明清時期官方對佛道以及民間宗教的態度。見張踐：《明清時期政府的“嚴管”宗教政策及其影響》，載《世界宗教文化》2010 年第 5 期。

③ 徐溥等奉敕撰，李東陽等重修：《明會典》，載《景印文淵閣四庫全書》第 618 册，第 309 頁。亦見劉惟謙：《大明律》，第 89 頁。

④ 在對民間宗教的管理上，清政府的政策條文與明朝完全一致。見沈之奇：《大清律輯注》，第 390 頁。

⑤ 朱元璋：《御製玄教齋醮儀文序》，載《道藏》第 9 册，北京：文物出版社、上海：上海書店、天津：天津古籍出版社，1988 年，第 1 頁。

年(1370)六月,明太祖頒佈《禁淫祠制》,規定"其僧道建齋設醮,不許章奏上表、投拜青詞,亦不許塑畫天神地祇"[①],並制定懲罰措施:"若僧道修齋設醮而拜奏青詞、表文及祈禳火灾者,同罪(指杖八十——引者注)還俗。"[②]洪武七年(1374),命道士周玄真等制成《大明玄教立成齋醮儀範》,以國家政治力量對僧道齋醮儀式進行統一,以期發揮二教"特爲孝子慈親之設,益人倫,厚風俗"[③]的教化作用,與國家主導政治秩序相配合,以"神道設教"的方式來維護王朝的穩定。

另一方面,明清政府對佛道二教及民間宗教實行了嚴格控制和管理政策的同時,却對民間信仰網開一面,在國家制度方面保留了這些民俗神靈的合法地位。洪武二年(1369),"命天下凡祀典神祇,有司依時致祭。其不在祀典而常有功德於民、事迹昭著者,雖不致祭,其祠宇禁人撤毁"[④]。客觀上保存了大批民俗神靈的祠宇。洪武三年(1370),規定"天下神祠,無功於民,不應祀典者,即淫祠也,有司無得致祭"[⑤]。這一措施意味着國家祀典對大批民俗神靈的默許和接納。對這些民俗神靈的管理,主要由作爲地方基本行政單位的里長和社長負責。在這些方面,明清兩朝的管理政策極爲相近[⑥],地方軍民違反國家祭祀神靈的規定,里長和社長要受到連坐和懲罰。但是,明清政府在對祭祀地方神靈的規定上又過於狹隘,神靈僅爲五土、五穀之神,一年兩次,時間分别爲春秋兩季,目的僅爲祈禱雨暘時若、五穀豐登,且具有明顯的政治教化色彩。毫無疑問,這樣一種宗教管理政策遠不能滿足鄉土社會中民衆日常生活的需要,加之政府對民間私自迎神賽會活動的禁止,民衆若想滿足自身生活的需要,必須另覓他途。

通過以上論述可以發現,明清政府的宗教管理政策具有明顯的目的性和傾嚮性,但在具體政策執行和實施的過程中又存在着細節上的缺失和與民衆生活不相適應的一面:佛道教具有合法的宗教形式,但存在着强烈的"神道設教"色彩,不能滿足民衆的各種實際需求;民俗神靈能够廣泛地滿足民衆的生活需要,但在國家制度層面上缺乏相應的規定。這樣一來,基於對民衆生活需求的滿足,明清時期,大量的民俗信仰神靈有意識地湧入佛道二教的神靈結構和信仰體系。

---

① 《明太祖實録》卷五十三,上海:上海書店,1982年,第1037~1038頁。

② 徐溥等奉敕撰,李東陽等重修:《明會典》,載《景印文淵閣四庫全書》第618册,第309頁。

③ 朱元璋:《御製玄教齋醮儀文序》,載《道藏》第9册,第1頁。

④ 《明太祖實録》卷三十八,第760頁。

⑤ 《明太祖實録》卷五十三,第1035頁。

⑥ 張哲郎:《鄉遂遺規——村社的結構》,載劉岱主編:《吾土與吾民》,北京:生活·讀書·新知三聯書店,1992年,第211~214頁。

就岳陽山玉皇廟而言，四海龍王、碧霞元君等大量民俗信仰神靈湧入本屬全真道觀的岳陽山，甚至在某種程度上改變了全真道的神靈結構和信仰模式[1]。

面對這樣一種社會環境和主導思想體系，全真道並非只是被動地接納民俗神靈的湧入。通過對岳陽山的實地考察，我們發現了全真道士試圖融入鄉土社會的努力。

第一，滿足民衆的個體性需求，迎合國家對宗教"神道設教"的政治定位和傾嚮。

在闡釋鄉土民衆信仰心理的邏輯結構時，我們認爲，神靈的靈驗是一種信仰持續存在並不斷發展的前提條件。進而，由於神靈靈驗事迹的反復出現，鬼神信仰無形之中在民衆的心理上得到强化。禱雨禳灾、治病祈福等個體性需求的滿足，"祈雨祈年，無不應驗，降吉降祥，罔不蒙休，以故人人興如在之思，個個凛有赫之懼"。一方面可以使民衆的現實生活恢復常態，重新走向正軌，並以此來緩解民衆由於現實生活中的灾難帶來的恐慌和緊張感；另一方面，彰顯了民俗信仰神靈的聰明正直和真實存在，仿佛鬼神無所不在而又無所定在地鑒照並佑護着民衆。這樣一種無形而又威靈赫赫的神靈的存在，能够使民衆産生一種畏懼心理，而不至於縱情欺心、肆意妄爲，因而客觀上起到了安撫民衆、穩定社會秩序的作用，符合了明清統治者對社會秩序"明有禮樂，幽有鬼神"[2]的期望。"用宗教信仰來陶冶與封建社會相適應的社會風尚和心理素質，是中國式的正統宗教的目的和本質。"[3]全真道作爲一種制度化的宗教亦不例外，清乾隆九年（1744），在《岳陽山新建玉皇閣記碑》中，全真道士卜正元本爲儒生，後出家入道，他對於全真道的"神道設教"功能有着相當的自覺，供奉玉皇大帝，並非僅僅出於其自身信仰的需求，"今使近村之人，□合事上帝而尊敬之，於俗不爲無補"，主動地承擔起了教化民俗、敦厚民風的作用。這説明，即使是在遠離政治核心的鄉土社會，全真道士在宗教活動中對民衆現實生活需要的滿足以及進而對其鬼神信仰心理的强化，事實上迎合了國家對宗教"神道設教"的政治定位和傾嚮。

第二，邀請儒家知識分子撰寫碑文，與鄉土主流社會相契合。

明清時期，儒家思想在社會上佔絶對主流地位，是國家的統治思想，國策政令的謀劃、制定和實施均由深受儒家思想薰陶的文官集團來執行，儒家知識分子

① 不僅如此，亦有相當數量的官方祀典神靈活躍於岳陽山玉皇廟中，詳見上文。關於明清時期祀典神靈在官方壇廟及僧道寺觀中的活動情況，見 Stephan Feuchtwang, "School-Temple and City God", in G. William Skinner, eds., *The City in Late Imperial China*, Stanford: Stanford University Press, 1977, pp. 581-608。

② 《明太祖實録》卷三十八，第755頁。

③ 程歗：《晚清鄉土意識》，第199頁。

可以說是社會正統和主導的象徵。因而,爲獲得主導社會的接納和認可,儒家知識分子就成爲了全真道積極交流和接觸的對象。

在岳陽山現存全真道碑刻中,除題名碑不署撰者外,絕大多數碑刻都由儒家知識分子來撰寫和書丹:

清康熙五十三年(1714)殘碑:孤山社邑庠生岳繼穆撰。

清乾隆九年(1744)《岳陽山新建玉皇閣記碑》:博山流寓人常熟仲昰保撰,生員鄭永敬書丹。

清乾隆二十三年(1758)《楊真人實行序並歌記碑》:庠生丁圖南撰文,庠生岳適書丹。

清道光二十四年(1844)《重修岳陽山北閣記碑》:撰文者生員岳夢鈞,書丹者生員岳甲楨。

清同治五年(1866)《萬古流芳記碑》:太學生趙鳳舞撰文,邑庠生趙鳳□書丹。

清同治十三年《重修玉皇閣記碑》:歲貢生、候選訓導李向周撰文,岳陽居士焦玉相書丹。

清光緒十六年(1890)《永垂不朽記碑》:邑庠生岳兆麟撰文,岳陽居士焦肇相書丹。

民國十一年(1922)《重修南海大士閣記碑》:清甲午舉人燕桂森撰文,縣立單級畢業李萬慶書丹。

立碑時間不詳《重修玉皇閣、后土元君兩大殿記碑》:邑增生焦鴻賓拜撰並書。

生員、庠生、增生、太學生、舉人皆是明清對儒家知識分子不同級别的稱呼,民國以後的縣立單級畢業生則是對受過正規學校教育的人的稱呼,這些人大多諳熟儒家思想,具有較高的文化素質和修養,並且由於自身所獲得的功名而在鄉土社會中有一定的名分和聲望,爲鄉土民衆所推崇和看重。全真道宗教活動的碑文由這些人來撰寫,無疑會對全真道融入鄉土社會產生重大的影響。

首先,這些儒家知識分子具有較高的文化素質,因而能更清晰地闡明全真道宗教活動本身的宗旨和目的,清乾隆二十三年(1758)庠生丁圖南爲全真道士楊正秀撰寫《楊真人實行序並歌碑》,認爲楊正秀出家全真以後,"甘淡泊,絶嗜欲,營丹竈,拾瑶草,事其所事,樂其所樂,自此絶不復爲俗家言矣"。文字雖然簡略,但無疑是對全真道出家修行生活的真實寫照。而通過他對逝世後的楊正秀的評價,則表明了其對全真精神的深刻理解:"真人意在於静,不在於動;意在於養性,不在於求名;意在於羽化登仙,不在於寶山高卧。出也無□,入也無□,解屍而去,歸竅而返,沖然漠然,如列子之泠然與其□□□□人□□。於戲!真人丹□□□果□□□將名列仙班,而不食人間煙火矣。"而清康熙年間,淄川秀才蒲松齡撰寫的《后土廟募緣疏》一文,則清晰地表明了道士祈求四方布施以修建后土廟這一目的:"道宗法師,隱然動菩提心,慨然作挑脚漢。捐資報本,亦居士之夙心;竭力營修,非道人之私願。彼八寶布施,固屬福業,即一錢喜捨,亦是良緣;雖聖德之涵宏,不責厚報,而廟堂之焜耀,庶慰丹誠。"[①]並用宗教特有的因緣來予以解釋,從而使全真道的宗教活動更加通俗易懂地爲民衆所接受和支持。

其次,這些知識分子出身儒家,代表的是社會的主流,通過與知識分子的接觸,可以提高自身的社會地位,並以此來表示自身與主流社會的契合。明清以來,由於國家政策對道教的有意識抑制,加之道教本身具有强烈的民間性色彩以及大量民間信仰神靈的湧入,至清末民初,道教已經引發了人們的强烈批判,梁啓超直接將道教斥爲"左道",認爲:"做中國史,把道教敘述上去,可以説是大羞耻。他們所做的事對於民族毫無利益,而且以左道惑衆,擾亂治安,歷代不絶。講中國宗教,若拿道教做代表,我實在很不願意。"[②]這也就意味着,若非明清政府賦予道教以合法地位,在人們的心目中,道教與叛亂的民間宗教組織並無本質上的差别。並且,道教的文化層次和品位不高,國民的陋習都在道教中得以顯現,是以"中國文化的根柢全在道教"[③],周作人則將道教思想定義爲舊思想的主力,因爲"平常講中國宗教的人,總説有儒釋道三教,其實儒教的綱常早已破壞,佛教也只剩了輪迴因果幾件和道教同化了的信仰還流行民間,支配國民思想的已經完全是道教的勢力了。……在没有士類來支撑門面的鄉村,這個情形自然更爲顯著。"[④]他們對道教所作的評價,公允與否尚且不論,但至少反映了當時社會的一個事實,即道教在人們心目中的形象及其社會地位的低下[⑤],甚至可能會走向

① 蒲松齡:《后土廟募緣疏》,載路大荒整理:《蒲松齡集》,上海:上海古籍出版社,1986年,第111~112頁。

② 梁啓超:《中國歷史研究法》,北京:東方出版社,1996年,第304頁。

③ 魯迅:《致許壽裳》,見《魯迅全集》第11卷,北京:人民文學出版社,1981年,第353頁。

④ 周作人:《鄉村與道教思想》,見《談虎集》,上海:上海書店,1987年,第343~344頁。

⑤ 民國時,日本人曾對華北地區道教徒的受教育程度作過一番統計,認爲:"論及其教育之程度,道士每多自幼出家,以學校資格言,只不過中小學程度,一般信者在都市中雖不乏明達之士,但亦屬於鳳毛麟角,難以求其指教也。"見興亞宗教協會編:《華北宗教年鑑》,北京:新民印書館,1941年,第217頁。從中亦可看出道士在現實社會以及人們心目中所處的地位和層次。

社會的反面,成爲主導社會的對抗因素。儒家知識分子的出現,無疑是對道教形象的挽救,以岳陽山爲例,生員、庠生、增生、太學生、舉人等一批儒家知識分子,他們具有較高的文化素質和修養,全真道士邀請他們撰寫碑文,潛在地提高了全真道的社會地位。另外,這些儒家知識分子代表的是社會的主導思想意識和體系,他們能够參與到全真道的宗教活動中來,明白地宣告了主導社會對全真道的接納,表明了全真道與主導社會的契合。這樣一來,也就打消了民衆所存在的因參加全真道宗教活動而可能遭受政府處罰的疑慮,促使全真道以正面、合法的形象參與到民衆的鄉土生活中來。

總而言之,民間社會由於其濃重的鄉土性而不會成爲政治權力所關注的中心點,在這樣一種鄉土環境中,任何一種宗教要想獲得發展,就必須通過各種不同的形式,謀求與鄉土主導社會及其思想體系的契合,這也是岳陽山地區全真道與鄉土社會的融合帶給我們的啓示。

## 五、結論

明清以來,爲適應鄉土社會這種獨特的生存環境,全真道在神靈結構上作出了一些改變,接納了大批官方祀典和民俗信仰神靈。並且,對於鄉土民衆在人神關係上所持有的功利心態,全真道也作出了功能性的調適,承認民衆福報心理的合理性,並對他們的功利需求予以滿足。而在與鄉土社會的關係問題上,全真道也通過與儒家知識分子的接觸而主動契合於鄉土社會的主導思想體系和主流社會勢力。立足於鄉土民衆的功利心態和鄉土社會的獨特環境,全真道所作的這些改變,有利於其順利地融入鄉土社會中去,並獲得自身的生存和發展。

然而,這樣一種改變,並不意味着全真道宗教主體性的喪失,毋寧説,這種改變主要是全真道應世策略上的改變。由於資料的缺乏,明清時期博山地區全真道士的生存狀況我們不得而知,但民國時期全真道士的生存狀況則頗爲悽慘。民國十八年(1929),山東的道士中能維持生活的僅佔 33%,大量道士爲生活所迫,“不免於祈福驅祟以求療治疾病,或羽符咒之術”①,爲維持自身的生存而不得不作出應世策略上的改變。儘管如此,在自身的修持上,全真道士仍自覺秉承着清修家風,“甘淡泊,絶嗜欲,營丹竈,拾瑶草,事其所事,樂其所樂,自此絶不復爲

---

① 興亞宗教協會編:《華北宗教年鑑》,第 217 ~ 218 頁。這個統計數字是根據山東省的普遍狀況而得出的,概括了整個山東省道士的經濟和生存狀況。

俗家言矣”。全真道士身上所體現出來的宗教精神甚至贏得了世人的讚嘆:“岳陽壁立白雲封,絶頂高懸響玉鐘。只道纍纍留斷碣,幾曾歷歷記仙蹤。傳書有日幹黄石,學道何年傍赤松?敢是山靈鍾秀氣,徘徊瞻仰意濃濃。”

對於置身鄉土社會中的全真道士來説,宗教性與世俗性在其身上同時得到了體現。在保持自身宗教主體性不喪失的前提下,應世策略上的改變,無疑有助於推進全真道與鄉土社會的融合。

(本文爲國家社科基金項目“山東道教碑刻收集、整理與研究”階段性成果,項目批准號:08CZJ007。)

**圖書在版編目（CIP）數據**

全真道研究. 第二輯/趙衛東主編. —濟南:齊魯書社,2011.11

ISBN 978 - 7 - 5333 - 2546 - 6

Ⅰ. ①全… Ⅱ. ①趙… Ⅲ. ①全真道—文集 Ⅳ. ①B956.3 - 53

中國版本圖書館 CIP 數據核字(2011)第 226463 號

**全真道研究** 第二輯

趙衛東 主編

| | |
|---|---|
| **出版發行** | 齊魯書社 |
| **社　　址** | 濟南市英雄山路 189 號 |
| **郵　　編** | 250002 |
| **網　　址** | www.qlss.com.cn |
| **電子郵箱** | qlss@sdpress.com.cn |
| **印　　刷** | 日照日報印務中心 |
| **開　　本** | 720mm × 1020mm　1/16 |
| **印　　張** | 22 |
| **插　　頁** | 3 |
| **字　　數** | 444 千 |
| **版　　次** | 2011 年 11 月第 1 版 |
| **印　　次** | 2011 年 11 月第 1 次印刷 |
| **標準書號** | ISBN 978 - 7 - 5333 - 2546 - 6 |
| **定　　價** | 68.00 圓 |